Schriftenreihe der Stiftung Sächsische Gedenkstätten zur Erinnerung an die Opfer politischer Gewaltherrschaft

Band 8

**Herausgegeben von der Stiftung Sächsische Gedenkstätten
zur Erinnerung an die Opfer politischer Gewaltherrschaft**

Karl Wilhelm Fricke
Silke Klewin

Bautzen II

Sonderhaftanstalt unter MfS-Kontrolle 1956 bis 1989

Bericht und Dokumentation

Gustav Kiepenheuer Verlag

Diese Publikation wurde gefördert durch den Freistaat Sachsen und den Bundesbeauftragten für die Angelegenheiten der Kultur und der Medien

Mit 96 Abbildungen

Stiftung Sächsische Gedenkstätten zur Erinnerung
an die Opfer politischer Gewaltherrschaft
Dülferstraße 1
01069 Dresden
Telefon 03 51/46 955 40
Telefax 03 51/46 955 41
Internet www.stsg.de

ISBN 3-378-01056-8

1. Auflage 2001

Reproduktionen Förster & Borries, Zwickau
Druck und Binden Clausen & Bosse, Leck
Printed in Germany

www.gustav-kiepenheuer-verlag.de

Inhalt

Einleitung

In der Geschichte der DDR markiert die Verfolgung und Inhaftierung politischer Gegner eines der dunkelsten Kapitel. Kaum ein anderer Haftort symbolisiert dieses Kapitel so eindringlich wie „Bautzen“. Der Name der sächsischen Kreisstadt steht im kollektiven Gedächtnis der Ost- wie Westdeutschen synonym für die Repression der SED-Diktatur.
Bautzen II ist der Haftort, der zwischen 1956 und 1989 als Hochsicherheitsgefängnis für so genannte Staatsverbrecher genutzt wurde. Formal unterstand Bautzen II zwar der Verwaltung Strafvollzug im Ministerium des Innern der DDR, faktisch aber war es dem Ministerium für Staatssicherheit unterstellt. „In die StVE Bautzen II sind solche rechtskräftig verurteilten Personen einzuweisen, die während der Strafverbüßung aufgrund ihrer gegen die DDR begangenen Straftat, ihrer vor der Inhaftierung ausgeübten Tätigkeit, ihrer Kenntnisse über Arbeitsmethoden des MfS, ihrer Zugehörigkeit zu imperialistischen Geheimdiensten, Zentren der politisch-ideologischen Diversion oder zu Menschenhändlerbanden besonders abgesichert, unter intensiver Kontrolle gehalten oder weiter operativ bearbeitet werden müssen.“[1] Das einer Dienstanweisung des MfS entnommene Zitat lässt den spezifischen Charakter der Sonderhaftanstalt Bautzen II ermessen, den aufzuzeigen und anhand von Verfolgtenschicksalen einerseits, von Dokumenten des MfS andererseits anschaulich zu machen die wesentliche Zielsetzung der vorliegenden Darstellung ist. Sie will damit zugleich einen Beitrag zur Aufarbeitung der Geschichte der SED-Diktatur leisten. Denn die 33-jährige Geschichte von Bautzen II als Sonderstrafvollzugsanstalt oder, in sprachlicher Verkürzung, als Sonderhaftanstalt demonstriert in fataler Eindeutigkeit, welche menschenverachtenden Praktiken im DDR-Strafvollzug an politischen Häftlingen jahrzehntelang möglich gewesen sind. Der Unrechtsstaat DDR nimmt im Mikrokosmos Bautzen II konkrete Gestalt an.
Infolge seiner konspirativen Abschirmung hat es bis zum Zusammenbruch des DDR-Sozialismus gedauert, ehe sich die Quellenlage zu Bautzen II so weit gebessert hatte, dass sie wissenschaftlichen Ansprüchen genügen konnte. Darstellungen zur Geschichte der Haftanstalt mussten sich – in Ermangelung dokumentarischer Belege – auf Aussagen und Erlebnisberichte ehemaliger Häftlinge beschränken.

Grundlegend änderte sich diese Situation erst ab dem Jahre 1990, als der zeitgeschichtlichen Forschung DDR-offizielle Quellen in den Archiven des ehemaligen MfS sowie des Ministeriums des Innern zugänglich wurden, ebenso Akten aus dem Archiv der Strafvollzugsverwaltung in Bautzen, so dass erstmals zeitzeugenschaftliche Aussagen zu Bautzen II anhand von DDR-Materialien verifiziert werden konnten. Neben Erlebnisberichten ehemaliger Häftlinge[2], die nach wie vor eine wichtige Forschungsgrundlage darstellen, erschienen nun erste aktengestützte Publikationen zu Bautzen II, die wissenschaftlich-zeithistorische Relevanz für sich reklamieren können. Ihre jeweiligen Herausgeber, das Hannah-Arendt-Institut für Totalitarismusforschung an der Technischen Universität Dresden[3], die Stiftung Sächsische Gedenkstätten[4] und das Sächsische Staatsministerium der Justiz[5], waren um faktengesättigte Darstellungen bemüht. Auch die Abteilung Bildung und Forschung bei dem/der Bundesbeauftragten für die Unterlagen des Staatssicherheitsdienstes der ehemaligen Deutschen Demokratischen Republik trug dazu bei, das Bild von Bautzen II zu verdichten.[6] Forschungsdefizite waren gleichwohl noch vorhanden.
Mit der vorliegenden Monografie und ihrem dokumentarischen Anhang wird erstmals eine umfassende Darstellung der einzigen DDR-Sonderhaftanstalt unter MfS-Kontrolle ediert.

Für die Darstellung wurde auf eine breite Quellenbasis zurückgegriffen. Den Aussagen und Schilderungen ehemaliger Häftlinge wurde besonderer Raum eingeräumt. Daneben fanden bisher nicht bzw. nur ansatzweise ausgewertete Archivalien aus dem Bundesarchiv Berlin-Lichterfelde, der Behörde des/der Bundesbeauftragten für die Unterlagen des Staatssicherheitsdienstes der ehemaligen Deutschen Demokratischen Republik, dem Hauptstaatsarchiv in Dresden, dem Archiv der Justizvollzugsanstalt Bautzen, verschiedenen Pressearchiven und besonders aus der Historischen Sammlung und dem Zeitzeugenarchiv der Gedenkstätte Bautzen Verwendung.
Dennoch musste die Darstellung lückenhaft, die Rekonstruktion unvollständig bleiben – aufgrund noch immer fehlenden Materials und oftmals nur bruchstückhafter Überlieferung. Weiße Flecken sind nicht zuletzt durch die Vernichtung von Akten der Sonderhaftanstalt bedingt. Auch in Bautzen II selbst wurde diesbezüglich „ganze Arbeit" geleistet. Das heißt, nach Zeugenaussagen wurden Gefängnisakten auf Weisung aus der Ostberliner Stasizentrale durch Verbrennung zielgerichtet vernichtet.
Im ersten Teil der Arbeit steht das spezifische administrative Unterstellungsverhältnis der ehemaligen Haftanstalt Bautzen II im Vordergrund. Auf der Basis normativer Quellen wurde der Frage nachgegangen, inwieweit Bautzen II eine Sonderrolle innerhalb des Strafvollzugssystems der DDR einnahm. Wie sicherte sich das MfS besondere Zugriffsrechte bzw. wie sah die Kompetenzverteilung zwischen dem MdI und dem MfS hier aus?

Luftaufnahme von Bautzen II mit Gerichtsgebäude, 1994

Nur durch die Darlegung der Struktur des DDR-Strafvollzuges im Allgemeinen und des „normalen" Einflusses des MfS auf die Vollzugsanstalten kann verständlich werden, worin die besondere Bedeutung von Bautzen II begründet liegt. Deshalb muss die Beschreibung der Struktur des Strafvollzuges und der Arbeit des MfS in diesem Bereich als Bezugsrahmen am Anfang dieses Kapitels stehen.

Im zweiten Teil der Arbeit wird der inneren Struktur der Haftanstalt Bautzen II nachgegangen. Hier geht es um Fragen wie: Wer waren die Mitarbeiter dieser Haftanstalt? Wie war Bautzen II organisiert? Wie setzte sich die Häftlingsgesellschaft zusammen?

Nach der Beschreibung der äußeren Zusammenhänge und der inneren Struktur wird im dritten Teil der Arbeit das „Innenleben" der Haftanstalt aus verschiedenen Perspektiven ausgeleuchtet. Wie wirkte sich das komplizierte administrative Gefüge auf den konkreten Gefängnisalltag in Bautzen II aus? Wie und von wem wurden die Gesetze, Verordnungen und Dienstanweisungen durchgesetzt? Wie wurde hier Herrschaft praktiziert? Wie sah der Haftalltag aus? Welche Handlungsspielräume hatten die Häftlinge? Was bedeutete Bautzen II für die Bediensteten und vor allem für die Häftlinge ganz konkret?

Vor dem Hintergrund dieser Kernfragen gewährt das Kapitel differenzierte Einblicke in das komplexe „Innenleben" der Haftstätte. Es kann sicher

keine eindeutigen Antworten geben. Gesetze und Verordnungen regelten den Alltag der Strafgefangenen bis ins Detail, doch nur die ehemaligen Häftlinge vermögen zu berichten, wie die gelebte Realität, die Lebenswirklichkeit aussah. Deshalb kommen die Betroffenen hier selbst ausführlich zu Wort. Autobiografische Quellen ermöglichen einen Wechsel der Blickrichtung, sie erschließen eine andere Dimension der Haft im System der politischen Verfolgung der DDR, die des subjektiv erlebten Alltags. Sicher schildert jeder Häftling seine ganz individuelle Sicht auf das Leben in Bautzen II. Gerade darin liegt der besondere Wert autobiografischer Quellen. Sie ermöglichen den Blick in die alltägliche Lebenswelt der direkt Betroffenen und zeigen die konkreten Auswirkungen der Haftzeit auf das Leben des Einzelnen.
Im vierten Kapitel wird schließlich das Verhältnis zwischen Bautzen II und der „Außenwelt" erörtert. Welche Informationen drangen aus dem hermetisch abgeriegelten Gewahrsam nach außen? Was erfuhr die westdeutsche Öffentlichkeit über Bautzen II? In der offiziellen DDR-Presse wurde Bautzen II erstmals im Herbst 1989 erwähnt. Wie vollzog sich die Öffnung der Anstalt im Zuge der Friedlichen Revolution? Mit ihr war das Ende der Sonderhaftanstalt unter Stasi-Kontrolle gekommen.

Zahlreiche Menschen unterstützten die Entstehung dieses Buches. Allen Beteiligten gilt es an dieser Stelle herzlich zu danken. Besonderen Dank schulden wir den politischen Häftlingen der Sonderhaftanstalt Bautzen II und ihren Angehörigen, die uns vorbehaltlos an ihren Erfahrungen und Erinnerungen teilhaben ließen und private Fotos und Dokumente zur Verfügung stellten. Cornelia Liebold, der Leiterin des Zeitzeugenbüros der Gedenkstätte Bautzen, sind die Verfasser zu besonders herzlichem Dank verpflichtet. Ohne ihre kompetente und tatkräftige Unterstützung hätte nicht nur der Biografieteil dieses Buches an Qualität einbüßen müssen. Für wertvolle Unterstützung danken wir auch Ronny Heidenreich, Gerd Sälter und Sabina Keiling, die durch ihre Forschungen wesentlich zum Gelingen des Buches beigetragen haben.
Schließlich gilt unser Dank zwei Institutionen, ohne deren Unterstützung die Aufarbeitung der Geschichte von Bautzen II schwerlich möglich gewesen wäre: der Behörde des/der Bundesbeauftragten für die Stasi-Unterlagen und der Justizvollzugsanstalt Bautzen. Tobias Wunschik und Ulrich Müller (BStU) sei herzlich für ihre hilfreichen Hinweise und engagierten Recherchen gedankt. Dank auch an die JVA für die Möglichkeit der Einsichtnahme in Unterlagen zu den Bautzener Haftanstalten. Namentlich seien hier besonders Regina Große, Annegret und Gerd Meisel erwähnt, die uns stets so freundlich unterstützten und geduldig all unsere Fragen beantworteten.

Bautzen im August 2001 — Karl Wilhelm Fricke/Silke Klewin

Der Strafvollzug in der DDR

Prinzipien und Struktur

Nach herrschender Meinung, die in der DDR die Meinung der Herrschenden war, verstand sich das „sozialistische Recht“ im Staat der SED als der zum Gesetz erhobene Wille der Arbeiterklasse, artikuliert durch die Partei der Arbeiterklasse. Im Sinne dieser Auffassung war auch das „sozialistische Strafrecht“ als ein wirksames Mittel zur Durchsetzung und Sicherung der Diktatur der SED zu begreifen.[7] Diese politische Instrumentalisierung von Strafrecht und Strafjustiz musste sich auf den Strafvollzug prägend auswirken.[8] Ungeachtet mancher Wandlungen bot er ein Spiegelbild spättotalitärer Herrschaft. DDR-Strafrechtsideologen selbst haben – wenn auch in ihrem Sprachgebrauch – diesen Zusammenhang hervorgehoben. „Bei Betrachtungen zum Strafvollzug ist davon auszugehen, dass er sich immer nur in Abhängigkeit von den gegebenen gesellschaftlichen Grundlagen entwickeln kann. Die Geschichte des Strafvollzuges in der DDR ist deshalb in erster Linie dadurch gekennzeichnet, dass sich die seit 1945 unter der Führung der Partei der Arbeiterklasse geschaffenen neuen gesellschaftlichen Verhältnisse auch im Strafvollzug auszuwirken begannen.“[9] Die Retrospektive verleiht dieser Feststellung eine tiefere Sinngebung, als ihrem Autor seinerzeit bewusst gewesen sein dürfte. Auch der Strafvollzug in den beiden Gefängnissen in Bautzen ließ das erkennen, insoweit jeder Kurswechsel in der Politik der SED konkret auch auf die Bedingungen des Strafvollzuges durchschlug.

Grundsätzlich war dem Strafvollzug in der DDR eine erzieherische Funktion zugewiesen. Der straffällig gewordene Bürger sollte im Strafvollzug „erzogen“ werden. Konzeptionell war dies schon in Artikel 137 der DDR-Verfassung vom 7. Oktober 1949 niedergelegt worden: „Der Strafvollzug beruht auf dem Gedanken der Erziehung der Besserungsfähigen durch gemeinsame produktive Arbeit.“[10] Formal wurde an diesem Prinzip bis zur Endzeit der DDR festgehalten. „Der Strafvollzug und die sichere Verwahrung von Strafgefangenen in Strafvollzugseinrichtungen und Jugendhäusern haben das Ziel, den Verurteilten ihre Verantwortung als Mitglieder der Gesellschaft bewußt zu machen, sie dazu zu erziehen, künftig die Gesetze einzuhalten und ihr Leben verantwortungsbewußt zu gestalten“, hieß es in einem noch 1988 herausgegebenen Rechtslexikon, das offiziösen Charakter hatte. „Zur

Erziehung im Strafvollzug gehören: gesellschaftlich nützliche Arbeit, staatsbürgerliche Schulung, Durchsetzung von Ordnung und Disziplin, allgemeine und berufliche Bildungsmaßnahmen, insbesondere für Jugendliche, sowie kulturelle und sportliche Betätigung und Mitwirkung der Strafgefangenen am Erziehungsprozeß."[11] Im Rahmen der vorliegenden Darstellung wird nachprüfbar sein, wie die Realität des Strafvollzugs in Bautzen II dieser Prämisse genügt hat.

Es lag an den politischen Verhältnissen, wenn der Gedanke der Erziehung im Strafvollzug von dem Prinzip der Unterdrückung überlagert wurde, soweit Rechtsbrecher im Sinne der SED-Diktatur gleichsam als „besserungsunfähig" angesehen wurden. „In der Deutschen Demokratischen Republik übt also die Strafe [...] eine doppelte Funktion aus: eine Unterdrückungs- und eine Erziehungsfunktion. Sie bilden eine untrennbare dialektische Einheit [...] Die Repressiv- und die Erziehungsfunktion der Strafe finden ihren Niederschlag in konkreten, gesellschaftlich-politischen Zielen, die vom Arbeiter-und-Bauern-Staat mit der Anwendung von Strafen verfolgt werden und deshalb sowohl bei ihrer generellen gesetzlichen Androhung als auch bei ihrer Verhängung und Vollstreckung im Einzelfall von den betreffenden Staatsorganen in Rechnung gestellt werden müssen."[12] In Bautzen II kam dieser dialektische Zusammenhang besonders zum Tragen. Das ergab sich aus dem Charakter als Sonderhaftanstalt unter MfS-Kontrolle mit einem überdurchschnittlich hohen Anteil von „Staatsfeinden" unter den Gefangenen – von politisch Andersdenkenden, Systemgegnern, Fluchthelfern, „Agenten" und Überzeugungstätern aller Art, die in der DDR nach den Normen des strafrechtlichen Regimeschutzes verurteilt worden waren.

In Bautzen II wurde der Gegensatz von Unterdrückung und Erziehung im Strafvollzug gleichsam in der „Erziehung durch Zwang" aufgehoben. Primär war der Strafe die Funktion zugeschrieben, „den Widerstand der Feinde des werktätigen Volkes, die den gesellschaftlichen Fortschritt aufzuhalten und die kapitalistische Ordnung zu restaurieren versuchen, wie auch andere besonders gefährliche verbrecherische Angriffe gegen die bestehenden gesellschaftlichen Verhältnisse zu unterdrücken sowie die Menschen durch den mit der Strafe angewandten Zwang zu erziehen"[13]. Im Alltag des Strafvollzuges musste diese Auffassung unvermeidlich zu einer Überbetonung der Disziplin führen. „Die Regel war nicht Erziehung zur bewussten Einhaltung von maßvoller Ordnung und Disziplin, sondern Ordnung und Disziplin vor und anstelle von Erziehung."[14] Bei politischen Häftlingen hatte die repressive „Erziehung" in der Regel zur Folge, dass sie sich in ihren regimefeindlichen Einstellungen bestätigt und bestärkt fühlten.

Strukturell war der Strafvollzug in der DDR, der ursprünglich Sache der Justizverwaltung war, bereits wenige Monate nach Gründung des zweiten deutschen Staates in die Zuständigkeit des Ministeriums des Innern verlagert worden. Der erste Schritt wurde getan, als das Sekretariat beim Parteivorstand der SED am 15. Mai 1950 beschloss, dass „der gesamte

Strafvollzug an den nach Befehl 201 verurteilten Personen[15] [...] der Leitung der Hauptverwaltung der Deutschen Volkspolizei (Hauptabteilung Haftsachen) unterstellt"[16] wurde. Aus der Sicht der SED galt die Volkspolizei damals als politisch zuverlässiger als der zu diesem Zeitpunkt personell noch nicht erneuerte Justizvollzugsdienst. Johannes Warnke, seinerzeit Staatssekretär im MdI, bestätigte den Beschluss am 24. Mai 1950 durch einen Aktenvermerk zur Vereinheitlichung des Strafvollzuges. „Es hat sich als notwendig erwiesen, daß der gesamte Strafvollzug an den nach Befehl 201 verurteilten Personen ab sofort der Leitung der HV DVP/HA. HS unterstellt wird. Das Ministerium für Justiz hat sofort dafür Sorge zu tragen, daß die mit Insassen nach Befehl 201 belegten Strafvollzugsanstalten mit allen Einrichtungen, mit ihren Stellenplänen und Haushaltsmitteln dem Ministerium des Innern – HV DVP/HA. HS – zu übergeben sind."[17] Die in den Justizvollzugsanstalten befindlichen und nicht nach Befehl 201 verurteilten Häftlinge sollten in andere Anstalten überführt werden. Innerhalb weniger Monate war die herkömmliche Struktur des Strafvollzuges in der DDR tiefgreifend verändert worden.

Nachdem die Volkspolizei als Organ des MdI im Frühjahr 1950 de facto eine Reihe von Gefängnissen und Zuchthäusern in ihre Verwaltung übernommen hatte, wurde ihr auch de jure die Zuständigkeit für den Strafvollzug zugewiesen. Unter dem 16. November 1950 erließ die Regierung der DDR eine Verordnung zur Übertragung der Geschäfte des Strafvollzuges auf das Ministerium des Innern der Deutschen Demokratischen Republik,[18] durch die „im Interesse der einheitlichen Durchführung des Strafvollzugs" verfügt wurde, dass Durchführung und Verwaltung des Strafvollzuges, „insbesondere die Verwaltung sämtlicher Strafvollzugsanstalten", zur „Sache der Republik" erklärt und dem Ministerium des Innern „übertragen", mithin aus der Zuständigkeit der Landesjustizministerien herausgelöst wurden. „Der Strafvollzug wurde damit einem zentralen bewaffneten Machtinstrument in die Hände gegeben, um die seit 1948 immer deutlicher werdenden Zentralisierungsbestrebungen im staatlichen Repressionsbereich stärker durchsetzen zu können. Ausdruck dieser Bestrebungen war auch die Entlassung bzw. die Nichtübernahme in ein VP-Dienstverhältnis einer großen Anzahl der im Strafvollzug tätigen Justizangestellten."[19]

Unter den 15 Vollzugsanstalten, Haftarbeitslagern und Haftkrankenhäusern, deren Verwaltung dem MdI laut Erster Durchführungsbestimmung[20] vom 23. Dezember 1950 mit Wirkung vom 1. Januar 1951 übertragen wurde, war auch die Strafvollzugsanstalt Bautzen II aufgeführt. Bautzen II unterstand fortan dem MdI.

In einer Zweiten Durchführungsbestimmung[21], die am 5. Mai 1952 vom Ministerium der Justiz und vom Ministerium des Innern gemeinsam erlassen wurde, ging mit Wirkung vom 1. Juli 1952 „die Verwaltung aller Justizhaftanstalten, Justizjugendhäuser und Haftkrankenhäuser auf das Ministerium des Innern der Regierung der Deutschen Demokratischen Republik über".

Mit der Zuständigkeitsverlagerung war nicht lediglich eine Kompetenzverschiebung von der Justiz zur Volkspolizei vorgenommen worden. Durch sie nahm die Strafvollzugspolitik auch eine andere Qualität an. Gegenüber dem für die Justiz verbindlichen Erziehungsgedanken trat die Unterdrückungs- und Sicherungsfunktion des Strafvollzugs stärker hervor. Sie wurde durch die Volkspolizei mit Härte und Entschlossenheit durchgesetzt. Der DDR-Strafvollzug war mit dieser Umstellung dem sowjetischen Beispiel angeglichen: Auch in der UdSSR war die Verwaltung der Gefängnisse und Zwangsarbeitslager nicht dem Justiz-, sondern dem Innenministerium zugeordnet.

Die administrative Spitze des DDR-Gefängniswesens war intern schon unmittelbar nach Bildung der DDR-Regierung umstrukturiert worden. Im MdI in Ostberlin wurde eine Verwaltungseinheit geschaffen, die zunächst als „Hauptabteilung X" und ab Januar 1950 als „Hauptabteilung Haftsachen/Strafvollzug" bezeichnet wurde. Im Dezember 1950 wurde sie der Hauptverwaltung Deutsche Volkspolizei im MdI unterstellt und in „Hauptabteilung Strafvollzug" umbenannt. 1956 erneut aus der HV DVP herausgelöst, ging aus ihr die „Verwaltung Strafvollzug" als eigene Struktureinheit innerhalb des MdI hervor.[22]

Auf mittlerer Ebene waren die 1952 im Zuge der Umwandlung der 5 Länder in der DDR in 14 Bezirke geschaffenen Bezirksbehörden der Deutschen Volkspolizei auch für den Strafvollzug unmittelbar zuständig, das heißt, ihre jeweilige Abteilung Strafvollzug war zwischen die Zentrale des Strafvollzuges in Ostberlin und die Strafvollzugseinrichtungen in der jeweiligen Region geschaltet. „Sie fungierten als regionale ‚Schaltzentren' des Gefängniswesens und waren zu Beginn des Jahres 1951 – zunächst auf Länderebene – gebildet worden."[23] Formal unterstand der Leiter einer Strafvollzugsanstalt somit der regional zuständigen VP-Bezirksverwaltung, in der jeweils ein stellvertretender Bezirkspolizeichef für die Abteilung Strafvollzug verantwortlich war.

Bezeichnenderweise ging der Strafvollzug der DDR in der Zuständigkeit des MdI frühzeitig dazu über, das Arbeitskräftepotential der Strafgefangenen für die staatliche Planwirtschaft nutzbar zu machen. „Die konkrete Strafvollzugspolitik setzte eindeutig auf einen sicheren, ökonomisch effektiven Strafvollzug." Entscheidend waren in diesem Kontext das „Primat der Sicherheit" und das „Diktat der Ökonomie".[24] Allerdings war das in den ersten Jahren der DDR infolge Mangels an geeigneten Werk- und Produktionsstätten kein einfach und kurzfristig zu lösendes Problem. Es fehlten die Arbeitsmöglichkeiten.

Eine erste juristische Regelung erfuhr die Ausbeutung der Arbeitskraft im Strafvollzug durch die Verordnung über die Beschäftigung von Strafgefangenen[25], die die Regierung am 3. April 1952 erließ. Ihr Sinn bestand darin, wie in der Präambel unter Rückgriff auf Artikel 137 der DDR-Verfassung ausdrücklich formuliert worden war, „den Strafgefangenen die Möglichkeit zu geben, ihre Arbeitskraft für Aufgaben der Volkswirtschaft einzusetzen". Es wird noch darzulegen sein, welche Auswirkungen die Verordnung auf den Strafvollzug speziell in Bautzen II zeitigen sollte.

Nähere inhaltliche Bestimmungen des Gesetzgebers zum Strafvollzug in der DDR sollten lange Zeit auf sich warten lassen. Erst in dem Erlass des Staatsrates der DDR über die grundsätzlichen Aufgaben und die Arbeitsweise der Organe der Rechtspflege vom 4. April 1963 waren einige richtungweisende Gedanken auch zum Strafvollzug niedergelegt. Sie bestimmten seine Aufgabe dahingehend, die zu Freiheitsstrafen Verurteilten „von der unmittelbaren Einwirkung auf das Leben der Gesellschaft auszuschließen" und „durch eine vom Strafzweck bestimmte Differenzierung der Ordnung und Verhaltensregeln, der kollektiven, gesellschaftlich nützlichen Arbeit und politisch-kulturellen Einwirkung zur Achtung der Gesetzlichkeit und zur Einhaltung der Regeln des gesellschaftlichen Zusammenlebens zu erziehen"[26]. Selbstverständlich blieb es bei der Zuständigkeit des Ministeriums des Innern für den Strafvollzug.

Eine ausführliche und detaillierte Regelung erging durch die Vorläufige Ordnung über die Durchführung des Strafvollzuges (Strafvollzugsordnung) vom 25. Juni 1965, die der Minister des Innern und Chef der Deutschen Volkspolizei, Friedrich Dickel, unter ausdrücklicher Bezugnahme auf die im Rechtspflege-Erlass umrissenen Aufgaben und Bestimmungen zum Strafvollzug erließ.[27] Sie trat am 1. März 1965 in Kraft und ersetzte eine Reihe interner Dienstvorschriften, Dienstanweisungen und Direktiven, die bis dahin den Strafvollzug normativ geregelt hatten.

Eine juristisch neue Situation trat ein, als die Volkskammer der DDR am 12. Januar 1968 ein besonderes Gesetz über den Vollzug von Strafen mit Freiheitsentzug und über die Wiedereingliederung Strafentlassener in das gesellschaftliche Leben (Strafvollzugs- und Wiedereingliederungsgesetz)[28] beschloss. Nach seinen Bestimmungen zielte der Strafvollzug auf „die Durchsetzung der Ordnungs- und Verhaltensregeln, den Einsatz der Strafgefangenen zu gesellschaftlich nützlicher Arbeit, die staatsbürgerliche Erziehung und Bildung sowie die sinnvolle Anwendung von Anerkennungen und Disziplinarmaßnahmen". Zur wirksameren Erziehung schrieb das Gesetz drei Strafvollzugskategorien vor, die sich in Härte und Strenge voneinander unterscheiden sollten. Aufgaben und Struktur der Vollzugsorgane blieben im wesentlichen unverändert. Die Verwaltung Strafvollzug im MdI wurde zum „obersten Vollzugsorgan" erklärt. Lediglich der Vollzug von Freiheitsstrafen an Militärpersonen sowie von Strafarrest konnte „bei militärischer Notwendigkeit" durch Organe des Ministeriums für Nationale Verteidigung erfolgen.[29]

Das Strafvollzugs- und Wiedereingliederungsgesetz, das in 69 Paragrafen Ziel und Inhalt des Vollzuges von Strafen mit Freiheitsentzug normierte, Rechte und Pflichten von Strafgefangenen definierte sowie Grundsätze für die gesellschaftliche Wiedereingliederung aufstellte, erwies sich schon nach knapp fünf Jahren als veränderungsbedürftig. Durch das Gesetz vom 19. Dezember 1974 wurden neun seiner Paragrafen hauptsächlich im Hinblick auf eine verstärkte Differenzierung des Vollzuges der Freiheitsstrafe und der Arbeitserziehung revidiert.[30] Die verstärkte Differenzierung des Strafvollzuges, erkennbar an der Erweiterung der Vollzugskategorien auf vier, erwies sich indes als wenig praktikabel. So überraschte es nicht, als am 7. April 1977 ein neues Gesetz über den Vollzug der Strafen mit Freiheitsentzug (Strafvollzugsgesetz)[31] erging. Die vierfache Differenzierung wurde zugunsten einer zweifachen aufgegeben. Fortan kannte der DDR-Strafvollzug nur noch eine „allgemeine" und eine „erleichterte" Kategorie beim Vollzug der Freiheitsstrafe. Im Übrigen ließen die 68 Paragrafen des neuen Strafvollzugsgesetzes Zuständigkeit und Struktur der Verwaltung des Gefängniswesens unverändert.

Ungeachtet dieser Regelungen zum Strafvollzug selbst hielt das Strafrecht der DDR bis 1987 an der Todesstrafe fest. Als schwerste strafrechtliche Sanktion blieb sie für Verbrechen besonderer Tragweite, namentlich für „Staatsverbrechen", bis zu diesem Zeitpunkt eine mögliche Option der Bestrafung. Erst 1987 wurde die Todesstrafe abgeschafft – zunächst durch einen Staatsratsbeschluss vom 17. Juli 1987, der durch das 4. Strafrechtsänderungsgesetz vom 18. Dezember 1987 bestätigt wurde.[32]

Der Einfluss des MfS auf den Strafvollzug

Als „Schild und Schwert der Partei" war das Ministerium für Staatssicherheit konstitutives Herrschaftsinstrument der SED. In ihm waren politische Überwachungs- und Unterdrückungsfunktionen in der DDR mit geheimdienstlichen Aufklärungs- und Diversionsfunktionen nach außen gebündelt. Seine Aufgaben schlossen außerdem die Zuständigkeit eines mit exekutiven Befugnissen ausgestatteten Untersuchungsorgans für bestimmte politische Strafverfahren ein, speziell bei „Staatsverbrechen". Spezifische Personenschutz- und Objektsicherungsfunktionen oblagen dem Wachregiment „Feliks Dzierżyński", das als Verfügungstruppe des MfS zuletzt Divisionsstärke erreicht hatte. Die Untersuchungsorgane des MfS in Gestalt der Hauptabteilung IX und der ihr auf Bezirksebene nachgeordneten Abteilungen IX mit insgesamt 1244 hauptamtlichen Mitarbeitern im Jahre 1989 waren bei Verdacht auf „Staatsverbrechen" für Ermittlungen und Untersuchungen zuständig.[33]

Zum Vollzug von Untersuchungshaft verfügte das MfS über insgesamt 17 eigene Gefängnisse in Ostberlin und den Bezirksstädten der DDR, die formal zwar der Kontrolle durch die Staatsanwaltschaft unterliegen sollten, faktisch aber jeder wirksamen Kontrolle entzogen waren. In diesen Gefängnissen waren Geständniserpressung durch physische oder psychische

Folter keine Seltenheit, wenn auch die grob-brutalen Methoden der fünfziger Jahre später durch subtilen Terror wie Isolationshaft, Schlafentzug und andere „Zersetzungsmaßnahmen“ ersetzt wurden. Was dem MfS fehlte, waren eigene Strafvollzugsanstalten.

Dieses Defizit suchte die Staatssicherheit auszugleichen, indem sie die dem Ministerium des Innern unterstellten Strafvollzugsanstalten zielgerichtet ihrer offiziellen und inoffiziellen Kontrolle unterwarf. Sowohl die Verwaltung Strafvollzug im MdI als auch jede einzelne Strafvollzugsanstalt stand seit 1950 unter „politisch-operativer“ Kontrolle des Ministeriums für Staatssicherheit. Zuständig war dafür die Hauptabteilung VII. In ihr bündelten sich alle Kompetenzen für die innere Sicherung und abwehrmäßige Abschirmung des Ministeriums des Innern sowie seiner Organe und Dienstzweige.[34] Nachgeordnet waren ihr Abteilungen und (wo erforderlich) Referate in den Dienststellen des MfS auf Bezirks- und Kreisebene – den Diensteinheiten der „Linie VII“ –, wobei die Leiter der MfS-Bezirksverwaltungen vorbehaltlich der Genehmigung der Ostberliner Zentrale festlegten, welche Gefängnisse in ihrem Bezirk von der Abteilung VII der Bezirksverwaltung und welche von den örtlich zuständigen Kreisdienststellen zu sichern waren.

Unmittelbar oblag die „Sicherung der Verwaltung Strafvollzug und von Strafvollzugseinrichtungen“ im MfS der Abteilung 8 der Hauptabteilung VII. Sie war für die „abwehrmäßige Sicherung des Personalbestandes der Verwaltung Strafvollzug“ sowie für die „eigenständige politisch-operative Arbeit in ausgewählten Strafvollzugseinrichtungen unter Strafgefangenen“ verantwortlich. „In sogenannten Leitakten zu den einzelnen Haftanstalten sammelte der Mielke-Dienst alle wichtigen Informationen zu Personal, den Inhaftierten, der Zellenbelegung, der Vorgangsarbeit sowie den örtlichen Sicherheitsvorkehrungen. In den größeren Haftanstalten war der Staatssicherheitsdienst durch eine mehrköpfige so genannte Operativgruppe sogar vor Ort präsent. Die hauptamtlichen MfS-Mitarbeiter arbeiteten dort, wie es in einer Anweisung aus den fünfziger Jahren eindeutig hieß, ‚unter Einhaltung der Konspiration als Angehörige der Volkspolizei. Sie tragen die Uniform der VP. [...] Der Sachbearbeiter, der die Wachmannschaften bearbeitet, ist der Verantwortliche für das gesamte Objekt. Er hat mit den anderen Sachbearbeitern, die unter den Häftlingen arbeiten, die Arbeit zu koordinieren und anzuleiten.‘“[35] Häufig befanden sich Offiziere im besonderen Einsatz (OibE) in Schlüsselpositionen des Strafvollzuges. „Zu Beginn der siebziger Jahre agierten allein in der Verwaltung Strafvollzug in Berlin sieben OibE.“[36]

Über die weitreichenden Aufgaben, die dem Staatssicherheitsdienst zur „politisch-operativen Arbeit im Organ Strafvollzug“ zugewiesen waren, wurden seit den fünfziger Jahren ausführliche, bis in letzte Details ausgearbeitete Dienstanweisungen erlassen.[37] Ihre Analyse lässt einen umfangreichen Aufgabenkatalog erkennen, der in der Hauptsache auf die Über-

wachung und Kontrolle sowohl der Strafgefangenen als auch der im Strafvollzug tätigen VP-Angehörigen, Zivilbeschäftigten und der Betriebsangehörigen der Arbeitseinsatzbetriebe abzielte.
Im Einzelnen hatten die Leiter der „für die politisch-operative Abwehrarbeit im Strafvollzug verantwortlichen Diensteinheiten" zu gewährleisten, dass „die politisch-operativen Kräfte, Mittel und Methoden konzentriert und in hoher Qualität zur Aufdeckung und Bekämpfung der gegen den Strafvollzug gerichteten feindlich-negativen Pläne, Absichten, Maßnahmen, Mittel und Methoden eingesetzt werden", dass „die vorbeugende politisch-operative Arbeit zur wirksamen Aufklärung und Verhinderung aller die Sicherheit und Ordnung beeinträchtigenden Erscheinungen, insbesondere des feindlich-negativen Auftretens von Straf- und Untersuchungsgefangenen weiter qualifiziert wird" und dass „eine ständige Qualifizierung und Vervollkommnung der inoffiziellen Kräfte, Mittel und Methoden erfolgt und die IM/GMS[38] unter den Angehörigen des Organs Strafvollzug, den Angehörigen der Arbeitseinsatzbetriebe sowie unter dem Gefangenenbestand zielgerichtet und mit hoher Wirksamkeit zur Sicherung der Schwerpunktbereiche und Lösung der politisch-operativen Schwerpunkte, insbesondere zur Aufklärung und Verhinderung der bekannten bzw. zu erwartenden feindlich-negativen Aktivitäten eingesetzt werden"[39]. Die Aufgabenstellung des MfS im Strafvollzug konnte kaum umfangreicher definiert sein, aber die Realität dürfte ihr nicht einmal in Bautzen II auch nur annähernd entsprochen haben.
Konkret war die jeweils in einer Strafvollzugseinrichtung eingesetzte „Operativgruppe" des MfS – nicht zu verwechseln mit einer „Arbeitsgruppe Operativ" als Diensteinheit des Strafvollzuges – für die politisch-operative, „abwehrmäßige" Sicherung des Strafvollzuges verantwortlich. Sie hatte zu diesem Zweck die Strafvollzugsanstalt mit einem Netz inoffizieller Mitarbeiter überzogen, für das IM sowohl unter den SV-Angehörigen als auch unter den Strafgefangenen verpflichtet wurden. „Die Durchdringung des DDR-Gefängniswesens mit Zuträgern des Staatssicherheitsdienstes war derart intensiv, dass in der Verwaltung Strafvollzug, also der ‚Schaltzentrale' des ostdeutschen Gefängniswesens, von den dort beschäftigten 59 Mitarbeitern 20 dem MfS zu Diensten waren"[40] – eine Feststellung, die den im Jahre 1979 erreichten Stand wiedergibt. „Der IM-Bestand der Linie VII rekrutierte sich je etwa zur Hälfte aus Mitarbeitern des Strafvollzugs und aus Gefangenen. Gerade diese Kombination erwies sich als nützlich, weil durch die Verpflichtung von Aufsehern und Erziehern die Treffs mit den Häftlingen gut abgesichert werden konnten."[41] Im Alltag des Strafvollzuges standen besonders häufig die Hausarbeiter, die so genannten Kalfaktoren, im Dienst des MfS. Ihr Einsatz in anstaltsinternen Hilfsfunktionen erlaubte ihnen unauffällige Kontakte zu anderen Gefangenen wie zum Aufsichtspersonal, wodurch sich für die IM vielfältige Einsatzmöglichkeiten ergaben.
Da Spitzeldienste mit Vergünstigungen oder Hafterleichterungen entgolten

wurden, fiel die Gewinnung von IM im Strafvollzug durch die Staatssicherheit verhältnismäßig leicht. Nicht selten geriet sie zur Nötigung von Strafgefangenen mit dem Argument einer angeblichen „Verpflichtung zur Wiedergutmachung“ ihrer Straftat.
Für das Binnenklima des Strafvollzuges war es bezeichnend, dass nicht nur die Gefangenen bespitzelt wurden, sondern auch die Offiziere und Wachtmeister des Strafvollzugsdienstes sowie die Zivilbeschäftigten und die Meister der Arbeitseinsatzbetriebe. Auch andere MfS-Abteilungen wurden im Strafvollzug aktiv: Die Einheiten der Linien XVIII und XIX waren für die Überwachung der Betriebe zuständig, in denen Gefangene zur Arbeit eingesetzt wurden.[42] Die Hauptabteilung IX, die Untersuchungs- und Ermittlungsabteilung des MfS, identifizierte solche Gefangene, die entweder besonders überwacht oder die für eine Werbung als Zelleninformant für besonders geeignet gehalten wurden, und avisierte sie der Hauptabteilung VII. Hierbei war offensichtlich bezweckt, Gefangene, die aufgrund einer vom MfS durchgeführten Ermittlung verurteilt und inhaftiert worden waren, weiterhin unter besonderer Kontrolle zu halten. Niemand war vor Bespitzelung sicher.

Bautzen II als Sonderobjekt des MfS

Bautzen II nahm innerhalb des Strafvollzugssystems der DDR eine Sonderrolle ein. Der letzte Anstaltsleiter, Oberstleutnant Horst Alex, erklärte einem westdeutschen Journalisten am 9. Dezember 1989 in Bautzen II: „Falschgelaufen ist hier sicherlich, daß wir von unserem Stellungsverhältnis her, als Organ Strafvollzug zugehörig zum ehemaligen MdI, jetzt MfIA, nicht die Eigenständigkeit über diese Einrichtung hatten.“[43] Das MfS hielt in Bautzen II die Zügel in der Hand. Der unmittelbare Betrieb der Haftanstalt blieb dem „Organ Strafvollzug“ vorbehalten, einer Struktureinheit im Verantwortungsbereich des Ministers des Innern und Chefs der Deutschen Volkspolizei mit der Verwaltung Strafvollzug als administrativer Spitze und der Abteilung Strafvollzug in der Bezirksbehörde Deutsche Volkspolizei auf bezirklicher Ebene. Die Zuständigkeit der Volkspolizei für den Strafvollzug bot nicht nur arbeitsökonomische Vorteile, sondern diente vor allem auch „der politischen Optik“[44] und hatte eine legalitätsstiftende Funktion. De jure unterstand die Strafvollzugsanstalt Bautzen II zu jeder Zeit – wie alle anderen Strafvollzugseinrichtungen der DDR auch – dem Ministerium des Innern bzw. der Deutschen Volkspolizei. Dieses rein formale Unterstellungsverhältnis blieb bis zum Ende der DDR bestehen, sagt aber nichts über die wahren Machtverhältnisse aus. Es bezeugt vielmehr, dass das SED-Regime bemüht war, Rechtsförmigkeit zu inszenieren. Denn de facto unterstand das Haus in allen wesentlichen Fragen der Weisung und Kontrolle des MfS, konkret der Hauptabteilung IX, dem Untersuchungsorgan. Die Hauptabteilung IX war in Bautzen II zuständig für die Einweisung der Gefangenen, die Kontrolle des Haftalltags der Gefangenen und die Überwachung ihrer Außenkontakte. Die Kontrolle des Personals und die Außensicherung des Gewahrsams übernahm auch hier – wie in den anderen Vollzugseinrichtungen – die Linie VII.

„[Das Gefängnis] ist profiliert für den Vollzug von Strafen mit Freiheitsentzug an besonders gefährlichen Rechtsbrechern. Daraus ergibt sich das Erfordernis eines besonders engen Zusammenwirkens mit den Sicherheitsorganen des Ministeriums für Staatssicherheit."[45] So beschrieb Anstaltsleiter Alex 1986 die besondere Stellung von Bautzen II. Seit 1956 wurden in diesem Gewahrsam vorrangig Personen konzentriert, die als besonders staatsgefährdend galten. Im August 1956 wies das SED-Regime Bautzen II die spezifische Funktion als Sonderhaftanstalt unter MfS-Kontrolle zu. Bis zum Ende der realsozialistischen Diktatur in der DDR diente Bautzen II als Hochsicherheitsgefängnis für ganz spezielle Kategorien von Gefangenen.

Die Erstbelegung von Bautzen II als Sonderstrafvollzugsanstalt unter MfS-Kontrolle erfolgte in der Nacht zum 9. August 1956, als laut Gefangenenbuch 124 zumeist politische Strafgefangene aus Haus IV der Strafvollzugsanstalt Brandenburg-Görden in einem geschlossenen Konvoi überführt und eingeliefert wurden. Es waren zunächst ausschließlich männliche Häftlinge, mit denen das Gefängnis belegt wurde. Sie waren schon in Brandenburg-Görden einem besonderen Haftregime unterworfen gewesen und zumeist in Einzelhaft „verwahrt" worden. Seit dem 22. Juli 1963 wurden auch weibliche Strafgefangene zur Verbüßung ihrer Haftstrafe nach Bautzen II eingewiesen.

Obwohl das „Objekt II" bis 1963 keine selbstständige Einrichtung, sondern mit Bautzen I administrativ verbunden war, wurde bereits damals seine Sonderstellung intern notiert. „Die im Vergleich zur Strafvollzugsanstalt Bautzen I wesentlich geringere Anzahl von Strafgefangenen des [...] Objektes II unterstehen [sic!] in einer Reihe von entscheidenden Fragen dem Ministerium für Staatssicherheit."[46]

Mit Wirkung vom 1. Februar 1963 wurde Bautzen II als eigenständige Einrichtung etabliert. Ein Schreiben des Leiters des „Objektes II" an die BDVP Dresden vom 8. Januar 1963 erläutert: „Wenn auch im Objekt II die Grundfragen des Strafvollzuges volle Anwendung finden, so gibt es doch eine Anzahl von Besonderheiten zu beachten, die sich aus dem Charakter der Delikte und der Täterpersönlichkeit ergeben. Anhand des gegenwärtigen Standes der Entwicklung im Objekt II und besseren Durchsetzung der gestellten Anforderungen ist es erforderlich, daß das Objekt seine Selbständigkeit erhält."[47] Das hatte nicht nur die Ernennung eines eigenverantwortlichen Leiters zur Folge, sondern stärkte auch den Einfluss der Staatssicherheit. Während für die „politisch-operative Sicherung" des Gewahrsams bis dahin die in Bautzen I eingesetzte MfS-Operativgruppe der Abteilung VII mitverantwortlich gewesen war, wurde zur Intensivierung der Stasi-Kontrolle in Bautzen II nun zusätzlich ein eigener Verbindungsoffizier der Hauptabteilung IX des MfS vor Ort tätig, ein offiziell so genannter Offizier für Sonderaufgaben (OfS). Attachiert wurde der bzw. wurden die Verbindungsoffiziere – zeitweilig waren auch zwei OfS der Hauptabteilung IX in Bautzen II eingesetzt – zwischen 1972 und 1985 von einem Offizier im besonderen Einsatz. Der Anstaltsleiter Horst Faedtke war in dieser Zeit hauptamtlicher Mitarbeiter der Hauptabteilung IX – legendiert als Angehöriger des Strafvollzuges.

Spätestens seit 1963 lagen wesentliche Entscheidungsbefugnisse bei der Hauptabteilung IX des MfS. Diese Hauptabteilung, eine Erich Mielke direkt untergeordnete Diensteinheit, damals unter Leitung von Oberst Werner Heinitz[48], stellte wie gesagt an sich das Untersuchungsorgan der Staatssicherheit dar. Ihr Aufgabenprofil umfasste die Bearbeitung von Untersuchungsvorgängen auf der Basis eingeleiteter Ermittlungsverfahren im Sinne der Strafprozessordnung in allen politisch relevant erscheinenden Strafsachen. In der Regel endete ein Untersuchungsverfahren mit der Vorlage eines Schlussberichts, anhand dessen die Staatsanwaltschaft eine Anklageschrift erarbeitete.[49]

Eine Antwort auf die Frage, warum gerade dem Stasi-Untersuchungsorgan wesentliche Kontrollfunktionen über Bautzen II übertragen wurden, ist einer MfS-internen Expertise über die IM-Arbeit in Bautzen II zu entnehmen: „Ausgehend von den gewachsenen Sicherheitserfordernissen machte sich im zunehmenden Maße, insbesondere nach 1961, die Einweisung von Staatsverbrechern, deren Ermittlungsverfahren durch die Linie IX bearbeitet wurden, zur Strafverbüßung in eine gesonderte Einrichtung erforderlich. In Abstimmung zwischen der Leitung der HA IX und der Verwaltung Strafvollzug wurde im Jahre 1963 festgelegt, diese Straftäterkategorie zur Strafverbüßung in der StVE Bautzen II unterzubringen. Dabei wurde gleichzeitig vereinbart, dass unter voller Wahrnehmung der strukturmäßigen Verantwortung durch die Verwaltung Strafvollzug die Einweisung von rechtskräftig verurteilten Personen zur Strafverbüßung in die StVE Bautzen II durch die Leitung der HA IX erfolgt."[50] Das Untersuchungsorgan des MfS sicherte sich somit seinen weiteren direkten Zugriff auf die Häftlinge und konnte seine Ermittlungstätigkeiten in den Strafvollzug hinein verlängern. Diese Festlegung aus dem Jahre 1963 fixierte eine Praxis, die sehr wahrscheinlich bereits seit 1956 ausgeübt wurde.

Die oben zitierten „Maßnahmen zur Durchführung einer zielgerichteteren und planmäßigeren politisch-operativen Arbeit in der StVA Bautzen II"[51] wurden von Oberstleutnant Rolf Fister[52], seinerzeit stellvertretender Leiter der Hauptabteilung IX des MfS, am 15. Januar 1968 veranlasst. Sie dokumentierten das besondere Regime in diesem Gewahrsam. In seiner Anordnung wurde unmissverständlich hervorgehoben, dass für Bautzen II „die verschiedensten Kategorien der vom Ministerium für Staatssicherheit bearbeiteten Strafgefangenen wie Westberliner, Westdeutsche und ausländische Staatsangehörige, ehemalige Mitarbeiter [des MfS], IMs und solche Bürger der DDR" vorgesehen waren, „die unter Anwendung der raffiniertesten Mittel und Methoden gefährliche Staatsverbrechen begangen haben".

Die angeordneten Maßnahmen betrafen konkret den Einsatz von Hauptmann Hans Kempe, dem ersten Offizier für Sonderaufgaben des MfS in Bautzen II. Seine Tätigkeit hatte „grundsätzlich auf der Grundlage der Funktionsmerkmale der Hauptabteilung IX zu erfolgen". Sie war darauf abgestellt, im Gefängnis ein „inoffizielles Netz" aufzubauen, um die Strafgefangenen unter besonderer Kontrolle zu halten und etwaige, während der Untersuchungshaft nicht geklärte Umstände und Zusammenhänge einer Straftat auch nach der Verurteilung noch klären zu können. „Weiterhin soll[te] damit vorbeugend zur politisch-ideologischen Zersetzung feindlicher Gruppierungen, zur politischen Isolierung von Strafgefangenen mit extrem feindlicher Grundhaltung und zur Verhinderung von Versuchen des Ausbruchs, der Verbindungsaufnahme und der Liberalisierung von Angehörigen der Deutschen Volkspolizei beigetragen werden."[53] Die politisch-repressive Funktion des Strafvollzuges in Bautzen II war damit unmissverständlich bekräftigt worden.

Vollständige Kontrolle der Einweisungen nach Bautzen II durch das MfS

Die besondere Beziehung zwischen Bautzen II und dem MfS demonstrierte vor allem die Einweisungspraxis. Die Dienstanweisung Nr. 30/63 des Ministers des Innern, Karl Maron, bestimmte ausdrücklich: „Einlieferungen in die Strafvollzugsanstalt Bautzen II werden direkt durch das Ministerium für Staatssicherheit angewiesen."[54] Die nominell zuständige Behörde, das MdI, trat ihre Kompetenz zur Einweisung von Verurteilten an das MfS ab. Im Einweisungsplan des Innenministeriums von 1968 war Bautzen II zwar als Haftanstalt für alle weiblichen Gefangenen vorgesehen, die ihren Wohnsitz nicht in der DDR hatten,[55] sonst aber wurde das Gefängnis in dem Einweisungsplan nicht weiter erwähnt. Auch dieser Plan ist ein Beleg dafür, dass Bautzen II der Kompetenz des MdI und der Verwaltung Strafvollzug, die den Plan aufgestellt hatte, in dieser Hinsicht entzogen war.

Das MfS, namentlich Fister – er war inzwischen zum Leiter der Hauptabteilung IX des MfS avanciert –, konkretisierte in einer Anweisung vom 16. März 1976 die Kriterien zur Einweisung nach Bautzen II. Einzuweisen waren demnach Personen, „die während der Strafverbüßung [...] unter intensiver Kontrolle gehalten oder weiter operativ bearbeitet", also geheimpolizeilich überwacht und ausgeforscht werden sollten. Auch die Einweisung weiblicher Strafgefangener ist in dieser Anweisung festgelegt:

„[...] alle rechtskräftig verurteilten weiblichen Personen aus dem NSW [sind] bis auf weiteres zur Strafverbüßung in die StVE Bautzen II einzuweisen".[56]

Die Hauptabteilung IX hatte bei den nach Bautzen II verbrachten Gefangenen in der Regel auch die Untersuchung geführt, deren Ergebnis die Grundlage ihrer Verurteilung war. Eingewiesen wurden vor allem Gefangene mit politisch motivierten Delikten, einige so genannte Republikflüchtlinge, viele Fluchthelfer, tatsächliche oder vermeintliche Spione sowie Gefangene, die aufgrund ihrer früheren Funktionen in Partei, Staat und „bewaffneten Organen" als Geheimnisträger eingestuft waren und deshalb unter genauer Überwachung gehalten werden sollten. Unter diese Kategorie fielen auch straffällig gewordene ehemalige Mitarbeiter des MfS, deren Delikte der Öffentlichkeit verborgen bleiben sollten.

Die Einweisungen wurden von den jeweiligen Abteilungen und Ermittlungsgruppen nach Abschluss der Untersuchung bei der Arbeitsgruppe Koordinierung beantragt. Dieser Antrag konnte bereits gewisse Maßgaben zur Isolierung bzw. der Zusammenlegung mit bestimmten Gefangenen enthalten. Bereits vor der Einweisung sollte eine mögliche Verwendung als IM oder ZI geprüft werden. Außerdem sollte bei Einweisungen berücksichtigt werden, dass immer eine ausreichend große Anzahl von Spitzeln in Bautzen II präsent war. Die Überführung selbst war von der Abteilung XIV zu organisieren und gegebenenfalls durchzuführen.[57]

Einweisungen nach Bautzen II wurden mithin nicht von der Verwaltung Strafvollzug im Innenministerium organisiert und angeordnet, sondern ausschließlich von der Hauptabteilung IX des MfS.

Die Überwachung von Personal und Gefangenen

Aus der von der Hauptabteilung IX vorgenommenen Einweisung bestimmter Gefangener nach Bautzen II ergaben sich „spezifische Interessen der Hauptabteilung IX während des Vollzugs der Strafen"[58]. Um diesen Interessen Rechnung zu tragen und eine intensivere Kontrolle zu gewährleisten, war Bautzen II aus der von der Hauptabteilung VII organisierten Überwachung der Gefängnisse teilweise herausgelöst. Bautzen II unterlag Sonderregelungen, wie die bereits zitierte Dienstanweisung 2/75 des MfS zeigt. Unter Punkt 2.2 der Anweisung wurde die „Abwehrarbeit" unter den Strafgefangenen der Haftanstalt Bautzen II der Kompetenz der Abteilung VII entzogen, nicht aber die „politisch-operative Objektsicherung" und die „Sicherung" der Bediensteten der Anstalt. Punkt 2.4 regelte ausdrücklich: „Die Hauptabteilung IX ist für die politisch-operative Sicherung der Strafvollzugsanstalt Bautzen II verantwortlich."

Diese Regelungen mussten zwangsläufig zu Kompetenzstreitigkeiten zwischen der Linie VII und der Hauptabteilung IX führen. Noch im selben Jahr

wurde deshalb die Anweisung konkretisiert. Am 18. November 1975 vereinbarten die Leiter der Hauptabteilung IX, der Bezirksverwaltung des MfS Dresden und der HA VII, dass die Hauptabteilung IX für die Absicherung der Strafgefangenen und sämtlicher damit zusammenhängender Erfordernisse verantwortlich war, während alle anderen im Zusammenhang mit der „politisch-operativen Absicherung" der StVE Bautzen II zu lösenden Aufgaben durch die Abteilung VII der Bezirksverwaltung des MfS Dresden erfolgen sollte.[59] Modalitäten der Kooperation und Abgrenzung der Zuständigkeiten wurden genau festgeschrieben. Unter ausdrücklicher Bezugnahme auf die Dienstanweisung Nr. 2/75 des MfS wurde in dieser Vereinbarung die Verteilung von Aufgaben und Kompetenzen der beteiligten Dienststellen festgelegt. Danach war die Abteilung VII der Bezirksverwaltung Dresden für die Kontrolle und politische Zuverlässigkeit des Personals zuständig. Ihr oblag die Werbung und Führung von Spitzeln aus den Reihen des SV-Personals, zudem die Gewährleistung der Außensicherung der Gefängnisanlagen. Außerdem überwachte sie die Bezirksbehörde der Deutschen Volkspolizei Dresden, der nominell vorgesetzten Dienststelle für Bautzen II, und sollte die Durchführung ausreichender Kontrollen von dort aus sicherstellen. Die Bezirksverwaltung Dresden des MfS unterlag in diesen Aufgaben der Kontrolle der Hauptabteilung VII in Ostberlin. Diese koordinierte außerdem gemeinsam mit der Hauptabteilung IX die Maßnahmen bei Kontakten der Gefangenen mit ihren diplomatischen Vertretungen und die Ermittlungen vor Ort bei außergewöhnlichen Ereignissen. Die Hauptabteilung IX dagegen behielt sich in der Vereinbarung die geheime Überwachung der Gefangenen als eigenes Tätigkeitsfeld vor.
Die Dienstanweisung Nr. 5/85 des Ministers für Staatssicherheit zur politisch-operativen Arbeit im Organ Strafvollzug des MdI vom 3. Juni 1985 bestätigte und erneuerte diese Regelung. Wie vordem wurde darin die Hauptabteilung IX als „verantwortlich für die politisch-operative Abwehrarbeit unter den Strafgefangenen der Strafvollzugseinrichtung Bautzen II"[60] erklärt. Sie bestimmte auch die Zusammensetzung der Arbeitskommandos und die Verteilung der Gefangenen auf die Zellen. Sie überwachte die Besuche von Verwandten, Anwälten und Angehörigen der diplomatischen Vertretungen. Sie führte gegebenenfalls Ermittlungen gegen Gefangene durch und entschied über das Weiterleiten von Anträgen der Gefangenen an die Staatsanwaltschaft und die Gerichte, die Weitergabe von Informationen innerhalb des MfS und die auf die gewonnenen Informationen hin erforderlichen Maßnahmen.
Zur Realisierung der Kooperation der verschiedenen Dienststellen wurden ein umfassendes Berichtswesen und regelmäßige Konsultationen vereinbart. Die in Bautzen II vor Ort stationierten Mitarbeiter der Hauptabteilung IX sollten die Abteilung VII in Dresden über Identität und Delikt jedes Gefangenen informieren, über relevante Einzelheiten zum Strafvollzugspersonal sowie über unerwünschte Verhaltensweisen des Personals. Außerdem

Sonderhaftanstalt Bautzen II, 1990

berichteten sie über alle Mängel im Gefängnisbetrieb nach Dresden. Die Abteilung VII dagegen sollte regelmäßig von ihr gewonnene Erkenntnisse über einzelne Gefangene berichten und Informationen über Störungen des Gefängnisalltags und die Gefährdung der Sicherheit, über Personalentscheidungen und wesentliche Änderungen der Befehlslage im Strafvollzug mitteilen. Die zuständigen Mitarbeiter der Hauptabteilung IX und der Abteilung VII in Dresden sollten sich in wöchentlichem Rhythmus treffen, und zwischen den Leitern der drei beteiligten Dienststellen sollten auf halbjährlichen Konferenzen die Auswertung der Kooperation erfolgen und grundsätzliche Entscheidungen abgesprochen werden.

Eingeschränkter Zugriff des Ministeriums des Innern auf Bautzen II und seine Gefangenen

Die besondere Rolle des MfS in Bautzen II wurde auch aus einer Richtlinie aus dem Jahr 1967 ersichtlich, in der die Praxis der Vernehmungen in den Strafvollzugsanstalten durch Angehörige des MfS geregelt wurde. Unter Ziffer I.5 war darin festgelegt: „Vernehmungen Strafgefangener in der Strafvollzugsanstalt Bautzen II bedürfen grundsätzlich der Genehmigung durch das Ministerium für Staatssicherheit. Die Entscheidung obliegt dem für die Strafvollzugsanstalt Bautzen II verantwortlich eingesetzten Mitarbeiter des Ministeriums für Staatssicherheit."[61]
Die besondere Brisanz dieser Passage lag darin, dass in einer Verfügung des MdI als nominell zuständiger Behörde für den Strafvollzug der Zugang zu einem Gefängnis und seinen Gefangenen als Kompetenz des MfS definiert wurde. Den eingeschränkten Zugriff des MdI und der ihm unterstellten Verwaltung Strafvollzug verdeutlichte auch noch einmal die bereits zitierte Vereinbarung der verschiedenen Diensteinheiten des MfS zu Bautzen II. Diese Vereinbarung regelte detailliert, welche Instanzen der Verwaltung Strafvollzug in Bautzen II Kontrollbefugnisse besaßen. Dort, und nicht etwa in Anweisungen des MdI, war festgelegt, dass in der Verwaltung Strafvollzug des MdI, der nominell alle Gefängnisse der DDR unterstanden, nur der Leiter, sein Stellvertreter operativ und zwei Mitarbeiter der Kontrollgruppe gegenüber Bautzen II kontrollberechtigt waren. Kontrollen mussten zudem „zeitlich und inhaltlich mit der Hauptabteilung VII abgestimmt" und über diese mit der Hauptabteilung IX koordiniert werden. „Untersuchungen im Strafgefangenenbestand", also unter den Gefangenen, waren außerdem von dieser Kontrollbefugnis ausdrücklich ausgenommen. Personalentscheidungen mussten grundsätzlich vom MfS genehmigt werden. Auf der Ebene der Dresdener Bezirksbehörde der Volkspolizei waren nur deren Chef, sein Stellvertreter und der Leiter der Arbeitsgruppe Strafvollzug zu Kontrollen berechtigt.[62] Nach dieser Regelung definierte das MfS erstens, welche Instanzen des MdI überhaupt die Kompetenz zur Kontrolle be-

saßen, dass sie zweitens nur in Abstimmung mit dem MfS ausgeübt werden durfte und dass drittens überhaupt kein Zugang zu den Gefangenen gewährt werden sollte. Demnach war das MdI lediglich für die Aufrechterhaltung des Gefängnisbetriebes zuständig, nicht aber für die Gefangenen.

Zusammenfassend lässt sich das besondere Verhältnis vom MfS und Bautzen II also auf drei Ebenen darstellen. Ausschließlich das MfS kontrollierte die Einweisungen nach Bautzen II und damit die Zusammensetzung der Gefangenen. Zweitens kontrollierte es den Vollzugsalltag in Bautzen II durch die besonderen Kompetenzen seiner dort installierten Verbindungsoffiziere, durch den intensiven Einsatz von IM unter Bediensteten und Gefangenen und durch den Einsatz eines Offiziers im besonderen Einsatz stärker als in anderen Gefängnissen. Beteiligt waren an dieser Kontrolle Dienststellen der Zentrale in Ostberlin und der Bezirksverwaltung Dresden. Drittens kontrollierte das MfS den Zugang zu Gefangenen von außen und schirmte diese auch gegen den Zugriff anderer Dienststellen und Ministerien ab. Es ist davon auszugehen, dass die besondere Rolle von Bautzen II seit August 1956 bestand und seit 1963 durch administrative Strukturen abgesichert wurde.

Die Sonderstrafvollzugsanstalt Bautzen II

Zur Baugeschichte der Haftanstalt Bautzen II

Topografie des historischen Ortes

Das Ministerium für Staatssicherheit entschied sich 1956 für ein Gebäude zur Nutzung als Sonderstrafvollzugsanstalt, das bereits kurz nach der Jahrhundertwende als Gerichtsgefängnis erbaut worden war. Von 1902 bis 1906 war die Haftanstalt als Gebäudeteil eines karreeförmigen Justizkomplexes in der Bautzener Ostvorstadt zwischen Lessing- und Wilhelmstraße (später Siegfried-Rädel-, heute Weigangstraße) sowie Mättig- und Taucherstraße entstanden. Der Zweckbau wurde zugleich als „ein Denkmal der Zeit" begriffen.[63]

Als T-förmiger Bau fügt sich das Gefängnis in das U förmig errichtete Gerichtsgebäude ein. Der Komplex umfasst auch ein Kesselhaus und verschiedene Nebengebäude. Das Gebäude-Ensemble orientiert sich architektonisch an den Formen der Spätgotik und deutschen Frührenaissance.[64] Die Fassade des Gefängnisbaus ließ eine Haftanstalt umso weniger vermuten, als die Zellen mit ihren vergitterten Fenstern sämtlich zum Hof wiesen. Die fünf Geschosse des Hauses gliedern sich in einen Haupttrakt, einen Ost- und einen Westflügel. Das gesamte Gebäude ist unterkellert und pro Geschoss rund 1000 Quadratmeter groß. Nach Norden ausgerichtet lagen Verwaltungsräume, Treppenhäuser und Zellenflure. Das Hafthaus fasste 145 Einzelzellen mit einer Grundfläche von zwei mal drei Meter und 23 als Dreimannzellen erbaute Hafträume mit einer Größe von 12,6 Quadratmetern – und bot damit 203 Haftplätze.[65] Die Nordseite des Hauses war von einer Mauer umgeben, die die Freiganghöfe für die Häftlinge umschloss.

Für die Wahl von Bautzen II als Sonderstrafvollzugsanstalt sprachen mehrere Erwägungen: neben der abgeschiedenen Lage der Stadt Bautzen am Rande der Republik die Überschaubarkeit des relativ kleinen, gut zu sichernden Objektes und nicht zuletzt auch die unmittelbare Nähe der Kreisdienststelle des Ministeriums für Staatssicherheit, die den Flügel des Justizgebäudes an der Mättigstraße seit 1954 für ihre Belange nutzte. Das Kreisgericht, die Polizei und die Staatsanwaltschaft teilten sich die Trakte an der Taucher- und Lessingstraße.[66] „L. nannte dieses Ensemble das Gerechtigkeitskombinat", schrieb Erich Loest.[67]

Der bauliche Zustand der Haftanstalt blieb bis in die fünfziger Jahre hinein im Wesentlichen unberührt. 1906 hatten das Haus und seine technische

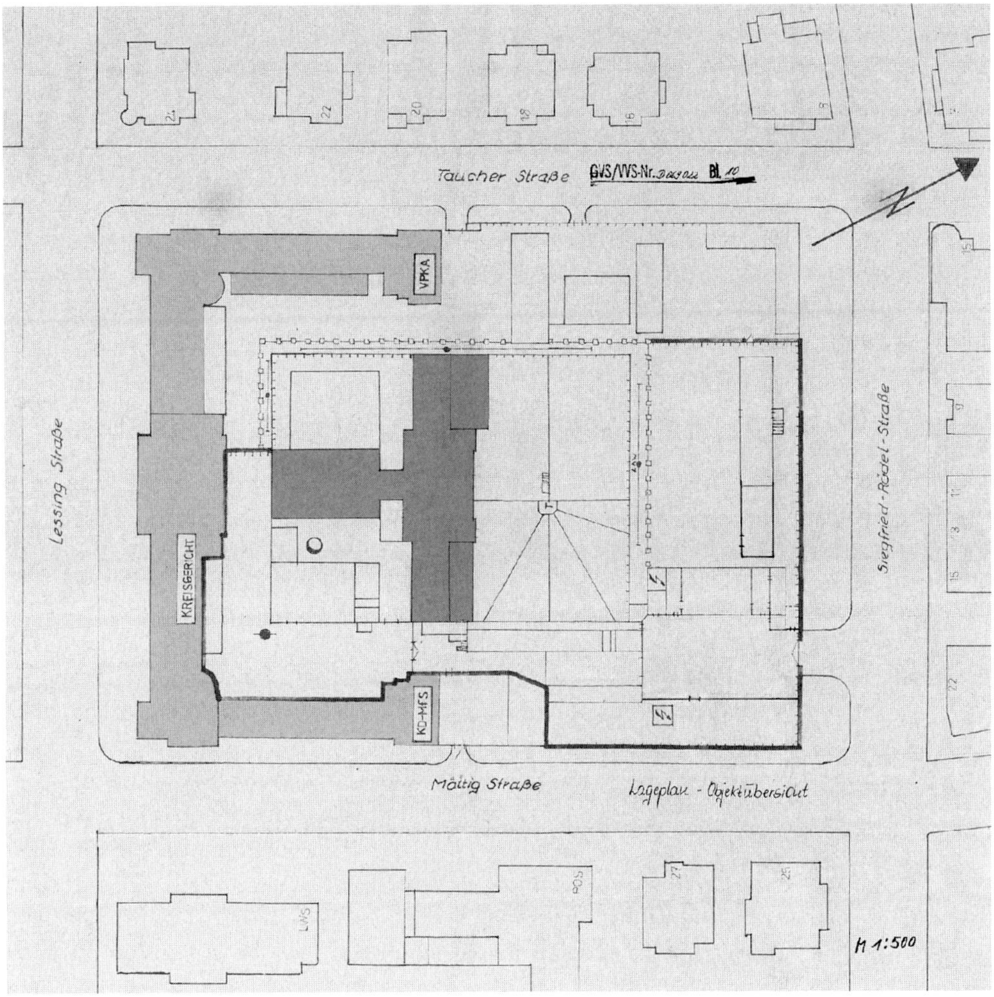

Lageplan der Sonderhaftanstalt Bautzen II, um 1985

Blick auf Bautzen II vor 1945

Ausstattung modernsten Standards entsprochen. Die Zellen waren mit einer Dampfluftheizung und einer Spülabortanlage ausgestattet und hatten bereits damals elektrisches Licht erhalten.[68] In unterschiedlicher Trägerschaft seit seiner Errichtung durchgängig als Gefängnis genutzt,[69] beschränkten sich die baulichen Maßnahmen jahrzehntelang auf den Erhalt des Gebäudes. Neben den notwendigsten Instandhaltungsarbeiten erhielt das Haus lediglich ab und an neue Farbanstriche.[70]
Erst mit der Nutzung von Bautzen II als „Sonderobjekt" begann eine rege Bautätigkeit. Das ehemalige Gerichtsgefängnis wurde den Anforderungen des Sonderstrafvollzuges angepasst und nach und nach zu einem Hochsicherheitsgefängnis ausgebaut. Parallel zum beständigen Ausbau der Sicherung und Abschirmung der Anstalt machte die Durchsetzung der Arbeitspflicht für die Inhaftierten seit den sechziger Jahren auch die Schaffung von Produktionsräumen notwendig. Somit bestimmte die totale Absicherung nach innen und außen bei gleichzeitiger Einrichtung von Produktionsbereichen das Baugeschehen in Bautzen II seit 1956.[71]

Die Sicherung der Anstalt

Die neue Funktion der Haftanstalt Bautzen II als Gewahrsam für „Staatsfeinde" setzte verstärkte Sicherungsmaßnahmen voraus. Im August 1956 wurden die Umwehrungsmauern von zweieinhalb auf vier Meter erhöht.
Die Außen- und Innensicherung des Gefängnisses wurde in den nächsten Jahren durch zusätzliche Einfriedungen, Vorzäune, Sicherheitszäune und

„Sperrzone" im Freihof, 1990

die Errichtung von Hundezwingern weiter ausgebaut.[72] 1966 begann die bauliche Erweiterung und Neugestaltung der Freiganghöfe in ihrer bis heute sichtbaren Beschaffenheit. Die neue Anlage wurde in zwei Bereiche unterteilt. Vor dem Westflügel wurden zwei Gemeinschaftshöfe angelegt. Der Isolierung einzelner Häftlinge während der „Freistunde" diente die Anlage von sechs keilförmigen Einzelhöfen vor dem Ostflügel. Alle Höfe wurden gegeneinander durch vier Meter hohe Trennmauern abgeschirmt und konnten nur von dem zentral errichteten Wachturm aus eingesehen werden. Die „Freihöfe" wurden zusätzlich mit einer vier Meter hohen Umwehrungsmauer nebst Hundelaufzone („Sperrzone") umbaut.[73] Seit 1968 ver-

Erhöhung der Umfassungsmauern in der StVE Bautzen II, 1956

Verwaltungsanbau von 1978 mit geöffneten Schleusentoren, 1994

stärkte ein Elektrozaun (380 Volt Wechselstrom) die Sicherung sowohl der Freihof- als auch der Umwehrungsmauern von Bautzen II insgesamt.[74]
Der außergewöhnlich hohe Personalbestand zur Absicherung der Anstalt und zur Überwachung der Gefangenen[75] erforderte mehrmals den Bau neuer Wachgebäude, zumal auch die Räumlichkeiten für Verwaltungszwecke im Hafthaus selbst sehr begrenzt waren. 1966 wurde neben dem Ostflügel ein zweigeschossiges Wachgebäude errichtet. Da sich dieses Gebäude bald als zu klein erwies, wurde 1975 mit der Planung eines neuen Verwaltungsgebäudes begonnen. In diesem Zusammenhang wurde auch die Umgestaltung bzw. Neubebauung des Außenbereichs der Haftanstalt zur Siegfried-Rädel-Straße geplant. In den Jahren 1977 und 1978 entstanden hier neben dem neuen Verwaltungsanbau fünf Garagen und eine Fahrzeugschleuse am Ostflügel des Haftgebäudes.[76] An die Stirnseite des Ostflügels wurde ein zweigeschossiges Verwaltungsgebäude angebaut, das auf einer Fläche von rund 300 Quadratmetern Büroräume der Vollzugsbediensteten und der Staatssicherheit, eine Waffenkammer und den zentralen ODH-Raum beherbergte. Der Bau fasste auch drei kleine Besucherräume, in denen die so genannten Sprecher[77] der Häftlinge stattfanden. Er wurde mit umfangreicher elektrischer Sicherungs- und Überwachungstechnik ausgestattet.[78] Der fünfeinhalb Meter hohe und rund 30 Meter lange Garagenbau mit fünf Stellplätzen schloss sich in östlicher Richtung an die Freiganghöfe an. Zur Absicherung der Torein- und -ausfahrt entstand neben den Garagen ein Wachhäuschen. Auch der Zufahrtsbereich zur Haftanstalt erhielt eine neue Gestalt. Zur besseren Überwachung von ein- bzw. ausfahrenden Fahrzeugen wurde eine Fahrzeugschleuse mit einer drei Meter hohen Umwehrungsmauer errichtet. Die Fahrzeugkontrolle wurde nicht nur beim Transport von Häftlingen streng durchgeführt, sondern auch beim Transport von Arbeitsmaterialien bzw. von Erzeugnissen aus der Produktion in Bautzen II. 1979 erhielt die Fahrzeugschleuse ein Stahlschiebetor mit elektrischem Antrieb. Gleichzeitig wurde innerhalb der Schleuse noch ein Wachhäuschen an die Wand zum Verwaltungstrakt angebaut.[79]
Das bereits bei seinem Bau kaum als Gefängnis zu identifizierende Gebäude war durch diese 1978 fertiggestellten Anbauten zusätzlich gegen jeden Einblick abgeschirmt.
Bereits vor Aufnahme der Bauarbeiten am neuen Verwaltungstrakt begannen 1976 auch die Planungen für ein weiteres Verwaltungsgebäude. 1980/81 wurde ein Mehrzweckgebäude in zweigeschossiger „Raumelementbauweise“ vom Typ „Niesky“ an der damaligen Siegfried-Rädel-Straße errichtet. Der Bau beherbergte im Erd- und 1. Obergeschoss Büroräume für rund 20 Arbeitsplätze sowie einen Speise- und Kulturraum für die Vollzugsbediensteten. 1981 wurde der Eingangsbereich an der Siegfried-Rädel-Straße mit einer Überdachung versehen. Zwei Jahre später erhielt auch dieser Bau noch einen unterkellerten eingeschossigen Anbau.[80]

Technische Sicherungsanlagen

Die umfassende akustische und visuelle Überwachung der Häftlinge begann in den siebziger Jahren. Seit 1975 wurde in Bautzen II ein Video-Kamerasystem zur Überwachung verschiedener Außen- und Innenbereiche der Haftanstalt eingesetzt. Im Hafthaus wurden die Produktionsräume, einige Türen und spezielle Bereiche in den Zellentrakten mittels Videotechnik unter Kontolle gehalten.
Die Leitung von Bautzen II legte 1978 im Rahmen des „militärökonomischen Fünfjahrplans" einen umfassenden Plan zur Erhöhung der Sicherheit vor. Die bestehende Anlage zur Außen- und Innensicherung der Anstalt sollte durch neue Kameras und Bildschirme, neue Isolatoren für Mauerkrone und Isolatorenzaun, neue Impulsgeräte und Meldungsgeber ergänzt und mit Hilfe von Gegensprechanlagen sowie durch die Erweiterung der Kommunikationstechnik um eine direkte „Fernsprech- und Fernschreibverbindung" zum Volkspolizeikreisamt und zur BDVP Dresden verbessert werden. „Speziallautsprecher (200 Stck.) für alle Verwahrräume", mit denen bei Bedarf auch abgehört werden konnte, sollten die elektroakustische Absicherung bis in die Zellen hinein verbessern.[81]
In Bautzen II waren bereits seit den fünfziger Jahren „operativ technische Mittel [...] zur Überwachung der Strafgefangenen in den Verwahrräumen und ihrer persönlichen Verbindungen"[82] installiert. Während zunächst nur einzelne Zellen, die Besucherräume und das Büro des Verbindungsoffiziers des MfS mit Abhörwanzen ausgestattet waren, wurde die akustische Überwachung später allumfassend möglich.
Das Besucherzimmer, in dem die Gespräche ausländischer Häftlinge mit diplomatischen Vertretern ihrer Heimatländer stattfanden, wurde seit 1978 zusätzlich mittels Videokamera überwacht.
Im Dezember 1979 bekräftigt eine „Operative Zielstellung" des Leiters in Bautzen II die Notwendigkeit zur Ausrüstung des Bereichs Außensicherung mit zusätzlichen Kameras: „Auf Grund der Wichtigkeit der StVE Bzn II und der dringenden operativen Notwendigkeit ist die Realisierung vorrangig durchzuführen."[83] Im ersten Quartal 1980 waren dann mindestens 22 Kameras zur Überwachung des Innen- und Außenbereiches der Haftanstalt eingesetzt, in deren Aufnahmebereich auch stärkere Lichtanlagen installiert worden waren. 1985 bilanzierten MdI und MfS die Objektsicherheit so: „Entsprechend den Ordnungen Nr. 0102/81 und 0103/77 des Ministers des Innern und Chefs der DVP wurde die vorhandene Sicherungstechnik komplettiert und erweitert sowie die Sicherheit des Objektes weiter erhöht. Es handelt sich insbesondere um die: Notrufanlage, Rufanlage, Alarmanlage, Fernbeobachtungsanlage, Elektroakustische Übertragungsanlage, Gebäudeschutzanlage, Mauerkronensicherung, Bedienanlage für ODH, Wechselsprechanlage zu den einzelnen Dienstzimmern, Postenrufanlage [...] Bedienung aller elektromagnetischen Türen im Bereich ODH, [...] Sicherung des Diplomatenraumes." 1987 wurde beschlossen, dass die inzwischen

Elektrosicherungsanlage am Eingangstor, 1990

„verschlissene und störanfällige"[84] Technik Ende 1989 auf den neuesten Stand gebracht werden sollte, aber das erübrigte sich.[85]

Der Ausbau der Produktionsbereiche

Spätestens seit den sechziger Jahren war die Arbeit der Häftlinge in Bautzen II in die Produktion verschiedener Betriebe der Region eingebunden. Da die Strafgefangenen der Haftanstalt Bautzen II „entsprechend der Struktur nur zum Inneneinsatz gelangen"[86] durften, wurde der An- und Ausbau von Arbeitsräumen erforderlich. Die Baumaßnahmen wurden von der Gefängnisleitung in Kooperation mit den entsprechenden Betrieben durchgeführt. Die Produktion umfasste nur kleine Montageeinheiten, da die Erweiterungsmöglichkeiten des Gefängnisses inmitten eines Wohngebietes natürlich begrenzt waren. Als Produktionsräume wurden bis dahin ein ursprünglich als Waschhaus geplantes Gebäude und im Keller gelegene Lagerräume genutzt.[87] Nachdem die zu Arbeitsräumen umfunktionierten

Kellerräume den Erfordernissen der Produktion nicht mehr genügten, wurden neue Produktionsräume durch Anbauten ans Hafthaus und Aufstockungen einzelner Gebäudeteile geschaffen.[88]

Im Jahr 1962 wurde ein Produktionsraum an der Nordseite des Westflügels angebaut. Die Planung dieser Produktionsstätte, die für den VEB Elektromaschinenbau Sachsenwerk bestimmt war, übernahm ein Dresdener Bauingenieurbüro. Der Produktionsraum mit einer Nutzfläche von rund hundert Quadratmetern ist etwa eineinhalb Meter tief ins Erdreich hineingebaut und misst eine Höhe von rund viereinhalb Metern. Genutzt wurde der Raum für den Häftlingseinsatz in der Produktion für die Elektromotorenwickelei des Sachsenwerks.[89]

Zeitgleich mit dem Bau des neuen Produktionsraumes „Sachsenwerk" wurde ein erster Kleinlastenaufzug zur Erleichterung des Materialtransportes in Bautzen II installiert, der sich vermutlich in der letzten Zelle des Ostflügels befand und Keller und Erdgeschoss miteinander verband. 1978 wurde im Zentrum des Hauptgebäudes mit dem Bau eines Lastenaufzuges begonnen. Nach seiner Fertigstellung 1981 führte er vom Keller bis in die 5. Etage des Gebäudes.[90]

1963 begann an der Westseite des Hauptgebäudes der Bau eines weiteren Produktionsraumes. Die neuen Arbeitsräume waren für den VEB Elektroschaltgeräte Oppach (ESGO) bestimmt. In den Planungsunterlagen wurde zwar vermerkt, dass die älteren Produktionsräume, die dieser Anbau ersetzen sollte, den arbeitsrechtlichen Bestimmungen nicht mehr entsprächen und deshalb erneuert werden müssten, aber tatsächlich sollte eine Steigerung der Produktivität erreicht werden. Für ESGO stellte die Gefängnisproduktion in Bautzen einen wesentlichen Betriebsteil dar. Durch die Nutzung von Häftlingsarbeit wurde die vorhandene Arbeitskräfteknappheit ausgeglichen, weshalb in Bautzen II eine vollständige Teilproduktion eingerichtet werden sollte. Als Planträger trat der VEB Elektroapparate Berlin-Lichtenberg auf, als Investträger die ESGO und als Hauptauftragnehmer die Strafvollzugsanstalt Bautzen II. Ein Großteil der Bauarbeiten, auch Teile der Planungen, wurden von den Häftlingen selbst verrichtet, die ESGO finanzierte. Im Sommer 1964 war ein eingeschossiger Bau mit dem Innenmaß 15,20 Meter × 16,40 Meter × 4,0 Meter fertig gestellt.[91]

1977 wurde der seit 1906 bestehende Küchenanbau im nördlichen Teil des Ostflügels um zwei weitere Geschosse aufgestockt. Damit waren zwei Arbeitsräume für die weiblichen Häftlinge in Bautzen II geschaffen. Die Umwehrungsmauer musste dazu teilweise um 1,25 Meter nach außen versetzt werden. Kern der Planung war die Schaffung eines Arbeitsraumes von rund 70 Quadratmetern Grundfläche mit einem angeschlossenen Aufsichtsraum in der ersten Etage. Plan- und Investitionsträger des Anbaus war der VEB Schaltelektronik Oppach. Die Räume in der 3. Etage wurden für die Essenausgabe, als Speiseraum sowie durch die Verwaltung genutzt.[92]

Umbauten im Hausinneren

Die Zellen des Hafthauses waren vor der Neubelegung im August 1956 oberflächlich renoviert worden; sie hatten lediglich einen neuen dunkelgrauen Anstrich erhalten. Insgesamt befand sich das Haus in einem maroden Zustand. 1956 war das Hafthaus noch immer mit der inzwischen vollkommen überalterten Dampfluftheizung und der Spülabortanlage aus der Zeit der Jahrhundertwende ausgestattet.[93] Fließend Wasser gab es in den Zellen nicht. Die doppelt vergitterten Zellenfenster von der Größe 80×60 Zentimeter waren mit Milch- oder Mattglas versehen; nur eine kleine Luke von der Größe eines Ziegelsteins ließ sich öffnen.[94] Teilweise waren noch zusätzlich Sichtblenden angebracht. Die Ausstattung war ausgesprochen karg: grobe Holzdielen als Fußboden, ein einfacher Aborttrichter, ein kurzes Heizungsrohr, ein fest an die Wand montierter kleiner Tisch, eine schmale Bank, ein kleines Wandregal und ein 60 Zentimeter schmales Klappbett.[95]
Erst 1965 wurde die Heizung im gesamten Hafthaus erneuert. Die Dampfheizungsanlage wurde demontiert und durch eine pumpenbetriebene Warmwasserheizung ersetzt. Dabei wurden auch die Heizkörper im gesamten Haus erneuert.[96] Im Laufe der Jahrzehnte verzeichnete die Ausstattung der Zellen weitere Veränderungen. 1969/70 wurden die Aborttrichter durch neue Spültoiletten ersetzt und die Zellen um kleine Waschbecken ergänzt.
In den folgenden Jahren wurden Netzsteckdosen und Antennenanschlüsse für den Fernseh- und Rundfunkempfang in den Zellen installiert, die gleichzeitig als Abhörvorrichtungen in den Zellen missbraucht werden konnten.[97]
In den achtziger Jahren wurden in die Eckzellen der einzelnen Etagen des Haupthafthauses Wannenbäder eingebaut. 1984 stellte das MdI fest, dass „durch den Einbau von Bädern auf den einzelnen Etagen [...] die geforderten Bedingungen gemäß Ordnung Nr. 0103/77 Teil E geschaffen werden“[98].
Die Unterbringung von weiblichen Strafgefangenen in Bautzen II seit Juli 1963 zog ebenfalls bauliche Veränderungen nach sich. In den Jahren 1964 und 1965 wurde in zwei Etagen des Ostflügels eine abgetrennte Frauenstation eingerichtet.[99]
Seit Mitte der siebziger Jahre betrug die Kapazität der StVE Bautzen II 203 Plätze. Durch die „Zurückführung zweckentfremdeter Verwahrraumkapazität“ konnte sie auf 218 Plätze erhöht werden (= Operativkapazität).[100]
Jedem Strafgefangenen standen offiziell 4,3 Quadrat- bzw. 14,84 Kubikmeter Haftraum zu, „die laut Ordnung Nr. 0103/77 des Ministers des Innern und Chefs der DVP ausreichend“[101] wären.
Der Gefängnisbau erfuhr im Lauf der Jahre zahlreiche weitere bauliche Veränderungen. Der bereits im Jahre 1952 zum Kinosaal umgebaute ehemalige Betraum im 5. Geschoss erhielt 1963/64 eine Zwischendecke, mittels der die Raumhöhe von 8,0 auf 4,5 Meter verringert wurde.[102] Ende der siebziger Jahre wurde der Raum durch den Einbau einer Zwischenwand zweigeteilt in einen Veranstaltungsraum für Kinovorführungen und einen so genannten Kulturraum, der zeitweilig auch für die Produktion genutzt wurde.[103]

Zwischen dem 4. und dem 5. Obergeschoss wurde vermutlich auch in den siebziger Jahren eine Zwischendecke eingezogen, um die Isolierung der im obersten Stockwerk untergebrachten ausländischen und westdeutschen Häftlinge baulich zu gewährleisten.
Die Bautätigkeit in Bautzen II kam Ende 1981 trotz zahlreicher geplanter Vorhaben weitgehend zum Erliegen. So stellte der letzte Anstaltsleiter von Bautzen II 1991 rückblickend fest: „Seit dieser Zeit wurde am inneren und äußeren Zustand der Einrichtung nichts weiter verändert."[104]
Allerdings erfolgte noch im Jahre 1983 die Ausstattung der Zellen mit Warmwasser,[105] eine bauliche Veränderung, die sich wahrscheinlich den Häftlingen deutlicher einprägte als den ehemaligen Bediensteten der Anstalt.

Häftlingsarbeit

Die Gefangenen von Bautzen II wurden aus Gründen der Geheimhaltung sowohl zur Planung als auch zur Umsetzung fast sämtlicher baulicher Maßnahmen herangezogen. So ist beispielsweise die Mitwirkung der Häftlinge bei der Errichtung des Wachturmes im Freigangbereich dokumentiert. In einer Abrechnung der Baumaßnahmen findet sich die Bemerkung: „Eigenleist[ung] der Strafgef[angenen] MIN 3.000,–"[106]. Ebenso finden sich in den Planungsunterlagen für den ESGO-Anbau von 1963 und den Einbau der Zwischendecke im Kinosaal 1963/64 ausdrückliche Vermerke, dass die Baudurchführung in Eigenleistung der StVA durchgeführt wurde. Die Planungsunterlagen für größere Bauvorhaben mussten der staatlichen Bauaufsicht zur Prüfung vorgelegt werden. Aus den Unterlagen geht hervor, dass der Einsatz westdeutscher bzw. ausländischer Häftlinge auch ganz spezifische Probleme mit sich bringen konnte. In einem Prüfbericht vom 7. Januar 1974 heißt es: „Aufstockung eines Gebäudes in Bautzen – Mättigstraße. [...] als Ergebnis der Prüfung ist zu bemerken, daß rechnerisch nichts zu beanstanden ist. Bei der Bemessung sind allerdings Stahlprofile aus dem kapitalistischen Ausland gewählt worden, die kaum zu beschaffen sein dürften."[107] Keineswegs konnten immer Fachleute eingesetzt werden, denn die Verbindungen zur Außenwelt sollten möglichst gering gehalten werden. In Mängellisten wurden so immer wieder Planungsfehler, das Fehlen von Detailzeichnungen und nicht zuletzt auch Bauschäden moniert.[108]
Vereinzelt haben sich auch Häftlinge für bauliche Veränderungen in der Haftanstalt eingesetzt. 1972 schlug der Strafgefangene Siegfried B.[109] in einer Eingabe an den Leiter von Bautzen II zur Verbesserung der Sicherheit die Versetzung der Treppe im Hauptzellentrakt vor: „Ausgehend von den Bedingungen dieses Hauses [...] erlaube ich mir, der Leitung einen Vorschlag zu unterbreiten, der nicht nur rein bautechnisch von Vorteil wäre, sondern vor allem für die Sicherheit von großer Bedeutung sein sollte. Als

Beispiel gehe ich davon aus, daß bei der jetzigen Anlage der Treppenkonstruktion und der beengten Anordnung der Tür der im Keller diensttuende SV-Angehörige beim Öffnen der Tür voll eingeengt wird. In dem Falle, daß einige Stfgf. [Strafgefangene] die Absicht hätten, sich den Schlüssel des Meisters anzueignen, wäre der SV-Angehörige in dieser Ecke völlig machtlos und nicht einmal in der Lage, Alarm auszulösen, da es gerade dort ein Leichtes wäre, den SV-Angehörigen zu überwältigen, was ich hiermit als krasses Beispiel anführen möchte."[110] Sein Vorschlag lautete, den gesamten Treppenkomplex um 180° zu drehen, so dass der Abgang der Treppe in den Kellereingang mündet. Ob diese bemerkenswerte Eingabe mit der tatsächlichen Versetzung der Treppe an das Nordende des Hauptzellentraktes in Zusammenhang steht, ist nicht zu sagen. Fest steht, dass die Haupttreppe 1977 in den unteren Läufen tatsächlich verlegt wurde.[111]

Die Administration der Sonderhaftanstalt

Die Organisationsstruktur

Das MfS hielt in Bautzen II die Fäden in der Hand, überließ aber den unmittelbaren Betrieb der Haftanstalt dem „Organ Strafvollzug". Die Zuständigkeit der Volkspolizei für den Strafvollzug bot nicht nur arbeitsökonomische Vorteile, sie hatte – wie bereits andernorts dargelegt – vor allem legalitätsstiftende Funktion. Formal war daher auch Bautzen II wie alle anderen Vollzugsanstalten der DDR organisiert, weshalb seine Leitungsstruktur ungeachtet des Sonderstatus der Haftanstalt derjenigen anderer Strafvollzugsanstalten entsprechender Größe glich.
Bis zur Eigenständigkeit von Bautzen II im Jahre 1963 war die Anstalt administrativ der Hauptanstalt Bautzen I zugeordnet. Der Leiter von Bautzen II hatte quasi die Funktion eines Außenstellenleiters und war der Leitung der Strafvollzugsanstalt Bautzen I unterstellt.
Das änderte sich grundlegend, als 1963 ein selbstständiger Leiter, der in „persönlicher Verantwortung für alle Fragen des Objektes zuständig"[112] war, an die Spitze des Gefängnisses trat. Ferner war er für die „politisch-militärische Erziehung der Genossen", für die Aufrechterhaltung der Sicherheit, den Arbeitseinsatz der Gefangenen, aber auch für die Überwachung des Postverkehrs in das westliche Ausland verantwortlich. Ihm unterstand der „Stellvertreter Allgemein", der für die „Innensicherung" der StVA Sorge zu tragen hatte. Dazu zählten auch die „politische Umerziehung" der Strafgefangenen, die Überwachung der Besuche und des Schreibverkehrs. Diesem Stellvertreter unterstanden wiederum Kommando- und Stationsleiter sowie die Stationswachtmeister, die für die unmittelbare Beaufsichtigung der Strafgefangenen verantwortlich waren.[113]

Die in Kommandos eingeteilten Gefangenen waren dem Kommandoleiter unterstellt. Er überwachte die Einhaltung der Hausordnung und war berechtigt, „Vorschläge zur Durchsetzung der Disziplinarordnung“ einzubringen; Gefangene also in den Arrest einweisen zu lassen bzw. Verlegungen innerhalb des Hauses anzuordnen. Ferner führte er die „Erziehungsakten“ und fertigte Berichte über die Häftlinge an. Mit den ihm unterstellten Stationsleitern und Stationswachtmeistern organisierte er den gesamten Tagesablauf, einschließlich der Gefangenenarbeit. Außerdem war er für die Zensur der Gefangenenpost innerhalb der DDR verantwortlich. Stationsleiter und -wachtmeister agierten auf der untersten Ebene der Hierarchie. Sie waren für die „ständige Beobachtung der Strafgefangenen, besonders der sich im Arrest befindlichen Strafgefangenen“ und für „Kontrollen [...] sowie die regelmäßige Durchsuchung [...] der Verwahr- und Arbeitsräume und ihrer Insassen“ verantwortlich.
Dem Leiter der Strafvollzugsanstalt direkt unterstellt war ein Leiter Vollzugsverwaltung, der die organisatorische Verwaltung der Strafgefangenen wahrzunehmen hatte, das heißt, er führte das Gefangenenbestandsbuch, war für die ordnungsgemäße Abwicklung von Zu- und Abgängen verantwortlich und verwaltete das Gefangenengeld sowie die Effekten. Gemeinsam mit dem Leiter führte er außerdem die Kaderakten der Bediensteten und verwaltete die Dienstanweisungen und Befehle übergeordneter Organe. Sein Stellvertreter, der Sachbearbeiter Effekten-Post, bewahrte die persönlichen Gegenstände der Gefangenen auf. Zuständig für die Versorgungsfragen war der dem Leiter direkt unterstellte Sachbearbeiter Versorgung. Neben der „Verwaltung, Ausgabe [...] und Sauberhaltung der Gefangenenbekleidung und Essenausgabe“ hatte er auch „die VP-Bekleidung, Verpflegung und Ausrüstung aller Genossen“ zu kontrollieren. Darüber hinaus war er für die „bauliche materielle Instandhaltung“ des Gefängnisses verantwortlich. Die Außensicherung des Gebäudes übernahm die Zentrale und der Wachdienst, dem ein Wachhabender vorstand.
Die Tätigkeit des Leiters Medizinische Dienste war „auf den Gesundheitszustand der Strafgefangenen aufgebaut“. Ferner war er „für den hygienisch einwandfreien Zustand des Objektes verantwortlich“ und konnte bei Notwendigkeit in Absprache mit dem Leiter Überweisungen schwer erkrankter Häftlinge in ein Haftkrankenhaus vornehmen.
Diese Struktur hatte bis zur allgemeinen administrativen Umstrukturierung der Strafvollzugseinrichtungen der DDR im Jahre 1969 Bestand.[114] 1969 wurden zahlreiche neue Stellen geschaffen: Dem Stellenplan von Bautzen II wurde ein „Stellvertreter des Leiters für Politische Arbeit“ zugefügt, dem ein „Offizier für staatsbürgerliche Erziehung“ untergeordnet war. Dem Leiter waren nicht mehr ein, sondern vier Stellvertreter zugestellt. Die Aufgaben des „Stellvertreters Allgemein“ wurden auf mehrere Stellvertreter verteilt. So war der „Leiter operative Dienste“ für die Bewachung der Gefangenen zuständig. 1969 unterstanden ihm 39 Wachtmeister, die von vier Wach-

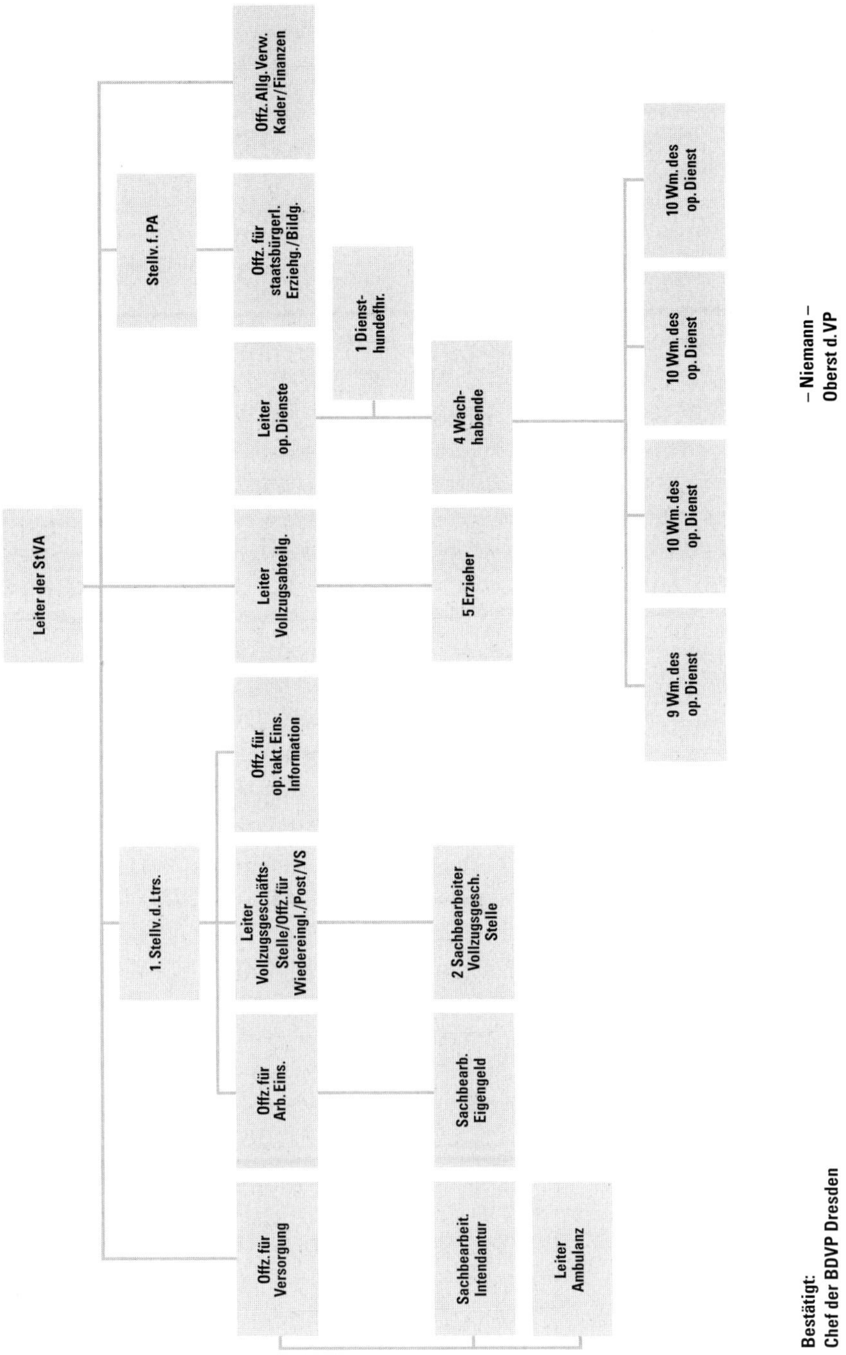

Struktur der Strafvollzugsanstalt Bautzen II, 11. Juni 1969

Struktur der Strafvollzugsanstalt Bautzen II, 1. Juli 1978

habenden geführt wurden. Für den Arbeitseinsatz der Häftlinge wurde ein „Offizier für den Arbeitseinsatz" verantwortlich gemacht, der dem „1. Stellvertreter des Leiters" unterstand. Dem „Leiter der Vollzugsabteilung" wurden fünf Erzieher zugeordnet; seine Befugnisse im Hinblick auf Effekten und Post wurden an den „Leiter der Vollzugsgeschäftsstelle" abgetreten, dem zusätzlich zwei Sachbearbeiter unterstanden.

Neun Jahre später wurde eine erneute Umstrukturierung vorgenommen, die hauptsächlich durch eine erhöhte Differenzierung der Tätigkeitsfelder gekennzeichnet war.[115] Dem Leiter der Strafvollzugsanstalt wurden acht Offiziere des SV direkt unterstellt, von denen in Bautzen II aufgrund der geringen Größe der Anstalt nur zwei den Rang eines Stellvertreters innehatten.

Dies waren der Stellvertreter Operativ, verantwortlich für den „Schutz der StVE und die Gewährleistung der Einheit von Sicherheit, Erziehung und Ökonomie" sowie für eine „stabile Nachrichtenverbindung und die ständige Funktionstüchtigkeit des Diensthabendensystems"[116]. Er hatte die Sicherheit der Anstalt nach innen und außen unter allen Umständen zu gewährleisten. Er führte eine Arbeitsgruppe Operativ an, zu der alle Wachtmeister und diensthabenden Offiziere gehörten. Ferner war der Stellvertreter Operativ für die Überwachung der Gefangenen zuständig. Dazu hatte er „ein wirksames Kontrollsystem der StVE zu garantieren" und „die Informationstätigkeit zu gewährleisten".

Der zweite Stellvertreter war für die politische Arbeit in der Haftanstalt verantwortlich. Dieser Posten ließ eine gewisse Sonderstellung erkennen, insoweit dieser Stellvertreter dem Leiter der StVE erst an dritter Stelle unterstand; an erster Stelle war ihm gegenüber der Stellvertreter für politische Arbeit der Bezirksbehörde der Deutschen Volkspolizei weisungsbefugt und im weiteren die Kreisleitung der SED, die sich auf eine Parteiorganisation innerhalb der Anstalt stützte. Dementsprechend waren seine Aufgaben bemessen: „Der Stellvertreter für politische Arbeit des Leiters [...] hat auf der Grundlage der Instruktion für die Parteiorganisationen der SED [...] zu sichern, daß die Leitung der politischen Arbeit [...] zur Erfüllung der Beschlüsse, [...] Befehle, Direktiven [...] verstärkt wird." Die politische Einflussnahme der SED, die dadurch gesichert werden sollte, bezog sich ausdrücklich auf „die Stärkung [der] Kampfkraft in seinem Dienstbereich", aber auch auf „die staatsbürgerliche Erziehung [...] der Strafgefangenen".

Seit 1962 bestand in Bautzen II eine eigene Grundorganisation der SED. Ihre Funktion zielte hauptsächlich auf die politische Mobilisierung und ideologische Disziplinierung der in der Partei organisierten Mitarbeiter der Dienststelle. Bei der hohen Mitgliederzahl unter den SV-Angehörigen war das ein durchaus wirksames Erziehungsinstrument, dessen sich sowohl die dienstliche Leitung als auch die Parteileitung der Strafvollzugsanstalt bewusst bediente. „91,5 % des Gesamtbestandes sind Mitglieder der Partei"[117] – wurde z. B. für das Jahr 1966 festgestellt. Laut Parteistatistik waren es, in absoluten Zahlen ausgedrückt, 6 Offiziere und 50 Wachtmeister, die das Mitgliedsbuch der SED besaßen. Im Einzelnen gliederte sich die Grundorganisation zu diesem Zeitpunkt in je eine Parteigruppe in 4 Dienstschichten sowie jeweils eine im Wachdienst und in der Verwaltung, insgesamt also in 6 Parteigruppen. Der Organisationsgrad nahm in den folgenden Jahren noch weiter zu. Von den insgesamt 58 Strafvollzugsangehörigen, die im November 1976 ihren Dienst in Bautzen II taten, waren beispielsweise nur 4 parteilos[118], das heißt, 93,1 % der Bediensteten waren Mitglieder der SED.

In Bautzen II besaß der Leiter Vollzugsdienst nicht die Dienststellung eines Stellvertreters. Er war angewiesen, den „Erziehungsprozeß der Strafgefangenen“ zu organisieren und durchzusetzen. Dies hatte auf „einem hohen Niveau“ und unter „Einbeziehung staatlicher Organe und gesellschaftlicher Kräfte“ sowie „der Mitwirkung der Strafgefangenen“ zu erfolgen. Ferner war er für die „materielle Sicherstellung des Erziehungsprozesses, die Versorgung und medizinische Betreuung der Strafgefangenen“ verantwortlich. Dazu unterstanden ihm die so genannten Erzieher, die 1968/69 in den Strafvollzugsdienst eingeführt wurden, sowie ein Leiter der Vollzugsgeschäftsstelle. Ebenfalls ohne Stellvertreterfunktion fungierte der Offizier für Ökonomie und Versorgung. Die Aufgabe dieses Leiters war es, den Arbeitseinsatz der Gefangenen zu organisieren und zu verwalten. Hierbei unterstand ihm die Arbeitsgruppe Ökonomie. Ferner war er für die Hauswerkstatt, die Küche sowie den Fuhrpark der Haftanstalt verantwortlich.

Neu hinzu kamen ein Offizier für Kader und Ausbildung und ein Offizier für Finanzen. Außerdem wurde eine offensichtlich für Bautzen II spezifische Planstelle „Leiter Vollzugsabteilung/Ausländer“ geschaffen. Die Funktion ist im Rahmenfunktionsplan für den Aufbau der Strafvollzugseinrichtungen der DDR nicht vorgesehen. Dieser Leiter im Range eines Hauptmanns war auf der Ebene der Stellvertreter direkt dem Anstaltsleiter unterstellt.

Das Anstaltspersonal

„Auf Grund der Spezifik der StVE sowie der Zusammensetzung des SG-Bestandes ist gerade hier eine ständige Stählung aller Genossen besonders auf politisch-ideologischem Gebiet erforderlich und notwendig.“[119] Diese Einschätzung des Leiters der StVE Bautzen II vom August 1979 zeigt die besondere Bedeutung, die der Auswahl der Strafvollzugsbediensteten hier beigemessen wurde. In der Tat waren MdI und MfS stets bemüht, durch eine gezielte Personalpolitik diesen Ansprüchen gerecht zu werden und nur politisch zuverlässige SV-Bedienstete in Bautzen II einzusetzen.

Im Juli 1978 waren 63 Bedienstete, darunter 21 Offiziere, in Bautzen II beschäftigt, die für die sichere „Verwahrung“ von 141 Strafgefangenen (Stand

29. Juni 1978) zuständig waren.[120] In den folgenden Jahren erhöhte sich der Personalbestand auf durchschnittlich 80 Personen.[121]

Die Bediensteten der Haftanstalt waren Angehörige des Organs Strafvollzug und wurden, wie bei der Volkspolizei üblich, durch eine „Werbegruppe" von der Haftanstalt selbst rekrutiert. Sie waren dem Minister des Innern und Chef der Deutschen Volkspolizei unterstellt.[122] Selbstredend kontrollierte das MfS die Bediensteten und nahm auch Einfluss auf die Besetzung der Stellen, ebenso wie die Staatssicherheit das Organ Strafvollzug und die anderen Dienstzweige des MdI effektiv überwachte. So wurde beispielsweise die Leiterstelle der StVE Bautzen I im Jahre 1986 erst nach Rücksprache der Bezirksbehörde der Deutschen Volkspolizei Dresden mit der Abteilung VII der Bezirksverwaltung für Staatssicherheit Dresden besetzt. Der Leiter dieser Abteilung VII, Oberstleutnant Böhnisch, teilte dem Leiter der Hauptabteilung VII in Berlin am 28. April 1986 mit: „Nach gründlicher Prüfung und Abstimmung mit meiner DE [Diensteinheit] wird einem Einsatz des Major des SV Sternberg ebenfalls zugestimmt."[123] Major Sternberg hatte sich dem MfS vor allem durch seine langjährige Tätigkeit als IM empfohlen. Selbst die Angehörigen der Bediensteten wurden auf Zuverlässigkeit überprüft. „Der Einsatz in geheimhaltungsbedürftigen Bereichen und sogar Delegierungen zum Fachschulstudium bedurften einer ‚Sicherheitsüberprüfung', mithin also der Zustimmung des MfS. Der Mielke-Apparat forschte dabei auch die Familienangehörigen und den engeren Freundeskreis der Betreffenden aus. Stellte sich heraus, dass der Kandidat ‚politische, charakterliche, familiäre oder andere Unsicherheitsfaktoren' aufwies, er selbst oder einer seiner Verwandten bereits einmal aus ‚bewaffneten Organen' entlassen worden waren oder er zum Vorgang der Überprüfung falsche Angaben gemacht hatte, fiel der Bescheid negativ aus."[124]

Als 1956 das „Objekt Bautzen II" zur Sonderhaftanstalt mutierte, stellte das Gefängnis administrativ eine Außenstelle der StVA Bautzen I dar. Der Personalbestand der Strafvollzugsanstalt, der aufgrund dieses Unterstellungsverhältnisses die Bediensteten beider Bautzener Haftanstalten umfasste, bot der vorgesetzten Kaderabteilung der BDVP insgesamt immer wieder Anlass zu vehementer Kritik. Vor allem die mangelnde politische Zuverlässigkeit und das „Versöhnlertum mit Gefangenen" wurden in den fünfziger Jahren wiederholt kritisiert.[125]

Besonders für Bautzen II wurden Maßnahmen zum Abbau dieser intern bekannten Missstände getroffen. So vermerkte die Kaderabteilung der StVA Bautzen in ihrem Quartalsbericht vom 1. Oktober 1956: „Die Lösung [der Hauptaufgaben im III. Quartal 1956] kam besonders bei der Umsetzung in personeller Hinsicht der neuen Struktur des Objektes II zum Ausdruck. Für dieses wichtige Objekt wurden in kollektiver Absprache mit den verantwortlichen Funktionären des operativen Dienstes und Zustimmung der Partei wie FDJ die politisch, fachlich und charakterlich zuverlässigsten Genossen eingesetzt."[126] Die angeordneten Versetzungen von und nach

Bautzen II waren Ursache von Unzufriedenheit unter den Bediensteten, da „man nicht in jedem Fall mit jedem einzelnen Genossen gesprochen hat, der aus strukturellen Gründen aus diesem Objekt [Bautzen II] abgelöst werden mußte“[127]. Gleichwohl vollzog sich ein reger Kaderaustausch zwischen den beiden Bautzener Haftanstalten. Bewährte Mitarbeiter der ehemaligen „Mutteranstalt“ Bautzen I wurden in die „exklusive“ kleine Anstalt versetzt. Ein sehr hoher Prozentsatz der Belegschaft der Sonderhaftanstalt wurde so aus Bautzen I rekrutiert. Bei negativem Karriereverlauf war es umgekehrt. Wer in Bautzen II unangenehm auffiel oder sich gar dienstlicher Verfehlungen schuldig gemacht hatte, wurde (wieder) nach Bautzen I „abgeschoben“, in den „normalen Vollzugsdienst“.[128]

Selbst ein Jahrzehnt nach dem Ende der DDR sind ehemalige Mitarbeiter stolz darauf, zu dem ausgewählten Bautzen-II-Personal gezählt zu haben. Nur „die Besten“ kamen in Bautzen II zum Einsatz. Dabei muss allerdings konstatiert werden, dass die dünne Personaldecke des Organs Strafvollzug die Kaderauswahl insgesamt in Grenzen hielt. Das soziale Prestige der SV-Bediensteten und auch der häufige Nachtdienst schien Nachwuchskadern wenig erstrebenswert.

Doch selbst Auslese erbrachte nicht das erwünschte Resultat. Nach wie vor waren zahlreiche Wärter unterqualifiziert und zeigten „politische Unzuverlässigkeiten“. So musste die Leitung der StVA Bautzen 1959 in Bezug auf das Objekt II feststellen, dass eines „der wichtigsten Probleme [...] nach wie vor die sozialistische Erziehung, insbesondere der Genossen Offiziere, zu politischen Staatsfunktionären und Kämpfern des Sozialismus“[129] war. Eine im gleichen Jahr durchgeführte Kontrolle der BDVP Dresden ergab eine noch immer „nicht befriedigende Arbeit der Genossen“ in Bautzen I und II.

Nicht weniger problematisch war die Besetzung offener Planstellen. Unter besonderen Anstrengungen konnte jedoch eine Verbesserung erreicht werden. 1958 meldete die Leitung der StVA Bautzen an die Verwaltung Strafvollzug in Ostberlin, dass „für das Objekt II eine kadermäßige Verstärkung“ erreicht werden konnte. Ferner erfuhr „die gesamte Disziplin in den Wachzügen [...] eine wesentliche Festigung. Durchgeführt wurde eine 14-Tage-Schulung mit neu eingestellten Genossen, zwecks Vorbereitung für ihre Tätigkeit im Wachdienst.“[130] Im Wesentlichen wurden diese Bediensteten aus dem Personalbestand von Bautzen I rekrutiert. Dies führte aber dort wiederum zu Fehlstellen, so dass man dazu überging, Neueinstellungen „von Angehörigen der NVA, DGP bzw. VP-Bereitschaften nach Ausscheiden dieser Genossen aus dem Dienst der NVA“[131] vorzunehmen.

Für das Jahr 1959 liegt eine „Strukturanalyse für die Leitung StVA Bautzen, einschließlich Objekt II“, vor, aus der hervorgeht, dass 60 % der Bediensteten länger als 10 Jahre und 40 % nicht länger als 5 Jahre im Strafvollzug tätig waren. Nach sozialer Herkunft aufgeschlüsselt, stammten 70 % des Personals aus Arbeiterfamilien, 20 % aus Beamtenfamilien und 10 % waren unter „sonstiges“ rubriziert.

Für 1963 lassen sich konkretere Angaben zum Personalbestand in Bautzen II machen, wo eine der ersten Aufgaben in der fachlichen Qualifizierung der neu eingestellten oder versetzten Bediensteten bestand. Hinzu kam, dass die Eigenständigkeit der Anstalt neue Aufgaben mit sich brachte, für deren Bewältigung offenbar nicht genügend Personal vorhanden war. So wies die Leitung von Bautzen II bereits im Januar 1963 an: „Es ist sofort dafür Sorge zu tragen, daß die Sachbearbeiter durch qualifizierte Kräfte der einzelnen Abteilungen im Objekt I eine gründliche Anleitung und Einarbeitung für die neuen von ihnen zu bewältigenden Aufgaben erhalten."[132] Trotz dieser Unterstützung wurde die Arbeit in der StVA auch ein Jahr später noch als mangelhaft eingeschätzt. Wieder war die unzureichende Ausbildung der Bediensteten Kritikpunkt. „Es sind Maßnahmen zur Überwindung noch vorhandener Mängel und Schwächen einzuleiten. [...] Alle Genossen sind davon zu überzeugen, daß ohne Qualifizierung keine Verbesserung der Dienstdurchführung erreicht werden kann."[133] So wurde festgelegt, dass alle Stationswachtmeister den 8-Klassen-Abschluss und alle Stations- und Kommandoleiter den 10-Klassen-Abschluss erreichen müssen. Zudem sollte bei Neueinstellungen darauf geachtet werden, „daß die elementaren Ausbildungsformen (10-Klassen-Abschluß) vorhanden sind"[134]. Die Aus- und Weiterbildung der Wärter und Offiziere wurde durch Delegierung an Fachschulen oder durch eine Abendschulung vorgenommen. Die letztere Variante löste allerdings Proteste der Bediensteten aus, da die Weiterbildung nach Dienstschluss eine unzumutbare Belastung darstelle und unter diesen Umständen das gewünschte Ziel auch nicht erreicht werden könne.[135] Trotz dieser Widerstände wurde das System der Schulung und Qualifizierungsmaßnahmen weiter fortgeführt und ausgebaut. Das Ziel, die vorgeschriebenen Dienstgrade bei der Besetzung der verschiedenen Stellen zu erreichen, war zumindest für den höheren Vollzugsdienst Ende der siebziger Jahre erreicht.

Ein weiteres Ziel war die Rekrutierung neuer Wärter zur Besetzung offener Stellen und zur Schaffung einer „Kaderreserve" für den Fall von Versetzungen oder Entlassungen, was in „enger Zusammenarbeit" mit der SED-Kreisleitung, der MfS-Kreisdienststelle und der Kreisleitung der FDJ realisiert werden sollte.[136] Dazu übernahmen die einzelnen Abteilungen Verpflichtungen, neue Kader zu werben, wenngleich der Erfolg auf diesem Wege gering blieb. Dennoch verbesserte sich die Personalsituation in den kommenden Jahrzehnten, so dass die Leitung von Bautzen II 1978 nur noch zwei offene Planstellen[137] und ein Jahr später die volle Besetzung des Stellenplanes melden konnte.[138] Bei der Rekrutierung des Personals mussten Abstriche hinsichtlich der Ansprüche vorgenommen werden. So waren z. B. Kontakte in den Westen eigentlich verpönt, wurde hier doch das Risiko „weltanschaulicher Aufweichung" und des „Informationsabflusses" über das Regime des „sozialistischen Strafvollzuges" befürchtet.[139] In der Praxis erwies sich die Abschottung als kaum durchsetzbar. In Bautzen II verfügte

mehr als die Hälfte der Aufseher über Verwandte im Westen, und mindestens jeder Achte erhielt 1975 nachweislich Post oder sogar Besuch aus der Bundesrepublik.[140]
1976 musste die MfS-Bezirksverwaltung Dresden nach einer Überprüfung der Kader beider Bautzener Haftanstalten resümieren: „Trotz der erreichten positiven Gesamtentwicklung besteht die Tatsache, daß einige SV-Angehörige ihren Aufgaben im Strafvollzug nicht gerecht werden. Im Einzelnen traten wiederum nachgenannte negative Verhaltenweisen von SV-Angehörigen im Dienst- und Freizeitbereich auf: Schlagen von Strafgefangenen in zwei Fällen, Nichtbearbeitung von Eingaben Strafgefangener, Diebstahl von sozialistischem Eigentum [...]. In beiden SV-Einrichtungen kann die Tätigkeit der Politorgane und Kader nicht befriedigen. Vielfach verliert man sich in Einzelerscheinungen und vernachlässigt dadurch die Organisation und Führung der politischen Erziehungsarbeit."[141]
Auffällig ist die Fluktuation der SV-Bediensteten in Bautzen II, die eigentlich im Widerspruch zur angestrebten Isolierung und Geheimhaltung stand. Besonders der Ablauf von befristeten Dienstverträgen spielte dabei eine Rolle. Viele Bedienstete waren nur einige Jahre in Bautzen II beschäftigt. Andere wurden für mehr oder minder lange Zeit von anderen Haftanstalten, besonders häufig aus Bautzen I, hinversetzt. Ebenfalls nicht unerheblich waren Delegierungen zu Aus- und Weiterbildungslehrgängen, wobei hier die Anstaltsleitung die niedrige Rücklaufquote bemängelte. Für die achtziger Jahre lässt sich feststellen, dass jährlich etwa acht bis zehn Zu- und Abgänge zu verzeichnen waren, was immerhin bei einer durchschnittlichen Personalstärke von 80 Bediensteten[142] einem Prozentsatz von etwa 11 % entspricht.[143]
Einen stark kontrollierenden und regulierenden Einfluss übte auch die Grundorganisation der SED auf das Personal in Bautzen II aus. Wie schon erwähnt, waren über 90 % der Bediensteten in ihr zusammengeschlossen. Die einzelnen Parteigruppen trafen sich regelmäßig: „In Erfüllung der dienstlichen Aufgaben müssen sich die Genossen ständig mit den Trägern der feindlichen Ideologie auseinandersetzen. Eine gute Erziehungsarbeit und Überzeugung wird durch die Leitung der G[rund]O[rganisation] in den Parteigruppen geleistet."[144] Außerdem verfasste die Kaderabteilung bzw. der Stellvertreter des Leiters für die politische Arbeit regelmäßige Berichte zum „politisch-moralischen Zustand der Dienststelle". Zielsetzung der „Polit-Arbeit" war es, „ein klassenmäßiges Auftreten gegenüber allen Strafgefangenen zu erreichen und ihre Raffinesse, Heimtücke und Gefährlichkeit zu erkennen"[145].
Unter Hinweis auf den „spezifischen Strafgefangenen-Bestand" in Bautzen II wird in einer Einschätzung vom 4. November 1970 hervorgehoben, „dass der überwiegende Teil der Strafgefangenen wegen schwerer staatsgefährdender Delikte zu Strafen mit langem Freiheitsentzug verurteilt wurde. Sie bringen in ihrer Person und mit ihren feindlichen Ideologien die

Härte des Klassenkampfes zwischen der sozialistischen und kapitalistischen Gesellschaftsordnung zum Ausdruck und hören hier in der Strafhaft nicht auf, Feinde zu sein."[146] Seine Schwierigkeiten hatte das Vollzugspersonal nicht zuletzt mit Gefangenen aus der westlichen Hemisphäre. „Der überwiegende Teil der Strafgefangenen ist wegen schwerer staatsgefährdender Delikte zu Strafen mit langem Freiheitsentzug verurteilt. Ihre staatsfeindliche Ideologie zeigt sich in vielfältiger, offener und versteckter Form. Insbesondere solche Strafgefangenen, die Bürger der BRD und WB und des kapitalistischen Auslandes sind, treten ideologisch offen auf."[147]

Unter dem Datum des 21. Oktober 1975 ließ der Major des SV Jünger, Stellvertreter für politische Arbeit in Bautzen II, seinen Vorgesetzten, Oberst Schwiebus, Stellvertreter für politische Arbeit in der BDVP Dresden, schriftlich von einem „Vorkommnis mit Gruppencharakter"[148] in Bautzen II unterrichten, das seiner schwerwiegenden Bedeutung wegen immerhin Ermittlungen der Hauptabteilung IX des MfS ausgelöst hatte. Vier SV-Angehörige, ein Unterleutnant, zwei Meister und ein Hauptwachtmeister, sämtlich im operativen Dienst eingesetzt, sämtlich Genossen der SED, wurden beschuldigt, „zum Teil gemeinschaftlich handelnd, schwere Verstöße gegen Befehle und Weisungen begangen" zu haben. Konkret wurde ihnen vorgeworfen, sie hätten sich über mehr als ein Jahr durch Strafgefangene korrumpieren lassen. „Der Weg der Korruption verlief über Kontaktaufnahme durch Gespräche, illegales Schleusen von Briefen aus und in die SVE bis zur Übergabe von illegalen Paketsendungen an die SG." Der Hauptbeschuldigte, ein Meister des SV, „benutzte dazu Deckadressen aus seinem Verwandtenkreis. Als Gegenleistung wurde er dafür mit Lebens- und Genussmitteln, Kosmetikartikeln, Bekleidung und Westgeld materiell vergütet." Der Unterleutnant hatte als unmittelbarer Vorgesetzter von den Vorgängen zwar Kenntnis, schritt aber nicht dagegen ein, nachdem er selber davon profitiert hatte und sich im Übrigen von Strafgefangenen „ungenehmigt" Regale, einen Grill und Autoersatzteile hatte fertigen lassen. Ähnlich verhielten sich die Dinge bei den anderen zwei Beteiligten. Während die beiden Erstgenannten fristlos aus ihrem Dienstverhältnis entlassen und aus der Partei ausgeschlossen wurden, kamen die beiden Letztgenannten mit Disziplinarstrafen davon. Strafrechtliche Konsequenzen traten für keinen der vier ein – ein Umstand, der wesentlich darauf zurückzuführen ist, dass das Fehlverhalten „nicht in einer DDR-feindlichen Einstellung begründet" lag.

Die ideologischen Grundwerte, die den SV-Angehörigen vermittelt werden sollten, waren klar definiert. Dies sollten „die unbedingte Treue und Ergebenheit zur Sache der Arbeiterklasse; die Überzeugung von der Überlegenheit der soz[ialistischen] Ordnung gegenüber den Ausbeuterordnungen und des Sieges des Soz[ialismus] über den Kap[italismus]; die wachsende Führungsrolle der A[rbeiter]K[lasse] und ihrer m[arxistisch]/l[eninistischen] Partei" sowie „die Unveränderlichkeit des aggressiven Wesens des Imp[e-

rialismus] und die daraus resultierende Notwendigkeit der revolut[ionären] Wachsamkeit"[149] sein.
Nebenbei diente die Verhängung von Parteistrafen bzw. die Einleitung von Parteiverfahren als zusätzliches Mittel zur Ahndung von Vergehen jeglicher Art. Die Kontrolle reichte sogar über das Dienstverhältnis hinaus. Neben dienstlichen Verfehlungen wie Kontaktaufnahme mit Strafgefangenen wurde z. B. das Fahren unter Alkohol am Wochenende durch die SED-Parteileitung bestraft.
Trotz aller Schwierigkeiten, die sich innerhalb der Personalstruktur ergaben, zeigte sich die Leitung der StVE zumindest zeitweilig mit der Arbeit der Bediensteten zufrieden. Eine Sicherheitsüberprüfung der BDVP Dresden in Bautzen im März 1986 ergab, dass das in Bautzen II eingesetzte Aufsichtspersonal den hohen Ansprüchen gerecht wurde: „Die Genossen verfügen über das notwendige, taktische Verhalten im Umgang mit [den] Strafgefangenen, sie sind politisch standhaft und ihre psychische und physische Verfassung ist entsprechend den Anforderungen."[150] Auch die politische Schulung schien Früchte zu tragen: „Es konnte durch interne Information in Erfahrung gebracht werden, daß selbst die Strafgefangenen einschätzen, daß die Genossen […] einen festen Klassenstandpunkt haben."[151]

Die Anstaltsleiter

Erster Leiter des „Objekts" Bautzen II als Sonderstrafvollzugsanstalt unter MfS-Kontrolle wurde 1956 Oberleutnant des SV Fritz Steinwedel. Geburtsjahrgang 1911, blieb der zu diesem Zeitpunkt 45-Jährige allerdings nur vier Jahre in dieser Funktion. 1960 wurde er, was sich nicht näher recherchieren ließ, in eine andere Position versetzt. Mit 57 Jahren ging er in Rente. Sein weiterer Verbleib ist ungeklärt.
Auf Steinwedel folgte 1961 Oberleutnant – später Hauptmann – des SV Erwin Mayer in das Amt des Leiters in Bautzen II. Geboren 1912, ist auch er vorzeitig aus dem Dienst geschieden. Schon am 30. September 1964 trat er in den Ruhestand. Vier Jahre später verstarb er.
In den Jahren danach leitete Hauptmann Johannes Pokorny die Sonderhaftanstalt. Es ließ sich nicht genau klären, ob er das Amt unmittelbar nach Mayers Abschied übernahm oder erst später, aber die Tatsache an sich ist für die zweite Hälfte der sechziger Jahre belegt. Pokorny übte seine Leiterfunktion bis zum 30. Juni 1971 aus, dem Datum seiner Entlassung in den Rentnerstand. Im Alter von knapp 64 Jahren ist er am 11. August 1983 verstorben.
Vom 1. Januar 1972 an bis zu seinem plötzlichen Tod am 10. April 1985 hatte Horst Faedtke die Leitung der Anstalt inne. Auf seine Biografie wird noch ausführlich einzugehen sein. Ungeklärt ist, ob zwischenzeitlich Willi Römer als kommissarischer Leiter in der Haftanstalt eingesetzt war. Nicht näher zu

belegende Hinweise in der Personalkartei deuten darauf hin. Die Berufung von Faedtke, der vom MfS zugleich als Offizier im besonderen Einsatz (OibE)[152] verpflichtet worden war, zu dem genannten Zeitpunkt steht allerdings außer Zweifel. Zuletzt bekleidete er den Rang eines Oberstleutnants.
Faedtkes Nachfolger war Hauptmann Horst Alex. Geboren am 25. August 1951, war er mit 34 Jahren der jüngste Offizier des SV, dem in Bautzen II die Leitung übertragen wurde. Alex war nach seinem Wehrdienst in der Nationalen Volksarmee in den Strafvollzugsdienst eingestellt worden. In den siebziger Jahren übte er verschiedene Funktionen in Bautzen I aus, u. a. wirkte er als Erzieher. Die Absolvierung von Lehrgängen an der zentralen Ausbildungsstätte des MdI in Radebeul und an der Hochschule der DVP „Karl Liebknecht" in Ostberlin, wo er sich zum „Diplomstaatswissenschaftler" qualifizierte, eröffnete ihm die Laufbahn zum Offizier des SV, die ihn bis zum Rang eines Oberstleutnants führte. Er war der letzte Leiter der Sonderhaftanstalt Bautzen II. Auch Horst Alex war, wie alle seine Vorgänger, Mitglied der SED.

Die hauptamtlichen Mitarbeiter des MfS in Bautzen II

Das Ministerium für Staatssicherheit sicherte seinen unmittelbaren Einfluss auf Bautzen II durch hauptamtliche Mitarbeiter, die vor Ort tätig waren. In den Jahren von 1963 bis 1989 waren in Bautzen II insgesamt drei „Offiziere für Sonderaufgaben" (OfS) eingesetzt. Sie agierten im Auftrag der Hauptabteilung IX des MfS und waren deren Leiter unmittelbar unterstellt.
Als erster dieser Verbindungsoffiziere fungierte Hauptmann – später Major – Hans Kempe. Er wurde zum 1. Februar 1963 in Bautzen II eingesetzt und übte seine Funktion über 23 Jahre lang bis zum 1. Oktober 1986 aus. Vom 1. März 1976 bis zum 31. Januar 1979 und für weitere sechs Monate zwischen Februar und August 1980 wurde er von Oberstleutnant Günter Simon unterstützt. Am 1. Februar 1983 trat Major Rainer Steudtner seinen Dienst in Bautzen II an. Die Friedliche Revolution setzte seiner Tätigkeit im November 1989 ein Ende.
Die Offiziere für Sonderaufgaben hatten sich vor Ort „auf die Organisation und Durchführung der politisch-operativen Abwehrarbeit unter den Strafgefangenen" zu konzentrieren und Einfluss zu nehmen „auf eine den operativen Erfordernissen entsprechende Unterbringung in den Verwahrbereichen und die Zusammensetzung der Arbeitskommandos". Außerdem waren sie für „die politisch-operative Sicherung der Besuchsdurchführung von Familienangehörigen und anderen Personen mit Strafgefangenen sowie die operative Überwachung und Kontrolle der durch Mitarbeiter diplomatischer Vertretungen stattfindenden Konsularbesuche" verantwortlich.[153]
Diese kryptische Aufgabenbeschreibung wurde in einem für Simon 1980 verfassten Arbeitskatalog aufschlussreich konkretisiert. Die „politisch-operative Abwehrarbeit" umfasste danach das Abhören der Besuchstermine

der Häftlinge, das Abhören und Filmen der Diplomatenbesuche, die Sichtung und „physikalische Untersuchung des ein- und ausgehenden Brief- und Paketverkehrs ausgewählter Strafgefangener auf Geheimschrift" sowie die Anfertigung von Kopien des gesichteten Materials. Auch der Einsatz operativer Technik zur Überwachung von Strafgefangenen in den Verwahrräumen und die Durchführung „stichprobenartiger Video-Kontrollen"[154] war vom OfS wahrzunehmen.

Im Grunde genommen stellten die Verbindungsoffiziere die anstaltsinternen Schlüsselfiguren dar. Sie wurden sowohl von den Häftlingen als auch von den Bediensteten der Haftanstalt als die eigentlichen Leiter des Gewahrsams angesehen. Kempes Rolle spiegelt sich z. B. in einem 17 Seiten umfassenden IM-Bericht eines Strafgefangenen wider, der die Überschrift „Information über die Strafvollzugsanstalt Bautzen II" trug. „Allgemein bekannt in der Anstalt ist, dass dort ein ständiger Verbindungsoffizier des MfS seinen Sitz hat. Dieser Verbindungsoffizier, der den Rang eines Majors trägt, hat unter den Häftlingen den Spitznamen ‚Onkel'[155] und wird inoffiziell als der wirkliche Anstaltsleiter angesehen. Zu dieser Vermutung trägt zwangsläufig die Tatsache wesentlich bei, dass der ‚Onkel' innerhalb der Anstalt über weitreichende Entscheidungsbefugnisse verfügt (Auswahl von Häftlingen für Hausarbeiten und für andere Vertrauensstellungen sowie Zusammenlegungen von Häftlingen in einer Zelle, Besuchs- und Schreibsondergenehmigungen sowie Erteilung von anderen Sondergenehmigungen hinsichtlich der zeitweiligen oder dauernden Benutzung von Fernsehgeräten auf den Zellen u.v.m.). Durch entsprechende Äußerungen des Majors, dass er bei entsprechender Gegenleistung der Häftlinge für diese viel tun könne, trägt er selber zu dieser Vermutung mit bei."[156]

Als weiterer hauptamtlicher Mitarbeiter der Hauptabteilung IX in Bautzen II ist Horst Faedtke zu nennen. Seine Karriere als Leiter der Sonderhaftanstalt war, wie anderenorts dargelegt wird, mit seiner Installierung als Offizier im besonderen Einsatz kombiniert. Nach außen hin als Angehöriger des Strafvollzuges getarnt, wirkte er stets zur Zufriedenheit des MfS, das ihm einen „erheblichen Anteil bei der konsequenten Durchsetzung des Strafvollzugsgesetzes, der ständigen Gewährleistung zur erfolgreichen Lösung politisch-operativer Aufgaben und der kontinuierlichen Erhöhung der Sicherheit und Ordnung in der Einrichtung"[157] ausdrücklich bescheinigt hat.

Im Übrigen waren für Bautzen II auch mehrere hauptamtliche Mitarbeiter der Abteilung VII der MfS-Bezirksverwaltung Dresden tätig. Sie hatten ihren Dienstsitz zwar in Bautzen I, waren aber für die euphemistisch so genannte politisch-operative Sicherung beider Bautzener Haftanstalten zuständig. Den Mitarbeitern der Abteilung VII oblag die Überwachung und Kontrolle des Gewahrsams, vor allem der SV-Angehörigen von Bautzen II, sowie die Zusammenarbeit mit IM aus den Reihen der Bediensteten dieser Anstalt. Namentlich bekannt sind nach dem derzeitigen Kenntnisstand die beiden Führungsoffiziere Jürgen Schmidt und Werner Fritsche.

Die inoffiziellen Mitarbeiter des MfS in Bautzen II

Die hauptamtlichen Mitarbeiter des MfS in Bautzen II stützten sich auf zahlreiche inoffizielle Mitarbeiter. Sowohl Bedienstete als auch Strafgefangene wurden zu diesem Zweck angeworben und verpflichtet. Ein Spitzel aus den Reihen der Gefangenen wurde im Dienstjargon der Stasi als „Zelleninformator" (ZI) bezeichnet. So war in der Sonderhaftanstalt ein engmaschiges, kaum zu entwirrendes System gegenseitiger Überwachung und Kontrolle aufgebaut, wobei sich aus der Spezifik von Bautzen II die Existenz zweier „inoffizieller Netze" des MfS zur „politisch-operativen Sicherung" dieses Gewahrsams erklärt. Die Verantwortung dafür hatten sich „die Linien" VII und IX im MfS zu teilen, das heißt, die Abteilung VII der Stasi-Bezirksverwaltung Dresden war für die „Gewährleistung der Sicherheit im Organ Strafvollzug" zuständig, während der Hauptabteilung IX des MfS in Ostberlin die „politisch-operative Sicherung und Bearbeitung" der Strafgefangenen in Bautzen II oblag.

Die „Sicherung" des Gewahrsams und seiner Bediensteten lag in den Händen einer so genannten Operativgruppe, bestehend aus mehreren hauptamtlichen MfS-Mitarbeitern, die ihren Sitz in Bautzen I hatte. Die „Operativgruppe" überwachte und kontrollierte die SV-Angehörigen von Bautzen II, unterstützt durch zahlreiche IM aus den Reihen des Anstaltspersonals.

Inoffizielle Mitarbeiter und gesellschaftliche Mitarbeiter für Sicherheit (GMS) waren für das MfS unverzichtbare Instrumente zur Kontrolle der StVE Bautzen II.[158] Der Minister für Staatssicherheit hatte in der Dienstanweisung Nr. 2/75 dazu ausdrücklich bestimmt: „Zur politisch-operativen Sicherung der Angehörigen und Zivilbeschäftigten des Organs Strafvollzug, [...] ist ein ausreichender Bestand qualifizierter IM/GMS zu schaffen und zielgerichtet einzusetzen. [...] Insbesondere sind solche IM zu schaffen, die als IM in Schlüsselpositionen zur Durchsetzung der politisch-operativen Interessen des Ministeriums für Staatssicherheit in den Vollzugsorganen genutzt werden können oder die als Führungs-IM relativ selbständig festgelegte Bereiche sichern und personen- sowie sachbezogen Aufgaben mit hoher Qualität lösen."[159]

Dem Mielke-Apparat gelang es auch in Bautzen II, stets eine ausreichende Anzahl von Bediensteten zur IM-Tätigkeit zu verpflichten, die ihre Genossen und Kollegen bespitzelten.[160] Angeworben wurden bevorzugt „klassenbewußte und treuergebene Parteimitglieder mit klarem politischen Standpunkt", die sich bei ihrer Arbeit im Strafvollzug durch eine verlässliche Arbeitsweise ausgezeichnet hatten. Nach genauer Prüfung der Kandidaten fanden die Verpflichtungen meist bei einem der ersten Treffen statt. Die Kandidaten erklärten ihre Bereitschaft zur inoffiziellen Arbeit in mündlicher oder schriftlicher Form und erhielten aus konspirativen Gründen einen Decknamen. Neben der Bereitschaft zur Mitarbeit aus politischer Überzeugung gab es in geringem Maße auch finanzielle Beweggründe und psychologische Motive, etwa Geltungsbedürfnis oder ein gesteigertes Selbst-

wertgefühl. Selbstredend hatte sich der IM zur Geheimhaltung seiner Spitzelei zu verpflichten. Damit war die „Werbung" vollzogen.
Der IM konnte nun – je nach Zuverlässigkeit, Einsatzbereitschaft und Ergiebigkeit seiner Berichte – verschiedene IM-Karrierestufen durchlaufen. Nach der Devise, Vertrauen ist gut, Kontrolle ist besser, wurden auf den Inoffiziellen Mitarbeiter nach Möglichkeit andere IM angesetzt, die seine Aussagen und sein Verhalten auf Zuverlässigkeit zu prüfen hatten. Hatte sich ein IM bewährt und genug Erfahrungen gesammelt, konnte er zum Führungs-IM (FIM) aufsteigen, also andere Inoffizielle Mitarbeiter führen.[161]
Zum Stichtag 25. April 1963 waren unter den VP-Angehörigen in Bautzen II insgesamt acht als IM verpflichtet.[162] Im September 1985 sind mindestens fünf IM belegt: die SV-Angehörigen Manfred Schieweck (Offizier für Sonderaufgaben) als IM „Lothar", Fritz Fleischer (Offizier im Medizinischen Dienst) als IM „Falke", Leonhard Pexa (Versorgungsdienste) als IM „Axel", Horst Klinner (Wachdienst) als IM „Manfred" und Matthias Skora (Waffenkammer) als IM „Jörg Kreuzer".[163]
Untereinander hatten die IM aus konspirativen Gründen keinerlei Kenntnis von ihrer jeweiligen Arbeit für das MfS. In Notstandssituationen sollten die IM allerdings zueinander in Kontakt treten. Im Verteidigungszustand sollte beispielsweise der IM „Lothar" unter Nennung der Losung „Feuerwerk" mit den IM „Falke", „Axel", „Manfred" und „Jörg Kreuzer" Kontakt aufnehmen, deren Namen er bis dato freilich nicht kannte.[164]
Dem Untersuchungsorgan des MfS in Gestalt der Hauptabteilung IX war laut Dienstanweisung Nr. 5/85 die „Gewährleistung der politisch-operativen Abwehrarbeit unter den Strafgefangenen der StVE Bautzen II sowie die wirkungsvolle Gestaltung der inoffiziellen Tätigkeit und der zielgerichteten operativen Bearbeitung von Gefangenen"[165] übertragen. Die Hauptabteilung IX baute daher ein zweites Spitzelnetz in Bautzen II auf, ein Netz von „Zelleninformatoren" unter den Häftlingen, um deren bestmögliche Überwachung und Kontrolle zu gewährleisten. Die vor Ort tätigen Verbindungsoffiziere waren stets um die Verpflichtung neuer ZI bemüht, die, mit unterschiedlichsten Aufträgen versehen, ihre Mithäftlinge bespitzelten und sowohl mündlich als auch schriftlich Berichte lieferten. „Die Arbeit mit ZI ist in die Durchsetzung des sozialistischen Rechts und damit des Schutzes der sozialistischen Gesellschaftsordnung und ihrer Bürger einzuordnen. Sie hat der konsequenten, unvoreingenommenen und allseitigen Festlegung der Wahrheit zu dienen."[166]
Im Jahre 1984 standen der Hauptabteilung IX „im Durchschnitt 20 Personen gemäß Richtlinie 2/81[167] zur Verfügung".[168] Bei einer Belegung mit 195 Strafgefangenen am 31. Dezember 1984 standen damit fast 10 % der Häftlinge in den Diensten des Mielke-Apparates. Die Spitzeltätigkeit der Zelleninformatoren wurde in Analysen der Hauptabteilung IX als sehr zufriedenstellend beurteilt: „Alle operativen Schwerpunktbereiche [konnten] abgesichert werden. Durch die Arbeit mit ZI und den kombinierten Einsatz

operativ-technischer Mittel konnte 1984 die Übergabe von 4 Kassibern an Besucher unterbunden und in zwei Fällen die Ausschleusung von in latenter Schrift gefertigten Informationen verhindert werden."[169] Am Stichtag 31. Dezember 1986 befanden sich unter den insgesamt 170 Häftlingen in Bautzen II immerhin 13 Spitzel und 8 so genannte Kontaktpersonen[170] des MfS. Im Folgejahr verringerte sich die Belegungszahl erheblich. 145 Häftlinge wurden entlassen, davon 69 infolge des Amnestiebeschlusses. Mit den Entlassenen verlor das MfS 8 Zellenspitzel und 3 „Kontaktpersonen". Ende Dezember 1987 war die Haftanstalt mit lediglich 74 Strafgefangenen belegt, darunter waren 5 Spitzel und 5 Kontaktpersonen, von denen 3 zur Werbung als IM vorgesehen waren.[171]

Die Motive der Inhaftierten, sich zur Zusammenarbeit mit dem MfS bereit zu erklären, waren meist in der Zusicherung von Hafterleichterungen und in dem Versprechen auf Strafverkürzung zu suchen. Selten wurden solche Zusagen eingelöst.[172]

Rainer Steudtner, der letzte der MfS-Verbindungsoffiziere in Bautzen II, berichtete im Jahre 1998 rückblickend, dass er bei seiner Tätigkeit nicht nur auf als Zelleninformatoren verpflichtete Häftlinge zurückgreifen konnte, sondern auch auf die inhaftierten ehemaligen MfS-Angehörigen und Funktionäre der SED, die der Stasi weiter „die Treue gehalten" hätten.[173]

Exkurs: Exemplarische Arbeitsbereiche

Nach Inkrafttreten des Grundlagenvertrages zwischen beiden deutschen Staaten am 21. Juni 1973 bestand die Möglichkeit, die in Bautzen II inhaftierten Verurteilten aus der Bundesrepublik und aus Westberlin durch die Rechtsabteilung der Ständigen Vertretung der Bundesrepublik Deutschland in Ostberlin juristisch und humanitär zu betreuen. Entsprechendes galt für ausländische Strafgefangene in Bautzen II, soweit ihre Heimatländer diplomatische Beziehungen zur DDR unterhielten. Seit Januar 1978 erfolgten dienstliche Besuche von Mitarbeitern ausländischer Botschaften bzw. Konsulate und der Ständigen Vertretung der Bundesrepublik in Ostberlin direkt in der StVE Bautzen II.[174]

Im Jahre 1978 fanden beispielsweise insgesamt 104 derartige Gespräche zur Betreuung bundesdeutscher oder ausländischer Strafgefangener statt.[175] Für das Jahr 1987 sind 85 Haftgespräche dokumentarisch belegt.[176]

Das MfS sicherte die Termine – wie bereits dargelegt – über seine Verbindungsoffiziere, die mittels Videotechnik die Treffen aufzeichneten und somit unsichtbar zugegen waren. Die Verwaltung Strafvollzug berief für die Überwachung der Diplomatensprecher im Januar 1978 den Hauptmann des SV, Manfred Schieweck, der bis dahin als Erzieher in Bautzen I tätig gewesen war. Eine für das MfS gute Wahl, denn Schieweck war für den Staatssicherheitsdienst bereits seit 1965 als IM „Lothar" verpflichtet. Die Abteilung VII der BV Dresden setzte „Lothar" nunmehr als Offizier für besondere Aufgaben zur „Absicherung der Diplomatensprecher" ein. Von 1978 bis zu seiner Rückversetzung in die StVE Bautzen I 1986 überwachte Schieweck die von ihm in dienstlicher Eigenschaft offiziell abgewickelten Termine mit Besuchern der Ständigen Vertretung auch inoffiziell, d. h., er informierte das MfS mündlich und schriftlich über die Gespräche. Diese „Leistungen" Schiewecks wurden vom MfS mit kleineren Geldsummen honoriert „als Anerkennung für die Durchsetzung unserer Interessen und Erarbeitung wertvoller Informationen"[177].

„Lothar" berichtete zusätzlich auch über SV-Angehörige. Sein inoffizieller Einsatz erfolgte „zur weiteren Erhöhung der Qualität der Aufklärungs- und Abwehrarbeit in der StVE Bautzen II unter den Offizieren und Wachtmeistern sowie zum reibungslosen Ablauf der Besuchsdurchführung mit den diplomatischen Vertretern unter Wahrnehmung der Interessen unseres Organes [...]"[178]. Unter den ihm zugewiesenen „Schwerpunktaufgaben" rangierte die „Gewährleistung der Sicherheit und Überwachung der Sprecher mit bevorrechteten Personen (diplomatische Vertreter) unter Beachtung und Vertreten der Interessen des MfS sowie weiterer staatlicher Interessen"[179] an erster Stelle. Der Aufgabenkatalog umfasste ferner:

„Einsatz zur Deckung des vorgegebenen Informationsbedarfes der HA IX sowie selbständige Erarbeitung von Informationen zu den SG der StVE Bautzen II, [...] Überprüfung und Absicherung des Bereiches SV-Angehörige in der StVE Bautzen II; Erarbeitung von Komplexinformationen, Analysen entsprechend vorgegebenen Informationsbedarfs zu den SG und den SV-Angehörigen, [...] zeitweilige Übernahme von vorhandenen bzw. zu schaffenden IM zur Absicherung der SV-Angehörigen bzw. Außensicherung des Objektes sowie Bearbeitung von Vorkommnissen im Freizeitbereich der SV-Angehörigen unter Abdeckung durch OibE."[180] Neben seinen Spitzelinformationen übergab Schieweck seinem Führungsoffizier, dem in der StVE Bautzen I tätigen MfS-Hauptmann Werner Fritsche, bei geheimen Treffen in dessen Dienstzimmer oder in einer konspirativen Wohnung verschriftlichte Auszüge aus den Besuchergesprächen diplomatischer Vertreter der Bundesrepublik bzw. Westberlins mit Strafgefangenen.

Von besonderem Interesse für das MfS waren Äußerungen der Inhaftierten zum Strafvollzug und seinen Angehörigen. Am 17. September 1982 erfuhr das MfS: „Im Vorgespräch für den Diplomatenbesuch teilte mir heute der SG [...] mit: Es gibt hier im Haus einen Polizeimeister mit dem Spitznamen [geschwärzt], der hat vor Strafgefangenen Angst. Ich selbst habe mit ihm diskutiert und das war mein Fehler, ich wollte einen Pullover haben und schließlich landete ich auf der Isolierzelle, in der ich heute noch bin. Ich hätte so handeln sollen wie andere Strafgefangene. Die – so erzählten sie es mir – gehen ganz nahe an den Polizeimeister ran und drohen, ihm ein paar in die Schnauze zu hauen – da zieht der schnell ab und läßt auch keinen bestrafen. Einmal haben sie ihm eine Flasche nachgeworfen, da sprang er nur zur Seite und veranlaßte auch keine Bestrafung."[181]

Auch politisch-aktuelle Fragen waren für das MfS von Belang. Schieweck berichtete im Mai 1983: „Zur Lage in Westberlin bzw. in der BRD bringt der Diplomat vor: In der Wirtschaft geht es jetzt wieder aufwärts, politisch hat sich nichts verändert. Im Bundestag sind die Grünen eingezogen. Vorgestern waren einige Jugendliche eingeladen, die warfen mit Farbeiern, entrollten Fahnen – das war nicht die feine Art."[182]

Anlässlich einer Dienstbesprechung am 13. März 1986 in Berlin berichtete Schieweck über die Diskussionen zur StVE Bautzen II unter den Kollegen: „Vor allem gilt es, das Zusammenwirken noch besser zu organisieren. [...] Diplomaten versuchen, und das tun sie auch, unsere Normative zu unterlaufen, sie sammeln Fakten, die unserem Staat letztlich schaden, und nebenbei sind zahlreiche Noten zu beantworten. Das kann aber nur geschehen, wenn wir selbst, unsere Genossen, schlecht arbeiten und teilweise willkürlich statt gesetzlich handeln. So brachte der Gen. Krieß bei der internen Diskussion (nur Genossen des MfS der UHA und der StVE Berlin sowie die Gen. Hptm. d. SV Graupner und Schieweck anwesend) u.a. vor, daß ihm die Genossen, welche die Besuche überwachen, manchmal direkt leid tun, wenn sie das ausbügeln müssen, was andere versaut haben."[183]

Manfred Schieweck verfasste im Rahmen seiner Spitzeltätigkeit umfangreiche Einschätzungen seiner Kollegen, u.a. auch zu Hauptmann des SV Peter Jüttner, Oberleutnant des SV Christian Schulze und Eberhard Grottker.[184] Aus Anlass der Einstellung des neuen Leiters der StVE Bautzen II, Hauptmann Horst Alex, im Jahre 1985 gab Schieweck in schriftlicher Form eine „Vorläufige Einschätzung" ab: „Nach relativ kurzer Zeit konnte jedoch schon allgemein der Eindruck gewonnen werden, daß er [Alex] sachlich, korrekt, bestimmend und auch unduldsam auftritt. Er fordert gute Aufgabenerfüllung und spart dabei auch nicht mit Lob, fordert Verallgemeinerung, tadelt aber auch bei Feststellung irgendwelcher Nachlässigkeiten."[185]

Selbstredend wurde auch Schieweck überwacht. „Durchgeführte Überprüfungen zu den Informationen des IM mittels anderer IM bzw. durch offizielle Überprüfungen des Mitarbeiters ergaben die Ehrlichkeit und Zuverlässigkeit des IM in jeder Situation", bescheinigt ihm sein Führungsoffizier im Mai 1978.[186]

Ausgewählte Biografien leitender Kader

Der OibE als Anstaltsleiter: Horst Faedtke

Faedtke amtierte zwischen 1972 und 1985 als Leiter der Sonderhaftanstalt Bautzen II. Seine Karriere verlief gleichsam lehrbuchmäßig.[187] Geboren am 9. Juli 1935 in Drönnewitz (Kreis Demmin), einer Arbeiterfamilie entstammend, von Beruf ursprünglich Landwirtschaftsgehilfe und Baufacharbeiter, tat er 1953/54 Dienst bei der Deutschen Grenzpolizei, wechselte 1955 zur Bereitschaftspolizei, aus der er im Oktober 1957 ausschied. Nachdem er zeit-

weilig als Einschaler auf dem Bau in Bautzen gearbeitet hatte, trat er im März 1958 in den Strafvollzug in Bautzen I ein. 1961 wurde er Mitglied der SED. In den Jahren 1963 und 1964 absolvierte er einen Zweijahreslehrgang für Offiziersanwärter an der Zentralen Ausbildungsstätte des MdI in Radebeul.

Aufschluss über seine Persönlichkeit vermittelt folgender Passus seiner Beurteilung durch seinen Lehrer in Radebeul: „Anfangs machte ihm das Studium einige Schwierigkeiten, weil er sich erst mit den neuen Bedingungen an der Schule vertraut machen mußte und ihm an und für sich die Umstellung von der praktischen Arbeit zum Studieren mehr Zeit kostete als manchem anderen Genossen."[188] Nur allmählich begann er den Lehrstoff zu begreifen. „Während des Lehrganges wurde offenbar, dass ihm schriftliche Darlegungen mehr Schwierigkeiten bereiten als mündliche. [...] Obwohl er sich große Mühe gab, den schriftlichen Anforderungen gerecht zu werden, konnte er jedoch diesen Mangel nicht vollkommen überwinden." Um ihm gleichwohl zu einem positiven Abschluss zu verhelfen, verfertigte er seine Examensarbeit zusammen mit einem zweiten Offiziersschüler als „Gemeinschaftsarbeit". Und das Resümee: „Genosse Faedtke ist ein resoluter, lebensbejahender Mensch, der offen seine Meinung zum Ausdruck bringt. Erstaunlich ist seine Sachlichkeit und Ruhe, mit der er im Kollektiv auftritt. Obwohl er noch ein verhältnismäßig junges Parteimitglied ist und noch über keine große Parteierfahrung verfügt, nahm er aktiv am Leben des Kollektivs teil."[189]

Als Unterleutnant kehrte er von der Schule zurück und wurde sofort als Kommandoleiter in der Strafvollzugsanstalt Bautzen I eingesetzt. Faedtke stand dem Regime nicht nur absolut loyal, sondern zutiefst dankbar gegenüber. Das machte ihn für die Staatssicherheit ansprechbar. Am 8. Juni 1965 verpflichtete ihn die Abteilung VII der Bezirksverwaltung Dresden des MfS unter dem Decknamen „Uwe" schriftlich als inoffiziellen Mitarbeiter. „Zur Verbesserung der operativen Arbeit in der StVA I Bautzen macht es sich notwendig, die Werbung der Kdo.-Leiter als GI mit der Perspektive GHI durchzuführen"[190], lautete die Begründung in dem einschlägigen Werbungsvorschlag. Nachdem er sich zuvor zwei Jahre lang als Leiter im Strafvollzugskommando Riesa bewährt hatte, übernahm er am 1. Januar 1972 die Leitung der Strafvollzugsanstalt Bautzen II im Range eines Hauptmanns.

Kurz nach der Einstellung Horst Faedtkes als Leiter der StVE Bautzen II ließ ihn das MfS erneut überprüfen und einschätzen. Im Februar 1972 befand das Mielke-Ministerium: „Bei seiner Arbeit tritt der Kandidat äußerst ruhig und sachlich auf. Seine Argumentation ist politisch fundiert und überzeugend. Er wirkt beharrlich auf andere Genossen ein, bis er sie von der Notwendigkeit seiner Forderungen auch überzeugt hat. Es gibt bei ihm keine Kompromisse. [...] Gegenüber den Strafgefangenen zeigt er sich stets konsequent und unversöhnlich."[191]
Faedtke bewies Härte und Zuverlässigkeit. Ein halbes Jahr nach seinem Dienstantritt als Anstaltsleiter in Bautzen II verpflichtete ihn das MfS als Offizier im besonderen Einsatz. „Durch die Besetzung der vorgeschlagenen Planstelle im Strafvollzug der VP ist die zuständige Diensteinheit besser in der Lage, die politisch-operative Arbeit unter den wegen staatsfeindlichen Handlungen einsitzenden Häftlingen zu verstärken"[192], so die Begründung des Ministeriums. Legendiert als „normaler" MdI-Mitarbeiter tat Faedtke fortan seinen Dienst als hauptamtlicher MfS-Mitarbeiter. Der OibE als Objektleiter in Bautzen II „besitzt alle Voraussetzungen, um die ihm übertragene Funktion erfolgreich ausüben zu können, da er gemäß der gegebenen Linie in tschekistischer Weise die Zusammenarbeit mit den zuständigen Organen festigt"[193]. Faedtke starb 49-jährig am 10. Mai 1985 im Amt.

Der heimliche Objektleiter: Hans Kempe

Von 1963 bis 1986, dreiundzwanzig Jahre lang, war Hans Kempe als Offizier für Sonderaufgaben im Dienst der Hauptabteilung IX des MfS in Bautzen II eingesetzt, zunächst als Hauptmann, später im Range eines Majors. Der „Verbindungsoffizier des MfS" galt all die Jahre sowohl bei den SV-Angehörigen als auch bei den Häftlingen als der heimliche Objektleiter.[194]
Geboren am 16. November 1921 im erzgebirgischen Altenberg als Sohn einer kinderreichen Arbeiterfamilie, besuchte er die Volksschule und absolvierte anschließend eine Lehre als Tischler. Nach Einzug zum Reichsarbeitsdienst diente Kempe von 1941 bis 1945 in der Wehrmacht. Im April 1945 geriet er kurzzeitig in sowjetische Gefangenschaft. Nach seiner Heimkehr übte er bald wieder seinen Beruf in Altenberg und später in Dresden aus. Seit dem 1. Dezember 1945 war Kempe Mitglied der KPD, seit 1946 der SED. Er besuchte die Kreisparteischule „Ernst Thälmann" in Moritzburg. „Aufgrund seiner aktiven gesellschaftlichen Arbeit wurde Gen. Kempe 1951 Mitarbeiter der Landesleitung der SED Dresden, Abteilung Sicherheit. In Erfüllung des ihm erteilten Parteiauftrages, zur Stärkung der Reihen der bewaffneten Organe beizutragen, verpflichtete er sich 1952 zum Dienst in den Organen des MfS."[195]
Obwohl er keinerlei sachbezogene Kenntnisse besaß, wurde er nach vorübergehendem Dienst als Wachmann 1953 in die Abteilung IX der MfS-

Bezirksverwaltung Dresden versetzt. Seiner Qualifizierung diente ein Vernehmerlehrgang in Eberswalde von vier Monaten Dauer. Die folgenden Jahre war er als Untersuchungsführer in der Abteilung IX der Bezirksverwaltung Dresden tätig. „In Durchführung der ihm übertragenen politisch-operativen Aufgaben hat er als Untersuchungsführer und später als stellvertretender Referatsleiter eine Vielzahl von bedeutsamen Ermittlungsverfahren, insbesondere gegen Agenturen imperialistischer Geheimdienste und Terrororganisationen, erfolgreich bearbeitet.“[196]
Mit Wirkung zum 1. Februar 1963 wurde Kempe von der Hauptabteilung IX als Offizier für Sonderaufgaben in Bautzen II eingesetzt. „Als es sich 1963 erforderlich machte, die politisch-operative Abwehrarbeit unter den Strafgefangenen der StVE Bautzen II entsprechend den besonderen Bedingungen dieser Einrichtung quantitativ und qualitativ zu erhöhen, wurde Gen. Kempe mit der Lösung dieser komplizierten Aufgabe betraut.“[197] Als ausschlaggebend für Kempes Einsatz wurden seine „Erfahrungen in der Untersuchungsarbeit, seine Eigeninitiative, Standhaftigkeit und Gewissenhaftigkeit, seine Menschenkenntnis und die Fähigkeit, seine Aufgaben schwerpunktmäßig und zielstrebig zu erfüllen“[198], aufgeführt.
In seiner Abschlussbeurteilung vom 16. September 1986 beschrieb der Leiter der Arbeitsgruppe Koordinierung in der Hauptabteilung IX, Oberstleutnant Gerhard Kries, das Lebenswerk Kempes: „Mit großer Intensität arbeitete Genosse Kempe ständig an der vorbeugenden Verhinderung von Versuchen feindlich-negativer Personen und Einrichtungen im Operationsgebiet zur Erlangung von bedeutsamen Informationen über die StVE Bautzen II sowie an der Aufklärung und Zerschlagung von illegalen Verbindungen zwischen den Strafgefangenen und Personen außerhalb der Einrichtung. Dabei festgestellte Mängel und begünstigende Bedingungen wurden von Genosse Kempe in kameradschaftlicher Weise mit der Leitung der StVE Bautzen II ausgewertet, und es wurden gemeinsame Maßnahmen zur Überwindung festgelegt.“[199] Kempe wurde mit Erreichen des Rentenalters am 31. Oktober 1986 aus dem Dienst des MfS entlassen.[200]

Der Verbindungsoffizier für die operative Technik: Günter Simon

Geboren am 25. Mai 1923 in Görlitz, erlernte Simon den Beruf des Maschinenschlossers. Im März 1950 begann er für die Abteilung IX der Bezirksverwaltung Dresden des MfS als Vernehmer tätig zu werden, im Oktober 1950 wechselte er zur Hauptabteilung IX nach Ostberlin. Simons „gute Vernehmungstechnik“[201], seine Kameradschaftlichkeit und Hilfsbereitschaft gegenüber seinen Kollegen begründeten seinen Aufstieg beim MfS, obwohl ihm immer wieder mangelnde Disziplin angelastet wurde. Nach seiner Teilnahme an einem Lehrgang der Fachschule des Staatssekretariates für Staatssicherheit[202] „Feliks Dzierżyński“ im Jahre 1954 beurteilte ihn seine Dienststelle wie folgt: „In der Frage der Disziplin bestehen seine

Hauptschwächen." Ferner wurde Simon als bequem und vorlaut charakterisiert.[203] Simon musste massiv „gelenkt" werden, denn nur „bei ständiger Kontrolle ist er in der Lage, komplizierte Aufgaben erfolgreich zu lösen"[204]. 1955 wurde Günter Simon trotzdem Abteilungsleiter der Abteilung IX in Dresden. Das MfS bemängelte immer wieder seine Schwächen[205] und forderte Simon mehrfach zur Weiterbildung auf. 1957 besuchte er für vier Monate die Kreisparteischule der SED. „Am Anfang gab es bei ihm noch einige Schwächen. Er ging nicht immer vom Klassenstandpunkt an die Lösung der Aufgaben heran, sondern verschanzte sich oft hinter Paragraphen." Die Teilnahme qualifizierte Simon umfänglich, denn „seit dieser Zeit nahm seine Arbeit einen sichtbaren Aufschwung. [...] Gen. Simon ist charakterlich ausgeglichen. Er ist zielstrebig und gewissenhaft." Im Oktober 1959 wurde Simon zum Major befördert, 1961 belohnte das MfS seine guten Studienerfolge in der Bezirksparteischule der SED sogar mit einer Prämie von 250 Mark.[206] „Die in der Vergangenheit zum Teil aufgetretene Schwäche der ungenügenden individuellen Arbeit mit den einzelnen Angehörigen seines Kollektivs hat er sich mit Erfolg bemüht zu überwinden."[207]

1975 ist er auf eigenen Wunsch von seiner Tätigkeit als Leiter der Untersuchungsabteilung in Dresden entbunden worden. Generalmajor Rolf Markert [Leiter der BV Dresden] stellte dazu fest: „In persönlichen Gesprächen mit Genossen Oberstleutnant Simon brachte er zum Ausdruck, daß er den gewachsenen Anforderungen, die an ihn als Leiter der Abt. IX gestellt werden, nicht mehr im vollen Umfang gerecht werden kann, bedingt durch seinen labilen Gesundheitszustand."[208]

Infolgedessen delegierte ihn das MfS nach Bautzen II. Als zweiter Offizier für Sonderaufgaben war er hier neben Hans Kempe mit der politisch-operativen Abwehrarbeit beauftragt. Aufgrund seiner langjährigen Erfahrung als Vernehmer konnte er sich in seine neue Aufgabe schnell einfinden: „Eine gute politisch-operative Arbeit leistete der Gen. Simon bei der Aufklärung und Zerschlagung illegaler Verbindungen unter den Strafgefangenen." Weiterhin sollte er sich „noch schwerpunktmäßiger auf die Suche, Auswahl und Werbung inoffizieller Kräfte konzentrieren"[209] und erkannte Mängel im Vollzugsprozess mit dem Leiter der Einrichtung auswerten.

Am 31. Januar 1979 wurde Simon aus gesundheitlichen Gründen als dienstuntauglich aus Bautzen II entlassen.[210] Simon erhielt Invalidenrente, seine Personalakten schienen geschlossen. Doch es kam anders. 1980 wurden neue Vereinbarungen mit ihm getroffen. „Durch das Ausscheiden des Gen. Simon aus dem aktiven Dienst muß die Gesamtheit der im Zusammenhang mit der Absicherung des Strafgefangenenbestandes der StVE Bautzen II anfallenden politisch-operativen Arbeit und der Einsatz der erforderlichen operativ-technischen Mittel allein durch den Offizier für Sonderaufgaben in der StVE Bautzen II, Gen. Major Kempe, bewältigt werden. Damit ist eine spürbare Überbelastung des Gen. Kempe eingetreten. Insbesondere wird durch den gestiegenen Einsatz der operativ-technischen Mittel der erforderliche Zeitfond für die Steuerung der operativen Grundprozesse erheblich belastet."[211]

Günter Simon wurde – auch auf eigenen Wunsch hin – nochmals befristet vom 29. Februar 1980 bis zum 31. August 1980 als operativ-technischer Mitarbeiter in der StVA Bautzen II eingestellt. In dieser Zeit nahm er vor allem die Kontrolle und Überwachung ausgewählter Strafgefangener und der Mitarbeiter diplomatischer Vertretungen unter Verwendung „operativ-technischer Mittel" wahr, außerdem besorgte er die „physikalische Untersuchung des ein- und ausgehenden Brief- und Paketverkehrs ausgewählter Strafgefangener auf Geheimschrift […]."[212]

Der „fähige Vernehmer": Rainer Steudtner

Steudtner wurde am 4. Oktober 1932 in Pethau, Kreis Zittau, geboren. Nach dem Besuch der Volksschule erlernte er das Tischlerhandwerk und arbeitete noch gut ein Jahr in diesem Beruf, bis er im Februar 1952 Mitarbeiter des Ministeriums für Staatssicherheit wurde. Hier begann er seine Laufbahn zunächst als Wachmann in der Kreisdienststelle Zittau. Nach Absolvierung des einjährigen Grundlehrgangs an der MfS-Ausbildungsstätte in Potsdam-Eiche war er kurzzeitig bei der Bezirksverwaltung Frankfurt/Oder im Bereich Zoll tätig. Im April 1953 wurde er als Sachbearbeiter in der Abteilung VII der Bezirksverwaltung Dresden in der so genannten Operativgruppe Neschwitz tätig, einem Haftarbeitslager bei Bautzen, in dem er zur „politisch-operativen Sicherung" für Vernehmungen eingesetzt war. 1957 wechselte er in die „Operativgruppe" des MfS in Bautzen I, der die „politisch-operative Sicherung" beider Bautzener Haftanstalten oblag. In dieser Tätigkeit führte er Vernehmungen durch und spezialisierte sich „auf dem Gebiete der Aufklärung von Objekten und Dienststellen in Westberlin und Westdeutschland"[213].

Im Jahre 1957 steuerte er in Bautzen I insgesamt 29 inoffizielle Mitarbeiter.[214] 1959 musste Steudtner die Herabstufung zum Hilfssachbearbeiter der Linie VII in Bautzen hinnehmen, da er „in der Bearbeitung von operativen Material oft umständlich wirkt und es ihm oftmals am Ideenreichtum zur schnellen Weiterentwicklung des Materials fehlt"[215].

Im Februar 1963 wurde Steudtner zur Abteilung IX der BV Dresden versetzt. Hier war er 20 Jahre lang äußerst wirksam und konnte seinen Karriereknick ausgleichen. Er stieg zum Referatsleiter auf. Von 1975 bis 1978 absolvierte er ein Fernstudium an der Juristischen Hochschule des MfS und avancierte anschließend zum Major. In Beurteilungen Steudtners strich das MfS immer wieder seine Fähigkeiten als Vernehmer und Untersuchungsführer heraus. 1983 befand der schon erwähnte Oberstleutnant Kries: „Als Untersuchungsführer und Referatsleiter in der Abteilung IX der BV Dresden trug Gen. Steudtner wesentlich zur Erziehung und Befähigung von jungen Mitarbeitern zu erfahrenen Tschekisten sowie zur zielstrebigen Bearbeitung von Ermittlungsverfahren gegen Staatsverbrecher und zur Aufklärung und Verhinderung weiterer Straftaten bei."[216]

Zum 1. Februar 1983 wurde Steudtner in die Hauptabteilung IX übernommen und aufgrund seiner „politisch-operativen Erfahrungen" als Offizier für Sonderaufgaben (OfS) in Bautzen II eingesetzt. Gemeinsam mit dem Verbindungsoffizier Major Kempe organisierte er die „politisch-operative Abwehrarbeit unter den Strafgefangenen der StVE Bautzen II" [217]. Seit dem Ausscheiden Kempes aus dem Dienst im November 1986 zeichnete er allein für diese Aufgabe verantwortlich: „Durch die Anwendung seiner in der Untersuchungsarbeit gesammelten Erfahrungen gelang es Gen. Major S. maßgeblich zur Gewährleistung der Sicherheit und Ordnung in der StVE Bautzen II beizutragen."[218] Eine Beurteilung aus dem Jahre 1987 konkretisierte dies so: „Ausgehend von einer stabilen operativen Basis und deren ständiger Erneuerung konnte Gen. Steudtner die inoffiziellen Kräfte für die weitere operative Bearbeitung einzelner Strafgefangener und für die Erhöhung der Sicherheit und Ordnung in der Einrichtung konzentriert einsetzen. Im Ergebnis dessen konnte eine Reihe illegaler Verbindungen zwischen den Strafgefangenen aufgedeckt und unterbunden werden."[219]

Im November 1989 erschien Rainer Steudtner das letzte Mal zum Dienst in Bautzen II. Die Friedliche Revolution beendete seine Tätigkeit.

Im verdeckten Einsatz: Manfred Schieweck alias IM „Lothar"

Wie andernorts schon dargelegt, hatte Manfred Schieweck zwischen Januar 1978 und September 1986 in Bautzen II die besondere Aufgabe wahrzunehmen, Häftlingsbesuche durch diplomatische Vertreter zu organisieren und zu überwachen. Geboren am 9. April 1930 als Sohn eines Landarbeiters in Bankau/Brieg, erlernte er nach dem Besuch der Volksschule zunächst den Beruf des Gärtners. Von 1951 bis 1959 war er bei der Schutzpolizei in Bautzen tätig, anschließend arbeitete er als Verwaltungsangestellter zwei Jahre beim Rat der Stadt Bautzen. Seit 1954 war er Mitglied der SED. Im Mai 1960 wechselte Schieweck in den Wachdienst der StVA Bautzen I und arbeitete fortan im Strafvollzug. Nach erfolgreichem Besuch der Fachschule des Strafvollzuges in Radebeul 1963/64 begann er als Vollzugsabteilungsleiter in Bautzen I. Seit Oktober 1970 war er als Erzieher tätig und wurde „stets an Brennpunkten eingesetzt".[220]

Am 1. Dezember 1965 wurde Schieweck von der Stasi-Bezirksverwaltung Dresden, Abteilung VII, als IM „Lothar" angeworben. Seit 1969 wurde er als IMS geführt, als inoffizieller Mitarbeiter zur Sicherung eines gesellschaftlichen Bereichs.[221] Sein Führungsoffizier zollte ihm hohes Lob: „Er leistete eine gute inoffizielle Arbeit u. war stehts [sic!] bereit Aufträge auch außerhalb seiner Dienstzeit im Freizeitbereich zu übernehmen. Zur Erhöhung der Konspiration wurde er 1973 zur KW[222] umregistriert, wobei er ohne weiteres seinen Wohnungsschlüssel übergab."[223] Schieweck stellte

dem MfS seine Wohnung in der Bautzener Karl-Marx-Straße Nr. 10 für geheime Treffen zur Verfügung.[224]
Im Januar 1978 wurde Manfred Schieweck an einen anderen „Brennpunkt" versetzt – eben als „Offizier für Sonderaufgaben" in die StVE Bautzen II zur „Absicherung der Sprecherdurchführung mit diplomatischen Vertretern". Im Mai 1978 nahm die Staatssicherheit seine Umregistrierung zum IME[225] vor, da er auf seine Tätigkeit als Offizier für besondere Aufgaben in der StVE Bautzen II vorbereitet werden sollte.[226] „Zur weiteren Erhöhung der Qualität der Aufklärungs- und Abwehrarbeit in der StVE Bautzen II unter den Offizieren und Wachtmeistern sowie zum reibungslosen Ablauf der Besuchsdurchführung mit den diplomatischen Vertretern unter Wahrnehmung der Interessen unseres Organs wird vorgeschlagen, den IMK/W ‚Lothar' zum IME umzuregistrieren."[227]
Kontrolle und Überwachung der Besuche diplomatischer Vertreter in Bautzen II übte Schieweck für das MdI und für das MfS gleichermaßen aus. Er hat, wie aus seinen in den Akten erfassten „Informationsberichten" hervorgeht, bis zu seiner Rückversetzung in die StVE Bautzen I im September 1986 die von ihm in dienstlicher Eigenschaft offiziell abgewickelten Termine mit Besuchern der Ständigen Vertretung inoffiziell überwacht, das heißt, er hat das MfS laufend über abgelauschte Gespräche mündlich und schriftlich informiert. Zusätzlich hat er sowohl über SV-Angehörige als auch über Strafgefangene berichtet. Schiewecks Führungsoffizier, Hauptmann Fritsche, war mit seiner Arbeit mehr als zufrieden: „Der IME erarbeitete Informationen für unser Organ, die Aussagen trafen über Verhaltensweisen westlicher Diplomaten sowie deren Meinung zu politisch-aktuellen Problemen. Es kann eingeschätzt werden, daß die durch den IME gegebenen Informationsberichte objektiv mit hohem Wahrheitsgehalt abgefaßt waren und operative Bedeutsamkeit hatten. Der IM kann als treu und zuverlässig gegenüber unserem Organ eingeschätzt werden. Die Treffdisziplin wird bei ihm eingehalten und er meldet sich auch telefonisch selbständig, wenn sich eine besondere Lage ergibt."[228]
Mit Wirkung zum 15. September 1986 wurde Manfred Schieweck seiner Tätigkeit in Bautzen II enthoben – wegen des zeitweiligen Verlustes seines Dienstbuches[229] und weil er sich in Ostberlin eines Diebstahles im Centrum-Warenhaus schuldig gemacht hatte. Schieweck wurde nach Bautzen I versetzt und war dort wieder als Erzieher tätig. Da er nun in einem „weniger verantwortungsvollen" Bereich eingesetzt war, stufte das MfS „Lothar" zum IMS zurück: „Aus genannten Gründen erfüllt der IM nicht mehr die Anforderungen an einen IME gemäß RL 1/79, so daß eine Rückstufung zum IMS gerechtfertigt ist."[230]

Die Zusammensetzung der Häftlingsgesellschaft

Die Sonderhaftanstalt Bautzen II diente zwischen 1956 und 1989 ausschließlich der Inhaftierung von Strafgefangenen, die „im besonderen Interesse des MfS“[231] standen. Das Vollzugsprofil der Anstalt regelte die Ordnung Nr. 0107/77 des Ministers des Innern und Chefs der Deutschen Volkspolizei am 11. Mai 1977 pauschal: „Vollzug der Freiheitsstrafe an Strafgefangenen, bei denen die Ermittlungen durch das MfS geführt wurden.“[232] Inhaftiert waren in Bautzen II vor allem politische Gegner des SED-Regimes, Fluchthelfer und tatsächliche oder vermeintliche Mitarbeiter westlicher Geheimdienste, ferner straffällig gewordene ehemalige Funktionäre aus dem Partei- und Staatsapparat sowie ehemalige Mitarbeiter des MfS und Angehörige der „bewaffneten Organe“, die als „Fahnenflüchtige“ oder „Verräter“ mit dem DDR-Strafrecht in Konflikt geraten waren.

Die Zahl der Strafgefangenen, die zwischen 1956 und Ende 1989 insgesamt in Bautzen II inhaftiert waren, lässt sich nach derzeitiger Aktenlage nur unscharf auf 2500 bis 3000 beziffern.[233] Während der 33 Jahre ihres Bestehens war die Sonderhaftanstalt durchschnittlich mit 141 Häftlingen belegt. Die Belegung schwankte allerdings erheblich. Während sie am 24. Mai 1962 mit 244 Häftlingen belegt war, waren es am 22. Dezember 1987 lediglich 73 Häftlinge. Insgesamt waren rund 80 % der Strafgefangenen wegen politischer Delikte verurteilt worden, rund 20 % wegen krimineller Vergehen. In einer Anstaltschronik aus dem Jahre 1961 heißt es: „Bei den Strafgefangenen des Objektes II handelt es sich – bis auf wenige Ausnahmen – größtenteils um staatsgefährdende Delikte mit teilweise hohem Grad von Gesellschaftsgefährlichkeit.“[234] An diesem Vollzugsprofil änderte sich bis zum Ende der DDR nichts. Auch der letzte Anstaltsleiter Horst Alex bestätigte im Mai 1986: „Die Strafvollzugseinrichtung II Bautzen ist [...] profiliert für den Vollzug von Strafen mit Freiheitsentzug an besonders gefährlichen Staatsverbrechern.“ Alex führte ferner aus, dass der größte Teil der Strafgefangenen „über eine negativ-ideologische Grundhaltung“ verfügt, „viele sind ausgesprochene Feinde unseres sozialistischen Staates und seiner Entwicklung“[235].

Intern wurde Bautzen II als „Sonderobjekt für Staatsfeinde“ bezeichnet. Bis 1968 weisen die Belegbücher der Haftanstalt Bautzen numerisch eigens die Rubrik „Staatsverbrecher“ aus, die allerdings nicht durch konkrete Straftatbestände unterlegt ist. Von den 191 Strafgefangenen, die am 30. Juni 1960 in Bautzen II inhaftiert waren, wurden laut Belegbuch 161 als so genannte Staatsverbrecher verzeichnet, was 84,3 % entspricht. Am 1. Juli 1962 waren 203 „Staatsverbrecher“ in Bautzen II inhaftiert, das waren 95,3% der Gesamtbelegung. Am 24. Dezember 1963 wurden 194 der insgesamt 217 Häftlinge der Kategorie „Staatsverbrecher“ zugeordnet (89,4 %), am 23. Dezember 1965 64 der insgesamt 85 Gefangenen (75,3%) und am 12. Dezember 1967 schließlich noch 78 der 116 an diesem Tag in Bautzen II Inhaftierten (67,2 %).[236]

Hauptzellentrakt in der fünften Etage, Haftbereich für das „Westkommando", 1997

Bereits der erste Transport im August 1956 verbrachte zu 75% politische Häftlinge nach Bautzen II. 93 der insgesamt 124 überführten Häftlinge waren nach Artikel 6 der ersten Verfassung der DDR – bis 1955 in Verbindung mit der Kontrollratsdirektive 38 – verurteilt worden, weitere 5 Personen wegen „Spionage". 31 der Strafgefangenen waren wegen krimineller Delikte verurteilt worden: u. a. wegen versuchten Mordes, Unzucht, Körperverletzung mit tödlichem Ausgang und „Wirtschaftsschädigung". Der Mehrzahl der Gefangenen waren hohe Haftstrafen auferlegt. Nach Strafmaß aufgeschlüsselt ergibt sich folgendes Bild: 7 Häftlinge waren zu Freiheitsstrafen bis zu 2 Jahren verurteilt worden, 21 bis zu 5 Jahren, 40 bis zu 10 Jahren, 35 bis zu 15 Jahren, und 21 Strafgefangene waren zu lebenslanger Haft verurteilt worden.[237]

Im März 1976 fixierte der Leiter der Hauptabteilung IX, Oberst Rolf Fister, die bereits seit 1956 praktizierten Kriterien zur Einweisung in die Sonderhaftanstalt: „In die StVE Bautzen II sind solche rechtskräftig verurteilten Personen einzuweisen, die während ihrer Strafverbüßung unter anderem auf Grund ihrer gegen die DDR begangenen Straftat, ihrer vor der Inhaftierung ausgeübten Tätigkeit, ihrer Kenntnisse über Arbeitsmethoden des MfS, ihrer Zugehörigkeit zu imperialistischen Geheimdiensten, Zentren der politisch-ideologischen Diversion oder zu Menschenhändlerbanden beson-

ders abgesichert, unter intensiver Kontrolle gehalten oder weiter operativ bearbeitet werden müssen. Darüber hinaus sind alle rechtskräftig verurteilten weiblichen Personen aus dem NSW bis auf weiteres zur Strafverbüßung in die StVE Bautzen II einzuweisen."[238]
Diese Bestimmungen führten erstens zu einem sehr hohen Anteil politischer Häftlinge, zweitens zu einem bedeutenden Anteil von Gefangenen, denen eine sehr lange Haftstrafe auferlegt worden war, drittens zu einem hohen Anteil von Westdeutschen und Ausländern unter den Gefangenen und als weiteres Spezifikum der Belegung viertens auch zu einem Anteil von weiblichen Strafgefangenen in Bautzen II.
Am 23. Juli 1963 wurden erstmals 11 Frauen nach Bautzen II eingewiesen; eine Besonderheit innerhalb des Strafvollzuges der DDR. Bautzen II war ab diesem Zeitpunkt die einzige Strafvollzugsanstalt der DDR, in der Männer und Frauen unter einem Dach inhaftiert wurden. Bis 1989 waren in Bautzen II durchschnittlich 18 Frauen inhaftiert, die Belegung schwankte allerdings stark. Sie lag zwischen 3 (20. Dezember 1972) und 42 Frauen (29. Dezember 1980).
Die Einweisungskriterien der Staatssicherheit führten zu einer sehr eigentümlichen Zusammensetzung der Häftlingsgesellschaft sowohl nach Delikten als auch nach Strafdauer und Alter, sozialer und nationaler Herkunft. Nach einer MfS-internen Analyse waren am 10. Oktober 1979 52,9 % der in Bautzen II Inhaftierten DDR-Bürger und 47,1 % Ausländer, wozu auch Bundesbürger und Westberliner zählten. 78,6 % der Häftlinge waren männlich, 21,4 % weiblich. Nach Delikten aufgeschlüsselt setzte sich die Häftlingsgesellschaft wie folgt zusammen: „Verbrechen gegen die Menschlichkeit 7,1 %, Spionage 34,3 %, Nachrichtensammlung 1,5 %, Staatsfeindliche Verbindungsaufnahme 2,1 %, Terror 5 %, Sabotage 5 %, Staatsfeindlicher Menschenhandel 28,6 %, Allgemeine Kriminalität 16,4 %."[239] Bei allen kritischen Vorbehalten gegenüber dieser auch terminologisch problematischen Aufgliederung bietet sie gleichwohl eine anschauliche Momentaufnahme, die den ungewöhnlich hohen Anteil politisch Verfolgter unter den Strafgefangenen in Bautzen II deutlich macht.[240]
Dass sich der Anteil politischer Gefangener in Bautzen II kaum veränderte, macht die folgende Analyse deutlich: Am 31. Dezember 1984 waren 195 Strafgefangene in Bautzen II inhaftiert: 172 Männer und 23 Frauen. Bei den männlichen Häftlingen handelte es sich um 143 DDR-Bürger und 29 Bundesbürger, Westberliner oder Ausländer. Bei den weiblichen Häftlingen betrugen die entsprechenden Anteile 16 bzw. 7. Die Auslastung der Haftanstalt lag bei 95 %. Die Zusammensetzung der Häftlingsgesellschaft nach Delikten: 55 Männer und 6 Frauen waren wegen „Spionage" und „Verratsdelikten" verurteilt worden, 24 Männer wegen „Terror", „Sabotage" und „Wirtschaftsverbrechen", 9 Männer und 3 Frauen wegen „Menschenhandels" (=Fluchthilfe), 32 Männer und 9 Frauen wegen „Republikflucht", 8 Männer und 1 Frau wegen „Hetze", 5 Männer wegen „Verbrechen gegen

die Menschlichkeit", 6 Männer und 1 Frau wegen „schwerer Kriminalität" und 33 Frauen und 3 Männer wegen so genannter allgemeiner Kriminalität. Die Aufschlüsselung nach der Strafhöhe zeigt, dass die Häftlinge in den achtziger Jahren deutlich kürzere Haftstrafen zu verbüßen hatten, wenn auch der Anteil lebenslänglicher Haftstrafen gleichbleibend hoch blieb: 18 Häftlinge waren zu Freiheitsstrafen bis zu 2 Jahren verurteilt worden, 67 bis zu 5 Jahren, 63 bis zu 10 Jahren, 24 bis zu 15 Jahren, und 22 Strafgefangene waren zu lebenslanger Haft verurteilt worden.[241]

„Die Kompliziertheit im Gefangenenbestand" zog laut Anstaltsleiter Faedtke „erhöhte Überwachungsmaßnahmen für den operativen Vollzugsdienst"[242] nach sich, die sich auf die Strafvollzugsbedingungen für jeden einzelnen Häftling natürlich nachteilig auswirkten.

Zellenlautsprecher, bei Bedarf konnte er auch zum Abhören genutzt werden

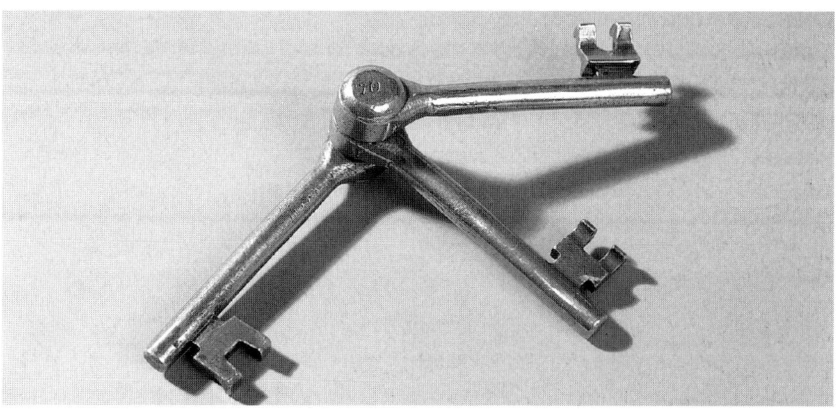

Kombinierter Zellen- und Hausschlüssel für das Wachpersonal

Zum Haftalltag in Bautzen II: Die Lebensbedingungen der Strafgefangenen

Die spezifischen Rahmenbedingungen der Sonderhaftanstalt

Der Einfluss der Hauptabteilung IX des MfS, die seit 1963 durch bis zu drei Mitarbeiter vor Ort ständig vertreten war, reichte von der Entscheidung, welcher Verurteilte nach Bautzen II einzuweisen war, über den Einsatz bestimmter Strafgefangener als Brigadiere und Hausarbeiter bis hin zu konkreten Festlegungen, welche Haftbedingungen dem jeweils betroffenen Häftling aufzuerlegen waren.[243] Zum Beispiel konnte die Hauptabteilung IX bestimmen, ob ein nach Bautzen II verbrachter Strafgefangener in Einzelhaft oder Gemeinschaftshaft unterzubringen sei. Diese Entscheidungsbefugnis wirkte sich nicht erst seit 1963 aus, nachdem Bautzen II als Strafvollzugsanstalt selbstständig geworden war, sondern schon seit 1956, als das Gewahrsam der besonderen Kontrolle des MfS unterstellt wurde. Selbst für die Gefangenen, die in der Nacht vom 8. zum 9. August 1956 von Brandenburg-Görden nach Bautzen II verlegt wurden, hatte das MfS bereits entschieden, wer in Einzelhaft kommen sollte. Gelegentlich, wenn es sich um politisch besonders prominente Gefangene handelte, ließ sich die Hauptabteilung IX ihre Entscheidung vom Minister für Staatssicherheit persönlich bestätigen. Zum Beispiel unterbreitete die Hauptabteilung IX mit Datum vom 29. Juli 1957 einen detaillierten „Vorschlag für den Strafvollzug der Gruppe Harich-Janka"[244], zu dem Erich Mielke noch am selben Tag sein signiertes „Einverstanden" erklärt hatte. Für vier der fünf betroffenen Verurteilten verfügte die Hauptabteilung IX die Verbringung nach Bautzen II, wobei genau differenziert wurde, ob „Einzelhaft" oder „Unterbringung mit anderen Häftlingen" für zweckdienlich gehalten wurde. Selbst die Auswahl des für Walter Janka einzusetzenden ZI wollte der Chef der Staatssicherheit kontrollieren, wie seine handschriftliche Notiz „Vorschlag vorlegen" zeigt.
Die spezifischen administrativen Rahmenbedingungen in Bautzen II ergaben eine eigentümliche Zusammensetzung der Häftlingsgesellschaft, was seit den sechziger Jahren eine besondere Abschottung und Geheimhaltung nach sich zog. Dabei wurde streng darauf geachtet, dass Gefangene verschiedener Kategorien keinerlei Kontakt miteinander und vor allem nicht mit Gefangenen aufnehmen konnten, die in dauerhafter Isolation untergebracht waren. Abweichend von den Bestimmungen der Strafvoll-

Hauptabteilung IX

Berlin, am 29. 7. 1957
Schn.

einverstanden Mielke 29/7 57

Vorschlag

für den Strafvollzug der Gruppe HARICH – JANKA

1. H A R I C H	Haftanstalt II Bautzen; Zusammenlegung mit Häftling, der zu einer längeren Strafe verurteilt ist, unbedingt aber mit seinen Verbrechen gebrochen hat. HARICH die Möglichkeit geben, auf philosophischem Gebiet zu arbeiten. Vor seiner Einlieferung in den Strafvollzug die Eheschließung durchführen.
2. STEINBERGER	auf Vorschlag des Generalstaatsanwalts in die Haftanstalt Berlin-Hohenschönhausen; dort wissenschaftlich arbeiten lassen, neben einer regulären Tätigkeit
3. J A N K A	Einzelhaft in Bautzen II oder Zusammenlegung mit lebenslänglich Verurteilten. (keine Kriminellen)
Vorschlag vorlegen M.	Zusammenlegung mit geeigneten ZK. Entsprechend den Arbeitsmöglichkeiten arbeiten lassen.
4. J U S T	Haftanstalt II Bautzen; nach Möglichkeit mit Häftling zusammenlegen, der zu einer längeren Strafe verurteilt ist und offen mit seinen Verbrechen gebrochen hat. Entsprechend den vorhandenen Möglichkeiten arbeiten lassen
5. Z Ö G E R	Haftanstalt II Bautzen; Unterbringung mit anderen Häftlingen möglich, positiven Einfluß dabei sichern. Entsprechend den vorhandenen Möglichkeiten arbeiten lassen.
6. W O L F	Haftanstalt II Bautzen; Unterbringung mit anderen Häftlingen möglich, dabei positiven Einfluß sichern. Als Französisch-Übersetzer arbeiten lassen – entsprechende Arbeitsmöglichkeiten bezw. Materialien will seine Ehefrau schaffen.

Sämtliche Verurteilte haben entsprechend den gesetzlichen Bestimmungen Schreib- und Sprecherlaubnis.

Erich Mielke legte die Haftbedingungen für die Häftlinge der „Gruppe Harich-Janka" persönlich fest.
BStU Ad. Z. MfS AU 89/57 HA/EV Bd. 2

Verschwörer vor dem Obersten Gericht

Prozeß gegen vier Mitglieder der staatsfeindlichen Harich-Gruppe

Berlin (ND). Vor dem Ersten Strafsenat des Obersten Gerichts der DDR begann gestern die Verhandlung gegen den ehemaligen Leiter des Aufbau-Verlages, Walter Janka, den ehemaligen Redakteur des „Sonntag" Gustav Just, den ehemaligen Chefredakteur des „Sonntag", Heinz Zöger, und den Journalisten Richard Wolf. Die Angeklagten waren aktive Mitglieder der staatsfeindlichen Gruppe Harich, deren Ziel es war, durch Schwächung und Liquidierung der Staatsmacht der DDR, durch Beseitigung wesentlicher sozialistischer Errungenschaften auf politischem, wirtschaftlichem und kulturellem Gebiet bei gleichzeitiger Belebung und Organisation reaktionärer Kräfte und Bestrebungen die volksdemokratischen Grundlagen der Arbeiter-und-Bauern-Macht zu zerstören.

Den Angeklagten Janka bezeichnet die Anklageschrift als geistige Stütze der Gruppe. Er forderte die Beseitigung führender Persönlichkeiten aus Partei und Regierung. Die Mitangeklagten und Zeugen sagten in der Vorvernehmung aus, daß ohne die Haltung Jankas die staatsfeindliche Tätigkeit Harichs und der gesamten Gruppe niemals einen solchen Umfang angenommen hätte.

Der Angeklagte Just kannte und unterstützte die Konzeption Harichs. Er regte ihre schriftliche Ausarbeitung an und schlug vor, sie den Mitgliedern des ZK zuzustellen, um damit zersetzend auf die Partei zu wirken.

Der ehemalige Chefredakteur des „Sonntag", Zöger, stimmte mit den feindlichen Auffassungen der Gruppe überein, vertrat sie selbst und benutzte den „Sonntag" zu ihrer Verbreitung.

Der Angeklagte Wolf verlangte zusätzlich den Abzug der sowjetischen Streitkräfte aus dem Gebiet der DDR und die Freilassung aller nach Artikel 6 der Verfassung verurteilten Personen. Er schlug weiterhin vor, die Veröffentlichung der feindlichen Konzeption von Polen aus zu betreiben, da sie dann von der Westpresse übernommen worden wäre.

Nach der Vernehmung der Angeklagten wird der Prozeß heute mit der Zeugenvernehmung fortgesetzt werden.

Artikel über den Prozeß gegen Janka, Harich u. a. aus dem Neuen Deutschland vom 24. Juli 1957

zugsordnung der DDR wurden die Gefangenen in Bautzen II nicht nach Deliktgruppen und Haftdauer getrennt, sondern nach anderen Kriterien in Kommandos eingeteilt und in Zellen zusammengelegt.
Die Einteilung gestaltete sich folgendermaßen: Die ehemaligen Angehörigen der „bewaffneten Organe" bildeten ein Kommando, ebenso die ehemaligen Wirtschaftsfunktionäre. Außerdem gab es Kommandos aus Bundesbürgern und Ausländern. Die Kommandos sollten so gut voneinander abgeschirmt sein, dass überhaupt kein Kontakt zwischen Gefangenen verschiedener Kommandos möglich war.[245] Durch ein ausgeklügeltes Abschottungssystem sollte die Trennung von weiblichen und männlichen Gefangenen, von Gefangenen aus dem Westen und aus der DDR, den so genannten Geheimnisträgern (ehemaligen Funktionären und Stasi-Offizieren), die nach 1. und 2. Grad unterschieden wurden, sowie eine vollständige Isolierung bestimmter einzelner Gefangener gewährleistet werden.[246] Abschottung und Geheimhaltung sind in zahlreichen Berichten ehemaliger Gefangener beschrieben. Für die Gefangenen hatte diese Maßnahme zur Folge, dass normale Gespräche über den Alltag im Gefängnis und das Leben außerhalb der Mauern als illegaler Kontakt bewertet und entsprechend bestraft wurden.
Eine weitere Besonderheit stellt in diesem Kontext die in Bautzen II im Vergleich zu anderen Haftanstalten deutlich größere Personalstärke im Verhältnis zur Anzahl der Gefangenen dar. Die Belegungsstärke schwankte zwischen 1956 und 1989 erheblich. Am 29. Dezember 1961 weist das Belegbuch der Haftanstalt den Gefangenenbestand mit 235 aus, am 20. Juli 1972 mit 42 und am 26. Dezember 1986 mit 174.[247] Die durchschnittliche Belegung umfasste bei einer Kapazität von 203 Haftplätzen bis Mitte der siebziger Jahre ca. 170 Gefangene, später ca. 120 Gefangene. Demgegenüber war die Zahl der SV-Bediensteten gleichbleibend hoch. Im Sommer 1978 standen 63 SV-Angehörige 141 Strafgefangenen gegenüber.[248] Im August 1986 waren insgesamt 80 Strafvollzugsbedienstete in Bautzen II zur Überwachung von insgesamt 165 Strafgefangenen eingesetzt.[249] Auch zum Stichtag 1. Oktober 1989 waren noch insgesamt 80 SV-Angehörige in Bautzen II tätig, obwohl in der Haftanstalt seit 1987 selten mehr als 100 Strafgefangene gezählt wurden. In den achtziger Jahren kam auf zwei Gefangene im Schnitt ein Bediensteter.[250]
Dies fiel erschwerend ins Gewicht besonders unter dem Gesichtspunkt, dass der Tagesablauf in den Gefängnissen der DDR detailliert und das individuelle Verhalten der Gefangenen bis ins Kleinste reglementiert worden war. Die durchaus kleinlich bis schikanös zu nennende Ordnung war in anderen Gefängnissen im Alltag nur bis zu einem bestimmten Punkt durchzusetzen. Durch den selbst erzeugten Zwang zu Abschottung und Kontrolle sind in Bautzen II Reibungsflächen zwischen den Gefangenen und dem Personal erheblich vermehrt worden. Auf der anderen Seite bestand aufgrund der größeren Personaldichte die Möglichkeit, hier eine

Ordnung nach Vorstellung der Gefängnisleitung und des MfS deutlich wirksamer durch zahlreichere Kontrollen und Strafmaßnahmen zu erzwingen.
Somit ist zu resümieren, dass in Bautzen II durch seine Unterstellung unter das MfS und die spezifische Belegung, verbunden mit einer hohen Personalstärke, spezifische Bedingungen herrschten, die sich auf das Leben der Gefangenen deutlich negativ auswirkten.

Ankunft in Bautzen II

Ein geschlossener Transport überführte die ersten 124 Häftlinge aus dem Isolationstrakt im Haus IV der Strafvollzugsanstalt Brandenburg-Görden nach Bautzen II. Karl Wilhelm Fricke war einer von ihnen: „Es geschah in der Nacht vom 8. zum 9. August 1956. In einem Konvoi von schätzungsweise zehn bis zwölf Gefangenentransportwagen, begleitet von zwei schweren Limousinen mit Funkgerät und mehreren Krad-Meldern, überführte ein Stasi-Kommando [...] Strafgefangene aus Block IV des Zuchthauses Brandenburg-Görden in das frühere Gerichtsgefängnis Bautzen II. [...] Nach mehrstündiger Fahrt hatte der gespenstische Nacht- und Nebel-Transfer sein Ziel bei Morgengrauen erreicht. Einzeln wurden wir, blasse Gestalten in blauer Gefangenenkleidung, im Gefängnishof von bewaffneten Posten und uniformierten Strafvollzugsbediensteten unter barschen Kommandos übernommen und provisorisch auf die Zellen des nach flüchtiger Renovierung leerstehenden Gefängnisses verteilt. Wir wußten zunächst nicht einmal, wohin wir eigentlich verlegt worden waren. Erst als wir in den folgenden Tagen registriert und ‚ordentlich' in Zellen eingewiesen wurden, erfuhren wir, daß man uns nach Bautzen verbracht hatte."[251]
„Eine Tortur", „ausgeliefert", „völlig recht- und machtlos" – so der Tenor auch späterer Schilderungen ehemaliger Häftlinge zu ihrem Transport nach Bautzen II. Am Prinzip des DDR-Strafvollzuges, die Häftlinge beständig ihre Ohnmacht spüren zu lassen, änderte sich bis Ende 1989 nichts.
Winfried Christen schildert einen typischen Transport der sechziger Jahre: „Meine Einlieferung erfolgte an einem der heißesten Sommertage des August 1969. Nach über 5-stündiger Fahrt in einem MfS-Barkas-Transporter, in dem sich 4 etwa 40 × 60 cm große Verschläge ohne Fenster oder Lüftung mit einem Holzbrett als Sitz befanden, wurde ich, mit Handschellen gefesselt, dem guten Zwecke zugeführt. Die Fahrt war eine Tortur. Zur extremen Hitze kam die unvorstellbare Enge des dunklen Verschlages, die zunehmenden 2-Takt-Abgase im Innenraum, die nicht vorhandene Federung oder Polsterung – auf DDR-Straßen, die meist aus Schlaglöchern bestanden. Es gab weder Pausen noch etwas zu trinken. Der Versuch, nach Stunden eine Toilettenpause zu erlangen, wurde abgelehnt."[252]

Die Häftlinge wurden in geschlossenen, „konspirativ" abgeschirmten Fahrzeugen transportiert, die oftmals zur Tarnung mit Werbesprüchen wie „Ostseefisch – frisch auf den Tisch" versehen waren. Gängige DDR-Transporter vom Typ W 50 oder B 1000 wurden zu Gefangenentransportwagen umgebaut, das heißt, im Inneren mit mehreren kleinen, nur etwa einen halben Quadratmeter großen Einzelzellen ausgestattet. Auf einer kleinen Sitzbank im fensterlosen Verschlag hockend, mit Handfesseln „gesichert", waren die Häftlinge stundenlang eingepfercht. Zur Isolation und Abschirmung war den Gefangenen jegliches Sprechen während des Transports streng verboten, damit sie nicht die Identität anderer Häftlinge erfuhren. Die Häftlinge wurden auch völlig im Unklaren darüber gelassen, wohin ihre „Reise" führte. So wusste auch Günter Heinrich, der am 16. Juni 1966 in Bautzen II eintraf, nichts vom Fahrziel: „Fragen an die Soldaten führten nur zu abweisenden Mienen und dümmlich-höhnischem Grinsen. [...] Nach der Ankunft wurde ich in eine Zelle geführt und von den Handschellen befreit. Ich hatte keine Ahnung, wo ich mich befand. Ich erfuhr es dann vom Häftlingsfriseur: ‚In Bautzen, in Bautzen II natürlich!'"[253] Meistens waren es die Kalfaktoren, die die Häftlinge über ihren Bestimmungsort informierten. Das bezeugt auch der ehemalige Häftling Herbert Crüger: „Natürlich wußte ich nicht, daß ich nach Bautzen verlegt werde. Der Strafgefangene der Staatssicherheit war eben kein Mensch mehr, sondern ein Objekt. Daß es Bautzen war, habe ich erst ein oder zwei Tage später erfahren – nicht etwa von offizieller Seite, sondern von einem Kalfaktor. Er flüsterte mir zu: ‚Du bist in Bautzen. Zwei', fügte er noch hinzu. Damals kannte ich die Unterschiede zwischen Bautzen I und II noch nicht."[254]
Wenn auch die meisten der Häftlinge nichts Genaues über die Haftanstalt wussten, war „Bautzen" doch fast allen ein Begriff. Bautzen, das stand für nichts Gutes. „Ich habe ja die Biermann-Lieder gehört und wußte schon damit was anzufangen"[255], erläutert Bodo Strehlow, der im Juli 1980 zur Verbüßung seiner lebenslangen Haftstrafe nach Bautzen II eingewiesen wurde.
Bautzen II, das hieß nach der Ankunft des Strafgefangenen zunächst Aufnahme in der Eingangszelle, Aufnahmegespräche und Einkleidung, dann die Unterbringung im ständig verschlossenen so genannten Verwahrraum. „Ich kam nahezu halbtot in Bautzen II an und wurde zuerst im Parterre auf eine Eingangszelle gebracht", berichtet Winfried Christen von seiner Ankunft in Bautzen im August 1969. „Nach einiger Zeit kam ich zum ‚Chef von Bautzen II', dem MfS-Major mit Spitznamen ‚Onkel'. Wir benutzten Spitznamen, da wir andere nicht kannten. [...] Kernsätze waren, daß er und seine Vorgesetzten vom MfS den Ablauf bestimmen und keineswegs die ‚Anstaltsorgane'. Das seien nur ausführende Leute, die seiner Weisung unterständen. Deshalb sei er für alle Meldungen per Bittzettel zu nennen."[256]
Christen schildert die weiteren Schritte seiner Ankunft in Bautzen II so: „Im Anschluß an das ‚Onkel'-Einführungsgespräch gab es die Anstaltskleidung.

[…] Zur eigentlichen, sogenannten Anstaltsleitung kam ich erst anschließend. Warum die sich Leitung nannte, ist ein ungeklärtes Rätsel. Zu entscheiden hatte diese Leitung von Bautzen II vielleicht, wann die Weltrevolution stattfindet, oder wie nächste Woche der Schichtplan aussieht. Bei dieser Leitung wurde ein Exemplar der Hausordnung verlesen und mußte unterschrieben werden. Diese bestätigte nur, daß der Häftling absolut rechtlos ist und beschrieb die drastischen Isolations-, Arbeits- und Haftbedingungen. Die Hausordnung bestand hauptsächlich aus Drohungen und Sanktionen für die geringste Form von ‚Unbotmäßigkeit'. Beginnend mit mangelnder Disziplin, Nichtbefolgen beliebiger Anordnungen, Verstoß gegen die geforderte Unterwürfigkeit (Gruß- und Meldeordnung wie bei einer kämpfenden Truppe) bis hin zu mangelndem Fleiß, schlechter Arbeitsleistung, Verächtlichmachung von DDR-Organen, Hetze, Aufwiegelungen usw. usf. Das konnte Hausstrafen nach sich ziehen (wie Arrest im Tigerkäfig, Schreibverbot, Freistundenentzug, Einkaufsentzug, Isolation über längere Zeiträume auf einer Einzelarbeitszelle), manches war auch mit juristischen Maßnahmen, also Strafverfahren bedroht."[257]

Die Häftlinge wurden ihrer Identität beraubt. Sie mussten neben sämtlichen persönlichen Dingen auch ihren Namen abgeben und erhielten eine Gefangenen-Nummer. Bis zum Sommer 1965 wurden die Häftlinge vom SV-Personal grundsätzlich nur mit ihrer Gefangenen-Nummer angesprochen, so wie sie sich umgekehrt nur mit ihrer Nummer, nicht mit ihrem Namen melden durften. „Meinen Namen durfte ich niemandem nennen", schreibt Gustav Just in seiner Autobiografie. „Ich war nur der ‚Strafgefangene Nummer 4/58'. Wurde die Tür geöffnet, hatte ich in Habacht zu stehen und zu melden: ‚Zelle 4, belegt mit einem Strafgefangenen, es meldet Strafgefangener 4 Strich 58.' Beim Abgang zur Freistunde hatte ich mich abzumelden und nachher wieder anzumelden. Jeden Posten unterwegs hatte ich zu grüßen und mich mit ebensolchen Worten zu melden. Entwürdigende Vorschriften eines preußisch-militärischen Strafvollzugs, gemischt mit den üblen Praktiken der sowjetischen Zuchthausordnung, eine wahrlich widerliche Symbiose."[258] Dieser Umgang mit den Häftlingen entsprang bewusst psychologischem Kalkül.

Neben ihrer Nummer erhielten die Gefangenen einheitliche blaue Häftlingskleidung mit eingenähten gelben Streifen auf dem Rücken, den Ärmeln und seitlich an den Hosen, was sie im Falle eines Ausbruchs sofort als Flüchtige kennzeichnen sollte. Ehemalige Häftlinge bezeichnen die gelben Streifen auch als „Schußbalken". So z. B. Thomas Lukow: „Ich bekam dann die Anstaltssachen, die aus langer grauer Unterwäsche, einem blauen Arbeitsanzug und sogenannten ‚Fleischerhemden' bestanden. Blauweiß nadelgestreift. In allen Oberbekleidungsstücken waren die gelben ‚Schußbalken' eingenäht. Auf den Ärmeln, den Hosennähten und dem Rückenteil."[259]

Eine Strategie, dem Verlust der eigenen Persönlichkeit entgegenzuwirken und sich ein Stück Individualität zu erhalten, beschreibt Hossein Yazdi, der

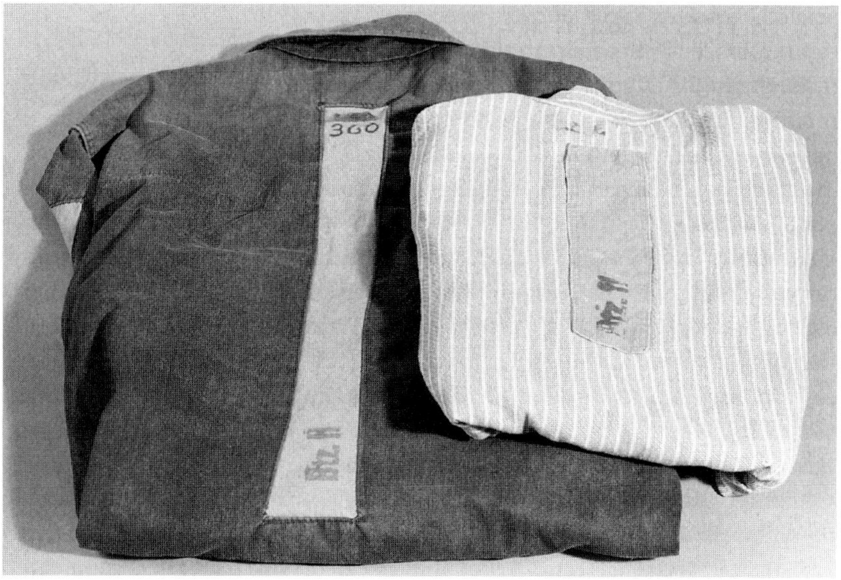

Häftlingskleidung mit eingenähten „Schußbalken"

fast 15 Jahre in Bautzen II inhaftiert war: „Mein Überlebensprinzip: Sich immer wieder Hoffnungen machen. Und vor allem, als Mensch nicht versagen. Nachts legte ich meine abgewetzten Hosen unter die Matratze, damit ein Hauch von Bügelfalte hinein kam. Ich bestach den Wäsche-Kalfaktor, damit er mir keine zerlumpten Gefangenenhemden gab und ich putzte meine abgetragenen Armeeschuhe immer wieder auf Hochglanz, um mich immer wieder meines Menschseins zu vergewissern."[260]

Die Unterbringung

Erich Loest, zwischen 1958 und 1964 in Bautzen II inhaftiert, schreibt zur Unterbringung der Häftlinge: „Dieser Knast war als Untersuchungshaftanstalt gebaut worden, bestand aus vielen Einmann- und wenigen Viermannzellen, er war in der Zeit, in der L. hier einsaß, wie es im Gerichtsdeutsch heißt, mit hundertzwanzig bis hundertsechzig Häftlingen belegt, meist waren zwei in einer Einzelzelle konserviert."[261] „Eng war der Raum, auf dem sich die beiden Knastindividualisten einrichten mußten, sie rieben sich, bauten Gewohnheiten ab, ein Vierteljahr aßen und schliefen und kackten sie auf engstem Raum und krachten sich nicht ein einziges Mal."[262]
Die nur zwei mal drei Meter großen Zellen der Haftanstalt Bautzen II befanden sich bis in die sechziger Jahre noch weitgehend auf dem Ausstattungsstand von 1906. Grobe Holzdielen, die Wände dunkelgrau gestrichen, vergitterte Milchglasfenster, die sowohl das Licht als auch die Aussicht

Blick in den Hauptzellentrakt, 1997

nahmen, teilweise noch mit zusätzlichen Sichtblenden versehen, ein einfacher Toilettentrichter (ohne jeglichen Sichtschutz), ein kurzes Heizungsrohr, ein fest an der Wand montierter kleiner Tisch nebst ebenfalls fest verankerter schmaler Sitzbank, darüber an der Wand eine Glühbirne und ein an der Wand montiertes schmales herunterklappbares Eisenbettgestell – so sah die „Grundausstattung" aus.

„Die Zellen waren äußerst primitiv eingerichtet", erläutert Winfried Christen. „Da es 1970 wesentlich umgebaut wurde, erlebten wir als letzte Häftlinge das Haus noch in seinem Urzustand: alt, dunkel und verwahrlost. 1969 [herrschte] auch tagsüber Halbdunkel, so daß die Beleuchtung außerhalb der Zellen stets in Betrieb sein mußte. Das über alle Etagen reichende große Fensterband der Rückseite war mit undurchsichtigem Material verkleidet. Gleiches gilt für die Zellen, die aus allen möglichen undurchsichtigen Glasarten zusammengeflickt waren. Anstelle der Toiletten existierten die Plumpsklos der Jahrhundertwende in völlig verwahrlostem Zustand. Die Sitzflächen und Seitenteile aus Holz waren ebenso abgenutzt und löchrig wie die dicken Steingut-Fallrohre, die an den Wänden herab liefen. Die Deckel waren allesamt durch Überalterung verzogen und beschädigt. Es stank besonders im Sommer wie in einer Jauchegrube. In manchen Abschnitten waren die Plumpsklos bereits unbrauchbar und wurden durch daneben gestellte Toilettenkübel mit Sitz und Deckel ersetzt, die die Zelle noch kleiner machten. Fließendes Wasser gab es in den Zellen nicht."[263]

Die sechs Quadratmeter kleinen Zellen waren bis in die siebziger Jahre häufig mit drei Mann belegt. Horst Zimmermann war zwischen 1956 und 1966 in Bautzen II inhaftiert: „Von der Ankunft in Bautzen II an war ich mehrere Jahre lang mit zwei anderen Kameraden, d. h. wir waren zu dritt in einer Einmannzelle unter primitivsten Bedingungen untergebracht. [...] Die Zelleneinrichtung bestand je nach Anzahl der Belegung aus hochklappbaren bzw. übereinander angerichteten Eisenbetten, Strohsack, 2 Wolldecken, kleiner Tisch, Hocker."[264] Hossein Yazdi (Bautzen-II-Häftling zwischen 1962 und 1977) ergänzt: „Ein Blechnapf, ein Trinkbecher aus Emaille, ein Löffel, eine Waschschüssel und zwei Krüge für die tägliche Wasserration. Duschen alle 14 Tage (7 Minuten, Kernseife und Waschpulver als Haarwaschmittel)."[265]

In Bautzen II wurde in der kalten Jahreszeit bis Mitte der sechziger Jahre heftig gefroren. Ein Dampfrohr erhitzte die Zellen nur zwei- bis dreimal täglich für wenige Minuten. Walter Janka erinnert sich an diese „lautlose Folter": „Das Leben in einer ungeheizten Zelle ist schwer zu beschreiben. Die ständige Kälte war eine lautlose Folter. Zumal die Bekleidung völlig unzulänglich war. Richtig erwärmen konnte ich mich in der kalten Jahreszeit überhaupt nicht. Sooft ich auch die fünf Schritte in der Zelle auf und ab ging, gymnastische Übungen machte, mir wurde nicht warm. Selbst wenn ich bis zur Erschöpfung Kniebeugen oder Armstützen machte, schlug das ins Gegenteil um. Das schweißnasse Hemd erkaltete sofort wieder. Und die feuchte Kälte auf der Haut machte alles noch schlimmer. Wenn man das über Monate ertragen muß, keiner Beschäftigung nachgehen darf, kein Buch bekommt, keine Zeitung lesen kann, verliert das Leben jeden Sinn. Was unterschied eigentlich meine Zelle von einem mittelalterlichen Verlies? Nichts. Die Wände waren dunkelgrau, fast schwarz gestrichen. Die ständige Dämmerung wechselte mit völliger Finsternis. Wenn ich mich am Abend hinlegen durfte, empfand ich das als Erleichterung. Wieder war ein Tag zu Ende. Hin und wieder erwärmte ich mich für kurze Zeit unter den Decken. Aber nicht lange. Bald hinderte mich die Kälte wieder am Schlafen. Das Stillliegen und Frieren auf der sechzig Zentimeter breiten Pritsche war so qualvoll wie das ewige Aufundabgehen am Tage."[266]

Aus einem Schreiben des seinerzeitigen Anstaltsleiters Oberleutnant Mayer vom 28. September 1962 an die BDVP geht hervor, dass es über Jahre Missstände bei der Beheizung des Hauses gegeben hat. „In den vergangenen Jahren war es nicht möglich aufgrund der Unterbesetzung der Planstellen durch das Kreisgericht Bautzen und aus Mangel an geprüften Heizern, das gesamte Objekt Justizgebäude mit Volkspolizei-Kreisamt, Ministerium für Staatssicherheit und neun anderen Dienststellen sowie der Strafvollzugsanstalt II zu beheizen." Mayer regte an, das vom Gericht betriebene Kesselhaus in die Zuständigkeit der Volkspolizei zu legen, um die Personalprobleme durch den Einsatz von Strafgefangenen beheben zu können. „Dabei muß beachtet werden, daß mindestens, um den Ablauf des Strafvollzuges und die Arbeitsfähigerhaltung der anderen wichtigen Dienststellen zu garantieren, 2 Schichten geheizt werden. Diese Möglichkeit besteht zur Zeit nicht, weil nur ein geprüfter Kesselwärter vorhanden

ist. Bei der jetzigen Beheizung kann also nur in einer Schicht, und zwar von früh 6 Uhr bis nachmittags 14 Uhr geheizt werden."[267]
Erst 1965 wurde die Heizung im gesamten Hafthaus modernisiert. Die Dampfheizungsanlage wurde demontiert und durch eine pumpenbetriebene Warmwasserheizung ersetzt. Dabei wurden auch die Heizkörper im gesamten Haus erneuert.[268] Im Laufe der Jahrzehnte verzeichnete die Ausstattung der Zellen weitere Veränderungen, die sich nicht unerheblich auf die Haftbedingungen auswirkten. Ende der sechziger Jahre wurden auch die Strohsäcke durch Matratzen ersetzt und das Dunkelgrau der Wände durch hellere Farbe. Robert Axt und Winfried Christen berichten vom Einbau neuer Toiletten: „Im Jahre 1969 wurden die alten stinkenden Toiletten gegen sanitäre Toiletten getauscht, im Frühjahr 70 waren diese Umbauarbeiten abgeschlossen."[269] „Neu eingebaut wurden [...] die WC und das kleine Waschbecken, mit dem niedlichen, aber anfangs selten richtig schließenden Plastikwasserhahn, sowie ein kleiner Spiegel über dem ‚Camping-Waschbecken'."[270]
Thomas Lukow beschreibt die Zellenausstattung in Bautzen II Anfang der achtziger Jahre, die sich deutlich von der früheren Ausstattung unterscheidet: „Es war eine kleine Zelle, ich denk' mal so zwei Meter breit, drei Meter lang. Je nachdem, rechts oder links ein Eisenbett, Matratzen waren drauf, Armeedecken, Bettbezug blau kariert, in der Ecke stand ein langer dünner Holzschrank aus Pressspanpappe, also so eine Art Spind mit Fächern nur, ein Klapptisch, den man an die Wand klappen konnte, ein Hocker, ein Waschbecken und ein WC, also Wasserklosett, ein Heizkörper. Und dann an der Stirnseite schräg hoch, war so ein zugiges Fenster, das weiß ich auch noch. Einen Handfeger, glaube ich, hatte man sogar auch."[271] „Im persönlichen Besitz hatte man Schreibzeug, Papier, Bücher und Zeitschriften. Aluminium-Besteck war erlaubt. Für DDR-Gefängnisse untypisch, auch Tauchsieder und Kochtopf. Steckdose war vorhanden. Uhren und private Hausschuhe waren ebenfalls genehmigt, sowie Toilettenartikel."[272] Seit 1983 wurden die Verwahrräume schließlich auch mit Warmwasseranschlüssen ausgestattet.[273]

Isolation

Die langjährige Isolation einzelner Häftlinge war ein gängiges Strafvollzugsprinzip in Bautzen II. Die Isolation erstreckte sich dabei auf den gesamten Vollzugsalltag – von der Unterbringung in einer Einzelzelle, der Zuweisung von Arbeit entweder auf der Zelle oder in speziellen, wiederum isolierten Einzelarbeitszellen bis hin zum Freigang. Laut Strafvollzugsgesetz der DDR gehörte Isolation zu den Sicherungsmaßnahmen, deren Anwendung wie folgt festgeschrieben war: „1. Sicherungsmaßnahmen gegen Strafgefangene dürfen nur angewandt werden, wenn sie zur Verhinderung eines körperlichen Angriffs auf Strafvollzugsangehörige, anderen Personen oder Strafgefangene, einer Flucht sowie zur Aufrechterhaltung der Sicherheit und zur Verhinderung eines Angriffs eines Strafgefangenen auf das eigene Leben erforderlich ist. 2. Die Anwendung von Sicherungsmaßnahmen darf den Grad der Gefährlichkeit des Anlasses nicht übersteigen und nur so lange andauern, bis der Zweck der Maßnahme erreicht ist."[274]

Soweit in Bautzen II der Hauptabteilung IX des MfS oder dem Offizier für Sonderaufgaben „aus dringenden politisch-operativen Gründen" Einzelhaft von Strafgefangenen erforderlich schien, wurde die Gesetzlichkeit selbstredend umgangen. Es sind zahlreiche Dokumente überliefert, in denen Erich Mielke persönlich die Verbringung von Gefangenen in Isolationshaft mit seiner Unterschrift bestätigte.[275]

Für die betroffenen Häftlinge bedeutete Isolationshaft Gefängnis im Gefängnis, abgesondert von den Mithäftlingen und damit abgeschnitten von der Kommunikation und vom Rückhalt unter den Gefangenen. Erschwerend kam hinzu, dass sich die Hoffnung auf verbesserte Vollzugsbedingungen nach oftmals monate- oder gar jahrelanger Untersuchungshaft in strenger Abschirmung nicht erfüllten. Gustav Just, Bautzen-II-Häftling von 1958 bis 1960, kam von der Untersuchungshaft in den Isolationsvollzug: „Ich hockte, einschließlich der Untersuchungshaft, über zwei Jahre in strenger Einzelhaft. Das bedeutet: allein auf der Zelle, allein beim Hofgang, Arbeit ebenfalls auf der Zelle. In dieser Zeit sah ich außer den Wächtern keinen Menschen, konnte mit niemanden sprechen, denn mit den Wächtern gab es natürlich kein Gespräch."[276]

Heinz Brandt, während seiner Haftzeit in Bautzen II von 1962 bis 1964 in Isolationshaft, charakterisiert das Wesen der vollständigen Absonderung im Nachhinein: „Dieses mal bin ich nicht der jüdisch-bolschewistische Untermensch,[277] sondern der Staatsfeind, Agent des Klassenfeindes. Was tut es? Sie spielen hingegeben, stumpfsinnig-dumpf, ja mit Raffinesse, das lebenswichtige, staatserhaltende Spiel: Isoliert den ‚Strafgefangenen' in jeglicher Hinsicht von der Gesellschaft, entfremdet dieses menschliche Wesen gänzlich seinem Urgrund als Homo sapiens, als zoon politikon. Das Spiel erstarrt zum Schema, wird Selbstzweck, Wahnsinn als Methode und System."[278]

Ab Ende der sechziger Jahre sind ganze Isolationstrakte innerhalb des Hauses bekannt – so genannte „Verbotene Zonen". Von der Anstaltsleitung wurde dieser Bereich verharmlosend auch als „Kleines Kommando" bezeichnet. Zu diesem hatte wiederum nur ausgesuchtes Wachpersonal Zugang. Als Beispiel für die Isolation einer ganzen Häftlingsgruppe steht die 1967 wegen „Fahnenflucht mit Gewaltakt" verurteilte Besatzung eines U-Boot-Jägers der Volksmarine. Insgesamt 15 Männer waren auf einer Etage über mehrere Jahre inhaftiert.

In den achtziger Jahren befand sich der Isolationstrakt im 1. Stock des Westflügels. Hier inhaftiert war u. a. auch Bodo Strehlow, verurteilt wegen „Terror, Spionage und Fahnenflucht“ zu lebenslanger Freiheitsstrafe. Während seiner gesamten Haftzeit vom 9. Juli 1980 bis zum 22. Dezember 1989 beschränkte sich sein Lebensraum auf eine Zelle und den Gang davor, auf dem er arbeitete. Auch den Freigang hatte Strehlow isoliert in den so genannten Einzelhöfen zu absolvieren. „Die totale Isolation ist zermürbend“, erzählt er. „Dieser verbissene Wahn, jegliche Kontaktmöglichkeiten zu unterbinden. Man kam nie in das Haus rein. Nach vier Jahren in Bautzen II habe ich das erste Mal den Fuß ins Treppenhaus gesetzt, ansonsten war ich nur auf West-I.“[279]
Die strenge Isolation konnte teilweise durch illegale Kommunikation zwischen den Häftlingen durchbrochen werden. So erfuhren die übrigen Häftlinge des Hauses immer wieder die Namen und Schicksale der im Isolationstrakt inhaftierten Gefangenen. Es war auch kein Zufall, dass die Auflösung des Traktes zu den ersten Forderungen der Häftlinge zählte, die sie im Dezember 1989 gegenüber der Gefängnisleitung erhoben.

Der Tagesablauf

Aus „erzieherischen Gründen“ war die Hausordnung, die Ordnung des Haftraumes und nicht zuletzt das Verhalten der Gefangenen bis ins letzte Detail vorgeschrieben. So beispielsweise auch das Grüßen der Häftlinge: „Der Gefangene hat die Angehörigen des Strafvollzuges innerhalb und außerhalb der Verwahrräume zu grüßen. Der Gruß ist durch Einnehmen einer straffen Haltung und Blickwendung zu erweisen. Trägt der Strafgefangene eine Kopfbedeckung, so hat er diese für die Dauer des Grüßens abzunehmen und die Mützenöffnung nach außen, seitlich des rechten Oberschenkels zu halten.“[280]
Der Tagesablauf im Gefängnis war militärisch reglementiert bis hin zu täglich zweimaliger Meldung beim Zählen. Gustav Just: „Der Tag begann mit dem Wecken durch lautes Klingelzeichen um fünf Uhr. Dann folgten die Morgenzählung und das Frühstück. Ab sechs Uhr hatte man auf der Zelle zu arbeiten. Um zwölf gab es das Mittagessen, um sechs das Abendbrot, um sieben war Abendzählung und Einschluß. Danach durfte man sich hinlegen. Am Abend hatte man sich bis auf Unterhemd und Unterhose zu entkleiden. Die Sachen mußten, einschließlich des Blechnapfes und der Mütze, mit geraden Kanten auf den Hocker gepackt und vor die Tür gestellt werden. Auch die Brille war abzugeben. Früh holte man sich die Sachen wieder herein. Auf der Zelle durfte man in Hose und Hemd sitzen, bei Kälte mit einer Wollweste, an den Füßen alte stinkende Lederpantoffeln. Zum Hofgang hatte man die Jacke anzuziehen, dazu die hohen Schnürschuhe

ohne Schnürsenkeln, auf dem Kopf eine Art Baskenmütze, die man bei jedem Posten zu ziehen hatte, mit Blickwendung, versteht sich."[281]

Winfried Christen beschreibt einen Tag Ende der sechziger Jahre: „Der Tagesverlauf war wie folgt: 4.30 Uhr wecken, aufstehen, Katzenwäsche und ‚Frühstück'. Ca. 5.15 Uhr Beginn des unter strenger Kommandoisolierung verlaufenden Ablaufs zur Arbeit in den Keller. Das konnte dauern, da das nächste Kommando erst dann aus den Zellen gelassen wurde, wenn das vorherige im jeweiligen Kellerraum verschwunden war. 5.30 Uhr bis 11.30 Uhr Arbeitszeit unterbrochen von der 15–20minütigen Freistunde in einer nur nach oben offenen Hofzelle. 11.30 Uhr–12.30 Uhr Ablauf auf die Einzelzelle, Mittagessen und erneuter Anmarsch zur Arbeit bis 17.00 Uhr. Die tägliche Arbeitszeit betrug werktags demzufolge 10 Stunden und am Samstag 6 Stunden. Samstagnachmittag und Sonntag war im Regelfalle arbeitsfrei. Dann saß man den ganzen Tag allein in seiner Einzelzelle."[282]

Robert Axt im selben Zeitraum: „Wir wurden um 5.00 Uhr geweckt. Von morgens 6.00 Uhr bis mittags 12.00 Uhr wurde im Keller gearbeitet, an Elektroschaltgeräten, und um 12.00 Uhr wurde vom Kalfaktor Egon Hofmann das Essen in Kübeln auf Rädern gebracht. Mit einer Kelle bekamen wir das Essen gereicht. Nachmittags, wenn die Arbeit beendet war, liefen wir um 5.00 Uhr dann wieder in die Wohnzellen zurück. Dann bekamen wir die sogenannte Kaltverpflegung. Die Kaltverpflegung rekrutierte sich meistens aus 200 bis 300 Gramm Brot, einem Stückchen Margarine und einem Stückchen Wurst. Manchmal gab es auch ein kleines Stück Gurke und ein Stück Sülze. Gleichzeitig gab es Kaffee oder Tee, natürlich keinen richtigen Kaffee, sondern Kaffee-Ersatz und auch Tee-Ersatz. Abends um halb acht wurde im Grunde schon das Licht ausgemacht. Die Strafvollzugsbeamten schlossen dann die Zellen ab. Wir mußten noch eine Meldung machen, zeigen, dass wir physisch vorhanden waren. In meinem Fall hieß das zum Beispiel: Zelle 11, belegt mit zwei Strafgefangenen. Dann wurde das Licht ausgemacht."[283]

Die Gefangenen-Arbeit

Der Faktor Arbeit stellte neben den Aspekten der Sicherheit und Erziehung eine Hauptsäule des DDR-Strafvollzuges dar. Grundsätzlich war jeder Strafgefangene zur Arbeitsleistung verpflichtet. Auch die Strafgefangenen der Sonderhaftanstalt Bautzen II wurden zur Arbeit eingesetzt. Die frühzeitig dazu ergangenen Bestimmungen sind in anderem Zusammenhang bereits erörtert worden. In der 1957 eingeführten „Hausordnung der Strafvollzugsanstalt Bautzen"[284] war konkret niedergelegt, dass jeder Strafgefangene „entsprechend seiner Eignung und seiner Fähigkeiten zur Arbeit herange-

zogen“ würde, „wenn seine Führung und sein Verhalten einen solchen Einsatz nicht ausschließen“. Die Zulassung zur Arbeit konnte von der Anstaltsleitung insoweit auch versagt werden. Umgekehrt haben manche Häftlinge die Arbeit „für diesen Staat“ auch grundsätzlich verweigert.
Später, zumal nach Inkrafttreten der beiden Strafvollzugsgesetze vom 12. Januar 1968 bzw. vom 7. April 1977, war die Gefangenenarbeit gesetzlich zwingend vorgeschrieben. Sie begründeten die Pflicht zur Arbeit auch im Strafvollzug in Bautzen.
Die zum 1. Januar 1987 eingeführte „Hausordnung der StVE II Bautzen“ legte unter Punkt 1.5 sogar fest: „Strafgefangene [...] haben insbesondere die Pflicht, die ihnen zugewiesene Arbeit ordnungsgemäß durchzuführen, sich dabei gegenseitig zu unterstützen und die Arbeitszeit voll zu nutzen“ sowie „sich die für ihren Arbeitseinsatz erforderlichen Kenntnisse, Fähigkeiten und Fertigkeiten anzueignen.“[285] Die Verweigerung der Arbeit oder auch die Nichterfüllung der Norm wurden im Regelfall bestraft.
Für Bautzen II – das ergab sich aus dem besonderen Status dieses Gefängnisses – war der Einsatz von Außenkommandos ausgeschlossen. Zu hoch das Sicherheitsrisiko, zu groß die Möglichkeiten der Häftlinge, mit der Außenwelt in Kontakt zu treten und auch von dieser wahrgenommen zu werden. Die Gefangenen arbeiteten prinzipiell nur im Inneneinsatz.
Die Häftlingsarbeit in der Sonderstrafvollzugsanstalt unterlag erschwerten Bedingungen. Nach seiner ursprünglichen Bestimmung war dieses Gefängnis überhaupt nicht dafür eingerichtet. So kam der Arbeitseinsatz der Gefangenen nur schleppend in Gang. Produziert wurde zunächst nur in Einzelhaft. Eine gemeinschaftliche Produktion in Arbeitsbrigaden wurde möglich, nachdem in den späten fünfziger Jahren im Gefängniskeller geeignete Räumlichkeiten zu feinmechanischen und elektrotechnischen Produktionsstätten umgebaut worden waren.
Anfänglich beschränkten sich die Arbeiten auf einfache, um nicht zu sagen ausgesprochen primitive Tätigkeiten wie Sockenstopfen oder Sortieren von Druckknöpfen. Die vielfach in Einzelhaft gehaltenen Gefangenen hatten Ober- und Unterteile von Druckknöpfen, die ihnen in Schüsseln sortiert in die Zellen gereicht wurden, mit Hilfe einer vorgestanzten Aluminiumschablone von Hand auf vorgelochte Verkaufskarten zu drücken. Das Tagessoll belief sich auf 400 Karten zu je drei Dutzend Knöpfen. Horst Zimmermann, der mit dem ersten Transport im August 1956 in die Sonderhaftanstalt verbracht worden war, berichtet über seine damalige Arbeit: „1956 erste Arbeitsgelegenheit: In einer sogenannten Schneiderbrigade stopften wir Berge von Strümpfen, die nach der Reinigung aus Bautzen I zu uns gebracht wurden und danach wieder nach I zurückgebracht wurden. In dieser Zeit erhielten wir ca. 5 M im Monat.“[286]
Von ähnlicher Monotonie waren das Entgraten von Plastiklöffeln und -spielzeug, das Entisolieren von Kabelenden sowie das Einschreiben und Verpacken von Kugelschreibern, womit die Gefangenen zeitweilig ebenfalls

beschäftigt wurden. Erich Loest: „Dann die erste Arbeit auf Zelle, sie war herbeigesehnt worden als die große Wende. Mit scharfem Messer mußten Kabelenden von Isolation befreit werden, kapiert war in drei Minuten, Handfertigkeit war in drei Tagen erworben. Nach einer Woche arbeiteten die Hände von selbst, wieder konnten die Gedanken schweifen."[287]
Gustav Just: „Anfangs gab es keine Arbeit, denn das war eine Auszeichnung, die man sich erst verdienen mußte. Nach einigen Wochen brachte man mir eine Schachtel voller Bakelitlöffel auf die Zelle, dazu Schmirgelpapier, Banderolen und Zellophanblätter. Die Eierlöffel waren gegossen worden und hatten vorn und hinten scharfe, unregelmäßige Kanten, die glattzuschleifen waren. Je sechs Stück verschiedener Farbe mußten dann mit der Banderole umbunden und in Zellophan eingewickelt werden. (Ob die Käufer solcher Löffel ahnen, wo sie verpackt werden?) Ich gab mir viel Mühe, und die Löffel, die ich in den ersten drei Tagen zurechtmachte, bereiteten den späteren Kunden bestimmt kein Problem. Am dritten Tage forderte mich der Wachmann auf, nun endlich die Norm zu erfüllen. Bis dahin hatte ich täglich 70 bis 80 solcher Löffelpäckchen hergestellt. Die Norm betrug 700! Ich hielt das für unmöglich, aber der Polizist informierte mich barsch, daß die anderen die Norm schaffen und ich andernfalls keinen Anspruch auf einen Einkauf hätte. Schön, dachte ich, sollen sich die Leute an den Löffeln die Mäuler verletzen, und so ging es ritsch, ratsch! Über das Schmirgelpapier, und ich schaffte die Norm."[288]
Seit spätestens 1961 sind die Arbeiten für drei verschiedene Betriebe der Region belegt. Für den VEB Elektroschaltgeräte Oppach stellten die Gefangenen Wendeschütze her und waren für „Entgratungsarbeiten an Gehäusen und anderen Teilen für elektrische Geräte" eingeteilt. Für den VEB Sachsenwerk Niedersedlitz stellten die Häftlinge Elektromotoren her, und für Markant Singwitz führten sie Einschreibe- und Verpackungsarbeiten aus.[289]
Klaus Mlynek, Bautzen-II-Häftling zwischen 1961 und 1963, erinnert sich: „Da gab es Kunststoffschalter, die nicht ganz richtig ausgepreßt waren. Die Stellen, die übrig geblieben waren, mußten wir rauskratzen. Später kam ich dann in eine Brigade, wie sich das nannte, die für das Sachsenwerk Niedersedlitz gearbeitet hat. Elektromotoren träufeln sagten wir. Also Kupferdraht in diese Motoren reinspulen, mit der Hand. Wenn sie sich so einen Motor vorstellen mit einer ganzen Reihe von Längsöffnungen – da mußten diese Kupferdrähte eingefädelt werden, an einem endlosen Band. Was eine ganze Menge Geschick, also Fingerfertigkeit, voraussetzte."[290]
Auch in den folgenden Jahrzehnten wurde in der Sonderhaftanstalt für den VEB Elektroschaltgeräte Oppach und Elektro-Motorenbau Dresden-Niedersedlitz produziert. „Diese beiden Betriebe unterhalten im Objekt einen Betriebsteil, so daß Bautzen II unmittelbarer Bestandteil der Planpositionen dieser Betriebe ist."[291] Günter Heinrich schildert die Arbeitsbedingungen, die in diesen „Betriebsteilen" in den späten sechziger Jahren vorherrschten: „Ich war neben der Akkordarbeit am Montageband zur Transportkolonne

kommandiert. Die Transportkolonne mußte v.a. die angelieferten Teile für die Schaltgerätemontage von manchmal täglich zwei Betriebsfahrzeugen, deren Fahrer wir nie zu Gesicht bekamen, entladen und auf die Träger verteilen. Danach wurden die fertig montierten, in Kartons verpackten Luftschütze für den VEB ‚ESGO' Oppach beladen. Das waren täglich zwischen acht und zehn Tonnen, die mit Muskelkraft der vier Transporthäftlinge zu bewältigen waren, meist im Trab. Das geschah vom Keller aus einige Stufen hoch in einen streng gesicherten Nebenhof, wo das Auto stand. Im Winter kalt und zugig, im Sommer unerträgliche Hitze. Ich war immer fix und fertig von der Schlepperei, aber wir mußten danach sofort ans Band, an dem wir neun bis zehn Stunden täglich die Schaltgeräte im Akkord montierten. Für die schwere Transportarbeit war mein Körper, ich hatte vorher Büroarbeit getan, völlig ungeeignet. Mein Stützapparat hat Schaden erlitten, den mir aber nach der Entlassung kein DDR-Arzt zu attestieren sich getraute."[292]

Die Verbesserung der Arbeitsorganisation zur Erhöhung der Arbeitsproduktivität war seit den sechziger Jahren das erklärte Ziel der Strafvollzugsleitung in Bautzen II. 1977 entschied sie sich schließlich „für die Umstellung des Bandsystems im Produktionsbereich von der Tagesschicht in Zwei-Schicht-System"[293].

Selbstverständlich wurden Häftlinge auch zur Aufrechterhaltung des internen Betriebes eingesetzt, als Hausarbeiter, für Bauarbeiten oder auch zur Beheizung der Anstalt. Thomas Lukow wurde 1981 nach Bautzen II eingewiesen: „Ich kam ins Heizungskommando. Gleich in der ersten Nacht mußte ich arbeiten. Große Kohleloren, mittels Schieber, über die großen Öfen leeren. Einerseits war ich zufrieden, endlich wieder Beschäftigung zu haben, aber diese schwere körperliche Arbeit war ich gar nicht mehr gewohnt. [...] Gegen sechs Uhr früh kam die Ablösung und es ging in die Einzelzellen. [...] Später wurden wir für das Arbeitskommando Elektroapparate-Werk Oppach tätig. Für dieses Werk waren Arbeitsräume in den großen Kellern eingerichtet, in denen Relais und Schütze zusammengebaut wurden. [...] Im Keller gab es ein ‚Leistungsband', wo man mit von der Decke hängenden elektrischen Schraubendrehern Relais zusammenschraubte. Dies waren alte Maschinen und dementsprechend laut. Fast gleichzeitig liefen immer zehn Schraubendreher. An anderen Tischen wurden diese Relais vorbereitet. Das tat ich, hier war es ruhiger, weil es nur ‚Einlegearbeiten' waren. Am Leistungsband wurde voll hintereinander gearbeitet und man konnte mehr Geld verdienen. Manche betäubten ihre Haftsituation damit, andere rechneten sich ein Startguthaben für ihr neues Leben in der DDR aus. Andere hatten Schulden oder mußten Alimente zahlen. Ich hatte keine Verpflichtungen dieser Art und konnte daher etwas ruhiger arbeiten. Allerdings gab es auch am Einlegetisch eine straffe Norm. Wenn man diese mehrmals nicht schaffte, konnte man mit Isolationshaft bestraft werden."[294]

Soweit sie zur Aufrechterhaltung des Anstaltsbetriebes herangezogen wurden, als Heizer, Koch oder Kalfaktor und sogar als Häftlingsarzt, waren diese Häftlinge von der Anstalt in der Kategorie C eingesetzt, das heißt, sie wurden von der Haftanstalt bezahlt, während Häftlinge, die in der Haftanstalt für einen nicht anstaltseigenen Betrieb arbeiteten, den Kategorien A oder B zugeordnet waren. In der Kategorie B fungierte die Anstalt formell als Arbeitgeber und übernahm die Bezahlung der Häftlinge. Es war erklärtes Ziel der Strafvollzugsanstalt, alle Verträge mit Arbeitseinsatzbetrieben dahingehend zu schließen bzw. zu ändern, dass Strafgefangene nur noch der Kategorie A angehörten. In dieser Kategorie schloss die Anstalt mit dem „A-Betrieb" einen Vertrag über die Zurverfügungstellung von Arbeitskräften. Der Betrieb übernahm auch die Kosten für die Einrichtung der Arbeitsplätze und zahlte nach Abzug der Sozialabgaben den Tariflohn an die Anstalt.

Die Vergütung für geleistete Häftlingsarbeit war äußerst gering. Generell bestand zwischen dem Strafgefangenen und dem jeweiligen Betrieb, in dessen Produktion er einbezogen war, kein vertraglich geregeltes Arbeitsverhältnis. Sein Arbeitseinsatz basierte auf Vereinbarungen der Verwaltung Strafvollzug mit der Staatlichen Plankommission, die dadurch konkretisiert wurden, dass die Produktion in der Strafvollzugsanstalt nach Vereinbarungen abgewickelt wurde, die zwischen der Gefängnisleitung und den jeweiligen Betrieben getroffen waren. Zwar hatte der Produktionsbetrieb den üblichen Lohn zu zahlen, aber nach Abzug von Lohnsteuer und Sozialversicherung waren 75% des Nettolohnes an die Strafvollzugsanstalt abzuführen, die sie ihrerseits mit der Verwaltung Strafvollzug zu verrechnen hatte. Das verbleibende Viertel des Nettolohnes teilte sich wie folgt auf: 60% „Unterstützung" für etwaige Familienangehörige, 5% „Rücklage" für die Zeit nach der Entlassung und 35% „Eigenverbrauch".[295] Soweit die Unterstützung entfiel, wurde der entsprechende Betrag dem Rücklagekonto gutgeschrieben.

Nach dem Strafvollzugsgesetz vom 7. April 1977 wurde die Höhe der Arbeitsvergütung für zu Freiheitsstrafe verurteilte Strafgefangene im Arbeitseinsatz bei Erfüllung der Arbeitsnormen auf 18% desjenigen Nettolohnes festgesetzt, den Arbeiter in der „volkseigenen" Industrie für die gleiche Arbeit verdienten, zu der die Strafgefangenen eingesetzt waren.[296] Auch dieser Lohnanteil teilte sich wie gehabt auf Unterstützung, Rücklage und Eigenverbrauch auf. Bei Übererfüllung der Arbeitsnormen konnte sich dieser Prozentsatz erhöhen, bei Nichterfüllung allerdings auch vermindern.

So ergaben sich in den fünfziger und sechziger Jahren selten mehr als 20 bis 30 Mark im Monat für den Eigenverbrauch. Erst in den siebziger und achtziger Jahren besserte sich das, zumal bei Leistungen über der Norm auch Prämien gezahlt werden konnten, so dass der auf den Eigenverbrauch entfallende Lohnanteil auf monatlich 70 bis 90 Mark stieg, indes selten höher lag.

„Arbeit war Pflicht und die Leistung genormt", berichtet Hossein Yazdi. „Mein Bruder und ich machten daraus eine Tugend. Wir arbeiteten mit hoher Leistung. Das ließ die Zeit schneller vergehen und brachte uns am Ende des Monats ein paar Mark mehr zum ‚Einkauf'. Anfang der 60er Jahre wurden gute Arbeitsleistungen mit monatlich ungefähr 15 Mark (in Form von Kupons) vergütet. Damit konnte man sich zusätzlich etwas Zucker, Margarine oder eventuell Obst kaufen."[297]

Robert Axt erinnert sich an sein monatliches Eigengeld in den Jahren 1969/70: „Das Durchschnittseinkommen lag hier zwischen 18 und 24 Mark im Monat, und ich hatte meistens zwischen 16 und 18 Mark im Monat."[298]

In den achtziger Jahren besserte sich die Entlohnung. „Am Monatsende bekam man einen Lohnstreifen, auf dem die verdiente Summe stand, nebst Abzügen für Essen, Wäsche und Unterbringungskosten sowie Krankenversicherung. Die Spitzenverdiener kamen auf 300,– bis 400,– Mark nach Abzügen, wovon die Hälfte in kleinen spielgeldähnlichen Scheinen ausgezahlt wurde. Die andere Hälfte wurde auf einem Personenkonto für die Entlassung einbehalten. Ich hatte im Schnitt 60,– Mark monatlich und kam damit aus."[299]

Für das Eigengeld konnten die zur Arbeit eingesetzten Gefangenen, die gemäß Hausordnung „entsprechend den Bestimmungen die Genehmigung erhalten" hatten, seit Ende der fünfziger Jahre bis zu dreimal monatlich Einkäufe in der anstaltsinternen HO-Verkaufsstelle tätigen. Nachdem zunächst der Preis über das Konto der Eigengeldverwaltung entrichtet wurde, gab die Anstaltsleitung später so genannte Wertgutscheine aus, mit denen die Häftlinge ihre Einkaufsrechnungen begleichen konnten.

Günter Heinrich, zwischen 1966 und 1969 in Bautzen II inhaftiert, erinnert sich: „Vom Arbeitslohn verblieb uns nur ein geringer Teil, den Prozentsatz weiß ich nicht mehr. Für monatlich etwa fünfzehn Mark durften wir in der hauseigenen, kleinen Verkaufsstelle einmal wöchentlich Kleinigkeiten erwerben, meist Lebensmittel und Tabakerzeugnisse. Der kleine Betrag reichte nie lange."[300]

Nicht nur die Häftlinge kritisierten immer wieder die schlechten Arbeitsbedingungen in Bautzen II, von denen Winfried Christen berichtet, wie er „mit zehn Personen in einem relativ kleinen, niedrigen Kellerraum eingepfercht" fronen musste. „Das dicke Mauerwerk war an vielen Stellen feucht und voller Schwamm. Der Raum war faktisch nicht zu lüften, da die beiden Kellerfenster nur jeweils einen Spalt zu öffnen waren. Der gesamte Keller war völlig verwahrlost, unsauber, unhygienisch, verstaubt, verdreckt, halbdunkel und wurde während meiner Haftzeit kein einziges Mal aufgeräumt oder gereinigt. Gleiches gilt für die Duschräume in diesem Keller."[301] In einem Bauforderungsprogramm von November 1981 schildert der Anstaltsleiter Oberstleutnant Faedtke die Situation: „Seitens der Strafgefangenen führten die bestehenden Arbeitsbedingungen wiederholt zu Eingaben, die nicht nur Auswirkungen innerhalb unserer Republik hatten. Um in der

StVE II den Strafvollzug so gestalten zu können, daß die materielle Produktion auch erzieherischen Charakter trägt, macht sich hier eine Veränderung unbedingt erforderlich, da von seiten des Staatsanwaltes für Strafvollzugsaufsicht wiederholt die Arbeitsbedingungen beanstandet wurden."[302] Ein neues Produktionsgebäude mit 110 modernen Arbeitsplätzen sollte Abhilfe schaffen; der Neubau wurde immer wieder verschoben und unterblieb schließlich ganz.[303] Im selben Forderungsprogramm steht: „Da die SG entsprechend der Struktur nur zum Inneneinsatz gelangen dürfen, müssen mit der Einrichtung eines getrennten Produktionsgebäudes die Forderungen der Ordnung Nr. 0103/77 Teil E vom 14. Dezember 1978 in vollem Umfang durchgesetzt werden, das heißt eine strikte Trennung in Unterbringung und Produktion." – Diese Trennung war augenscheinlich 1981 in Bautzen II nicht in vollem Umfang gegeben.

1985 stellt das MdI fest, dass in Bautzen II „zur Durchführung des Innenarbeitseinsatzes [...] zu 65% keine ordnungsgemäßen Bedingungen zur Verfügung stehen. Die [...] Produktionsräume im Kellergeschoß des Verwahrgebäudes entsprechen nicht den arbeitshygienischen Bestimmungen."[304]

„Arbeitsfreie Zeit"

Auch die arbeitsfreie Zeit der Strafgefangenen unterlag einem strengen Regelwerk. So sieht der Tagesablaufplan in Bautzen II im Sommerhalbjahr in den fünfziger Jahren zwischen 18.40 und 19.40 Uhr „Putz- und Flickstunde oder Freizeitgestaltung" vor. Im Winterhalbjahr war diese „Freizeit" auf die Zeit zwischen 18.40 und 19.10 Uhr begrenzt. Der den Häftlingen täglich zustehende „Aufenthalt im Freien", die so genannte Freistunde, war zwischen 8.00 und 17.30 Uhr „entsprechend der speziellen Einteilung" vorgesehen.[305]

Die Hausordnung von 1957 regelte den Ablauf der Freistunde folgendermaßen: „Dem Strafgefangenen stehen täglich 30 Minuten Bewegung im Freien zu. In dieser Zeit werden gymnastische Übungen durchgeführt. Die Bewegung hat in Marschkolonne bzw. einzeln zu erfolgen. Die Kommandos sind entsprechend der Kommando-Tafel zu geben und einzuhalten. Das Sprechen während der Freistunde ist untersagt. Verstöße gegen die Disziplin während der Freistunde hat den sofortigen Abbruch für den oder die betreffenden Strafgefangenen zur Folge. Dieses schließt eine Bestrafung entsprechend der Disziplinarordnung nicht aus."[306]

Mit bedrückender Eindringlichkeit schildert Heinz Brandt, wie er den so genannten Freigang Anfang der sechziger Jahre empfand: „Es ist ein kleines Rechteck (kaum größer als mein schönes Wohnzimmer daheim in Frankfurt), dieser Freistunde-Käfig, in dem ich dreißig Minuten – tönend ‚Freistunde' genannt – pilgere. Die Wachmannschaft ist ängstlich darauf bedacht, daß ich keinem anderen Strafgefangenen begegne oder gar mit ihm spreche, wenn im Trappisten-Deutsch das Kommando ‚Ablaufen' und ‚Einlaufen' erschallt. Das sinnige ‚Ablaufen' bedeutet dabei ‚Raus aus der Zelle – rein in den Käfig', und beim ‚Einlaufen' ist es umgekehrt. Ein Wort gilt hier immer – wie in der Babysprache – für den ganzen Satz, den gesamten Vorgang. Das Isolier- und Schweigesystem funktioniert mit preußisch-seelenloser Perfektion."[307]

Ein Recht auf den dreißigminütigen „Freigang" hatten die Häftlinge nicht. Die Dauer unterlag der Willkür der Bewacher: „Die sogenannte ‚Freistunde' sollte eigentlich täglich 30 Minuten dauern. Die Willkür der einzelnen Diensthabenden aber bestimmte, ob sie überhaupt und in voller Länge stattfand. Manchmal war schon 20 Minuten nach dem ‚Auslaufen' wieder ‚Einlaufen'"[308], berichtet Horst Zimmermann von den fünfziger und sechziger Jahren.

Die Gestaltung des „Freiganges" erfuhr im Laufe der Jahre allerdings eine gewisse Liberalisierung. Seit Ende der fünfziger Jahre durften die Häftlinge ab und an Volleyball spielen. Loest erinnert: „Allerlei war geschehen zum Besseren hin: Auf dem Freistundenhof hatten Häftlinge in Sonderschichten einen maßgerechten Volleyballplatz gebaut – L. hatte da gerade in Einzelhaft gesessen [...]."[309] Seit Mitte der sechziger Jahre mussten die Gefangenen nicht mehr in Kolonne marschieren, und auch die nach strengen Vorgaben einheitlich zu absolvierenden genau 16 gymnastischen Übungen wurden ihnen nicht mehr abverlangt. Sie durften sich während des nunmehr einstündigen „Aufenthaltes im Freien zwanglos auf dem dafür vorgesehenen Gelände bewegen und sich unterhalten"[310].

Auch die Freihöfe selber erfuhren in den Jahren 1966/67 weitere Veränderungen. Die Höfe wurden erheblich erweitert und umgestaltet: Vor dem Westflügel der Anstalt entstanden zwei etwa 200 Quadratmeter große Gemeinschaftshöfe, vor dem Ostflügel sechs keilförmig angelegte Einzelfreiganghöfe.[311]

In den achtziger Jahren konnten sich die Gefangenen während ihrer Freistunde durch Volleyball, Tischtennis und Federball „körperlich betätigen", wie einer „periodischen komplexen Lageeinschätzung zur Sicherheit und Ordnung in der StVE Bautzen II" vom 17. April 1984 zu entnehmen ist.[312]

In ihrer „freien Zeit" war es den Häftlingen erlaubt, zu lesen. Sie konnten die in der DDR erhältlichen Presseerzeugnisse abonnieren und aus der Anstaltsbibliothek Bücher ausleihen. Klaus Mlynek, von 1961 bis 1963 in Bautzen II inhaftiert: „Ja man konnte lesen, also es gab diese Gefängnisbibliothek, wo dann so ein Kalfaktor rumkam und elende Literatur verlieh, zum Teil ganz fürchterliche Sachen! Die besten Bücher waren immer weg. Es gab ein oder zwei Bücher, die konnte man sich dann aus dem Bücherwagen heraussuchen."[313] Das Angebot verbesserte sich erheblich, wie Thomas Lukow für die achtziger Jahre bezeugt: „Die hatten ja hier eine Bibliothek, die war 1a für DDR-Verhältnisse."[314]

Auf das Schachspiel, Kartenspiele, das Fernsehen und seltene Filmvorführungen beschränkte sich das weitere „Freizeitangebot“ bis in die siebziger Jahre hinein. „Die einzige Abwechslung, die man so hatte, war vor allen Dingen fernsehen. Bestenfalls einmal in der Woche kam man dran. Ich hab immer noch im Ohr, jeden Abend dieses Sandmännchen, da wußte man, jetzt ist fernsehen, mal sehen, ob man da hochgeführt wurde. Meistens wartete man da vergebens.“[315]
Thomas Lukow erinnert: „Beim Fernsehprogramm wurde entschieden, ob man gucken durfte oder nicht. Reißerische Titel oder Krimis oder so waren verboten. Fernsehen war so die einzige kulturelle Ablenkung. Man konnte sich auch am Wochenende, wo ja nichts passierte, umschließen lassen. Man konnte einen Antrag beim Erzieher stellen, schriftlich oder mündlich: ‚Ich will in Zelle dreizehn zu Dieter oder Klaus. Wir wollen Karten spielen oder so.‘ Und das wurde meistens genehmigt, manchmal auch nicht, je nach Interessenlage oder wie man einen ärgern wollte.“[316]
Kinovorführungen waren im Strafvollzug der DDR ein wichtiger Bestandteil der „Erziehungsarbeit“. Entsprechend überwogen Agitprop-Filme im Programm. Gelegentlich wurden aber auch Unterhaltungsfilme gezeigt, so ist z. B. die Vorführung des Musik-Filmes ABBA durch ein Plakat für den 13. Mai 1980 angekündigt worden.
Der monatliche Kinobesuch markierte für viele Gefangene einen Höhepunkt im Haftalltag. Günter Heinrich berichtet: „Im Abstand von fünf, sechs Wochen bekamen wir Filme vorgeführt. Manchmal gute Filme, so z. B. hier ‚Krieg und Frieden‘ von Bondartschuk. Aber zum größten Teil war es natürlich hanebüchener Unsinn, wir sollten ja erzogen werden. Auch beim Kino bestand immer das oberste Gebot der Trennung der Kommandos. Die Kommandos durften untereinander keinen Kontakt haben, aber das ließ sich nicht immer vermeiden. Ein Kommando wurde ganz vorn hin gesetzt, dann wurden ein paar Sitzreihen freigelassen und dann kam ein anderes Kommando. Die Bewacher achteten streng darauf, daß man untereinander sprachlich keinen Kontakt hatte.“[317]
Die Anstaltsleitung führte auch über die Freizeitaktivitäten der Strafgefangenen akribisch Buch. Aus der „periodischen komplexen Lageeinschätzung“ vom Juli 1986, die detailliert für das erste Quartal des Jahres alle Aktivitäten auflistet, wird deutlich, dass sich die Angebote für die Häftlinge im Laufe der Jahre erheblich erweitert hatten: „Im Berichtszeitraum wurden folgende Maßnahmen durchgeführt: 1. Kulturelle Maßnahmen (Skat-Schachnachmittage): Kdo I 35 Veranstaltungen mit 468 SG, Kdo II 32 Veranstaltungen mit 334 SG, Kdo II 28 Veranstaltungen mit 196 SG, Kdo IV 36 Veranstaltungen mit 468 SG, Lager/Transport/Hausarbeiter 20 Veranstaltungen mit 100 SG 2. Musikvorträge: 5 Veranstaltungen mit 26 SG Rockmusik/Schlager, 3 Veranstaltungen mit 23 SG Operettenmusik, 3 Veranstaltungen mit 15 SG Beethoven, 1 Veranstaltung mit 4 SG Verdi, 1 Veranstaltung mit 8 SG Schubert, 1 Veranstaltung mit 4 SG Mozart, 1 Veranstaltung mit 9 SG

Liszt, Gesamt 15 Veranstaltungen mit 89 SG. Es sind in der Zeit vom 01.04. bis 30.06. insgesamt 166 Veranstaltungen mit 1535 SG durchgeführt worden."[318] Naturgemäß wurden die „kulturellen Maßnahmen" im Interesse einer vorteilhaften Selbstdarstellung gegenüber der vorgesetzten Behörde von der Anstaltsleitung geschönt.

Die Ernährung

„Das Essen war miserabel. Eine zusätzliche Strafe. [...] Brot, Suppe, ein paar Gramm Margarine, jeden zweiten Tag eine Scheibe Leber- oder Blutwurst. Immer von der gleichen Sorte."[319] Im Großen und Ganzen beschreibt die Aussage Walter Jankas die Ernährungslage in Bautzen II für den gesamten Zeitraum zwischen 1956 und 1989 recht treffend, wenn es im Laufe der Jahre auch Schwankungen zum Besseren oder Schlechteren gab, je nach der allgemeinen Versorgungslage in der DDR, die sich stets auf die Versorgung der Gefangenen auswirkte.

„Die Ernährung der Strafgefangenen entspricht dem in unserer sozialistischen Gesellschaft generell erreichten Entwicklungsstand."[320] Dieser Satz aus dem Kommentar zum Strafvollzugsgesetz von 1977 besticht durch seine Doppeldeutigkeit.

Auch Erich Loests Schilderungen verraten wenig Gutes: „Das Essen war miserabel und knapp. Morgens streckte jeder Häftling dem Kalfaktor zwei Schüsseln hin, eine für sogenannten Kaffee, die andere für eine dünne, bittere Hafermehlsuppe. Mittags einen Schlag Eintopf oder einen Löffel Quark und vier, fünf Pellkartoffeln. Abends ein Pfund Brot, ein Klecks Margarine oder Schmalz und eine Scheibe Wurst, alle drei Tage einen Löffel Marmelade."[321] „Das Abendbrot, gespannt war er trotz alledem. Im Rhythmus Butter-Schmalz-Margarine, war Margarine dran, im Rhythmus Leberwurst-Blutwurst-Jagdwurst mußte Blutwurst kommen, die ihm am liebsten war, weil stark mit Majoran gewürzt; wenn er nicht Wurst schmeckte, dann wenigstens Majoran."[322]

Die Verpflegung der Häftlinge wurde in drei Tagesmahlzeiten verabreicht. Eine warme Mahlzeit und das Frühstück und Abendbrot als so genannte Kaltverpflegung. Das Essen für die Häftlinge und Bediensteten der Anstalt wurde nicht immer in Bautzen II direkt gekocht. Zeitweilig wurde das Mittagessen aus Bautzen I bezogen und nur die „Kaltverpflegung" in Bautzen II zubereitet.

„Während uns im Berliner ‚U-Boot' und in Brandenburg-Görden der nackte Hunger peinigte, kann man dies von Bautzen II nicht mehr so sagen." So Horst Zimmermann, der zwischen 1956 und 1966 in Bautzen II inhaftiert war. „Die Mahlzeit war zwar nicht wohlschmeckend, auch nicht abwechslungsreich, meist Suppen, aber sie war mengenmäßig ausreichend, so daß kein Hungergefühl mehr als Dauerzustand herrschte. [...] Einmal im Jahr, am Heiligen Abend gab es Kartoffelsalat und eine kleine Bockwurst. Welche Erinnerung noch nach all diesen Jahren."[323]

Für die Jahre von 1962 bis 1977 fasst Hossein Yazdi sein Urteil so zusammen: „Das Essen war ‚Zuchthaus klassisch': Rüben- oder Graupeneintopf, Heringe mit fauligen Pellkartoffeln."[324]

Im Jahr 1977 wurde der Küchenbereich in Bautzen II komplett umgestaltet. Seitdem wurde auch das Mittagessen vor Ort gekocht. Während bis in die siebziger Jahre hinein nur Bedienstete für die Zubereitung der Mahlzeiten zuständig waren, wurden später auch weibliche Häftlinge dazu eingesetzt – was zu einer deutlichen Qualitätssteigerung bei der Zubereitung führte. Allerdings unterlag die Verpflegung der allgemein mangelhaften Versorgungssituation der DDR. Einem Lagebericht der Haftanstalt von 1988 zufolge war „die Verpflegungsversorgung [...] jederzeit garantiert", wobei „Mängel [...] wieder bei der Bereitstellung von Frischobst und Gemüse" bestanden.[325] Die Verpflegung war ernährungsphysiologisch und -psychologisch problematisch. Vitaminarmut, übermäßiges Fett und Monotonie bestimmten den Speiseplan.[326] Selbst Bedienstete beschwerten sich aktenkundig über die Verpflegung.

Ende der siebziger Jahre klagten die Bautzen-II-Häftlinge bei Gesprächen im Rahmen der konsularischen Betreuung bundesdeutscher oder ausländischer Strafgefangener massiv über unhaltbare hygienische Zustände, halbkaltes Essen, miserablen Geschmack, Eintönigkeit, Obst- und Fleischmangel. Besonders wurde auch die Kaltverpflegung sowohl in qualitativer als auch quantitativer Hinsicht bemängelt.[327] Seit Anfang der achtziger Jahre verbesserte sich die Ernährungssituation. Das Essen wurde nun als einigermaßen zufriedenstellend beschrieben. Dem Protokoll eines Diplomatenbesuches am 26. August 1983 ist zu entnehmen, dass „nach Meinung des SG Runge das Essen besser geworden [ist]. Nun kann er leicht verderbliche Nahrungsmittel auch in den Kühlschrank legen, der auf dem Flur steht. Es gibt auch Tomaten und Gurken zum Essen, auch Bananen, Kirschen und Pflaumen bekam er häufig."[328] Nach der Beschwerde eines Häftlings beim Besuch seines diplomatischen Betreuers über zu geringe Fleischportionen nahm Anstaltsleiter Oberstleutnant Faedtke in seinem Schreiben vom 7. Dezember 1983 an den Leiter der Verwaltung Strafvollzug, Generalmajor Wilfried Lustik, Stellung: „Der SG schätzt ein, daß seit ca. 4 Wochen die Fleischportionen unzureichend sind und behauptet, daß es mehrfach verdorbenes Essen gab. Die Fleischportionen gibt er mit einer Größe von 4×1 cm an. Weiterhin behauptet er, daß in der Kaltverpflegung verdorbene Wurst ausgegeben wird. [...] Der Fleischeinsatz für die einzelnen Gerichte erfolgte ordnungsgemäß, wie aus folgender Aufstellung ersichtlich:

20.6.83 Brühnudeln mit Rindfleisch – Fleischeinsatz 46 g/SG
21.6.83 Hefeklöße
22.6.83 Panierter Schweinebauch – Fleischeinsatz 113 g

23.6.83 Bratwurst – nach Gewicht je 1
24.6.83 Goulasch – Fleischeinsatz 102 g
25.6.83 Kochhuhn, Brühnudeln – Fleischeinsatz 42 g
26.6.83 Schnitzel – Fleischeinsatz 109 g"[329].

Neben dieser Normalverpflegung gab es ärztlicherseits verordnete Magenschonkost und vereinzelt auch Sonderrationen. Rein vegetarisches Essen wurde „aus Kostengründen" nicht gewährt, wie auch ethnische Ernährungstabus missachtet wurden.[330]

Unter hygienischen Aspekten musste die Küche als ständiger Problembereich bezeichnet werden. In den monatlichen Lageberichten der Haftanstalt tauchte immer wieder der Vermerk „Küche unsauber" auf. In den „Diplomatensprechern" wurden auch in den achtziger Jahren wiederholt Kakerlaken erwähnt: Kakerlaken im Speiseraum, in den Zellen und in der HO-Verkaufsstelle.[331] Es traten in der Küche regelrechte „Rattenplagen" auf, worauf weibliche Häftlinge im 2. Quartal 1986 die Küchenarbeit verweigerten.[332] Erst im ersten Halbjahr 1989 kam es zu einer umfangreichen Renovierung der Küche.[333]

Der Zukauf von Lebensmitteln war möglich. Sofern die Häftlinge über ausreichend eigenes Geld verfügten, konnten sie seit Ende der fünfziger Jahre bis zu dreimal monatlich Einkäufe in einer anstaltsinternen HO-Verkaufsstelle tätigen. Loest schildert seine Freude über die zusätzliche Versorgungsmöglichkeit: „In diesen Tagen erreichte die Versorgung einen traumhaften Höhepunkt. Im Keller wurde ein Raum als Laden eingerichtet, der Koch stand hinter einer Tafel und verkaufte Wurst und Obst, Kuchen und Brötchen, Konserven und Bonbons, Brühwürfel und Seife, Haarwasser und Brathering. Jeder Häftling erhielt eine Karte mit Wertabschnitten, die beim Einkauf gelocht wurden [...]."[334] In den sechziger Jahren sollte das Warenangebot für gewöhnlich zwei Sorten Wurst, tierische und pflanzliche Fette (keine Butter), Kunsthonig und Marmelade (keine Konfitüre), Brötchen an Werktagen (vor Sonn- und Feiertagen), Fischhalbmarinaden, Obst je nach Jahreszeit (keine Südfrüchte), zwei Sorten Zigaretten und Kautabak, ferner Kernseife, Zahnbürsten und Zahnpasta umfassen. Freilich klafften hier Theorie und Wirklichkeit weit auseinander. Vor ihrer Entlassung konnten Strafgefangene auch Wäsche, Kleidung, Schuhe und Koffer käuflich erwerben.[335]

In den folgenden Jahren blieb das Angebot der Verkaufsstelle weiterhin durch die DDR-typische Mangelsituation geprägt, was namentlich die aus dem „NSW" stammenden Häftlinge immer wieder zu Beschwerden bei ihren diplomatischen Betreuern veranlasste. Doch daran war nichts zu ändern, wie der Leiter der Abteilung 8 der Hauptabteilung VII des MfS, Oberstleutnant Frieder Feig, am 26. Mai 1986 berichtete: „Logischerweise kann z.B. der Einkauf bzw. das Angebot der Verkaufsstelle in der StVE [Bautzen II] was Obst und dergleichen betrifft, nicht über die Potenzen der Versorgungsmöglichkeiten der Kreisstadt Bautzen hinausgehen."[336]

Medizinische Versorgung

Das Strafvollzugsgesetz der DDR garantierte und regulierte die medizinische Betreuung der Gefangenen. Dazu zählten die Behandlung von Erkrankungen, Reihenuntersuchungen, Schutzimpfungen und Untersuchungen bei Verlegungen aus anderen Gefängnissen oder in den Arrestbereich. Um die Außenkontakte der Häftlinge in Bautzen II zu minimieren, wurden die medizinischen Behandlungsmöglichkeiten ausgebaut. Neben einem allgemeinen gab es seit Mitte der sechziger Jahre auch ein zahnärztliches und ein gynäkologisches Behandlungszimmer. Den Sanitätsbereich betreuten in Bautzen II ein Polizeiarzt und eine Schwester. Diese wurden zeitweilig von inhaftierten Medizinern unterstützt. Zivile Vertragsärzte sollten die fachärztliche Betreuung absichern. Nur selten wurden Häftlinge bei ernstlichen Erkrankungen in die Haftkrankenhäuser Bautzen I oder Leipzig-Meusdorf verlegt.

„Grundsätzlich wurde jeder SG nach Aufnahme in unsere StVE und bei geäußerten Beschwerden umgehend dem Arzt vorgestellt. Bei erforderlichen Spezialuntersuchungen veranlasste der Vertragsarzt die Zuführung zum Labor, Röntgen bzw. die Überweisung an einen der Spezialärzte", heißt es im Jahresbericht des Anstaltsleiters für 1977, dem Jahr des Inkrafttretens des neuen Strafvollzugsgesetzes. In derselben Quelle wurden für den Berichtszeitraum 87 allgemein praktische Sprechstunden sowie 19 Sprechstunden einer Frauenärztin und 44 Zahnarztsprechstunden im Hause vermerkt. „Die medizinische Versorgung speziell bei Medikamenten für SG wurde dahingehend verbessert, dass nicht wie vordem eine bzw. zwei Ausgaben erfolgten, sondern jetzt die Ausgabe auf 3 × täglich und die gesonderte Ausgabe der Nachtmedizin (besonders Schlaf- und Dämpfungsmittel) erfolgt."[337] Viele ehemalige Häftlinge berichten, dass die medizinischen Versorgungsmöglichkeiten nicht immer ausgeschöpft und Behandlungen verschleppt wurden. Thomas Lukow bestätigt aus eigenem Erleben: „War man krank, in Verbindung mit Schmerzen, mußte man sich zum Arzt melden. Am Wochenende war es schlecht, da niemand Helfendes da war. Spezialärzte kamen nur einmal in der Woche. Schmerzen mußte man dann mit Tabletten betäuben, die von Sanitätern verabreicht wurden."[338]

„Kulturell-erzieherische Arbeit"

Der Erziehungsgedanke des Strafvollzuges der DDR sollte vorrangig durch den Einsatz der Strafgefangenen zu „produktiver Arbeit" durchgesetzt werden. Ergänzt wurde dieses „Kernstück der Erziehung", wie einer Analyse des Anstaltsleiters vom Oktober 1968 zu entnehmen ist, durch „produktive

Produktionspropaganda, Schulungen, Vorträge, politisch-aktuelle Gespräche und direkte Schulungsreihen".[339] Neben individuellen Erziehungsgesprächen fanden auch zahlreiche Veranstaltungen für das „Häftlings-Kollektiv" statt. Durchgeführt wurden die Veranstaltungen der „staatsbürgerlichen Erziehung" im 1952 zum so genannten Kulturraum umgebauten ehemaligen Betsaal der Haftanstalt.

Die Ziele der „erzieherischen Arbeit" bestanden darin, die Häftlinge von der Verwerflichkeit ihrer Taten zu überzeugen und sie zu staatstragenden Mitgliedern der Gesellschaft zu machen. Ein Vorhaben, das freilich nur für die inhaftierten DDR-Bürger gelten konnte. In der bereits zitierten Analyse findet der Anstaltsleiter deutliche Worte für den Umgang mit den in Bautzen II inhaftierten DDR-Bürgern: „Bei den Staatsfeinden Bürger der DDR [sic!] handelt es sich um Strafgefangene, die wegen staatsgefährdender schwerer Verbrechen verurteilt wurden. Ihnen gegenüber ist die ganze staatliche Autorität bewußt zu machen, die Verwerflichkeit ihrer schweren Verbrechen eindeutig darzulegen und es ist bei ihnen der schrittweise Weg für die Wiedereingliederung als brauchbare Glieder der Gesellschaft festzulegen."[340]

Die Erzieher des Vollzugsdienstes, die seit 1968 für die Durchführung des Strafvollzuges in pädagogischer Hinsicht verantwortlich zeichneten, hatten auch regelmäßig individuelle „Erziehergespräche" mit den Häftlingen zu führen. Anhand der Aussagen der Gefangenen beurteilten sie u. a. das individuelle Verhalten und gaben eine Prognose über deren weitere Entwicklung ab. Thomas Lukow schildert den Ablauf seiner Erziehungsgespräche Anfang der achtziger Jahre folgendermaßen: „In meiner ganzen Haftzeit mußte ich dreimal zu dem sogenannten Erzieher, ein Leutnant in blauer Strafvollzugsuniform. Er sagte, es hätten sich Mithäftlinge über mich beschwert, weil ich sie von der Arbeit abhalten und gegen die DDR argumentieren würde. Ich sollte das sein lassen. Er drohte mir sogar mit Arrest. Und in diesem Zusammenhang bot man mir auch an, ich solle meinen Ausreiseantrag zurückziehen. Dabei hatte ich gar keinen gestellt, sondern nur eine Willensbekundung in den Briefkasten des Erzieherzimmers eingeworfen. Ich hatte einfach nur meinen Willen kundgetan, daß ich in die Bundesrepublik Deutschland entlassen werden möchte. Und in diesem Zusammenhang sagte der Erzieher mir immer wieder, ich solle von meinem Ansinnen Abstand nehmen und würde dann eventuell die Möglichkeit haben, auf Bewährung 'rauszukommen. Da ließe sich was machen. Mir war aber klar, wenn ich da einmal Ja sage, dann haben die mich in der Hand."[341]

In Bautzen II stießen die Erzieher auf erhebliche Vorbehalte, auf Ablehnung und Widerstände. „Hier muß eingeschätzt werden, daß die Erzieher nicht genügend Maßnahmen unternommen haben, um das StVG in diesen Punkten durchzusetzen", räumte der Leiter des Vollzugsdienstes 1978 ein. „Das betrifft die Durchführung der festgelegten Maßnahmen sowie eine ordnungsgemäße Auswertung. Es ist notwendig, daß die Erzieher sofort befähigt und konkret eingewiesen werden, um diesen Anforderungen gerecht zu werden. Dabei muß aber auch erwähnt werden, daß auf Grund der Zusammensetzung des Strafgefangenenbestandes hinsichtlich der Straftat es äußert schwierig ist, bei den Strfg. Bereitschaft zur Mitarbeit an der staatsbürgerlichen Erziehung zu wecken."[342] Nicht nur Bodo Strehlow wusste sich den Bestrebungen zur „staatsbürgerlichen Erziehung" zu widersetzen: „Als die dann mit solchen Spielchen anfingen wie Politschulung oder staatsbürgerliche Erziehung, wie sie das hier genannt haben, da bin ich halt ausgerastet. Ich habe mich dann auch tatsächlich durchgesetzt. Dafür bin ich zwar in den Arrest gegangen, aber die konnten machen, was sie wollten, mit mir haben die keine politische Schulung gemacht. Die haben mich zwar angeschrien, immer wieder, aber Politschulung fand mit mir nicht statt."[343]

Strafgefangene in Bautzen II, die nicht Staatsbürger der DDR waren, also Westberliner, Westdeutsche und Ausländer, waren von der staatsbürgerlichen Schulung generell ausgenommen. Für sie sollten laut Strafvollzugsgesetz von 1977 „differenzierte kulturell-erzieherische Maßnahmen" durchgeführt werden.[344]

Eine interne Analyse vermittelt einen Eindruck dieser „differenzierten Maßnahmen": „Die Staatsfeinde aus Westberlin, der Bundesrepublik und des Auslandes, die wegen staatsgefährdender schwerer Verbrechen verurteilt wurden und nach ihrer Strafhaft wieder in diese Territorien zurückkehren, sind so zu halten, daß sie keine Gelegenheit haben, neue Erkenntnisse zu sammeln und diese nach der Entlassung den Geheimdiensten erneut auszuliefern. Ihnen ist die gesamte staatliche Autorität der DDR bewußt zu machen und sie müssen während der Strafhaft begreifen, daß ihre feindlichen Handlungen gegen die DDR nicht unbemerkt bleiben und es sich für ihr weiteres Leben nicht lohnt, Handlanger der Geheimdienste zu sein."[345]

Der in Bautzen II sehr hohe Anteil von Gefangenen aus dem „kapitalistischen Ausland" stellte die Leitung und das Personal der Haftanstalt vor ganz besondere Probleme bei der Umsetzung ihrer Erziehungsbemühungen. Anfang 1978 klagte der Anstaltsleiter Horst Faedtke über diese Probleme: „Das Anwachsen der SG aus dem kapitalistischen Ausland stellt an die Genossen und besonders an die Genossen des Vollzugsdienstes im engen Zusammenwirken mit den operativen Kräften zur Durchsetzung der Ordnung und Disziplin erhöhte Anforderungen. Diese SG versuchen aus feindlicher Einstellung zu unserem Staat ein sehr renitentes Verhalten an den Tag zu legen, welches sich insbesondere in einer Langsamarbeitsbewegung, der illegalen Verbindungsaufnahme, der Anfertigung von illegalen Gegenständen und in ihrem gesamten frechen und provokatorischen Verhalten zeigt."[346]

Die seelsorgerische Betreuung

Die seelsorgerische Betreuung in Bautzen II schien anfänglich die Hausordnung der Haftanstalt zu regeln: „Jeder Strafgefangene hat das Recht, an den religiösen Veranstaltungen in der StVA teilzunehmen. Desweiteren kann er die Sprechstunden des Anstaltsgeistlichen aufsuchen."[347] Diesem Recht stand in eklatanter Weise die Realität gegenüber. Bis weit in die siebziger Jahre hinein gab es in dieser Sonderhaftanstalt unter Stasi-Kontrolle keine seelsorgerische Betreuung. „Ein Pfarrer oder eine Bibel etwa tauchten in diesen Jahren in Bautzen II nicht auf", schrieb Erich Loest in seinen Erinnerungen.[348] Der von 1968 bis 1970 in Bautzen II inhaftierte Robert Axt bestätigt diese Feststellung: „Es gab keine pastorale Betreuung für die Strafgefangenen, egal ob jemand evangelischen, katholischen oder islamischen Glaubens war, es gab keine Bibel und auch keinen Pfarrer, es paßte einfach nicht in die Weltanschauung des MfS, hier so etwas zu etablieren."[349] Einzige nachgewiesene Ausnahme für Jahrzehnte war der Besuch (nicht etwa der offizielle Gottesdienst!) des katholischen Paters Benno Spittank beim ehemaligen Außenminister der DDR, Georg Dertinger. Diesen, seit 1956 in Bautzen II inhaftiert, konnte Spittank 1963 in Bautzen II besuchen. In einem Besucherraum nahm Spittank Georg Dertinger in die katholische Kirche auf.[350] Schon allein der Ort dieser Zeremonie verweist auf den Umgang des DDR-Sicherheitsapparates mit der religiösen Tradition und baulichen Gegebenheit innerhalb der Haftanstalt Bautzen II.

Bautzen II bildete mit seiner seelsorgerischen Einöde kaum eine Ausnahme im DDR-Strafvollzug. Von 1967 bis 1978 lag die hauptamtliche religiöse Betreuung aller DDR-Gefängnisse allein in der Hand von Pfarrer Eckart Giebeler, der bereits seit 1949, anfangs noch mit mehreren Kollegen, als Gefängnisseelsorger arbeitete. Seit 1959 lieferte Giebeler als IM „Roland" dem MfS regelmäßig Berichte über seine Gespräche mit Strafgefangenen in den von ihm betreuten Haftanstalten.[351] In Bautzen II hatte aber auch er zunächst keinen Zugang.

Erst 1978 änderte sich die seelsorgerische Betreuung in Bautzen II grundlegend. Das war auf mehrere parallele Entwicklungen zurückzuführen. Bereits 1977 fand das Recht des Strafgefangenen auf „religiöse Betätigung" Eingang in das neue Strafvollzugsgesetz.[352] Vor allem die in Bautzen II inhaftierten Bürger der Bundesrepublik einschließlich der Westberliner pochten zunehmend auf ihr Recht auf seelsorgerische Betreuung und beschwerten sich bei ihren zuständigen diplomatischen Vertretern.[353] Neben dieser Entwicklung vollzogen sich aber auch auf höchster Ebene Veränderungen im Verhältnis von Staat und Kirche. Am 6. März 1978 trafen Erich Honecker und eine Delegation des Bundes der Evangelischen Kirchen in der DDR unter Leitung von Bischof Albrecht Schönherr in Berlin zusammen. Im Ergebnis sicherte Honecker auch die Möglichkeit der Seelsorge in allen Strafanstalten zu.[354]

Hinter dem Erker befand sich der Betsaal, der 1952 zum Kulturraum umgebaut wurde; fotografiert 1990

Für Bautzen II bedeutete dies, dass der als verlässlicher Zuträger des MfS tätige Giebeler seit Ende 1978 als Seelsorger im Hause eingesetzt wurde. Von 1978 bis 1989 hat er nach eigenen Angaben 472 Gottesdienste in Bautzen II abgehalten.[355] Hinzu kam eine Vielzahl von Einzelgesprächen: „Die Einzelseelsorge fand in einem für die Verhältnisse des Hauses freundlichen Raum, dem sogenannten Diplomatenzimmer statt. [...] Die Zahl der Gespräche, die ich in diesem Raum mit Gefangenen führte, ist mir nicht bekannt. Es werden etwa tausend Gespräche gewesen sein."[356] Wie häufig und was genau Giebeler aus Bautzen II berichtete, bleibt bis jetzt offen. Fest steht aber, dass er seiner eigentlichen Aufgabe als Seelsorger und Vertrauensperson nicht gerecht wurde. Zum Teil durchschauten Häftlinge Giebelers Doppelspiel[357] und blieben auf Distanz. Für viele Häftlinge überwog aber auch die Freude über die mögliche persönliche Fürsprache und Trostsuche während des Gottesdienstes und der Gespräche.

Im Herbst 1989 stellte Giebeler seine Arbeit in Bautzen II ein. Der Bautzener Pfarrer Frieder Wendelin, der als Anstaltspfarrer in Bautzen I tätig war und sich seit Beginn der Friedlichen Revolution im Oktober 1989 für eine Öffnung der Haftanstalten nach außen und die Verbesserung der Haftbedingungen einsetzte, übernahm am 6. Dezember 1989 in Eigeninitiative das Seelsorgeamt für Bautzen II. Am 3. Advent hielt er seinen ersten Gottesdienst im überfüllten Kulturraum der Anstalt ab. Wenige Tage später verließen die letzten politischen Häftlinge Bautzen II.

Kontakte der Gefangenen untereinander

Trotz aller Abschottung gegeneinander gelang es den Häftlingen in Bautzen II immer wieder, miteinander in Kontakt zu treten. Ein Kommunikationsmedium war das so genannte Klopfalphabet, mit dem sie sich durch Klopfzeichen über die Heizungsrohre oder direkt über die Mauer miteinander verständigten. Zumeist lernten die Häftlinge dieses besondere Alphabet schon in der Untersuchungshaft kennen, wie auch Erich Loest berichtet: „Abends, auf der Pritsche, klopfte der Kumpel mit einer jungen Frau in der Nebenzelle. Das Klopfen wollte er L. beibringen: Ein Schlag mit dem Kamm bedeutete A, zwei bedeuteten B und so weiter das Alphabet hindurch. Nach drei Tagen: Du, da liegt eine, die kennt den Lehmann, den kennste doch! Willste mal mit ihr klopfen? Ne, sagte L., lieber nicht. Wahrscheinlich entging er so einer Falle."[358]
Eine weitere Kommunikationsvariante stellte die Verständigung via Toilettenabflussrohr dar. Über diese Rohre waren sogar längere Dialoge zwischen den Mithäftlingen möglich, die am gleichen Abwasserstrang lagen. Anton Wohsmann, von 1966 bis 1970 in Bautzen II inhaftiert, erinnert sich: „Zuerst haben wir uns auch über Klopfzeichen unterhalten. Über mir waren zwei Amerikaner, die immer geklopft haben. Zuerst habe ich sie nicht verstanden! Ich sollte das Wasser aus der Toilette rausdrücken und dann kann man wie über Telefon miteinander reden. [...] Ja, die Klos waren dafür so richtig schön und da konnte man sich, wie gesagt, schön unterhalten, aber nicht rüber und nüber, sondern nur hoch."[359]
Eine dritte Form war der Austausch über schriftliche Botschaften, so genannte Kassiber, die sich die Häftlinge zuschmuggelten. Die Varianten der Übermittlung waren dabei außerordentlich vielfältig. Christa Feurich und Peter Gross, beide von 1975 bis 1978 in Bautzen II inhaftiert, hielten über Kassiber sogar Kontakt zwischen dem streng voneinander abgeschirmten Männer- und Frauentrakt. Peter Gross erinnert sich: „Die Kassiber hat Christa zum Beispiel in eine Boulette eingepackt [Christa Feurich arbeitete in der Küche]. Wenn sie die Nummer von meinem Eßtopf wußte, hat sie auch kleine Briefchen in die Margarine reingelegt und wieder schön

zugestrichen. So haben eigentlich die meisten Vopos selbst die Briefchen zwischen mir und Christa hin- und hergebracht. Ich habe dann, meistens in den Essensresten, hin und wieder ein Brieflein versteckt oder etwas unten auf den Topf geschrieben. Es gab auch Mitgefangene, die sich im Haus ein bißchen bewegen konnten, die dann auch hin und wieder einen Brief rübergebracht haben oder umgekehrt."[360] Selbst die streng abgeschirmten Häftlinge der „Verbotenen Zone" konnten zeitweise Kassiberkontakte aufbauen. Den Isolationshäftlingen gelang es so wenigstens in Ansätzen, ihrer Einsamkeit zu entfliehen, Informationen zu bekommen und Solidarität zu erfahren. Mittler waren häufig die Freiganghöfe. Bodo Strehlow, Isolationshäftling von 1980 bis 1989, schildet die so genannte Kaugummimethode: „In die Freihöfe, da muß ja jeder irgendwie mal rein. Der Haupttrick war der, daß wir die Kassiber über das Mauerwerk tauschten. Am besten ging das olle Mauerwerk von den Zwischenmauern. Da war der Putz schon abgebröckelt. Mit den kleinen roten Steinchen haben wir den Kaugummi eingefärbt, das beschriebene Zigarettenpapier hineingetan und dann einfach beim Vorbeigehen an die Wand gedrückt. Das hat man nicht gesehen, da sie so durchlöchert war. Aber wenn man genau wußte, wo das Ding sitzt, fand man das sofort."[361]

Der einfachste Weg des Austausches war der direkte Kontakt von Häftlingen während der Arbeit oder während der so genannten Kulturveranstaltungen. Gerade bei letzteren wurden Häftlinge verschiedenster Kategorien zusammengeführt, z. B. im Kinosaal. Hossein Yazdi, mit seinem Bruder Feridoun in Bautzen II in jahrelanger Isolationshaft, konnte den Kinoveranstaltungen auch der Abwechslung halber einiges abgewinnen: „Kino war eine Sensation. Ich kann mich erinnern: Jeden Monat einmal [...] Viele Kontakte habe ich auch im Kinosaal gehabt. Wir haben es immer irgendwie geschafft, wenn viel Krach war, besonders bei solchen Filmen wie ‚Vaterländischer Krieg'."[362]

Für die meisten Formen illegaler Kommunikation war man auf die Solidarität der Mithäftlinge angewiesen, sei es, weil sie einfache Zeugen des Austausches wurden und als solche ihr Stillschweigen erforderlich war, sei es, dass sie selbst als Mittler agierten. Bei Aufdeckung illegaler Kommunikation durch die Bediensteten wurden die betreffenden Häftlinge mit Strafen belegt. Diese konnten je nach „Schwere" des Delikts zwischen Einkaufs-, Schreib- oder Besuchsverbot bis hin zum Arrest liegen.

Briefe und Besuche

Die Außenkontakte der Gefangenen waren eng begrenzt und strengster Überwachung und Kontrolle unterworfen. Die so genannten persönlichen Verbindungen beschränkten sich auf einen stark reglementierten Brief-

wechsel und auf seltene Besuche. In den fünfziger und sechziger Jahren war es den Häftlingen nur erlaubt, monatlich einen Brief an nahe Angehörige zu schreiben, den so genannten Terminbrief, und sie durften auch nur einen Brief empfangen. Sonderbriefe bedurften einer speziellen Genehmigung, die schriftlich zu beantragen war. Ebenso wie bei Besuchen des Gefangenen im Gefängnis musste der Verwaltung eine feste Kontaktadresse angegeben werden. Die Briefe durften höchstens eine DIN-A4-Seite mit festgelegter Zeilenzahl – 20 Zeilen – umfassen, wobei den Häftlingen in Bautzen II damals Faltbriefe ohne Umschlag ausgehändigt wurden, auf denen die Schreiblinien für 20 Zeilen vorgedruckt waren. Im Kopf des Briefbogens waren folgende „Anordnungen für den Empfänger" gedruckt: „Straf- und Untersuchungsgefangene dürfen alle 4 Wochen einmal Post empfangen, die in gut lesbarer Schrift gehalten sein muß. Fotos, sonstige Bilder, Postwertzeichen und dgl. sind nicht beizulegen. Postgebühren sind auf das Konto Nr. ... bei der DNB in ... zu überweisen. Dabei ist anzugeben, für wen der Betrag bestimmt ist." Am unteren Rand des Briefes war im Übrigen ebenfalls gedruckt angewiesen: „Anschrift in Blockschrift schreiben!"[363]
Selbstverständlich wurde jeder ein- und ausgehende Brief kontrolliert und bei Verstößen gegen die Briefbestimmungen einbehalten und zu den Vollzugsakten genommen. Jeder Brief erhielt in den ersten Jahren einen Zensurstempel, bestehend aus einer römischen und einer arabischen Ziffer, die in Bautzen II zwischen „VI/18", „VI/43", „VI/70" und ähnlich variierten. Als Absender durfte der ansonsten namenlose Gefangene seinen Namen auf der dafür im Vordruck vorgesehenen Zeile angeben, den die Anstaltsverwaltung in Bautzen II durch einen Stempel wie folgt ergänzte: „Bautzen, Postschließfach 100/II". Briefe bestimmter Strafgefangener aus Bautzen II wurden nicht unmittelbar auf den Postweg gebracht, sondern zwecks zusätzlicher Kontrolle in die Zentrale des MfS umgeleitet, die sie nach eingehender Untersuchung auf verbotene Mitteilungen mit häufig wochenlanger Verzögerung schließlich an den Empfänger weiterschickte.

Neben der brieflichen Verbindung konnte der Häftling lediglich alle drei Monate den zeitlich knapp bemessenen Besuch eines nahen Angehörigen unter Aufsicht eines SV-Angehörigen empfangen. Erich Loest schilderte in seiner Autobiografie die Abläufe solcher Besuchstermine: „Annelies besuchte ihren Mann einmal im Vierteljahr auf eine halbe Stunde. Einen Tag war sie dafür unterwegs, das Fahrgeld schlug hart zu Buche. Vorher mußte L. sich umziehen, in saubere Klamotten schlüpfte er, sie waren ohne Taschen. Ein Wachtmeister stand dabei, es wäre unmöglich gewesen, einen Kassiber von einem Anzug in den anderen zu schmuggeln. ‚Nur Handschlag ist gestattet', verwarnte der Wachtmeister, ‚und sprechen Sie nur über persönliche Dinge, nichts, was mit ihrer Straftat zusammenhängt, nichts über die Anstalt, nichts, mit wem Sie zusammen sind und so weiter.'"[364] Während der Besuche waren, ebenso wie in den Briefen, Themen wie die Vorgeschichte der Inhaftierung, die Verurteilung oder die Zustände

BStU
000382

A b s c h r i f t

Bautzen, den 10.05.1964

Betrifft: Strafgefangenen 558

Am 09.05.1964 folgte ich einer Einladung des Strafgef. 558 und besuchte ihn auf seiner Zelle. Wir führten eine etwa 1 1/2stündige Unterhaltung, die von persönlichen Dingen, wie Postverkehr mit den Angehörigen , über Literatur, bis zu seinem in den letzten Tagen gemachtem Erlebnisse reichte.
B. erklärte, daß sein Rechtsanwalt (Vorsitzender des Kollegiums der Rechtsanwälte in Berlin) am Dienstag voriger Woche hier in der StVA war, um mit ihm ein Gespräch zu führen. Zwar habe das Zusammentreffen offiziell nicht mit seiner Strafsache im Zusammenhang gestanden, sondern vielmehr rein persönlichen Charakter getragen, betreffs seines Gesundheitszustandes, was sich auf eine angebliche Sehnenschrumpfung der rechten Hand beziehen soll.

Er erklärte, daß der Anwalt auf Forderung seiner Ehefrau gekommen sei, der er in einem Monatsbrief darüber etwas geschrieben habe.

Erstmalig habe er hier im Hause die Gelegenheit gehabt, unter vier Augen mit dem Anwalt zu sprechen, da kein VP-Angehöriger oder eine dritte Person überhaupt zugegen war. Dadurch war ihm die Möglichkeit gegeben, über den Rahmen hinaus mit dem Anwalt Dinge zu besprechen, die eigentlich nicht dorthin gehört hätten. So habe er dem Anwalt über seinen kürzlichen Aufenthalt in Berlin informiert und diesem auch das Verlangen des MfS unterbreitet. Der Anwalt sei über diese Dinge erstaunt gewesen und habe über solche Methoden nur mit dem Kopf geschüttelt. Er habe versprochen, sich für ihn einzusetzen und entsprechende Schritte zu unternehmen. Außerdem habe der Anwalt ihm angeblich zu verstehen gegeben, daß die IG-Metall sehr ungehalten über seine unberechtigte Inhaftierung sei und auch entsprechend interveniere.
B. betonte, daß durch dieses Zusammentreffen wahrscheinlich wieder einiges mehr zu den entsprechenden Stellen gelangt und nur die DDR, wenn er von seiner persönlichen Freiheit absieht, den Schaden hat. Es würde somit immer schwieriger werden, ihn einfach totzuschweigen oder in der Versenkung verschwinden zu lassen.

Strafgef. 167
gez.Unterschrift:Ulrich Mickunas

Kopie BStU
AR 8

Spitzelbericht eines „Zelleninformatoren" über Heinz Brandt.

Anordnungen für den Empfänger

Straf- und Untersuchungsgefangene dürfen alle 4 Wochen einmal Post empfangen, die in gut lesbarer Schrift gehalten sein muß. Fotos, sonstige Bilder, Postwertzeichen und dgl. sind nicht beizulegen.

Postgebühren sind auf das Konto Nr. .... bei der DNB in .... zu überweisen. Dabei ist anzugeben, für wen der Betrag bestimmt ist.

Bautzen, den 9. November 1956

Meine Lieben –! Ich erhielt von Euch noch keine Post wieder, und da ich folglich auf keine Fragen zu antworten brauche, will ich diesmal Euch allen gemeinsam schreiben – zumal ich Euch diesmal schreiben will, worüber ich eigentlich schon lange schreiben wollte und was Euch alle sozusagen gemeinsam angeht (auch Mutti übrigens, wenn sie wieder bei Euch ist!) –: Darüber nämlich, daß ich nie besucht sein will, solange ich in diesem Zuchthaus bin! Ich bitte Euch dafür um Verständnis! Glaubt nicht etwa, ich hätte keine Sehnsucht – oh, jeden Tag und jede Stunde quält mich tiefe Sehnsucht, Sehnsucht nach Euch und Sehnsucht nach meiner geliebten journalistischen Arbeit und Sehnsucht nach Freiheit! Indessen bedenkt das eine –: Nach so schweren Erschütterungen, wie sie hinter mir liegen, kann ein Wiedersehen beinahe so schlimm sein wie ein Abschied. Und ein Mensch kann leicht schwach werden, wenn seine Seele blutet. Und eben das will ich gemieden wissen unter fremden Augen. Und darum bitte ich Euch alle, so wie ich in strenger Selbstdisziplin und zäher, stoischer Geduld einem Wiedersehen entgegenzuwarten, da ich wieder frei bin und in Freiheit! Das wird nicht immer leicht sein – aber leichter jedenfalls als ein nach Minuten berechnetes Wiedersehen hinter eisernen Gittern, das den Schmerz der Trennung ein jedes Mal neu gebiert. Und Härte gegen sich selbst auf diese Weise ist doch so große Milde gegen sich selbst auf andere Weise! Denkt einmal darüber nach ... Dies zum einen – und zum anderen seid gerade in diesen bewegten Wochen abermals versichert, daß es mir gesundheitlich gut und überhaupt gar nicht so übel ergeht. Die Behandlung durch die Polizei ist erstaunlich human und fair – irgendwelche Sorgen waren völlig ohne Grund! Dies von hier und heute. Grüßt mir Mutti recht lieb, vergeßt Familie Möhring nicht herzlich zu grüßen – Euch dreien aber alles Liebe, Gute, Schöne! Euer K. W.

Anschrift in Blockschrift schreiben!

SV 38 (87/11) 333/1874 2. 54 Ag 75/54

Monatsbrief Karl Wilhelm Frickes vom November 1956

im Strafvollzug in Bautzen II oder Angaben zu Mithäftlingen oder Bediensteten streng verboten. Bei Verstoß gegen diese Regeln wurden die Besuche sofort abgebrochen. Es sollte verhindert werden, dass Informationen über das Gefängnisregime nach außen drangen. Günter Heinrich war von 1966 bis 1969 in Bautzen II inhaftiert: „Meine Frau hat mich 13 Mal in Bautzen besucht; jedes Mal war sie mit dem Zug einen ganzen Tag unterwegs, um eine halbe Stunde mit mir zusammenzutreffen. Und das im Beisein eines strohdummen, aber vor Wichtigkeit strotzenden Aufsehers, der mir und ihr vorher genaue Maßgaben erteilt hatte. Und doch habe ich all diese Zeit eigentlich nur von Besuchstermin zu Besuchstermin gelebt und gehofft."[365]
Das Strafvollzugsgesetz vom 7. April 1977 brachte Lockerungen mit sich – nicht hinsichtlich der Themenbeschränkungen und der Zensur, wohl aber quantitativ. Statt eines Briefes durften nun drei pro Monat geschrieben werden. Ankommende Post konnte jetzt in unbegrenzter Zahl empfangen werden, die Länge der Briefe war nicht mehr begrenzt. Die Post durfte von den Häftlingen einen Monat auf den Zellen behalten werden. Auch Besuche waren seitdem häufiger möglich. Statt wie bisher einmal im Vierteljahr konnten Angehörige jetzt alle zwei Monate für eine Stunde nach Bautzen II kommen. Es durften sogar zwei Besucher gleichzeitig anwesend sein, Kinder waren ab 14 Jahren zugelassen. Die Angehörigen durften kleine Geschenke, auch Obst und Lebensmittel übergeben.
Manche Häftlinge verzichteten sehr bewusst auf ihre Besuchstermine, um sich und ihre Angehörigen nicht der nervlichen und emotionalen Belastung auszusetzen, die ein nach Minuten berechnetes, unter Bewachung stattfindendes Treffen bedeutete. Für andere Häftlinge wiederum waren die Besuche das Einzige, was sie aufrecht hielt. Thomas Lukow beschreibt das Wechselbad seiner Gefühle folgendermaßen: „Auf diese eine Stunde des persönlichen Kontaktes mit ‚normalen' Menschen aus dem früheren Leben freute man sich schon Wochen vorher. Um so schlimmer war dann immer der Abschied. Die Stunde ging rasant vorbei und danach war man immer sehr deprimiert."[366]
Seit 1977 durften Gefangene statt zwei- nun viermal im Jahr ein Paket empfangen. An die Angehörigen wurden eigens kreierte Paketscheine ausgegeben bzw. der Post beigelegt. Die Sendungen wurden im Beisein des Häftlings durch das SV-Personal kontrolliert und dann ausgehändigt.
Trotz der strengen Überwachung der „persönlichen Verbindungen" gelang es einzelnen Häftlingen und ihren Angehörigen immer wieder, während der Besuche Kassiber zu tauschen und sich so über verbotene Themen zu verständigen. Oftmals erfuhren die Angehörigen erst auf diese Weise die wahren Hintergründe und Details der Inhaftierung und Verurteilung. Zahlreiche „Anstaltsinterna" drangen nach außen. Bodo Strehlow gelang es jahrelang, mit seinen Eltern Kassiber zu tauschen. Im September 1998 erzählte er: „Irgendwann war es dann erlaubt, daß beim Besuch das Obst im Beutel übergeben werden durfte. Meine Eltern kriegten einen leeren

Beutel und ich einen vollen. Der Kassiber war in den Griff eingenäht. Geschrieben auf Zigarettenpapier, das knistert nicht, wenn man es berührt. Das hat wunderbar geklappt. Sie haben mich erst relativ spät erwischt. Da muß mich jemand verpfiffen haben."[367]

Ab und an gelang es den Angehörigen auch, in den Paketen für Gefangene Kassiber so gut zu verstecken, dass sie die Kontrollen der Mitarbeiter von MdI und MfS passierten und ihre Adressaten erreichten. Ebenso vermochten die Häftlinge auf anderen Wegen die Kontrolle zu durchbrechen. Zum einen entwickelten viele von ihnen eine Art Geheimcode, mit dem sie ihre Angehörigen innerhalb der offiziellen Briefe sozusagen „zwischen den Zeilen" über ihr wahres Befinden informierten. Zum anderen wurden verbotene Informationen gelegentlich mittels Geheimschrift, die sich dann tatsächlich zwischen den Zeilen befand, in die Anstalt und aus dieser heraus übermittelt. Dabei wurden die unterschiedlichsten Geheimschriftmittel verwendet, die den Gefangenen zugänglich waren, z. B. Zitronensaft oder Urin; seit Ende der siebziger Jahre auch Tinten-Löschstifte, wie einer Operativ-Information der Arbeitsgruppe Koordinierung der Hauptabteilung IX zu entnehmen ist. „Durch einen inoffiziellen Hinweis eines Strafgefangenen der StVE Bautzen II wurde bekannt, daß Strafgefangene bei Kassiberverbindungen zur illegalen Übermittlung von Informationen Tinten-Löschstifte als Geheimschriftmittel verwenden. Dabei wird der Geheimschrifttext zwischen den Zeilen eines unverfänglichen Tarntextes oder auf der Rückseite mit Tinten-Löschstift aufgetragen. Von einigen Strafgefangenen aus dem Ausländerkommando wurde geplant, im Rahmen ihrer Briefverbindungen zu Angehörigen in der BRD oder Berlin (West) ebenfalls diese Geheimschriftmethode anzuwenden."[368] Die Verwendung dieser so genannten Tintenkiller – sie wurden vom VEB Markant hergestellt und im normalen Handel angeboten – stellte die Staatssicherheit vor ganz neue Probleme bei ihren Briefkontrollen: „Die mit Tinten-Löschstift aufgetragene Schrift reflektiert nicht beim Bestrahlen mit den in den Strafvollzugseinrichtungen verwendeten UV-Lampen, sondern wird erst durch Erwärmen des Papiers, z. B. mit Streichholz oder Feuerzeug sichtbar."[369]

„Diplomatensprecher"

Wie anderenorts schon dargelegt, wurden die in Bautzen II inhaftierten Verurteilten aus der Bundesrepublik und aus Westberlin seit 1974 durch die Rechtsabteilung der Ständigen Vertretung der Bundesrepublik Deutschland in Ostberlin juristisch und humanitär betreut. Auch ausländische Strafgefangene erfuhren diese Betreuung. Die Diplomaten standen sowohl brieflich als auch persönlich mit den Strafgefangenen in Kontakt. Nachdem diese dienstlichen Besuche von Mitarbeitern ausländischer Botschaften bzw.

Konsulate und der Ständigen Vertretung zunächst in der Untersuchungshaftanstalt des MfS in der Ostberliner Magdalenenstraße stattgefunden hatten, wurden sie seit Januar 1978 in Bautzen II direkt durchgeführt.[370]
Im Jahre 1978 fanden z. B. insgesamt 104 derartige Gespräche zur Betreuung bundesdeutscher oder ausländischer Strafgefangener statt.[371] Auch 1984 wurden genau 104 so genannte Diplomatensprecher durchgeführt: 13 Mitarbeiter der Ständigen Vertretung führten 98 Haftbesuche durch. Die weiteren 6 Besuche erfolgten durch Angehörige der Botschaft Österreichs (4), Norwegens (1) und der Türkei (1).[372] Für das Jahr 1987 sind 85 Haftgespräche dokumentarisch belegt, von denen 81 von Mitarbeitern der Ständigen Vertretung der Bundesrepublik durchgeführt wurden, je 2 durch Mitarbeiter der österreichischen Botschaft und des polnischen Konsulats.[373]
Mitarbeiter der Ständigen Vertretung besuchten die Häftlinge in einem Rhythmus von fünf bis sechs Monaten.[374] Während der jeweils rund einstündigen Besuche wurden vor allem familiäre und zivilrechtliche Fragen besprochen, aber auch Belange des Strafvollzuges, wie die medizinische Betreuung, die Arbeitsbedingungen, die Freizeitgestaltung, die kulturelle Betreuung, die Verpflegung sowie die Unterbringung. Die Übergabe kleinerer Geschenke der diplomatischen Vertretung war erlaubt, ebenso die Einzahlung kleinerer Geldbeträge für die Gefangenen. Selbstredend standen diese Besuche unter ganz besonderer Kontrolle; zur „Gewährleistung der Sicherheit" waren bei diesen Gesprächen grundsätzlich zwei Angehörige des Strafvollzuges anwesend.[375]
Die den Diplomaten gegenüber immer wieder geäußerten Beschwerden der Häftlinge über mangelhafte Ernährung, zurückgehaltene Briefe, schlechte hygienische Bedingungen etc.[376] blieben nicht ohne Folgen. Die Ständige Vertretung der Bundesrepublik fertigte Gesprächsnotizen über die Klagen der Häftlinge, die über das Ministerium für Auswärtige Angelegenheiten der DDR an die Verwaltung Strafvollzug mit der Bitte um Prüfung geleitet wurden. 1984 gingen beispielsweise 20 solcher Anfragen beim Leiter der Sonderhaftanstalt Bautzen II ein. Dessen Antworten wurden dann über das Ministerium für Auswärtige Angelegenheiten an die Ständige Vertretung übermittelt.[377] Wenn auch fast alle vorgebrachten Beanstandungen als „unbegründet" zurückgewiesen wurden, blieben sie trotzdem nicht ohne Auswirkungen. Das Regime musste sich erklären: Warum wurden Häftlinge nicht mit notwendigen Medikamenten versorgt? Warum wurden Briefe nicht weitergeleitet? Warum wurde die Freistunde nicht ordnungsgemäß durchgeführt?
Die Kritik, die der Strafvollzug in Bautzen II durch die Diplomatenbesucher erfuhr, war dem MfS höchst unangenehm. Eine interne Analyse charakterisierte die Auswirkungen der „Diplomatensprecher" mit deutlichen Worten: „In der gegenwärtigen Klassenkampfsituation versucht der Klassenfeind zunehmend auf der Grundlage seiner Langzeitkonzeption in die sozialistischen Staaten differenziert einzudringen, um schrittweise den Sozialismus

zu beseitigen. [...] Dabei wird ständig versucht, den Beweis zu erbringen, daß durch die Untersuchungsorgane und den Strafvollzug die Menschenrechte und die Freiheiten der Menschen systematisch verletzt werden. Alle Informationen [...] über die Gestaltung des Strafvollzuges werden vom Gegner journalistisch und propagandistisch aufbereitet, zum Bestandteil der Hetze, internationalen Diffamierung der DDR und zur politisch-ideologischen Diversion genutzt, um die internationale Öffentlichkeit, die Bürger ihrer Staaten, aber auch Bürger der sozialistischen Länder, zu manipulieren, zur Passivität oder zu Widerstandhandlungen – bis hin zur Bildung einer inneren Opposition – gegen die sozialistische Staatsmacht zu veranlassen. [...] In die Informationssammlung sind offensichtlich die Mitarbeiter diplomatischer Vertretungen aus dem NSW durch ihre Betreuertätigkeit von inhaftierten Ausländern einbezogen, wobei die Ständige Vertretung der BRD in der DDR aktiv in Erscheinung tritt. Analog der Auftragsstruktur feindlicher Zentren, Organisationen und Einrichtungen, werden die Konsulargespräche mit Strafgefangenen zur Informationssammlung genutzt. Von Interesse sind dabei Details aus der gerichtlichen Hauptverhandlung sowie die Qualität der Verteidigung durch Anwälte und der Art und Weise der Behandlung während der Haft. [...] Negative Auswirkungen bestehen darin, daß verleumderische Artikel in Presseorganen der BRD erscheinen und Strafgefangene zur Forderung bestimmter ‚Rechte' ermuntert und ihr negatives Verhalten gebilligt wird."[378]
Die „Diplomatensprecher" stellten also keineswegs nur die Bediensteten der Haftanstalt vor Probleme. Auch 1986 musste das MfS zur Kenntnis nehmen, dass die „Mitarbeiter der Ständigen Vertretung der BRD in der DDR [...] jeden Hinweis auf[greifen], um beim Ministerium für Auswärtige Angelegenheiten vorstellig zu werden"[379]. Da man staatlicherseits sehr darauf bedacht war, die Angriffsflächen so gering wie möglich zu halten, nahmen die Beschwerden durchaus Einfluss auf den Haftalltag.
In den Haftanstalten der DDR bestanden große Unterschiede hinsichtlich der Vollzugsdurchführung. Die unterschiedliche Behandlung ausländischer und bundesdeutscher Häftlinge im Bereich der medizinischen Betreuung, der Versorgung, der sportlichen Betätigung und der Unterbringung wurden in den achtziger Jahren immer wieder von „Mitarbeitern diplomatischer Einrichtungen kapitalistischer Staaten in der DDR, insbesondere der Ständigen Vertretung der BRD, in Noten an das MfAA, zum Teil in überzogener Form, angesprochen"[380]. Deshalb zeigte sich das MfS bestrebt, „den Ausländervollzug durch die Schaffung der dazu erforderlichen materiellen und personellen Voraussetzungen auf ein höheres Niveau zu heben und damit attraktiver zu gestalten"[381].
Seit 1986 erwog die Verwaltung Strafvollzug in Ostberlin in Kooperation mit den Hauptabteilungen VII und IX des MfS Pläne zur „konzentrierten Unterbringung aller Strafgefangenen aus nichtsozialistischen Staaten und Berlin (West) in der StVE Berlin"[382]. Am 27. Juni 1989 machte der Leiter der

Strafvollzugsanstalt Berlin, Oberst des SV Witschel, Mitteilung von den Absichten des MdI, den „Ausländervollzug“ zu zentralisieren: „Mit Wirkung vom 1. Januar 1990 soll die Unterbringung aller Strafgefangenen aus dem nichtsozialistischen Ausland und Berlin (West) in der StVE Berlin erfolgen. Es ist vorgesehen, aus der StVE Bautzen II 36 männliche ausländische Strafgefangene und 10 weibliche ausländische Strafgefangene in der StVE Berlin unterzubringen.“[383] Es blieb ein Vorhaben, das durch den Umbruch in der DDR nicht mehr verwirklicht wurde.

Kontrolle und Bestrafung

Neben der geheimen Überwachung und Bespitzelung, die die Staatssicherheit durch technisches Abhören und mittels Einsatz von Spitzeln aus den Reihen der Gefangenen, den so genannten Zelleninformatoren, sowie durch inoffizielle Mitarbeiter unter dem SV-Personal realisierte, waren die Gefangenen auch ständig offener Überwachung und Kontrolle ausgesetzt. Das offizielle System der Überwachung und Kontrolle entsprach dem Strafvollzugsgesetz. Das „Schlag nach für SV-Angehörige“, ein Handbuch für MdI-Bedienstete, benannte Gitterkontrollen, Horchkontrollen, Kontrollen der Strafgefangenen, Lichtkontrollen und Verwahrraumkontrollen.[384] Zuständig dafür waren zum einen seit 1968/69 die so genannten Erzieher im Strafvollzug und zum anderen das Aufsichts- und Wachpersonal, im offiziellen Jargon „operative Dienste/ Aufsichtsdienst“, das für die Sicherheit im Gefängnis verantwortlich zeichnete.[385]
Die Erzieher kontrollierten die Zellen auf Ordnung und Sicherheit. Für den April 1978 wurden z. B. 240 Zellenkontrollen durch Erzieher protokolliert, im August desselben Jahres 180. Zwischen April 1978 und Januar 1979 wurden durchschnittlich 186 solcher Kontrollen im Monat durchgeführt, was bei einem durchschnittlichen Gefangenenbestand von 172 bedeutet, dass jede Zelle in unregelmäßigen Abständen mindestens ein- oder zweimal im Monat kontrolliert wurde.[386] Ein Monatsbericht der Haftanstalt belegt für April 1982 z. B. zwei Ordnungs- und Sicherheitskontrollen, einen Bekleidungsappell und fünf Kontrollen zur Einhaltung des Haarschnitts für das gesamte Haus.[387] Kontrolliert wurde in unregelmäßigen Abständen auch, ob sich ungenehmigte Gegenstände in ihren Zellen befanden und ob das in der Hausordnung streng vorgegebene Einräumen der Schränke und der Bettenbau den Vorschriften entsprach. Wurden hierbei Abweichungen von der Norm festgestellt, zog das zwar nicht unbedingt Sanktionen nach sich, aber es fand eine „Auswertung vor dem Kommando“ statt, was eine Ermahnung umschreibt.[388]
Das Aufsichts- und Wachpersonal hatte durch „Beaufsichtigung und Kontrolle der Strafgefangenen […] die Sicherheit, Ordnung und Disziplin […]

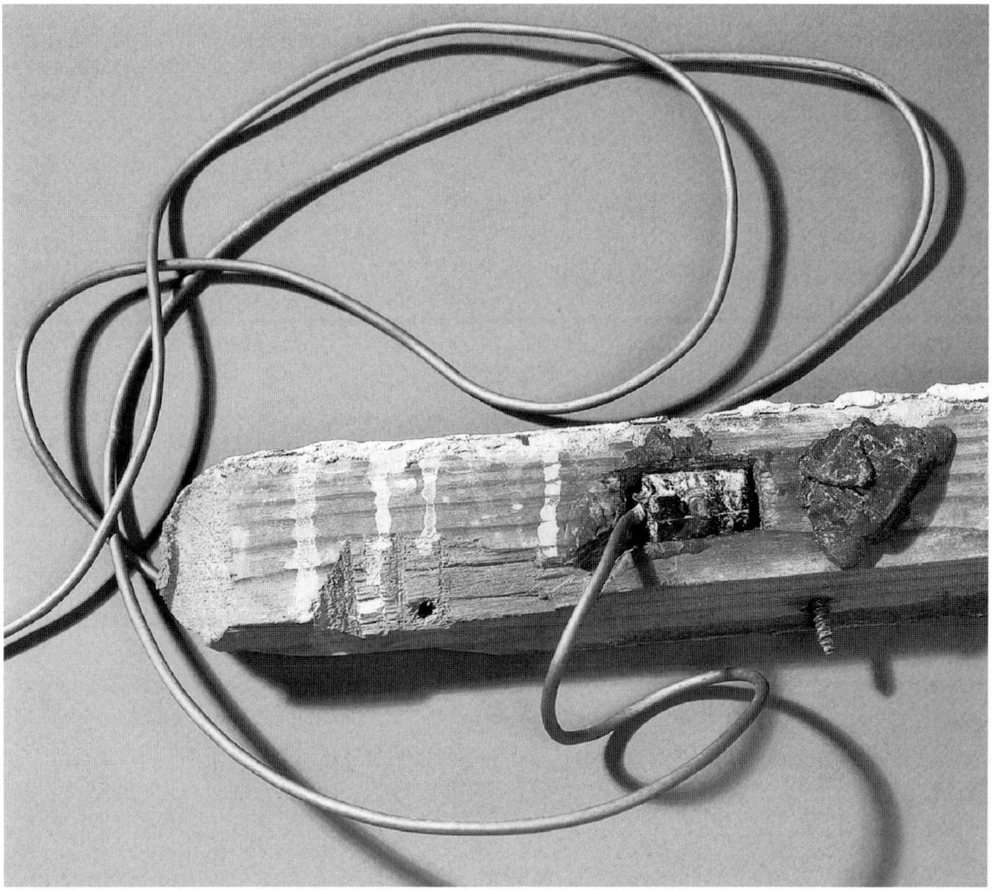

Wanze in einer Scheuerleiste

und die volle Durchsetzung der Hausordnung" zu gewährleisten.[389] Der „operative Dienst" war unter anderem für das Abschließen der Stationstüren, der Zellentüren und für das Aufrechterhalten der strengen Trennung der Gefangenen verschiedener Haftkategorien zuständig. Ebenso überwachte er den Außenbereich und die Gänge. Die Einhaltung der Hausordnung und des Tagesablaufplanes sicherte er durch strikte Disziplin beim Wecken und Lichtlöschen, in den Freistunden, bei der Essensausgabe, auf dem Gang von und zur Arbeit und während der „freien Zeit".
Zur Gewährleistung der Ordnung erfolgten ständig regelmäßige wie außerordentliche Kontrollen. Im ersten Quartal 1984 wurden beispielsweise neben den Kontrollen des Vollzugsdienstes „2190 Kontrollen in allen Bereichen" durchgeführt. Für das zweite Quartal 1986 wurden insgesamt 2413 Kontrollen durch die „operativen Kräfte" ausgewiesen: „Davon wurden 715 Sicherheitskontrollen im Verwahrbereich der männlichen SG, 131 Sicherheitskontrollen im Verwahrbereich der weiblichen SG, 203 Brandschutzkontrollen und 129 Kontrollen im Heizhaus durchgeführt. Im Verwahr-

raum der wbl. SG war im II. Quartal gewährleistet, daß jeder Verwahrraum mindestens 2 Mal kontrolliert wurde."[390] Zur Überwachung der Gefangenen fanden täglich Zellenkontrollen sowie stichprobenartige Taschen- und Körperkontrollen an zehn bis zwanzig Gefangenen statt.[391] Walter Janka beschreibt solche entwürdigenden Leibesvisitationen in Bautzen II folgendermaßen: „Ob der Anblick meines Gesäßes den Anlaß gab, mich so oft strengen Kontrollen zu unterziehen, konnte ich nicht ergründen. Jedenfalls mußte ich mich mit Regelmäßigkeit entkleiden und von oben bis unten untersuchen lassen. Zwei Hauptwachtmeister kamen zu diesem Zweck in die Zelle, wühlten in meinen Haaren, unter den Achselhöhlen, bohrten im Bauchnabel, und da ich die Gesäßbacken nicht auseinanderzog, taten sie es mit gräßlicher Schamlosigkeit. Der Anstaltsleiter stand in der offenen Tür immer dabei. Ich gestehe, daß mir diese Prozeduren sehr unangenehm waren. Es dauerte dann Tage, bis ich mich wieder beruhigte."[392]
Stellten die Wachleute bei den Kontrollen Verstöße gegen die Hausordnung fest, wurden Disziplinarmaßnahmen eingeleitet. In einer „komplexen Lageeinschätzung zur Sicherheit und Ordnung in der StVE Bautzen II" vom Juni 1989 hieß es: „Durch die operativen Kräfte wurden im ersten Halbjahr 1989 9018 Kontrollen aller Art durchgeführt. [...] Die wichtigsten Kontrollergebnisse und festgestellten Mängel: Tätowierungsvorlagen, Nichtauslastung der Arbeitszeit, illegale Verbindungsaufnahme, Kassiber bei körperlicher Durchsuchung, selbstgefertigte Tauchsieder, angesetzten Alkohol u. a. wurden in der täglichen Lageauswertung ausgewertet und wenn es notwendig erschien, die Einleitung von Disziplinarmaßnahmen angewiesen."[393]
Das Strafvollzugsgesetz vom 7. April 1977 sah folgende Disziplinarbestimmungen vor: 1. Ausspruch einer Missbilligung; 2. Verwarnung mit Androhung einer strengeren Disziplinarmaßnahme; 3. Einschränkung oder Entzug von Vergünstigungen (bis zu zwei bzw. vier Monaten) wie Fernsehen oder andere Möglichkeiten individueller Freizeitgestaltung, die Herabsetzung der Einkaufsmöglichkeiten (bis auf 15 bzw. 30% der Arbeitsvergütung für einen Zeitraum von bis zu zwei bzw. vier Monaten), was bei der minderwertigen Verpflegung eine harte Strafe darstellte; 4. Einschränkung oder Entzug von Außenkontakten, also des Brief- und Paketverkehrs sowie der Besuche von Familienangehörigen. Als fünfte Maßnahme war der Arrest vorgesehen. Dieser durfte mit einer maximalen Dauer von 21 Tagen im allgemeinen und von 14 Tagen im erleichterten Vollzug verhängt werden.[394]
Bestraft wurden zumeist Handlungen, die sich gegen das Aufsichtspersonal oder gegen das Gefängnisregime generell richteten.[395] Sehr häufig wurden Strafen wegen verbotener Gespräche und heimlichen Austauschens von Nachrichten, offiziell als „illegale Kontaktaufnahme" bezeichnet, ausgesprochen. Natürlich wurden auch die Arbeitsverweigerung und andere Arbeitskonflikte durch Strafe geahndet. Häufigste Strafgründe waren „Verstöße gegen die Disziplin und Ordnung", „provozierendes Verhalten",

„Beleidigung" der Bediensteten und „Diskriminierung des Strafvollzugs". Damit sollten Äußerungen von Gefangenen über das Verhalten einzelner Wärter oder die Zustände im Gefängnis unterbunden werden. Ebenso wurde das „Stellen von unberechtigten Forderungen" und die mangelhafte Befolgung von Weisungen der Wärter häufig als Strafgrund herangezogen. Solche Handlungen wurden wie die Arbeitsverweigerung als Protest und Widerstand gewertet und den überzogen strengen Vorstellungen von Disziplin im Gefängnis folgend hart bestraft. Für das erste Quartal 1984 sind beispielsweise 19 Verstöße gegen die Disziplin und Hausordnung dokumentiert. Die Verstöße bestanden in 7 Fällen in „illegaler Verbindungsaufnahme", 4 Mal wurde „Arbeitsverweigerung und Nahrungsverweigerung" aufgeführt, 1 Mal das „Nichtbefolgen von Weisungen SV-Angehöriger", außerdem wurden 3 Fälle des „provozierenden Auftretens gegenüber SV-Angehörigen" und 4 Fälle „tätlicher Auseinandersetzungen der SG untereinander" festgehalten.[396] Die verhängten Disziplinarmaßnahmen umfassten 18 Mal eine Missbilligung, 3 Mal wurde eine strenge Disziplinarmaßnahme angedroht (Verwarnung), 2 Mal wurden Vergünstigungen beschnitten und 15 Mal wurde Arrest ausgesprochen (davon 1 Mal Freizeitarrest).[397]

Arrest war die härteste Strafe innerhalb des Gefängnisses. Etwa 20 % der in Bautzen II verhängten Disziplinarstrafen waren Arreststrafen. Von Juni 1986 bis August 1989 war durchschnittlich an 23 Tagen im Monat zumindest eine Arrestzelle belegt.[398] Die Liste der mit Arrest bestraften Handlungen war lang: Verweigerung der Arbeit; Nichterfüllen der Norm; Diebstahl; verbotene Gespräche mit anderen Gefangenen; Kontakt zwischen Männern und Frauen; Widerstand gegen eine ungerechte Maßnahme; Schlägerei; Beleidigung eines Wärters, weil Anweisungen nicht prompt ausgeführt worden waren; Verweigerung des Essens, Hungerstreik; heimliches Übergeben von Zigaretten; negative Äußerungen über das Gefängnis oder die Wärter usw. usf. Dabei war bei keiner dieser Handlungen die Art der Bestrafung sicher. Zwischen ein paar Tagen Fernsehverbot und drei Wochen verschärften Arrests lagen alle Strafen im Ermessen der Gefängnisleitung.

Vollzogen wurde der Arrest in speziellen Arrestzellen, die von den Häftlingen als „Tigerkäfige" bezeichnet wurden. Ein zusätzliches Innengitter trennte die Toilette (und seit 1969 auch das Waschbecken) vom Zellenbereich, der nunmehr nur ca. zwei mal zwei Meter umfasste. Das Zwischengitter konnte so verschlossen werden, dass der Arrestgefangene die Toilette nicht benutzen konnte. Die Fenster waren nach innen zusätzlich vergittert, die äußeren Fenstergitter konnten sogar unter Strom gesetzt werden.[399] Die Pritsche in den Arrestzellen war fest an die Wand montiert und mit einem Mechanismus versehen, so dass sie nur vom Eingangsbereich aus herunter bzw. hoch geklappt werden konnte. Nach Zeugenaussagen wurde diese Vorrichtung in den achtziger Jahren nicht mehr verwendet. Gefangene nahmen ihre eigene Pritsche einschließlich der Matratze in die Arrestzelle mit. Tagsüber wurden die Matratzen aus der Zelle genom-

Blick in eine Arrestzelle, 1997

men und bis zum Abend auf dem Gang davor gelagert. Die innen in der Zelle angebrachten Gittertüren, die Arrestgefangene von der Toilette trennten, wurden in den achtziger Jahren häufig auch offen gelassen.[400]

Es wurde zwischen Freizeitarrest, bei dem der Gefangene nur außerhalb der Arbeitszeit in die Arrestzelle kam, und vollständigem Einzelarrest unterschieden. Bis 1977 wurde auch strenger Arrest verhängt, der mit stark reduzierter Ernährung verbunden war. Winfried Christen erinnert sich an den strengen Arrest in Bautzen II im Jahre 1968: „Die Tigerkäfige von Bautzen II entsprachen den Bedingungen eines mittelalterlichen Hungerturmes. Eine dunkle 2/3-Zelle, nackt bis auf ein an die Wand geklapptes ‚Brett aus reinem Holz', das nachts per Hebel zum Schlafen abgesenkt wurde. Dazu gab es eine schmuddelige Wolldecke hereingereicht. Das vordere Zellendrittel war durch ein weiteres Gitter abgeteilt, worin sich der Toilettenkübel befand. Der konnte nur durch die Gnade eines Bewachers erreicht werden. Indem der das Gitter quer schloß, damit man sich auf den Kübel zwängen konnte. Als Ernährung gab es die halbe Portion des Hausessens."[401]

Werner König, der zwischen 1981 und 1983 in Bautzen II inhaftiert war, über seine Erlebnisse im „Arrest": „Mir hat keiner mit dem Gummiknüppel einen auf den Latz gehauen, die haben was viel Feineres gemacht: Die haben mich in dem ‚Tigerkäfig' mit einem Fuß und einer Hand angekettet. Und wenn ich zur Toilette wollte, dann habe ich mich einkoten und einnässen müssen. Und nach ungefähr eineinhalb Stunden kam einer und sagte: ‚Sie sind ein großes Schwein. Was haben Sie da wieder gemacht?' Und das haben sie zwanzig Tage lang gemacht. Es gibt Experten, die sagen, das hat doch mit Folter nichts zu tun. Ich meine, das ist die subtilste Form, einen Menschen in seiner Substanz zu zerstören. Und das ist eines der Hauptprinzipien gewesen neben dem Prinzip Lüge."[402]

Während der Arrestzeit besaßen die Gefangenen zwar das Recht auf Freigang, aber sie kamen keineswegs jeden Tag an die Luft. Geschah es doch, dann verbrachten die Häftlinge ihre Freistunde streng isoliert in den Einzelhöfen. Seit März 1983 wurden den männlichen Arrestanten beim Freigang Handschellen angelegt.[403] Zur Verschärfung des Arrests wurden einigen Gefangenen auch in der Zelle selbst Handschellen angelegt.[404] Mit dem Arrest verbunden war automatisch der Verlust der Besuchsberechtigung, der Schreiberlaubnis, des Brief- und Paketempfangs und der Einkaufsmöglichkeiten.

Auch die weiblichen Strafgefangenen in Bautzen II wurden mit Arreststrafen belegt. Hier z. B. eine Schilderung von Monika Tischoff aus den achtziger Jahren: „Als mich einmal eine Diensthabende hinter der Tür in unangemessener Weise beschimpfte (sie war früher als Wachhabende im Zuchthaus Hoheneck tätig gewesen), wehrte ich mich mit den Worten, hier seien wir nicht in Hoheneck, sondern in Bautzen. Daraufhin machte sie über diesen Vorfall schriftliche Meldung. Der Vollzugsleiter verlangte von mir eine schriftliche Stellungnahme, in der ich mein Mißfallen über diese Beschimpfung ausdrückte. Daraufhin verfügte er gegen mich 14 Tage Einzelarrest. Begründung: ‚Vorlautes Verhalten und illegale Kontaktaufnahme'. Vor Arrestantritt wurde ich dem Arzt vorgestellt, der meine Arresttauglichkeit festzustellen hatte. [...] Also kam ich in Einzelarrest. Er begann mit der völligen Entkleidung vor der ‚Erzieherin' und einer Strafvollzugsangehörigen. Ich bekam Arrestsachen vorgelegt, die entwürdigend waren. Ich mußte unbekleidet drei Kniebeugen machen und durfte dann die Arrestsachen anziehen. [...] In der ganzen Arrestzeit bekam man keinen anderen Strafgefangenen zu Gesicht. Während der Arrestzeit, die ununterbrochen bis 21 Tage andauern darf, hat der Arrestant keine Schreiberlaubnis, keinen ‚Sprecher' (wird abgesagt), keine Leseerlaubnis. Er bekommt für die Arresttage keinerlei Vergütung und hat somit nach Verbüßung einer längeren

Arreststrafe kein Einkaufsgeld für den folgenden Monat. Des weiteren darf er auch keine Post von seinen Angehörigen empfangen. Pakete werden zurückgeschickt, wenn sie in der Zeit der Arrestverbüßung eintreffen. Obwohl der Strafgefangene im Arrest das Recht der Beschwerde haben soll, kann ich keinen einzigen mir bekannten Fall nennen, in dem der Arrestant durch eine Beschwerde zu seinem Recht gekommen wäre."[405]

Offiziell sollte bei einem Verstoß gegen die Hausordnung eine förmliche Untersuchung des Tatbestandes und eine Anhörung durch einen Offizier oder den Leiter stattfinden. In der Realität der sechziger und siebziger Jahre bestimmten hingegen die Wärter ohne weitere Formalitäten über Arreststrafen. Erst nachträglich erfolgte eine formelle Bestätigung durch den Leiter. Später wurden die Gefangenen bei einem Verstoß erst in „Isolation" genommen, bis eine offizielle Verfügung über den Arrest vorlag. Offiziell hieß das „Absonderung bis zur Klärung des Sachverhalts". Wurde die Arreststrafe vom Leiter nicht bestätigt, so war der Gefangene offiziell gar nicht in Arrest gewesen. Andere Arreststrafen wurden offiziell als „Sicherungsmaßnahmen" zur Gefahrenabwehr deklariert, damit man nicht an die Höchstdauer der Arreststrafe gebunden war. Allein im Jahr 1984 gab es in Bautzen II mindestens 23 Fälle, in denen Isolation in der Arrestzelle als Sicherungsmaßnahme angegeben wurde, obwohl es sich eindeutig um Strafen gehandelt hatte.[406] Isolation in den Arrestzellen diente auch als Druckmittel gegen Gefangene, welche die Arbeit verweigerten. Auch bei anderen Konflikten wurden Gefangene unter dem Vorwand der „Isolation" in die Arrestzellen gesperrt, bis sie sich den Weisungen der Wärter fügten, ohne dass eine offizielle Arrestverfügung vorlag.

Die Gefangenen mussten vor Antritt des Arrests dem Arzt vorgeführt werden, der die „Arrestfähigkeit" des betreffenden Gefangenen zu bestätigen hatte. Immer wieder unterblieb der Arztbesuch allerdings oder er wurde erst nach mehreren Tagen Arrest durchgeführt. Nicht selten wurde im Arrest die nötige ärztliche Hilfe mit dem Argument verweigert, der Arrestant simuliere nur.

Zwischen zwei aufeinander folgenden Arreststrafen sollte mindestens ein Zeitraum von sieben Tagen verstreichen. Auch sollte die Höchstdauer einer Strafe 21 Tage nicht überschreiten. In Bautzen II wurden beide gesetzlichen Regelungen häufig verletzt. 1986 bis 1989 wurde in mindestens elf Fällen die gesetzliche Höchstdauer deutlich überschritten. Es gab Arreststrafen zwischen 22 und 56 Tagen ohne Unterbrechung. Zumeist wurden diese Gefangenen mehrfach zwischen verschiedenen Arrestzellen verlegt, um die Gesamtdauer der Arreststrafe zu kaschieren.[407]

Die Gefangenen standen den Strafen weitgehend wehrlos gegenüber. Sie reagierten auf die latente Sanktionsdrohung sehr unterschiedlich. Einige ließen sich bei absehbaren Konflikten durch Medikamente ruhig stellen, um einen Gefühlsausbruch und Bestrafung zu vermeiden. Andere dagegen traten bei ungerechtfertigten Strafen in den Hungerstreik als Zeichen des

Protests. Außer den unmittelbaren Gefahren für die Gesundheit schloss der Hungerstreik allerdings das Risiko des Gefangenen ein, als renitent oder gefährlich zu gelten. In einigen Fällen zeigten die Mitgefangenen ihre Solidarität durch lautes Rufen oder Lärmen.
Weder der Entzug so genannter Vergünstigungen noch das strenge System von Disziplin, Kontrolle und Strafen konnte bei den meisten der Gefangenen, wie sehr sie auch schikaniert wurden, freilich eine Änderung ihrer Einstellung bewirken. Häufig provozierten die Wärter mit harten Strafen nur neue Konflikte.

Fluchtversuche

Trotz seiner ungewöhnlichen Sicherheitsvorkehrungen hat es in Bautzen II auch einen erfolgreichen Fluchtfall gegeben. Am 28. November 1967 gelang dem seit fünf Jahren in Bautzen II inhaftierten Dieter Hötger ein erfolgreicher Ausbruch. Bei dem Versuch, ein Dutzend Flüchtlinge durch einen Tunnel aus Ostberlin auszuschleusen, war Hötger am 28. Juni 1962 schwer verwundet festgenommen worden. Am 5. Oktober 1962 verurteilte ihn das Bezirksgericht Neubrandenburg zu neun Jahren Zuchthaus. Er wurde nach Bautzen II verbracht. Monatelang hatte er mit einem Schraubenzieher, den er sich „illegal" beschafft hatte, in mühseliger Arbeit, doch unbemerkt aus der Außenmauer seiner im Erdgeschoss gelegenen Arbeitszelle Putz und Ziegelsteine lösen können, bis ein Loch entstanden war, groß genug, um hindurchschlüpfen zu können. Im Schutze der Dunkelheit konnte er auch die Außensicherung überwinden und in eine nahe gelegene Gartenkolonie entkommen. Am neunten Tag seiner Flucht wurde er von einer VP-Doppelstreife gestellt und festgenommen. Zunächst zurückgebracht nach Bautzen II, wurde der Flüchtling in das Zentrale Untersuchungsgefängnis Berlin-Hohenschönhausen überstellt, wo seine Flucht detailliert untersucht wurde.
Am 17. März 1969 verurteilte ihn das Bezirksgericht Potsdam wegen seines Ausbruchs schließlich zu weiteren acht Jahren Freiheitsstrafe. Dank Freikauf durch die Bundesregierung kehrte er am 21. September 1972 in die Freiheit zurück.[408]

Häftlingssuizide mit offenen Fragen

Unter den gegebenen Voraussetzungen können in Bautzen II mit seinen psychisch bedrückenden Haftbedingungen mysteriöse Suizid-Fälle, die niemals restlos aufgeklärt werden sollten, kaum überraschen. Der Verdacht,

dass Mitarbeiter des MfS dabei die Hand im bösen Spiel hatten, ist bis heute nicht ausgeräumt, allerdings auch nicht bewiesen worden.
Am 9. März 1982 wurde der Bautzen-II-Häftling Dieter Vogel mit geöffneten Pulsadern in seiner Zelle tot aufgefunden. Der zuletzt in Hamburg ansässige Kaufmann, Jahrgang 1947, hatte seit 1974 Kontakte zur CIA unterhalten. 1978 ließ er sich zum Schein als Inoffizieller Mitarbeiter der Abteilung X der Hauptverwaltung A des MfS werben. Vermutlich durch eine Quelle im BND erhielt das MfS von Vogels Doppelagententätigkeit Kenntnis. Bei einem Treff in Ostberlin wurde er am 12. August 1980 festgenommen und am 4. Juni 1981 durch Urteil des Militärobergerichts Berlin wegen Spionage im besonders schweren Fall zu einer lebenslangen Freiheitsstrafe verurteilt. Sein Tod als Häftling in Bautzen II warf manche, bis heute offene Fragen auf.
Ähnlich tragisch endete das Leben des Häftlings Horst Garau. Er starb am 12. Juli 1988 morgens zwischen 5.00 und 6.00 Uhr durch Erhängen in einer Zelle in Bautzen II. „Tod infolge eines Suizid durch Strangulation", konstatierte der Anstaltsleiter in einem Abschlussbericht.[409] Der ehemalige Kreisschulrat von Cottbus, Jahrgang 1939, war seit 1976 inoffiziell für die Hauptverwaltung A des MfS als Instrukteur im Westeinsatz tätig gewesen, als er 1977 vom Bundesamt für Verfassungsschutz „überworben" wurde und fortan als „Counterman" gegen die Stasi-Aufklärung arbeitete. Durch Verrat dekonspiriert, wurde er 1985 zusammen mit seiner Ehefrau Gerlinde festgenommen. In getrenntem Verfahren wurde sie 1986 zu dreieinhalb Jahren verurteilt, ihn verurteilte das Militärobergericht Berlin zu 15 Jahren Freiheitsstrafe wegen Spionage im schweren Fall. Die Staatssicherheit wies ihn zum Strafvollzug in Bautzen II ein, wo Garau vergebens darauf hoffte, dass er gegen im Westen verurteilte Ostspione „freigetauscht" werden würde. Ungeklärt blieb, ob dieses vergebliche Hoffen tatsächlich das Motiv seines mutmaßlichen Freitodes war. Zu den Umständen seines Todes heißt es in dem zitierten Abschlussbericht: „Am 12.07.88 erfolgte 05.00 Uhr das allgemeine Wecken und 05.10 Uhr eine Nachkontrolle beim SG Garau. Zu diesem Zeitpunkt saß der SG auf dem Bett. Dabei wirkte er ruhig und gelassen. Bei der Kontrolle 05.40 Uhr wurde festgestellt, dass sich der SG offensichtlich mittels selbstgefertigter Schlinge stranguliert hat. Es wurden Deckenstreifen zur Schlinge gebunden und am Bettgestell befestigt. Umgehend wurden Maßnahmen zur Ersten Hilfe eingeleitet [...] Wiederbelebungsversuche hatten keinen Erfolg."[410] Gleichwohl bleiben Fragen offen, denn Garaus Leichnam wies Spuren schwerer körperlicher Misshandlungen auf, für deren Ursache es keine plausible Erklärung gegeben hat.

Bautzen II und die Außenwelt

Bautzen II im Spiegel der Berichterstattung bis zum Herbst 1989

In den Medien und der Publizistik der DDR sind vom August 1956 bis zum Herbst 1989 keinerlei Veröffentlichungen zur Strafvollzugsanstalt Bautzen II nachzuweisen. Überraschen kann diese Erkenntnis nicht. Der Strafvollzug in Ostdeutschland war öffentlicher oder gar kritischer Erörterung weitgehend entzogen. Allenfalls bei Entlassungsaktionen infolge von Amnestien wurde dieses Tabu durchbrochen. Aber auch dann wurde in der Berichterstattung schon die bloße Nennung von Haftanstalten weitgehend vermieden. Die in die DDR entlassenen Häftlinge schwiegen aus Angst vor Repressionen über ihre Hafterlebnisse. Fakten über das ostdeutsche Gefängniswesen wurden nicht öffentlich gemacht. Zudem wurde Bautzen II als Sonderstrafvollzugsanstalt gegenüber jedweder Öffentlichkeit besonders abgeschirmt.
Trotzdem entwickelte sich in Ost- wie Westdeutschland „Bautzen" zu einem Symbolbegriff für politische Verfolgung in der SBZ/DDR.[411] In Ostdeutschland war nach 1945 die allgemeine, mitunter auch die allzu konkrete Ahnung verbreitet, dass Bautzen demjenigen drohen konnte, der in Konflikt mit der Staatsmacht geriet. „Wer nichts wagt, kommt nicht nach Bautzen" war ein geflügeltes, wenn auch hinter vorgehaltener Hand geäußertes Wort. Die drei Worte „Ab nach Bautzen" standen für die Verfolgung von Regimegegnern. Der Historiker Timothy Garton Ash konstatierte 1981: „Zwei Dinge verbindet der DDR-Bürger mit dem Namen Bautzen: die Sorben und ein Gefängnis. [...] Das Gefängnis ist bekannt in der DDR, denn dort saßen einige der hervorragendsten Vertreter einer anderen Minorität, die mit sehr viel weniger Generosität behandelt werden – die Minorität der Andersdenkenden."[412] Konkretes wussten die wenigsten Menschen über Bautzen und seine Haftstätten. Schon gar nicht war ihnen gegenwärtig, dass es in Bautzen zwei höchst unterschiedliche Gewahrsame gab: Bautzen I, das wegen seiner gelben Klinkersteine so genannte „Gelbe Elend", und eben Bautzen II. Auch bei den Bautzenern selbst war das Wissen von der kleinen, zwar versteckten, aber doch mitten in einem Wohngebiet gelegenen Haftanstalt gering und von Gerüchten und Mutmaßungen geprägt. Eine Untersuchungshaftanstalt, ein Gerichtsgefängnis oder gar eine Polizeihundeschule habe man hinter den Mauern vermutet. Bis heute wird in

Bautzen beteuert, nichts Genaues gewusst zu haben.[413] Andererseits dichtete der Liedermacher Wolf Biermann 1974 in seiner „Stasi-Ballade" nicht von ungefähr, dass es „Schöneres gibt, als grad eure Schnauzen, schönere Löcher gibt es auch, als das Loch von Bautzen"[414]. Er wusste Bescheid.

In den Medien in Westberlin und der Bundesrepublik lassen sich hingegen frühzeitig zahlreiche Berichte über Bautzen II finden. Bereits im Oktober 1956 wusste der Berliner „Telegraf" zu berichten, dass „etwa 50 prominente Häftlinge [...] aus der Strafanstalt Brandenburg in das Zuchthaus Bautzen umquartiert" und „völlig isoliert untergebracht" wurden.[415] Acht Wochen nach der Verbringung der Häftlinge von Brandenburg-Görden nach Bautzen am 9. August 1956 war der Vorgang im Westen bekannt, wenn auch über die anderenorts geschilderte Verlegungsaktion nur ungenaue Angaben gemacht werden konnten und von dem „Objekt II" vorerst ausdrücklich noch nichts zu lesen war. Als Quelle wurde in der zitierten Meldung der Untersuchungsausschuss Freiheitlicher Juristen genannt. Es ging aber nicht daraus hervor, ob die Nachricht durch einen entlassenen Gefangenen oder durch einen geflüchteten Angehörigen des Strafvollzugsdienstes übermittelt worden war.

Auf den Pressedienst des UFJ, der unter dem Titel „Aus der Zone des Unrechts" herausgegeben wurde, ging auch ein verhältnismäßig präziser Bericht zurück, der elf Monate nach der Neubelegung von Bautzen II in einer Reihe von Zeitungen erschien. Darin war erstmals vom „Objekt Bautzen II" die Rede, und er enthielt zutreffende Aussagen über die Belegungsstärke, über das innere Gefängnisregime und über Beschäftigung und Entlohnung der Häftlinge. Basis des Berichts waren die Aussagen eines entlassenen Gefangenen, der in Bautzen II als Kalfaktor tätig gewesen war und sich in dieser Funktion einen guten Einblick in den Gefängnisalltag hatte verschaffen können. Er enthielt auch mehrere Namen von Häftlingen, die sich tatsächlich zu diesem Zeitpunkt in Bautzen II befunden haben. Unter der Überschrift „Dertinger befestigt Druckknöpfe im Zuchthaus Bautzen" stellte die „Frankfurter Allgemeine Zeitung" beispielsweise am 16. Juli 1957 das Haftschicksal des in Ungnade gefallenen ersten Außenministers der DDR in den Vordergrund. „Der Mittag" beschrieb das Haftregime und gab seinem Beitrag am 27. Juli 1957 die Überschrift: „Ein Blick ins ‚Objekt Bautzen II'".[416]

Als sich im Laufe der Jahre Häftlingsentlassungen aus Bautzen II mehrten, erreichten verstärkt Erlebnisberichte[417] sowie Interviews mit ehemaligen Gefangenen[418] die Öffentlichkeit.

1962 trug eine vom Bundesministerium für gesamtdeutsche Fragen veröffentlichte Dokumentation wesentlich dazu bei, das Schicksal politischer Gefangener bundesweit bekannt zu machen. Darin wurde Bautzen II als „vom Staatssicherheitsdienst kontrollierte Sonderhaftanstalt" charakterisiert und der ausführliche Erlebnisbericht eines ehemaligen Bautzen-II-Häftlings[419] wiedergegeben.

In der Berichterstattung über gescheiterte Fluchtversuche, politische Verfolgung und Inhaftierung, Haftbedingungen und Freikauf geriet der Haftort Bautzen II in den sechziger Jahren ganz besonders dann in den Fokus der öffentlichen Meinung, wenn es um prominente Einzelschicksale ging. In der „Welt" war am 20. September 1963 beispielsweise zu lesen, dass „Dertinger und Harich in Bautzen mit Nummern angeredet" werden. Assoziationsträchtige Haftberichte über Prominente wie Georg Dertinger, Helmut Brandt, Erich Loest, Wolfgang Harich, Walter Janka, Rudolf Bahro, Adolf-Henning Frucht und Heinz Brandt ziehen bald die Bezeichnung Bautzens als „politisches Prominenten-Gefängnis"[420] nach sich. So berichtete die „Berliner Morgenpost" am 8. Dezember 1966 unter der Überschrift „‚Rotlicht-Bestrahlung' nur noch auf Wunsch" darüber, wie es „im Prominenten-Zuchthaus der Zone" zugeht. Auch „Der Tagesspiegel" gebrauchte am 23. Oktober 1969 den Begriff vom „‚Prominenten'-Zuchthaus Bautzen".

1966 bekam der Haftbau ein Gesicht. In der „Berliner Zeitung" wurden unter dem Titel „Verbannt in den äußersten Winkel der Zone" erstmals auch vermeintliche Fotos der Sonderhaftanstalt gezeigt. Die Aufnahmen, die die Bildunterschrift „Bautzen – Pankows Zuchthaus für Politische" erhielten, bildeten allerdings nicht Bautzen II ab, sondern das Zuchthaus Waldheim.[421] Der Irrtum wurde später noch wiederholt kolportiert[422] – in Ermangelung aktueller Fotos.

Der ehemalige Bautzen-II-Häftling Wolfgang Veith berichtete nach seiner Übersiedlung in die Bundesrepublik im Sommer 1969 in den Medien erstmals ausführlich über die interne Anstaltsstruktur. Er nannte die Namen und Funktionen von Bediensteten, der Anstaltsleitung und der in Bautzen II verantwortlichen MfS-Offiziere.[423]

In Berichten über Bautzen II werden immer wieder die Unterschiede zu anderen Haftanstalten der DDR hervorgehoben: das „Gefängnis für Politische", der „Prominentenknast", das „Gefängnis unter MfS-Regie". Am 4. Dezember 1969 sprach „Die Welt" Bautzen II – bei genauer Unterscheidung zwischen Bautzen I und dem politischen „Prominentengefängnis" – erstmals Symbolcharakter zu: „Das ‚DDR'-Zuchthaus Bautzen II symbolisiert die Brutalität des kommunistischen Herrschaftssystems auf deutschem Boden."[424]

Unverkennbar waren solche Veröffentlichungen stark von der Frontstellung des Kalten Krieges geprägt.

Als sich in den frühen siebziger Jahren in westlichen Medien die Enthüllungen über Bautzen II häuften, als nicht nur bundesdeutsche, sondern auch ausländische Rundfunksender und Zeitungen ausführlich über den „Stasi-Knast" informierten, reagierte das wohlinformierte MfS intern ausgesprochen nervös. Unter dem 20. Oktober 1972 legte Oberst Günter Halle, damals Leiter der Abteilung Agitation im MfS, dem 1. Stellvertreter des Ministers, Generalleutnant Bruno Beater, eine „Einschätzung westlicher

Rundfunk- und Pressemeldungen über die Strafvollzugsanstalt Bautzen II" vor, die mit Datum vom 11. September 1972 in seiner Abteilung – auf der Basis einer ausgesprochen umfänglichen Sammlung von Belegen aus der westlichen Berichterstattung[425] – erarbeitet worden war.

Auslösendes Moment waren offensichtlich drei Rundfunkinterviews, die der am 31. Mai 1972 aus Bautzen II entlassene Journalist chinesischer Nationalität, Xing-Hu Kuo, dem Deutschlandfunk, dem RIAS Berlin und der BBC gegeben hatte. „Diese Sendungen enthalten Schilderungen über die Situation der Strafgefangenen in der DDR, besonders aber die der politischen Häftlinge. Das Ziel dieser Meldungen ist die Strafvollzugsanstalt Bautzen II."[426] Auch das Motiv dieser MfS-Analyse, in der immerhin die Existenz von „politischen Häftlingen" eingeräumt wird, ist dem Aktenvermerk zu entnehmen: „Indem Greuelmärchen über die Zustände in den Haftanstalten der DDR verbreitet werden, wird zwangsläufig der Eindruck erweckt, die DDR missachte die Charta der Vereinten Nationen sowie deren Deklaration über die Menschenrechte. Mit solchen Maßnahmen wird versucht, der DDR den Eintritt in die wichtigsten internationalen Gremien zu erschweren bzw. ganz zu verhindern."[427]

Enthüllungen über Bautzen II, das hatten die Verantwortlichen im MfS klar erkannt, schädigten das internationale Renommee der DDR.

Im Zuge ihrer Bemühungen um internationale Anerkennung war die DDR-Führung sehr darauf bedacht, sich gut in der Öffentlichkeit zu präsentieren. Die Entspannungspolitik der siebziger Jahre blieb nicht ohne Auswirkungen auf die öffentliche Wahrnehmung der DDR-Gefängnisse. So vollzog sich im Vergleich zu den fünfziger und sechziger Jahren in den Medien ein gewisser „Perspektivwechsel"[428]. Ihr Ziel sah die Berichterstattung weniger in dem Aufzeigen politischer Verfolgung und unmenschlicher Haftbedingungen, um so die Legitimität der DDR zu hinterfragen, sondern eher in einer kritischen Auseinandersetzung mit Menschenrechtsverletzungen im nunmehr de facto anerkannten Nachbarstaat. So erfuhr auch die öffentliche Wahrnehmung von Bautzen II in den siebziger Jahren einen Wandel.

Die umfassende Amnestie von 1972 ließ bei wohlwollenden westlichen Beobachtern der DDR die Illusion entstehen, dass es in der DDR keine politisch Verurteilten mehr gäbe. Daher titelte die „Berliner Morgenpost" am 3. November 1972: „Amnestie ist Augenwischerei. Mit ihrer Amnestie und der Entlassung von Häftlingen hat die Sowjetzone im Westen unverdienten Beifall geerntet. Denn im Grunde lenkt die ganze Aktion nur die Aufmerksamkeit ab von den barbarischen Strafvollzugsmethoden in der Zone." Ein ehemaliger Häftling informierte über die in Bautzen II verbliebenen Gefangenen. Welche Dimension die politischen Häftlinge für das internationale Renommee der DDR haben, zeigt, dass „es hier [in Bautzen II] Fälle [gibt], über die zu berichten notwendig ist, da sie völkerrechtswidrige Praktiken der ‚DDR' offenbaren, die tagtäglich nach völkerrechtlicher Anerkennung und Mitgliedschaft in den UN schreit"[429].

Mit der Unterzeichnung der KSZE-Schlussakte in Helsinki durch Erich Honecker 1975, die die Anerkennung internationaler Menschenrechtsstandards einschloss, kam die DDR-Staats- und -Parteiführung nicht umhin, auch den Strafvollzug zu lockern, zumal die negative Berichterstattung im Westen anhielt.[430] Als mit Inkrafttreten des Strafvollzugsgesetzes vom 7. April 1977 erste Veränderungen spürbar waren, wurde dies in den Westmedien euphorisch zur Kenntnis genommen. Schlagzeilen wie „DDR-Gefängnisse humaner"[431], „DDR macht Häftlingen das Leben etwas leichter"[432] oder „Mehr Rechte für Häftlinge in der DDR"[433] bestimmten den Tenor der Berichterstattung. Wie Aussagen von aus Bautzen II entlassenen Häftlingen erkennen ließen, war das MfS darum bemüht, durch gewisse Veränderungen den Strafvollzug in einem besseren Licht erscheinen zu lassen. „Die Vernehmer vom Staatssicherheitsdienst [in Bautzen II] wurden nicht müde, dieses ganze System als ‚sozialistische Errungenschaft' des DDR-Strafvollzugs anzupreisen, als humanistische Methode, um auf die Gestrauchelten positiv einzuwirken. Und sie mögen das wirklich glauben [...]."[434] Mit der Veröffentlichung dieses Artikels im „Spiegel" gelangte 1976 auch das erste authentische Foto der Haftanstalt in die westliche Presse.

Tatsächlich reagierten das MfS und die Anstaltsleitung in Bautzen II auf die anhaltend kritische Berichterstattung der Westmedien, indem sie seit Ende der siebziger Jahre gewisse Verbesserungen der Haftbedingungen zugestanden, um damit zugleich das Image der DDR im Westen zu verbessern. Das Interesse der Medien an Bautzen II war im Übrigen auch vor dem Hintergrund zeitgeschichtlicher Ereignisse zu sehen. Zum Beispiel erklärt sich so, dass im Kontext der Debatte um die Biermann-Ausbürgerung 1976/77 die Hamburger Illustrierte „Stern" eine mehrteilige Reportage über Bautzen II druckte.[435] Illegal aufgenommene Fotos zeigten neue Ansichten der Sonderhaftanstalt. Vermutlich waren es die letzten bis zum Ende der DDR.

Daneben versuchten deutsche und internationale Menschenrechtsgruppen die bundesdeutsche Öffentlichkeit über Häftlinge in Bautzen II zu informieren. Bereits seit Beginn der siebziger Jahre sorgte der Fall des Iraners Hossein Yazdi wiederholt für Aufsehen in der Presse. Yazdi war wegen Spionage zu lebenslanger Haft verurteilt. Die Internationale Gesellschaft für Menschenrechte (IGfM), in der auch ehemalige Häftlinge aus Bautzen II tätig waren, forderte auf Flugblättern nachdrücklich seine Freilassung.[436] Auch andere Gefangene in Bautzen II wie Hans Möhring und Bodo Strehlow hatten es Menschenrechtsorganisationen zu verdanken, dass die Öffentlichkeit auf sie aufmerksam gemacht wurde. Beispielsweise wurden 1979 50 000 Flugblätter gedruckt, auf denen Freiheit für drei weitere Gefangene in Bautzen II gefordert wurde.[437]

Daneben agierten in der Bundesrepublik, von den Medien mehr oder minder beachtet, verschiedene Vereinigungen ehemaliger Häftlinge, auch aus Bautzen II. 1979 traten öffentlichkeitswirksam 25 ehemalige „Bautzen-IIer" in den Hungerstreik und verteilten an der Berliner Mauer in maßgeschnei-

Im „Stern" veröffentlichte Außenaufnahme von Bautzen II, März 1977

derter Häftlingskleidung Flugblätter, um „der Forderung nach Freilassung aller politischen Gefangenen Nachdruck zu verleihen"[438].

Die Haftanstalt geriet auch in den siebziger und achtziger Jahren im Zusammenhang mit besonderen Einzelschicksalen in den Blickpunkt der Öffentlichkeit. Rudolf Bahro, dessen Verurteilung im Westen eine internationale Kampagne zu seiner Freilassung ausgelöst hatte, zog besondere Aufmerksamkeit auf sich. „Der Spiegel" berichtete über seinen Haftalltag in Bautzen II: „Bahro bewohnt eine hellgestrichene mit Linoleum ausgelegte Einzelzelle, 15 Quadratmeter, mit der üblichen Ausstattung [...]. Das Ansinnen, den Raum mit einem zweiten Häftling, einem Mediziner zu belegen, lehnte Bahro ab: er brauche Muße und nach der Arbeit Zeit zum Denken. [...] Der Regimekritiker wird weitgehend in Ruhe gelassen [...]. Die SED-Führer, so scheint es, fürchten neue Schlagzeilen um ihren prominentesten Dissidenten."[439] Ansonsten tauchen aber nur vereinzelt kurze Meldungen über Häftlingsstreiks[440], Misshandlungen[441] und Selbstmordversuche[442] in Bautzen II in den westlichen Medien auf.

Die herausragende Rolle, die Bautzen II im öffentlichen Bewusstsein in den fünfziger und sechziger Jahren spielte, lässt sich für die letzten beiden Dezennien der DDR nicht mehr nachweisen. Die Auswertung der von der Internationalen Gesellschaft für Menschenrechte herausgegebenen Zeitschrift „Menschenrecht" ergab für die Jahrgänge von Ende der siebziger bis Ende der achtziger Jahre, dass die Zahl der Berichte über Bautzen II weit geringer war als jener über die Gefängnisse in Cottbus, Brandenburg-Görden oder Berlin-Rummelsburg.[443] Diesen Eindruck bestätigt auch die

Durchsicht bundesdeutscher Tageszeitungen. 1984 meldete die „Frankfurter Allgemeine Zeitung“ unter Berufung auf die IGfM sogar, dass „die Strafvollzugsbehörden der DDR [...] offenbar dazu übergegangen [sind], politische Gefangene zunehmend auch in anderen als den bisher für sie vorgesehenen Gefängnissen unterzubringen“. So sei Bautzen II nur noch eine neben anderen Haftanstalten, in denen politische Häftlinge inhaftiert würden. Dieser Umstand wurde auf ein drastisches Ansteigen der Verurteilungen zurückgeführt, das eine konzentrierte Unterbringung unmöglich machte.[444]

Mit Beginn der achtziger Jahre erschienen auf dem bundesdeutschen Buchmarkt erste Autobiografien ehemaliger Bautzen-II-Häftlinge. So wurden die Erinnerungen von Heinz Brandt[445], Adolf-Henning Frucht[446] und Erich Loest[447] herausgegeben oder neu aufgelegt. Die Bücher stießen durchaus auf Interesse, erreichten aber keineswegs die Auflagen, die sie nach der Friedlichen Revolution erzielten. Ebenso verhält es sich mit den Publikationen von Karl Wilhelm Fricke; sie wirkten sich nachhaltig auf die Wahrnehmung Bautzens aus und prägten insgesamt das Bild des Nachbarstaates in der Bundesrepublik mit. Dennoch zeigt Frickes 1979 veröffentlichte Untersuchung „Politik und Justiz in der DDR“, wie schwierig die Beschäftigung mit der DDR-Justiz und dem Strafvollzug in einer Zeit war, als man sich um Ausgleich in den deutsch-deutschen Beziehungen bemühte. Ursprünglich als Dokumentation des Gesamtdeutschen Ministeriums in Auftrag gegeben, „gab [es] im Ministerium schon einflussreiche Kräfte, die das Ding unter den Teppich kehren wollten, [...] um die DDR nicht zu verärgern“[448], wie „Der Spiegel“ im März 1980 feststellte.

Mit dem Jahr 1989 wurde Bautzen II wieder verstärkt Gegenstand öffentlicher Wahrnehmung. Der Medienberichterstattung und den Kampagnen der Menschenrechtsorganisationen kam dabei eine besondere Rolle zu. Einzelne Häftlingsschicksale, die nun bekannt wurden, provozierten jetzt auch Diskussionen über die Freilassung aller politischen Häftlinge. In den Medien der DDR wurde im Winter 1989 das Tabu Bautzen II gebrochen. Mit dem Häftlingsstreik in der Sonderhaftanstalt des MfS wurde die öffentliche Aufmerksamkeit wieder auf das Gefängnis gelenkt.

Die Öffnung der Anstalt im Herbst 1989

Im Sommer und Herbst 1989 bestimmten die Ausreisewelle, Demonstrationen der Bürgerrechtsbewegung und der Opposition sowie der beginnende Verfall der SED das Bild der politischen Auseinandersetzung in der DDR. Auch das Verhältnis zwischen den beiden deutschen Staaten blieb davon nicht unberührt. Besonders die politischen Häftlinge der DDR gerieten jetzt wieder in das Blickfeld der Öffentlichkeit. Die Montagsdemonstrationen in

Leipzig und die zum Teil gewaltsamen Auseinandersetzungen Anfang Oktober 1989[449] zwischen Demonstranten und der Volkspolizei in Ostberlin und Dresden, die mit massenhaften „Zuführungen" zu dramatischen Situationen in den Gefängnissen führten, markierten den Auftakt zur Friedlichen Revolution.[450]
Die gewalttätigen Auseinandersetzungen am Dresdener Hauptbahnhof Anfang Oktober 1989 wirkten sich direkt auf den Strafvollzug in Bautzen aus. Aufgrund hunderter Festnahmen, die auch noch anhielten, als die Demonstrationen gewaltfrei wurden, hatte die Volkspolizei Schwierigkeiten, die Festgenommenen unterzubringen. Die Strafvollzugseinrichtung Bautzen I diente zwischen dem 6. und 9. Oktober als Zuführungspunkt für etwa 800 Demonstranten aus Dresden und anderen Städten Sachsens.[451]
Als mit Gründung der Gruppe der 20[452] am 8. Oktober in Dresden und der friedlichen Demonstration in Leipzig am 9. Oktober 1989 der „Dialog" mit der Staats- und Parteiführung begann, war auch die Strafvollzugsanstalt Bautzen I ein öffentliches Thema geworden. Die Lokalzeitungen brachten zunächst zögerlich, später massiv Artikel und Erlebnisberichte Zugeführter, die von ihrer Festnahme und von Misshandlungen berichteten.[453] Die Einwohner der Stadt Bautzen, die zum überwiegenden Teil nicht direkt von den Ereignissen in Dresden betroffen waren, wurden durch dieses Echo in der Presse aufgeschreckt. Am 28. und 30. Oktober 1989 formierte sich unter dem Druck der Ereignisse ein Bürgerforum, an dem sich auch der Anstaltsleiter von Bautzen I beteiligte.[454] Nach diesem Forum erlahmte die öffentliche Aufmerksamkeit für Bautzen I keineswegs. Im November 1989 wurden in Bautzen auf Drängen der Opposition und der Kirche Montagsdemonstrationen organisiert. Während dieser Kundgebungen wurden auch immer wieder Forderungen nach Aufklärung der Ereignisse im „Gelben Elend" Anfang Oktober erhoben. In Bautzen I selbst führten diese Ereignisse, nicht zuletzt unter dem Eindruck der inneren Entwicklung der DDR, zu ersten Versuchen der Häftlinge, auf den Strafvollzug Einfluss zu nehmen.
Bautzen II wurde von den Ereignissen zunächst nicht direkt berührt. Als Sonderobjekt konnte es nicht, wie andere Haftanstalten, als Zuführungspunkt dienen. Die Abschottung von der Außenwelt wurde aufrechterhalten, selbst wenn sich seit Mitte Oktober im Hinblick auf den Machtverlust der SED und den beginnenden Zerfall der alten Strukturen mittelfristig Veränderungen abzeichnen mussten.[455]
Die Kenntnis der Bautzener über diese zweite, versteckte Haftanstalt in ihrem Gemeinwesen war wie bereits erwähnt unzulänglich und von Gerüchten und Ahnungen geprägt. Aufgrund dieser Unkenntnis blieb Bautzen II von Aufklärungsbestrebungen vorläufig noch unberührt.
Die vom Staatsrat der DDR am 27. Oktober 1989 erlassene Amnestie[456] für „Republikflüchtige" und die im Zusammenhang mit den Demonstrationen Inhaftierten signalisierte immerhin, dass das Regime sich auf die Entlassung bestimmter politisch verurteilter Gefangener einzustellen begann.

Demonstration auf dem Markt in Bautzen am 13. November 1989

Demonstranten vor dem Eingang von Bautzen II am 4. Dezember 1989

Diese Amnestie, die von der Öffentlichkeit als ein Schritt in die richtige Richtung verstanden wurde, führte zu einer ersten Beruhigung,[457] aber sie sorgte unter den Häftlingen auch für Unmut. Die Zahl der Entlassungen war gering, weil die Bestimmungen sehr eng gefasst waren. Nichtsdestotrotz hatte die Amnestie direkte Auswirkungen auf Bautzen II, insofern hier ein nicht geringer Teil der Häftlinge wegen „Republikflucht" verurteilt worden war. Insgesamt wurden 23 Verurteilte aufgrund des Amnestiebeschlusses entlassen.[458] Schwierigkeiten bestanden in solchen Fällen, in

denen neben dem Grenzübertritt andere Paragrafen des Strafgesetzbuches herangezogen worden waren. Die Entlassung konnte entweder verweigert oder durch unzählige Überprüfungen in die Länge gezogen werden. Gerade im Hinblick auf die äußeren Entwicklungen mussten die Häftlinge zunehmend unruhig werden.[459] So vermerkte die Anstaltsleitung in ihrer Jahreseinschätzung für 1989, dass es im Herbst „eine Vielzahl von Verstößen und negativen Erscheinungen [gab]"[460]. Die Auswertung der verfügten Arreststrafen bestätigt diesen Eindruck. Mit fünf Arrestmaßnahmen wurden im November so viele wie in keinem anderen Monat des Jahres 1989 verhängt.[461] Am 27. November 1989 trat ein Häftling, der nach seiner Auffassung unter die Amnestiebestimmungen fiel, in den Hungerstreik, um seine Freilassung zu erzwingen.[462]
Nach der Amnestie setzte in den Medien der DDR eine Debatte über den Rechtsstaat ein. Besonders die politisch definierten Straftatbestände, die nicht von der Amnestie erfasst wurden, gerieten dabei ins Blickfeld. Im Justizministerium wurde im November der Entwurf eines 6. Strafrechtsänderungsgesetzes in Angriff genommen, das die entsprechenden Paragrafen revidieren sollte. Für Bautzen II bedeutete dies praktisch das Ende, waren doch, von den wenigen Kriminellen abgesehen, zahlreiche Häftlinge nach eben jenen Paragrafen verurteilt worden. Obwohl sich die Verabschiedung des 6. Strafrechtsänderungsgesetzes, das unter dem Druck der sich überstürzenden Ereignisse mehrmals erweitert werden musste, bis Juni 1990 hinzog, sah das MfS für einige Häftlinge in Bautzen II bereits im Spätherbst 1989 keinen Grund mehr für eine weitere Inhaftierung.
Die dramatischen Veränderungen der DDR im November 1989 mussten zwangsläufig auch die Staatssicherheit erreichen. In der Bevölkerung wurden Stimmen zur Auflösung des Sicherheitsapparates laut. Mit dem gesamten Ministerrat trat Erich Mielke am 7. November von seinem Amt als Minister für Staatssicherheit zurück. Der neu gewählte Ministerpräsident Hans Modrow verkündete am 17. November die Umwandlung des MfS in ein Amt für Nationale Sicherheit, um einer Auflösung zuvorzukommen.
Das Ende der Staatssicherheit in Bautzen II war indes unspektakulär. Seit dem Spätsommer 1989 lassen sich für eine direkte Einflussnahme des MfS keine Belege mehr finden. Nach Aussage des für die Haftanstalt zuständigen MfS-Verbindungsoffiziers Rainer Steudtner beendete er seine Arbeit im November 1989 mit Beginn der Demonstrationen in Bautzen. Ob ein Befehl aus Berlin seine Tätigkeit beendete, ist nicht bekannt.[463] Als sich die Sonderhaftanstalt Bautzen II im Dezember 1989 erstmals öffnete, war die Staatssicherheit schon seit Wochen nicht mehr im Haus vertreten, fast alle Akten waren im benachbarten Kesselhaus verbrannt worden.
Der Bautzener Bevölkerung rückte nun auch Bautzen II stärker ins Bewusstsein. Während der Montagsdemonstration am 13. November 1989 bewegte sich der Zug zur Kreisdienststelle des MfS. Mit Transparenten und Kerzen traten die Demonstranten für ein Ende der Staatssicherheit ein. Vereinzelt

wurden Kerzen auch vor der benachbarten Haftanstalt Bautzen II aufgestellt, ohne dass man genau wusste, was sich hinter den Mauern verbarg.
Die Gefangenen in Bautzen I riefen schließlich am 30. November 1989 vor laufenden Fernsehkameras[464] zu einem unbefristeten Arbeits- und Hungerstreik auf, um die Verbesserung der Haftbedingungen und eine umfassende Amnestie zu erwirken. Alle anderen Strafvollzugseinrichtungen der DDR schlossen sich in den Folgetagen den Forderungen an und traten ihrerseits in den Streik.
Am 3. Dezember 1989 wurde auf Initiative der Bürgerbewegung und der Kirchen eine Menschenkette durch die DDR gebildet. Bautzen wurde in diese Demonstration einbezogen. Unter dem Eindruck der Strafgefangenenproteste in Bautzen I wurde in Gottesdiensten spontan dazu aufgerufen, die Gefängnisse in die Aktion mit einzubeziehen. Gegen Mittag hatten sich einige hundert Menschen vor Bautzen II versammelt. Nachdem sich gegen 13.00 Uhr die Kette auflöste, unternahm der Bautzener Pfarrer Erhard Simmgen den Versuch, mit den Gefangenen Kontakt aufzunehmen. Er gelangte auf Bitten in die Anstalt, ein Gespräch mit den Häftlingen, die sich noch nicht im Streik befanden, kam aber nicht zustande.[465]
Am folgenden Tag, um 4.00 Uhr früh,[466] verweigerten auch Häftlinge in Bautzen II die Arbeit. Zunächst beschränkte sich ihr Aufstand nur auf die inhaftierten Bundesbürger, doch innerhalb weniger Stunden schlossen sich die Gefangenen im gesamten Haus an. Auslöser waren vermutlich Informationen, wonach überall in der DDR Häftlingsaufstände begonnen hatten.[467] Die Insassen bildeten einen Gefangenenrat und verfassten ein Forderungsprogramm, das eine Generalamnestie, die Öffnung der Anstalt, eine Überprüfung der Urteile, die Abschaffung politisch motivierter Strafbestimmungen sowie die Beendigung der Einflussnahme der Staatssicherheit auf das Haus forderte. Weiterhin wurde ein Sofortprogramm verabschiedet, das auf Verbesserung der Haftbedingungen abzielte.[468] Sowohl von Seiten der Anstaltsleitung als auch von Seiten des Streikkomitees wurde eine Garantieerklärung zum Gewaltverzicht abgegeben.[469] Die Isolationsbereiche der Anstalt wurden geöffnet. Die Häftlinge hatten erstmals die Möglichkeit, sich untereinander kennen zu lernen. Als Reaktion auf diese Ereignisse wurde die Verbindungstür zur Kreisdienststelle des MfS zugeschweißt. Ein Bautzen-II-Häftling berichtete dies einem Fernsehteam: „Bis Anfang Dezember 1989 ist die Staatssicherheit hier ein- und ausgegangen wie sie wollte – ohne, daß das besonders kontrolliert werden konnte. Erst am 4.12.1989 wurde auf Anweisung des Anstaltsleiters, Herrn Oberstleutnant Alex, die Verbindungstür zum benachbarten Ministerium für Staatssicherheit zugeschweißt, damit solche Dinge wie Aktenverbrennung vermieden werden."[470] Die Häftlinge befürchteten, dass die Tür der Staatssicherheit nach wie vor den ungehinderten Zugang zur Anstalt ermöglichte und somit nicht nur die Vernichtung von Akten, sondern auch das Verschwinden von Häftlingen möglich erschien. Diese Maßnahme war

indes nur noch symbolischer Natur. Das MfS bestand nicht mehr, die Kreisdienststelle sollte binnen weniger Stunden von Bautzener Bürgern besetzt werden.[471]

Im Gegensatz zu Bautzen I blieb der Häftlingsstreik in Bautzen II für die Öffentlichkeit zunächst verborgen. Die Anstaltsleitung, die ohne Anweisungen übergeordneter Organe zum Umgang mit den Streikenden blieb und somit völlig auf sich allein gestellt war,[472] kam dem Wunsch nach Öffnung der Anstalt noch nicht nach.

In den Abendstunden fand auf dem Bautzener Hauptmarkt eine Montagsdemonstration statt, auf der der Anstaltsseelsorger von Bautzen I, Pfarrer Frieder Wendelin, die Einwohner über den dortigen Streik der Gefangenen informierte.[473] Der geplante Demonstrationszug bewegte sich nicht nach Bautzen I, sondern vor die Tore von Bautzen II. Da die Montagsdemonstrationen angemeldet werden mussten, war die Leitung der Anstalt darauf vorbereitet und veranlasste für den 4. Dezember umfangreiche Sicherheitsvorkehrungen. In den Hof wurden Wasserschläuche gelegt, ein „großer Hund“ sollte zur Abschreckung bereitgehalten werden. Die Bediensteten der Spätschicht hatten zu ihrer Sicherheit in Zivil zum Dienst zu erscheinen.[474] Offenbar befürchtete man die Stürmung des Gefängnisses. Die Demonstration verlief jedoch friedlich. Vereinzelt wurden Sprechchöre „Ihr kommt hier raus“ gerufen, sonst beschränkte sich der Protest auf das Aufstellen von Kerzen und Anbringen von Transparenten. Dass die Häftlinge bereits streikten, wusste außerhalb der Anstaltsmauern niemand.

Am Morgen des 5. Dezember 1989 gelangte aus Bautzen II eine nicht unerhebliche Nachricht nach draußen. Gefangene ließen über einen Wärter den evangelischen Kirchenvorstand Bautzen darüber informieren, dass in der Nacht erneut Papier im Kesselhaus der Anstalt verbrannt worden war. Unter dem Eindruck von Aktenvernichtung und Besetzung der MfS-Dienststellen in anderen Städten der DDR entschloss sich ein eilig einberufenes Bürgerkomitee dazu, die MfS-Kreisdienststelle zu besetzen und die Räume zu versiegeln. Einen Tag später wurden auch die inzwischen leeren Räume des MfS im Verwaltungstrakt von Bautzen II verschlossen.[475]

Dem Radiosender „Sender Dresden“ lag am 5. Dezember 1989 eine Meldung vor, wonach die Insassen in Bautzen II sich nun ebenfalls im Streik befänden. Woher diese Information stammt, ließ sich nicht mehr rekonstruieren.[476] Entscheidend war jedoch, dass die von den Häftlingen erhobenen Forderungen allzu verkürzt wiedergegeben wurden, woraufhin sie der Anstaltsleitung offen mit einem Hungerstreik drohten, wenn sie ihrer Forderung nach Öffentlichkeit nicht nachgäbe.

Den Häftlingen war die Menschenkette und der Besuch des Pfarrers am 3. Dezember 1989 nicht verborgen geblieben. Die Anstaltsleitung gab dem Wunsch der Streikenden nach Öffnung der Anstalt nach und informierte Pfarrer Simmgen am Vormittag des 6. Dezember 1989 telefonisch, dass die Häftlinge ihn sprechen wollten. Am Nachmittag traf er in Begleitung von

Vertretern der CDU und der Landeskirche Sachsen in Bautzen II ein. Es war der erste Kontakt der Häftlinge mit der Außenwelt.[477]

Unter dem Eindruck der am späten Nachmittag verkündeten Amnestie durch den Staatsrat der DDR beschäftigte sich diese erste Zusammenkunft mit den Amnestiebestimmungen. Der Erlass rief nach anfänglicher Erleichterung[478] erneut den Protest der Gefangenen hervor. Die Grenzen der Amnestie waren abermals zu eng gesteckt, Forderungen nach Abschaffung bestimmter Paragrafen waren nicht berücksichtigt worden. Zudem entstand bei den Häftlingen der Eindruck, dass mit dem Wortlaut der Amnestie auch jene ehemaligen Staats- und Parteifunktionäre unbehelligt blieben, die unter Strafverdacht geraten waren. In einem Offenen Brief der Gefangenen an die Volkskammer der DDR hieß es: „Wir erwarten, daß Verbrechen am Volke in Verbindung mit Amtsmißbrauch nicht amnestiert werden."[479] Die Häftlinge in Bautzen II weiteten ihren Arbeits- zu einem Hungerstreik aus. Sie wandten sich mit Telegrammen und Aufrufen, die zum Teil vor Reportern verlesen wurden, an Regierung und Volkskammer der DDR, damit die Bestimmungen der Amnestie erweitert würden und jeglicher Missbrauch ausgeschlossen sein sollte.

Für den 7. Dezember 1989 wurde eine Fortsetzung der Pressekonferenz beschlossen. In größerem Rahmen kamen nun auch Einzelschicksale konkret zur Sprache. Die Leitung von Bautzen II, die sich an dem Podium beteiligte, musste sich mit Fragen der Verantwortlichkeit für Übergriffe und der Zusammenarbeit mit dem MfS auseinandersetzen.[480] Der Anstaltsleiter Oberstleutnant Horst Alex reagierte verunsichert: „Wir befinden uns in einer Situation, die vor vier Wochen eigentlich noch undenkbar war. Die ist deswegen zustande gekommen, weil durch die Proteste von der Straße Dinge möglich geworden sind, die uns zu dieser Pressekonferenz führten und die uns auch dazu führen werden, daß begangenes Unrecht aufgedeckt wird."[481]

Vertreter der Bautzener Opposition und der Kirche richteten ihrerseits eigene Aufrufe an die Regierung der DDR und forderten Aufklärung über die „Sonderhaftanstalt Bautzen II"[482]. So wandte sich Pfarrer Simmgen am 6. Dezember 1989 an die Regierung: „Die Amnestie in der jetzigen Form zu hören, ist entsetzlich angesichts der vielen Gefangenen in Bautzen II. Auf diese Menschen, deren Urteile unter dem Druck des Hasses von Herrn Mielke und seiner verbrecherischen Machenschaften zustandegekommen sind, trifft sie nicht zu. Alle Urteile müssen schnellstens von unabhängigen Leuten überprüft werden."[483]

Der 6. und 7. Dezember brachten Bautzen II wieder in die Schlagzeilen. Alle regionalen und viele überregionale Tageszeitungen berichteten umfassend, wenn auch mit unterschiedlichem Tenor,[484] über die politischen Häftlinge in Bautzen II. Besonders wurden Einzelschicksale wie die von Bodo Strehlow, Gerd Bretag und André Baganz in den Vordergrund gestellt. Namentlich der Fall Strehlow sorgte für Aufsehen. Bereits am 18. November 1989 erreichte die „Frankfurter Allgemeine Zeitung" ein Leserbrief, in dem auf ihn aufmerksam gemacht wurde.[485] Im Zuge der Diskussion um die politischen Häftlinge wurde dieser Fall immer wieder herangezogen. Während der Dezembertage wurde Strehlow geradezu populär: Zahlreiche Briefe erreichten ihn in der Anstalt, sein Name wurde bei den Bautzener Montagsdemonstrationen gerufen, in der Stadt wurde eine Flugblattaktion für seine Entlassung gestartet.[486] Am 8. Dezember löste die Volkspolizei Einsatzalarm für Bautzen II aus, weil sie glaubte, dass „gegen 19.00 Uhr die Strafvollzugseinrichtung Bautzen II angegriffen werden [soll], um den Strafgefangenen Btreloff [Strehlow] zu befreien"[487]. Wenige Stunden später wurde der Alarm rückgängig gemacht, da sich das Gerücht als unbegründet erwiesen hatte.

Nachdem die Amnestiebestimmungen vom 6. Dezember einen Tag später erweitert worden waren, fand der am 4. Dezember begonnene Streik am 8./9.12.1989 ein Ende. Dennoch waren durch die Öffnung des Hauses in den letzten Tagen derart einschneidende Veränderungen eingetreten, dass man nicht zur gewohnten Ordnung übergehen konnte und wollte. Die Häftlinge hatten weiterhin fast völlige Bewegungsfreiheit im Haus, der Kontakt mit der Außenwelt wurde uneingeschränkt ermöglicht, Presse und Vertreter von Kirche und Opposition waren fast täglich zugegen. Am 7. Dezember 1989 wurde vom Rechtsanwaltskollegium der DDR Rechtsanwalt Christian Worner, stellvertretend für Gregor Gysi, mit der Vertretung der Häftlingsinteressen beauftragt. Unmittelbar nach Bekanntgabe der endgültigen Amnestiebestimmungen wurden am 8. Dezember die ersten beiden Häftlinge entlassen; andere Gefangene wurden zur Entlassung in andere Haftanstalten gebracht.[488]

Auch nach Beendigung des Streiks ebbte das Interesse der Medien an Bautzen II nicht ab. Am 9. Dezember 1989 gelang es durch Vermittlung des Bautzener Neuen Forums einem bundesdeutschen Kamerateam, die ersten bewegten Bilder aus Bautzen II seit Bestehen der Anstalt aufzuzeichnen. Sichtlich unsicher und nervös gewährte die Anstaltsleitung Einblick in die Anstalt. Einzelne Häftlinge wurden porträtiert, und man versuchte ein Bild dieser Sonderhaftanstalt zu zeichnen. Nach ihrer Ausstrahlung erweckte die sensationelle Reportage weltweites Aufsehen.[489]

Trotz Amnestie und breiter Öffentlichkeit gingen Entlassungen und die Umsetzung der geforderten Veränderungen nur schleppend voran. Am 10. Dezember 1989 verfasste der Gefangenenrat daher eine Resolution, in der die Forderungen noch einmal bekräftigt wurden. Für die Entlassung der politischen Gefangenen wurde eine Frist bis zum 22. Dezember 1989 gesetzt. Bis dahin sollte auch eine unabhängige Untersuchungskommission für Bautzen II eingesetzt sein.[490] Der Kontakt des Gefangenenrates zur Kirche und der Bautzener Bürgerbewegung verfestigte sich in diesen Tagen. Pfarrer und Oppositionelle wurden zu wichtigen Ansprechpartnern und Bindegliedern zwischen der Leitung und den Inhaftierten. Der Kern

dieser Aktiven bildete den Grundstein für die spätere Arbeitsgruppe Bautzen II, die der Runde Tisch der Stadt Bautzen und das Kommunalparlament als Interessenvertretung für Bautzen II anerkannten.
Ab dem 12. Dezember 1989 begannen die Entlassungen der politischen Häftlinge in großem Umfang. Allerdings zeigten sich auch hier wieder Probleme.[491] Einige der Inhaftierten wurden nicht entlassen, sondern in andere Gefängnisse verlegt. Die Häftlinge vermuteten dahinter eine neue Taktik der alten Machthaber, jenen Gefangenen die Freiheit vorzuenthalten, die sie belasten könnten. Der Berliner Rechtsanwalt Wolfgang Vogel wurde auf Drängen der Häftlinge eingeschaltet und traf am 14. Dezember 1989 in Bautzen II ein. Bereits am 12. Dezember 1989 war der Bonner Unterhändler, Staatssekretär Walter Priesnitz, zu ersten Gesprächen mit Rechtsanwalt Vogel zusammengetroffen. Ein gemeinsames Gespräch mit inhaftierten Bundesbürgern fand am 15. Dezember 1989 statt.[492] Von besonderer Brisanz waren diese Verhandlungen, weil sich unter den inhaftierten „NSW-Häftlingen" 18 Mitarbeiter des BND und 4 Spione des CIA befanden, darunter auch Doppelagenten. Im Austausch war die Freilassung von 4 ehemaligen Agenten der DDR und der Sowjetunion verlangt worden, aber die DDR bestand nicht auf einer Gegenleistung.[493] Ministerpräsident Hans Modrow stimmte der Entlassung Mitte Dezember 1989 bedingungslos zu.[494]
Die Medien in der Bundesrepublik schenkten vor allem der Freilassung der inhaftierten Bundesbürger große Beachtung. Alle großen Tageszeitungen berichteten über den Fortgang der Verhandlungen.[495] Auch in der Ansprache von Bundeskanzler Helmut Kohl in Dresden am 19. Dezember 1989 wurde der Forderung der politischen Häftlinge noch einmal Nachdruck verliehen.[496]
Allen Schwierigkeiten zum Trotz verließen am 22. Dezember 1989 die letzten politischen Häftlinge Bautzen II mit einem Kleinbus in Richtung Berlin. Drei Wochen, nachdem sich die Tore des Gefängnisses zum ersten Mal geöffnet hatten, war das Ende von Bautzen II als Sonderhaftanstalt unter MfS-Kontrolle besiegelt.

Biografien

Die folgenden 28 biografischen Abrisse können nur einen annähernden Querschnitt aus der Fülle von Verfolgtenschicksalen darstellen. Sie stehen, auch wenn sie nur bedingt als repräsentativ gelten können, stellvertretend für die Schicksale Hunderter von Mithäftlingen. Auswahlkriterien für die Aufnahme in diese Dokumentation waren die Zeit der Inhaftierung, die Verurteilungsgründe und die Herkunft der Gefangenen. Besonderer Wert wurde auf die Darstellung auch wenig oder gar nicht bekannter Häftlingsschicksale gelegt, die neben prominenten Fällen aufgeführt sind.

Wilhelm van Ackern

Wilhelm van Ackern wird am **25. September 1916** in Essen geboren. Nach einer Lehre in Berlin arbeitet er als kaufmännischer Angestellter, bevor er **1938** zuerst zum Reichsarbeitsdienst, später zur Wehrmacht eingezogen wird. **1943** heiratet van Ackern, ein Jahr später wird eine Tochter geboren. **1944** gerät er in englische Kriegsgefangenschaft, aus der er im Sommer **1945** entlassen wird. Nach seiner Rückkehr nach Westberlin arbeitet er als Angestellter in einem Fotogeschäft, das er **1949** als Teilhaber übernimmt. **1952** wird van Ackern von der „Organisation Gehlen" angeworben, der Vorläuferorganisation des Bundesnachrichtendienstes. In den folgenden Jahren war er als Führer einer Gruppe von Vertrauensleuten in der DDR tätig, ohne selbst das Gebiet der DDR je mehr zu betreten. Durch den Verrat eines Vertrauensmannes war er dem MfS bekannt. Am **24. März 1955** wird van Ackern – nach längerer Überwachung und genauer Vorplanung durch die Staatssicherheit – in Westberlin betäubt und nach Ostberlin verschleppt. Hier wird er am **15. Juni 1955** vom Obersten Gericht der DDR wegen Spionage zu lebenslänglichem Zuchthaus verurteilt. Zwei der insgesamt sechs Mitangeklagten in seinem Prozess werden zum Tode verurteilt und in Dresden hingerichtet. Van Ackern kommt zum Strafvollzug zuerst nach Brandenburg-Görden, bevor er mit jenem legendären Transport am **9. August 1956** in die Sonderhaftanstalt Bautzen II eingewiesen wird. Sowohl van Ackerns Ehefrau als auch seine Mutter stellen im Laufe der Jahre mehrere Gnadengesuche zur Befristung der lebenslangen Freiheitsstrafe. Sie werden immer wieder abgelehnt. Erst am **31. August 1964** wird van Ackern dank Freikauf durch die Bundesregierung vom Vorsitzenden des DDR-Staatsrates begnadigt, indem die lebenslange Zuchthausstrafe in eine 15jährige Freiheitsstrafe umgewandelt wird. In den folgenden Tagen beschließt das Oberste Gericht eine bedingte Strafaussetzung. Am **5. September 1964** wird Wilhelm van Ackern aus Bautzen II entlassen und kann nach Westberlin ausreisen. Er arbeitet bis zu seiner Pensionierung **1978** beim Senator für Inneres in Berlin.

STRAFVOLLZUGSANSTALT II
Bautzen

Bautzen, den 5. Februar 1957

~~Geschäftszimmer Straße~~

Abteilung:

Aktenzeichen: 12.10.17
(Bei Zuschriften stets angeben)

Tgb.Nr. 60 /57/Bu/No.-2

Deutsche Demokratische Republik
Ministerium der Justiz
15. MRZ. 1957
Anlagen: ....

27. Feb. 1957

das
isterium des Innern
rwaltung Strafvollzug
llzugsabteilung
e r l i n

tr.: Strafgefangenen van A c k e r n, Wilhelm
zug: Telef. Anforderung der Verw. SV - Komm.Hofmann - vom 1.2.1957

F ü h r u n g s b e r i c h t

BStU
000011

über den Strafgefangenen
van A c k e r n, Wilhelm geb. 25.9.16
Beruf: Kaufmann / Photohändler
Angehörige: [redacted] van Ackern geb.Wiedmann
Berlin-Schöneberg, [redacted]
Verurteilt vom Obersten Gericht der DDR
am 15.6.1955 - Az.: 1 Zst. (I) 3/55
nach Artikel 6, KD 38
zu lebenslänglichem Zuchthaus
Strafbeginn: 13.6.1955

KOPIE BStU

er Strafgefangene van Ackern sitzt seit dem 10. August 1956 in der trafvollzugsanstalt Bautzen II ein; vorher befand er sich in der tVA Brandenburg.
as Verhalten und die Führung des Strafgefangenen ist zufrieden-tellend und gibt kaum Anlaß zu Beanstandungen seitens der Genossen er Aufsichtsdienstes. Gegebene Anweisungen werden gewissenhaft befolgt. Im allgemeinen verhält sich der Strafgefangene sehr ruhig, uch spricht er wenig..
uf Grund von Arbeitsmangel konnte der Strafgefangene van Ackern rst ab 4. Februar 1957 in den Arbeitsprozeß eingereiht werden und an kann daher noch nichts über seine Einstellung zur Arbeit sowie rbeitsproduktivität sagen.
urze Äußerungen gegenüber anderen Strafgefangenen geben Anlaß, ie Einstellung des Strafgefangenen van Ackern zur Deutschen Demokratischen Republik als nagativ zu bezeichnen.
er Strafgefangene van Ackern hält das "Neue Deutschland" und beschäftigt sich laufend mit der Gefangenenbücherei; bezüglich politischer Tagesfragen verhält er sich sehr zurückhaltend.
er Strafgefangene vertritt den Standpunkt, daß er von dem Gericht er Deutschen Demokratischen Republik viel zu hoch bestraft worden ei. Seine Meinung ist, daß er als westberliner Bürger überhaupt icht bestraft bzw. verurteilt werden durfte.
bschließend wird über den Strafgefangenen van Ackern gesagt, daß ei ihm noch keine Reue über seine strafbare Handlung zu erkennen st, auch kein Wiedergutmachungswille.

Leiter der Strafvollzugsanstalt
(Schuster)
Inspekteur

Bankverbindung: Deutsche Notenbank Bautzen, Konto-Nr. 8069

E 1329 — Ag 75/55

Führungsbericht über van Ackern vom Februar 1957 (BStU, MfS AU 162/55, Bd. 15)

Rudolf Bahro

Rudolf Bahro wird am **18. November 1935** in Bad Flinsberg (Świeradów Zdrój, Polen) geboren. Nach seinem Abitur **1954** in Fürstenberg beginnt er an der Humboldt-Universität in Berlin ein Philosophiestudium, im gleichen Jahr wird er Mitglied der SED. **1959** schließt er sein Studium ab. Anschließend arbeitet er im Pressebereich, aus dem er **1967** aus politischen Gründen ausscheiden muss. **Von 1967 bis 1977** ist er als Abteilungsleiter für Arbeitsökonomie tätig, seine **1975** fertiggestellte Dissertation wird mit Hilfe bestellter Negativgutachten nicht angenommen. Bereits **1956** im Zusammenhang mit dem Ungarn-Aufstand observiert das MfS Bahro zum ersten Mal. Nach seinen Protesten gegen den Einmarsch der Warschauer-Pakt-Truppen in die ČSSR **1968** wird seine „operative Bearbeitung" durch das MfS intensiviert. **Zwischen 1971 und 1977** erarbeitet er seine umfassende Kritik am real existierenden Sozialismus, die 1977 als Buch unter dem Titel „Die Alternative" in Köln erscheint. Das Nachrichtenmagazin „Spiegel" veröffentlicht einen Vorabdruck. Am **23. August 1977** wird Bahro durch das MfS festgenommen. Nach fast einjähriger Untersuchungshaft wird er am **30. Juni 1978** wegen „Übermittlung von Nachrichten für eine ausländische Macht und Geheimnisverrat" vom Stadtgericht Berlin zu acht Jahren Freiheitsentzug verurteilt. Sein Verteidiger ist Rechtsanwalt Gregor Gysi. Zum Vollzug der Freiheitsstrafe wird Bahro am **11. August 1978** nach Bautzen II überstellt. Bereits unmittelbar nach seiner Verhaftung beginnt in Westeuropa eine breite Solidaritätsbewegung zur Freilassung Bahros. **1978** erscheint in der Bundesrepublik ein Sammelband „Solidarität mit Rudolf Bahro". Im Rahmen einer Amnestie zum 30. Geburtstag der DDR am 7. Oktober 1979 wird Bahro am **11. Oktober 1979** aus Bautzen II entlassen und in die Bundesrepublik ausgebürgert. Bahro engagiert sich bis zu seinem Austritt 1985 bei den Grünen, **1980** promoviert er und schließt **1983** seine Habilitation ab. Noch während der Friedlichen Revolution kehrt Bahro im **Dezember 1989** nach Ostberlin zurück. Am 16. Juni 1990 kassiert das Oberste Gericht der DDR das Urteil von 1977. Bahro wird voll rehabilitiert. **1990** erhält er eine Professur für Sozialökologie an der Humboldt-Universität Berlin. Rudolf Bahro stirbt im Alter von 62 Jahren am **5. Dezember 1997** in Berlin.

Hauptabteilung XX/OG Berlin, 4. März 1979

<u>Tonbandabschrift</u>
IM-Vorlauf „Gregor"
entgegengenommen: Major Lohr, 13.3.1979

<u>Bahro – zunächst Rücksprache mit Staatsanwalt Kunze am 9.3.1979</u>

Staatsanwalt Kunze brachte hinsichtlich der verschiedenen Vorstellungen und Wünsche von Bahro zusammenfassend folgendes zum Ausdruck

1. Zur Zeit würde keine Verbindung zwischen Bahro und –[geschwärzt]– sowie – [geschwärzt] – gestattet werden, da das Erziehungsfördernde Moment von beiden nicht ausginge. Eine Verbindung könnte höchstens als Begünstigung gewertet werden, wenn sich das Verhalten von Bahro wesentlich ändern würde.
   Ich machte den Staatsanwalt darauf aufmerksam, daß diese seine Auskunft wesentlich von der schriftlichen Auskunft des Leiters der Strafvollzugseinrichtung vom 8.1.1979 abweicht.
   In diesem Schreiben heißt es wörtlich:
   „Sehr geehrter Herr Dr.Gysi/In Beantwortung Ihres Schreibens vom 11.12.1978 den Strafgefangenen Rudolf Bahro betreffend, teile ich Ihnen folgendes mit. Die in meiner Einrichtung eingegangenen Briefe – [geschwärzt] – und [geschwärzt] – sollten dem Strafgefangenen Bahro ausgehändigt werden, um diesen Brief-Wechsel zu ermöglichen. Die Zensur der Briefe zeigte jedoch, daß der Inhalt die Sicherheit und den Erziehungsprozeß gefährden. Aus diesem Grunde wurden die Briefe eingezogen und der Akte beigefügt." (...)
2. Staatsanwalt Kunze weist weiter daraufhin, daß Bahro wie jeder andere Strafgefangene arbeiten muß. Auch die Arbeitszeit bliebe bestehen. Evtl. würde er mal eine andere Arbeit bekommen, zweifellos keine schriftstellerische.
   Auf meine Frage hin, ob es möglich wäre, ihm die Leitung der Bibliothek zu übergeben, erklärte er, daß dies ganz von seinem Verhalten abhinge, zur Zeit aber nicht möglich sei.
3. Staatsanwalt Kunze erklärte, daß für Bahro ein Erziehungsprogramm erstellt werden soll. Darin soll insbesondere die Ausnutzung der arbeitsfreien Zeit geregelt werden. Ihm solle ermöglicht werden, sich fremdsprachlich weiterzubilden. Dafür bekäme er auch Lehrmaterialien. Eigene Literatur könne er dazu nur begrenzt nutzen.
4. Ob er seine schriftlichen Aufzeichnungen bei Haftentlassung mitnehmen könne, hinge einzig und allein von deren Inhalt ab.
   Eine Zusicherung könne vorher nicht gegeben werden, da zum Beispiel keine hetzerischen und verleumderischen Schriften die Strafvollzugsanstalt verlassen würden.
5. (...)
6. Einen Radioapparat könnte Bahro auf keinen Fall erhalten. Bei sehr guter Führung wäre als Begünstigung möglich, ihm, da er alleine eine Zelle hätte, ein Fernsehgerät zur Verfügung zu stellen. Auch ein Plattenspieler wäre denkbar bei sehr guter Führung.
   (...)

Bericht an das MfS über die Haftbedingungen Bahros in Bautzen II. Auszug aus der Dokumentabschrift (BStU, MfS-HA XX/9, Nr. 1617)

Heinz Brandt

Heinz Brandt wird am **16. August 1909** in Posen (Poznań, Polen) geboren. Nach dem Abitur studiert er Volkswirtschaft, im Jahre **1931** wird er Mitglied der KPD. Nach der nationalsozialistischen Machtergreifung wird er **1934** verhaftet und zu sechs Jahren Zuchthaus verurteilt. **1940** kommt er zuerst in das Konzentrationslager Sachsenhausen, zwei Jahre später nach Auschwitz. Brandt überlebt und wird **1945** im KZ Buchenwald von amerikanischen Truppen befreit. **1945** tritt er erneut in die KPD ein und arbeitet als Angestellter des Berliner Magistrats für den Hauptausschuss „Opfer des Faschismus". **1952** wird er Mitglied des Sekretariats der Landesleitung Berlin der SED. **1953/54** wird er aus seinen Funktionen entlassen, weil er sich gegen die offizielle Politik der SED stellt. Er arbeitet als Archivar und Redakteur. Nach dem XX. Parteitag der KPdSU und den durch Chruschtschow ausgelösten Enthüllungen der Verbrechen Stalins **1956** bemüht Brandt sich um die Aufklärung der Schicksale seiner in den dreißiger Jahren in die Sowjetunion emigrierten Geschwister. Der Bruder hatte die Stalinschen Säuberungsaktionen nicht überlebt, die Schwester lebt als Ärztin in Moskau. Brandt bricht mit dem Sowjetkommunismus und der SED. **1958** flieht er in den Westen und wird Redakteur bei der Gewerkschaftszeitung der IG Metall. Am **16. Juni 1961** wird Heinz Brandt von Agenten des MfS aus Westberlin in die DDR verschleppt und im MfS-Untersuchungsgefängnis Berlin-Hohenschönhausen inhaftiert. In einem Geheimprozess wird er am **10. Mai 1962** wegen „schwerer Spionage in Tateinheit mit staatsgefährdender Propaganda und Hetze im schweren Fall" zu 13 Jahren Zuchthaus verurteilt. Im **Juli 1962** kommt Heinz Brandt nach Bautzen II. Die DDR bietet ihm zweimal eine vorzeitige Entlassung an, sofern er ein öffentliches Reuebekenntnis ablegen und sich mit seiner Familie wieder in der DDR niederlassen würde. Brandt lehnt diese Angebote ab. Nach dreijähriger Haft wird er aufgrund internationaler Proteste von Walter Ulbricht begnadigt und am **23. Mai 1964** in die Bundesrepublik entlassen. Er setzt bis zu seinem Ruhestand **1974** seine Arbeit als Journalist bei der Gewerkschaftszeitung „metall" fort und schreibt sein Buch „Ein Traum, der nicht entführbar ist". Am **8. Januar 1986** verstirbt Heinz Brandt. Postum wird am **18. Januar 1993** das 1962 gegen ihn verhängte Urteil vom Landgericht Berlin aufgehoben.

000383

Stand der operativen Bearbeitung
des Strafgefangenen BRANDT,HEINZ.

Durch einen GI - Bericht vom 7.2.1964 wurde bekannt, daß die IG-Metall des DGB über die Festnahme des B. eingehend informiert sei.
Desweiteren besteht aufgrund einer Mitteilung der HA 7 Berlin der Verdacht, daß B. aus der StVA Bautzen 2 illegal Informationen nach Westberlin bzw. Wstdeutschland gebracht hat.

Die bisherige operative Bearbeitung des B.ergab folgendes:
Vor der Hauptverhandlung 1962 hatte B. Verbindung zu den westdeutschen Rechtsanwälten POSSER und HEINEMANN, die seine Verteidigung übernehmen wollten. Diese Rechtsanwälte wurden durch B. bzw. durch dessen Offizialverteidiger Rechtsanwalt WOLF Berlin über die Festnahme des B. informiert die ihrerseits die IG-Metall des DGB davon in Kenntnis setzten.
Durch diese Rechtsanwälte hat B. auch erfahren was in der Presse der DDR und der Bundesrepublik über seine Inhaftierung gestanden hat.
Zur Frage der illegalen Information nach WB bzw. WD wurde durch GM-Berichte bekannt, daß B. 1963 in einen Terminbrief an seine Ehefrau in Frankfurt/Main geschrieben hat, daß die Sehnenkrümmungen an seiner rechten Hand (KZ Folgen) schlimmer geworden sind.
Die Ehefrau des B. hat daraufhin den Rechtsanwalt WOLF Berlin ersucht sich um den Gesundheitszustand ihres Ehemannes zu bemühen und sie darüber zu informieren.
Dieser Sachverhalt wurde auch bei der Aussprache des Rechtsanwaltes WOLF mit den Strafgefangenen BRANDT am 28.4.1964 bestätigt. Während des Besuches sprach B. über seine Tätigkeit die zur Inhaftierung und VERURTEILUNG führten, wobei er jedoch erneut behauptete, daß er nicht gegen die DDR gearbeitet habe und auch kein Feind der DDR sei.

- 2-

000384

In dem weiteren Gespräch mit den Rechtsanwalt sprach B. auch über seinen Aufenthalt in Berlin im Januar 1964, wobei erdie Möglichkeit eines Austausches und einer persönlichen Abfindung in Erwägung zog, womit für ihn dann die Angelegenheit erledigt sei.

Kempe Olt.

Helmut Brandt

Helmut Brandt wird am **16. Juli 1911** in Berlin geboren. Nach dem Abitur beginnt er **1929** ein Studium der Rechts- und Staatswissenschaften sowie der Volkswirtschaft in Berlin. Er promoviert in beiden Fächern und arbeitet von **1938** bis zu seiner Einberufung zur Wehrmacht **1939** als Rechtsanwalt. **1945** erhält er einen Lehrauftrag für Friedenssicherungsrecht sowie Finanz-, Steuer- und Kommunalrecht an der Universität Berlin. Er wird Mitbegründer der CDU in Berlin und ist **von 1946 bis 1948** Abgeordneter der Stadtverordnetenversammlung von Groß-Berlin. **1949** wird Helmut Brandt Staatssekretär im Justizministerium der DDR. Er erkennt die Unrechtmäßigkeit der „Waldheimer Prozesse" und verlangt die Wiederaufnahme aller Verfahren. Am **6. September 1950** wird er auf offener Straße ohne Haftbefehl festgenommen und ohne Gerichtsverfahren in der MfS-Untersuchungshaftanstalt Berlin-Hohenschönhausen inhaftiert. Erst am **4. Juni 1954** wird er in völlig willkürlichem Zusammenhang mit dem Prozess gegen die „Verschwörergruppe" um den ehemaligen DDR-Außenminister Georg Dertinger zu zehn Jahren Zuchthaus verurteilt. Er kommt in den Strafvollzug nach Brandenburg-Görden und wird von dort im **August 1956** nach Bautzen II verlegt. Am **4. September 1958** wird Brandt „vorfristig" entlassen. Nur wenige Stunden nach seiner Entlassung will Brandt in den Westen fliehen. Er wird aufgrund der lückenlosen Überwachung durch das MfS erneut festgenommen. Am **13. März 1958** verurteilt ihn das Bezirksgericht Frankfurt/Oder unter dem Vorwand der „Spionage", „Verleitung zur Republikflucht" und „staatsgefährdender Propaganda und Hetze" zu zehn Jahren Zuchthaus. Am **30. Juli 1958** überstellt ihn das MfS wieder nach Bautzen II in erneute Isolationshaft. Am **18. August 1964** wird Brandt nach seinem Freikauf durch die Bundesrepublik in den Westen entlassen. Er beginnt wieder wissenschaftlich zu arbeiten, übernimmt Lehraufträge an der FU Berlin und ist von 1970 bis 1977 Gutachter im Wissenschaftlichen Dienst des Deutschen Bundestages. Helmut Brandt verstirbt am **31. Oktober 1998** in Königswinter bei Bonn.

2 Expl./C.

z. H. Abt. I K.
zum Vorgang.
Mi. 16/VIII. 58

B e r i c h t

Betr.: Strafsache Dr. BRANDT, Helmut (U.-Vorgang Dertinger und Andere).

Dr Brandt wurde am 6.9.1950 vom MfS festgenommen und am 4.6.1954 vom Obersten Gericht der DDR zu einer Zuchthausstrafe von lo Jahren, bei Anrechnung der Untersuchungshaft, verurteilt.
Strafende wäre laut Urteil demnach 6.9.196o.
Von der Obersten Staatsanwaltschaft der DDR wurde der HA.IX jedoch mitgeteilt, daß die Strafe Dr. Brandts aufgrund eines Gnadenerlasses des Präsidenten der DDR von lo auf 8 Jahre Zuchthaus herabgesetzt wurde, so daß eine Entlassung am 6.9.1958 erfolgen müßte.

Dr. Brandt wird wahrscheinlich unmittelbar nach seiner Haftentlassung republikflüchtig werden. Er äußerte bereits in der Strafvollzugsanstalt Bautzen, dass er nach seiner Haftentlassung mit der Regierung der DDR abrechnen würde.
Um eine Republikflucht des Dr. Brandt zu verhindern werden folgende Maßnahmen vorgeschlagen:

1. Dr. Brandt wird mit zwei ZI unter Kontrolle in Gemeinschaftshaft verlegt, um eventuell seine Pläne nach der Haftentlassung in Erfahrung zu bringen und um konkrete Hinweise für die Vorbereitung der Republikflucht zu erhalten.
   Je nach Ergebnis dieser Maßnahmen wird folgendes vorgeschlagen:
2. Durch die Hauptabteilung V wird für Dr. Brandt eine Unterkunft und eine Arbeitsstelle in einem Bezirk besshafft, der nicht unmittelbar an Berlin angrenzt.
   Die entsprechenden Angebote werden Dr. Brandt wenige Tage vor seiner Haftentlassung gemacht.
3. Es muß dafür gesorgt werden, dass sich Dr. Brandt unverzüglich nach seiner Entlassung beim zuständigen VPKA anmeldet, da er bei seiner Entlassung nur im Besitz des Entlassungsscheines ist.
4. Schließlich muß Dr. Brandt nach seiner Entlassung unter Kontrolle gehalten werden, um ihn beim Versuch der Republikflucht festnehmen zu können.

In einer Rücksprache mit der Hauptabteilung V - Genossen Rahnsch wurden bereits die erforderlichen Maßnahmen besprochen.
Die Hauptabteilung V arbeitet dabei nach eigenem Operativ-Plan.

6/334

Niebling
- Niebling -
Oberleutnant

Das MfS plant zielgerichtet die Wiederverhaftung Brandts nach seiner Haftentlassung im September 1958. Erich Mielke zeichnet den Vorgang persönlich ab (BStU, MfS AU 335/59 Bd. 1)

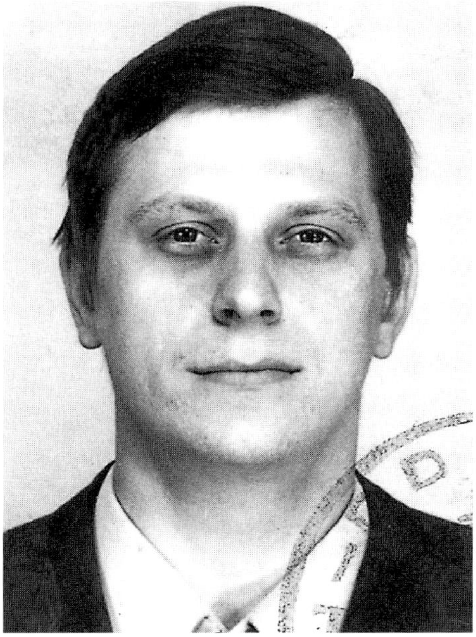

Winfried Christen

Winfried Christen wird am **24. April 1941** in Oppeln (Opole) geboren. Mit seiner Mutter und drei älteren Geschwistern muss er während des Zweiten Weltkrieges – sein Vater fällt **1943** in Russland – aus Oberschlesien flüchten. Er lebt mit seiner Familie seit Anfang **1947** in Chemnitz und engagiert sich in der katholischen Jugend. Da ihm aufgrund seiner „geringfügigen" gesellschaftlichen Tätigkeit der Besuch der Oberschule verweigert wird, entschließt er sich zu einer Lehre als Buchdrucker. Nach beendeter Lehre flüchtet er am **4. April 1959** zu Verwandten nach Hannover. Nach einem Jahr in Hannover übersiedelt Christen in die Schweiz. Er arbeitet dort in seinem Beruf, lernt seine Frau kennen und heiratet sie **1963**. Als **1964** eine Tochter in Basel geboren wird, zieht die Familie zurück nach Hannover, wo Winfried Christen seine eigene Druckerei gründet. Als junger Sozialdemokrat begeistert er sich für die emanzipatorische Entwicklung in der ČSSR 1968 und weilt oft zu Besuch in Prag. Nach der Niederschlagung des „Prager Frühlings" unterstützt Christen fluchtwillige ČSSR- und DDR-Bürger. Als er nach einer Reise auf dem Rückweg in die Bundesrepublik ist, wird er am **7. November 1968** in der Nähe von Prag von einem MfS-Kommando überwältigt und in die DDR verschleppt. **Vom 7. November bis 17. November 1968** wird er zunächst in Berlin-Karlshorst von sowjetischen Sicherheitsorganen verhört. Danach wird er in die MfS-Untersuchungshaftanstalt Berlin-Hohenschönhausen überstellt. Sechs Monate bleibt er dort in Untersuchungshaft. Im **Sommer 1969** verlegt ihn die Staatssicherheit nach Halle. **Ende Juli 1969** wird er vor dem Bezirksgericht Halle angeklagt. Christen wird zu vier Jahren Freiheitsentzug wegen „Tätigkeit gegen das sozialistische Weltsystem und staatsfeindlichen Menschenhandels" verurteilt. **Anfang August 1969** wird er nach Bautzen II verlegt. Hier ist er bis zum **4. November 1970** inhaftiert. Winfried Christen wird durch die Bundesregierung freigekauft. Über die Strafvollzugseinrichtung Karl-Marx-Stadt (Chemnitz) kommt er am **19. November 1970** in die Bundesrepublik zurück. Er nimmt seinen erlernten Beruf als Buchdrucker wieder auf und führt bis heute seine Firma.

Herrn C h r i s t e n Vorname Winfried

geb. am 25.4.1941 in Oppeln Kreis Oppeln O/S.

wird hiermit gemäß § 10 Abs. 4 des Gesetzes über Hilfsmaßnahmen für Personen, die in Gebieten außerhalb der Bundesrepublik Deutschland in Gewahrsam genommen wurden (Häftlingshilfegesetz - HHG), i. d. F. vom 29. 9. 1969 (BGBl. I S. 1793 bescheinigt, daß bei ihm – *) die Voraussetzungen des § 1 Abs. 1 Nr. 1 HHG – und des § 9 Abs. 1 HHG – *) vorliegen und Ausschließungsgründe nach § 2 Abs. 1 Nr. 1 und 2 HHG nicht gegeben sind.**)

1. Beginn des politischen Gewahrsams i. S. des § 1 Abs. 1 und 4 HHG: 11.11.1968

2. Ende des politischen Gewahrsams: 18.11.1970

3. Ort des Gewahrsams: a) Zuchthaus u. Gefängnis –

in Berlin, Halle, Bautzen und Chemnitz

b) Zwangsaufenthalt ***)

in --

4. Tag seines / *) Eintreffens im Bundesgebiet bzw. im Land Berlin am 19.11.1970

Diese Bescheinigung ist **kein Nachweis** dafür, daß Ansprüche nach §§ 4, 9a, 9b oder 9c HHG bestehen.

DER REGIERUNGSPRÄSIDENT
Im Auftrage:

(Dienststelle)

DER REGIERUNGSPRÄSIDENT IN HANNOVER (Siegel) 68

Hannover, den 10.2.1971
(Postleitzahl, Ort, Datum)
304-43441

Bescheinigung des Regierungspräsidiums Hannover über Christens Haftzeit

Unsere Kinder kommen in meinen Briefen stets zu kurz. Ich bedauere dies sehr – aber es bleibt bei der Anzahl der Probleme nicht aus. Ich hänge sehr an ihnen und vermisse sie. Wenn auch nicht so stark wie Dich. Es wird bestimmt sehr schön werden.
Helga, ich liebe Dich sehr, und hoffe, daß Du auch diese Zeit bewältigst. Ich kann Dir leider fast nicht helfen. Nur versuchen, Dich zu trösten. Ob es mir gelingt, weiß ich nicht. Ich weiß aber, haben wir diese Zeit hinter uns, liegt alles vor uns. Und das wird herrlich. So lasse Dich bitte mit Blick auf das Ganze und die Zukunft von den Tagessorgen nicht zermürben. Dir und den Kindern von mir viele Küsse, gute Wünsche. Halte Dich bitte so wacker und großartig wie bisher – dann gehen auch die Schwierigkeiten vorüber. Denke daran, daß ich in Gedanken immer bei Dir bin, versuche Lösungen zu finden, Dir behilflich zu sein. Es wird nichts so heiß gegessen, wie es gekocht wird. Wir schaffen es schon irgendwie. Leider mußt Du alles allein ausbaden, Liebste – aber es geht vorüber.
Grüße bitte alle herzlich von mir. Mache Dir um mich keine Sorgen, Schatz – ich bin über den kritischen Punkt gekommen und warte nur noch geduldig auf den Tag, Dich endlich wieder richtig in die Arme nehmen zu können.

Bis dahin, Liebste – in alter Frische

Dein Winfried

Brief vom November 1970

Georg Dertinger

Am **25. Dezember 1902** wird Georg Dertinger in Berlin geboren. Nach dem Abitur beginnt er **1922** ein Studium der Rechtswissenschaft und Volkswirtschaft, bricht es aber **Ende 1923** ab und schlägt eine journalistische Laufbahn ein. Anfangs arbeitet er als Volontär bei der „Magdeburger Zeitung", später als Redakteur bzw. Korrespondent bei verschiedenen Zeitungen, u. a. **seit 1925** bei der Zeitung „Der Stahlhelm" und **von 1928 bis 1934** bei den „Hamburger Nachrichten". Ab **1934** arbeitet Dertinger bei der Korrespondenz „Dienst aus Deutschland" und wird später auch deren Herausgeber. Daneben schreibt er für verschiedene Provinzzeitungen. Im **Juni 1945** tritt er der neugegründeten CDU in der SBZ bei und wird vorerst Leiter der Presseabteilung. Im **Januar 1946** wird er zum Generalsekretär der CDU in der SBZ ernannt und verbleibt in diesem Amt bis Oktober 1949; danach ist er bis 1953 stellvertretender Vorsitzender der CDU. Im **Oktober 1949** übernimmt er das Amt des ersten Außenministers der gerade gegründeten Deutschen Demokratischen Republik. Er setzt sich für eine von der SED unabhängige politische Entwicklung der Ost-CDU ein und hält Kontakt zum Ost-Büro der CDU in Westberlin. Am **13. Januar 1953** werden Georg Dertinger, seine Frau, seine Schwiegermutter und seine älteren Kinder sowie engste Mitarbeiter verhaftet. Sein jüngster Sohn wird zu einer linientreuen SED-Familie „in Obhut" gegeben. Am **4. Juni 1954** wird Dertinger vom Obersten Gericht der DDR nach Artikel 6, Absatz 2 der Verfassung der DDR und der Kontrollratsdirektive Nr. 38 zu 15 Jahren Zuchthaus verurteilt. Mit ihm werden noch fünf weitere Mitangeklagte verurteilt. Seine Frau und sein ältester Sohn werden in geheimen Verfahren ebenfalls zu einer Freiheitsstrafe verurteilt. Zur Verbüßung seiner Freiheitsstrafe wird Dertinger nach Brandenburg-Görden eingewiesen. Am **9. August 1956** wird er mit anderen Häftlingen von Brandenburg in die Strafvollzugsanstalt Bautzen II verlegt. Am **20. April 1964** kann Dertinger aufgrund einer Strafaussetzung Bautzen II für eine Operation verlassen. Noch während seines Krankenhausaufenthaltes in Stolberg wird er im **Mai 1964** begnadigt. Nach der Haft arbeitet er als Lektor für den katholischen „St. Benno-Verlag" Leipzig und für die Caritas. Am **21. Januar 1968** verstirbt Georg Dertinger in Leipzig.

B e r i c h t

Betr.: Strafgefangenen Dertinger, Georg,
geb. am 25.12.19o2
St.V.A Bautzen II, Bautzen.

Die Rücksprache mit dem Leiter der Kreisdienststelle Bautzen, Gen. Hptm. K u n z e und dem verantwortlichen Mitarbeiter für Strafvollzug, Gen. Ultn. H e l b r i c h, hinsichtlich der Aufsicht des Besuches des Strafgefangenen Dertinger.... ergab, dass bei den bisherigen Besuchen der Leiter oder der Stellvertreter der Strafvollzugsanstalt Bautzen II, zugegen war und die Aufsicht dieser Besuche vornahm.
Auf Grund dieser Lage wäre es äusserst unklug und auffallend, wenn ein völlig neues Gesicht die Aufsicht bei diesem Besuch vornehme.
Zu dem Leiter der Strafvollzugsanstalt, Gen. Obltn. S t e i n w e d e l besteht ein sehr guter Kontakt; er ist als zuverlässig einzuschätzen und dürfte auf Grund seiner Kenntnisse und Erfahrungen in politischer und fachlicher Hinsicht in der Lage sein, uns den Ablauf des Besuches richtig wiedergeben zu können.
Mit dem Genossen Obltn. Steinwedel wurde deshalb am 14.1o.59 8.oo Uhr eine Aussprache geführt, in welcher er beauftragt wurde bei dem Besuchs-Gespräch zwischen dem Strafgefangenen Dertinger und dessen Schwiegermutter, zugegen zu sein.
Es wurde darauf hingewiesen, sich den Verlauf des Gespräches genau einzuprägen, um uns eine wirkliche Schilderung des Gespräches geben zu können.
Er wurde gebeten, besonders auf folgende Punkte zu achten:

1. Von welchen Reisen berichtet die Schwiegermutter, in welchem Zusammenhang und was soll mit diesen Reisen erreicht werden oder was hat es damit auf sich?

- 2 -

(Namen sind hierbei unbedingt zu behalten).

2. Was wird von beiden Seiten über die Entwicklung der Kinder gesagt.
Besonderes Augenmerk gilt es hierbei auf den Sohn [redacted]

3. Was wird über die Ehefrau gesagt, da die Schwiegermutter auch mit dieser zusammenkommt.

4. Auch das Mienenspiel der beiden zu beobachten, ob eventuell auf diese Art und Weise ein Gedankenaustausch erfolgen bezw. Mitteilungen übermittelt werden sollen.

Dertingers Besuche werden durch den Leiter der Haftanstalt Bautzen II überwacht
(BStU, MfS AU 63879/92)

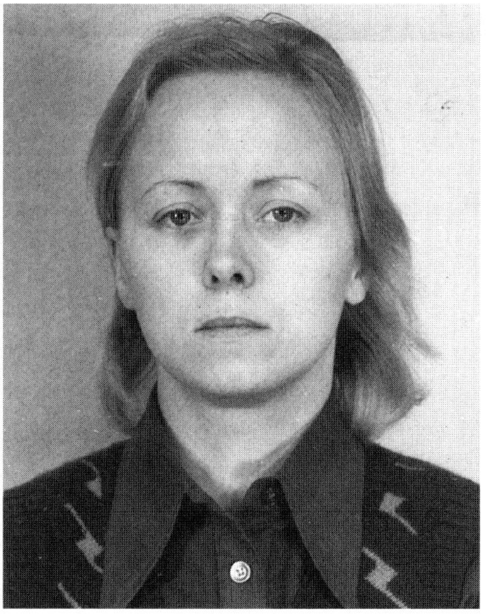

Christa Feurich und Peter Gross

Christa Feurich wird am **5. Juli 1948** in Kiel geboren. Nach Umzug der Eltern 1949 wächst sie in der DDR auf. Sie absolviert nach der 10. Klasse eine Lehre als pharmazeutisch-technische Assistentin und zieht von Zittau nach Berlin. Peter Gross wird am **29. März 1949** in Zürich in der Schweiz geboren. Nach der Schule wird er Koch und nimmt nach verschiedenen Arbeitsstellen im **November 1973** eine Tätigkeit als Koch des Schweizer Botschafters in Ostberlin auf. **Ende 1973** lernt er die inzwischen als Pharmazie-Ingenieurin tätige DDR-Bürgerin Christa Feurich kennen. Da Gross zum technischen Personal des diplomatischen Corps gehört, trägt sein Mini-Cooper ein CY-Kennzeichen. Er kann damit ungehindert die Grenze zwischen Ost- und Westberlin passieren. Im **November 1974** kann Peter Gross mit seiner Freundin im Kofferraum des Mini-Cooper unbehelligt den Grenzkontrollpunkt Friedrichstraße passieren. Anschließend holt er eine Bekannte nach, die im Westen bleibt. Gross und Feurich fahren nach einem Wochenende in Westberlin zurück in die DDR. Am **1. Februar 1975** wagen beide einen zweiten Ausflug zum Kurfürstendamm. Von einem Freund wird das Paar an die Staatssicherheit verraten. Am Grenzübergang Bornholmer Straße werden sie festgenommen. Es folgen wochenlange Verhöre in der Untersuchungshaftanstalt des MfS Berlin-Hohenschönhausen. Am **14. Juni 1975** werden Christa Feurich und Peter Gross nach § 213 StGB wegen ungesetzlichen Grenzübertritts bzw. Beihilfe in getrennten Verfahren zu viereinhalb Jahren Haft für Christa Feurich und 5 Jahren Haft für Peter Gross verurteilt. Zur Verbüßung ihrer Freiheitsstrafen werden beide in die Haftanstalt Bautzen II eingewiesen. Während der Haftzeit wird ihnen nur eine einzige persönliche Begegnung gestattet. Nur sehr selten dürfen sie sich Briefe schreiben. Es gelingt ihnen, durch Kassiber in Kontakt zu bleiben. Nach drei Jahren und drei Monaten

Haft werden Christa Feurich und Peter Gross am **16. Mai 1978** vorzeitig auf Bewährung in die Bundesrepublik entlassen – erst wenige Tage nach der Freilassung des DDR-Spionagepaares Wolf aus der Schweizer Haft. Gross und Feurich hatten der DDR als Faustpfand gedient. Am **5. Dezember 1978** heiraten die beiden in Basel. Sie leben seitdem als selbstständige Geschäftsleute in der Schweiz. Die Urteile der DDR-Gerichte gegen Christa und Peter Gross werden **1992** und **1995** aufgehoben. Beide werden voll rehabilitiert.

F ü h r u n g s b e r i c h t

über den SG G r o s s, Peter
geb. am 29.03.1949 in Zürich
zul.wh.gew. 111 Berlin, Kuckhoffstr. 42

Delikt : ungesetzl. Grenzübertritt
Strafmaß : 5 Jhr. FS
Beginn : 01.02.1975
Ende : 31.01.80

Der SG Gross befindet sich seit dem 25.08.75 zum Vollzug seiner Freiheitsstrafe in der StVE Bautzen II.
Seit Anbeginn seines Aufenthaltes in der hiesigen Strafvollzugseinrichtung gibt es Schwierigkeiten in seinem Gesamtverhalten. Diesbezüglich geführte Aussprachen mit ihm sieht er als Provokation seiner Person an und wird in seinen Argumenten be - leidigend und frech. Er vergleicht den Strafvollzug der DDR mit einem KZ der faschistischen Zeit und die SV-Angehörigen als Idioten, Vollidioten oder faschistische Schweine.
Auf Grund seiner Disziplinlosigkeit mußte der SG Gross 3 Mal mit strengen Einzelarrest und 1 Mal mit Absonderung für 2 Monate bestraft werden. Sein Gesamtverhalten resultiert daraus, daß er bis zum heutigen Tag noch keinerlei Schlußfolgerungen aus seiner strafbaren Handlung gezogen hat, sowie seine feindliche Einstellung gegenüber der DDR offen und demonstrativ zum Ausdruck bringt.
SG Gross geht auch keiner geregelten Arbeit nach. An jeder ihm zugewiesenen Arbeit hat er etwas auszusetzen; wird er aufgefordert, die Arbeit aufzunehmen, antwortet er in einer provozierenden

Art und Weise " er sei politischer Gefangener und arbeite wenn er will".

hat.
Eine Strafaussetzung auf Bewährung gemäß § 349 StPO kann von Seiten der StVE Bautzen II nicht zugestimmt werden.

Führungsbericht über Peter Gross aus seiner Vollzugsakte in Bautzen II vom 15. August 1977

Karl Wilhelm Fricke

Karl Wilhelm Fricke wird am **3. September 1929** in Hoym (Anhalt) geboren. Nach Ende des Krieges wird Frickes Vater am **20. Juni 1946** von der sowjetischen Besatzungsmacht verhaftet und kommt in ein Internierungslager. Kurz nach Ablegung seines Abiturs **1949** flieht Fricke nach Westdeutschland. Anfänglich studiert er in Wilhelmshaven, ab **1952** an der Deutschen Hochschule für Politik in Berlin. Gleichzeitig arbeitet er hier als freier Journalist für mehrere Zeitungen, Zeitschriften und den Sender Freies Berlin. Nach Übergabe der Internierten an die Deutsche Volkspolizei 1950 wird der Vater im Rahmen der berüchtigten „Waldheimer Prozesse" zu 12 Jahren Zuchthaus verurteilt. Er verstirbt während seiner Haft am **31. März 1952**. Fricke spezialisiert sich frühzeitig auf DDR-Themen und wendet sich besonders der Problematik der politischen Verfolgung zu. Er sucht Kontakt zur Pressestelle der Berliner Abteilung des Ministeriums für gesamtdeutsche Fragen, zur Kampfgruppe gegen Unmenschlichkeit und zum Untersuchungsausschuss Freiheitlicher Juristen (UFJ), nutzt deren Informationen für seine journalistische Arbeit. Die Staatssicherheit wird auf Frickes Artikel und Kommentare aufmerksam und beschließt, ihn als „Feind der DDR" mundtot zu machen. Mit Hilfe von Inoffiziellen Mitarbeitern der Stasi, die in den Bekanntenkreis Frickes eingeschleust worden sind, wird er am **1. April 1955** durch ein Betäubungsmittel bewusstlos gemacht und von West- nach Ostberlin verschleppt. Fricke kommt für 467 Tage in die Untersuchungshaftanstalt Berlin-Hohenschönhausen. Seine Mutter wird am **6. April 1955** in Quedlinburg unter dem Verdacht verhaftet, mit ihrem Sohn konspiriert zu haben. Das Bezirksgericht Halle/Saale verurteilt sie am **14. Februar 1956** wegen „Staatsverleumdung und Devisenvergehen" zu zwei Jahren Haft. Im **November 1956** wird die Strafe „bedingt ausgesetzt". Karl Wilhelm Fricke wird am **11. Juni 1956** vom 1. Strafsenat des Obersten Gerichts der DDR in Ostberlin „wegen Verbrechen gegen Artikel 6 der Verfassung der DDR" zu vier Jahren Zuchthaus unter Anrechnung der Untersuchungshaft verurteilt. Er kommt zum Strafvollzug zuerst nach Brandenburg-Görden und schließlich mit Verlegung der Gruppe der „Staatsfeinde" am **9. August 1956** nach Bautzen II. Seine Haftzeit verbringt er in strenger Isolation, die vom MfS mit seiner Einweisung in den Strafvollzug angeordnet worden war. Am **31. März 1959** wird Fricke nach Ablauf seiner vollständigen Haftzeit nach Westberlin entlassen. Er arbeitet wieder als Journalist und Publizist. **Von 1976 bis 1994** ist er als Redakteur beim Deutschlandfunk in Köln tätig. Er veröffentlicht mehrere Bücher zur Politischen Justiz und zum MfS-Apparat in der DDR. Nach der Friedlichen Revolution in der DDR **1989** und der Öffnung der MfS-Archive setzt er sich auch publizistisch mit seiner persönlichen Verfolgungsgeschichte auseinander. Karl Wilhelm Fricke lebt heute in Köln.

StVA II Bautzen   Bautzen, dem 11. Juli 1958

BStU
000081

A k t e n n o t i z

Am 11. Juli 1958 sollte der Strafgefangene F r i c k e zur Arbeit eingesetzt werden. Dem Hauptwachtmeister Produktion erklärte er, daß er die Arbeit verweigere.
Bei der Vernehmung erklärte Fricke, daß er für diesen Staat (gemeint ist die DDR) nicht das geringste übrig habe. Er werde nur dann arbeiten, wenn er schweren Repressalien, wie Arrest, Dunkelhaft, Entzug der Verpflegung und Post usw., ausgesetzt sein würde.
Trotz Hinweis, daß ihm die Sondervergünstigungen, die vom Generalstaatsanwalt genehmigt wurden, entzogen werden, erklärte Fricke, daß er nicht arbeitet.
Bei der Vernehmung, bei welcher zugegen waren Leutn.d.VP Lorenzkowski, VP-Meister Kieschnick und VP-Meister Noack, kam klar zum Ausdruck, daß Fricke ein unversöhnlicher und eingefleischter Gegner der Deutschen Demokratischen Republik ist.

Stellv. Allgemein
(Lorenzkowski)
Ltn.d.VP

Notiz über Frickes Arbeitsverweigerung, Juli 1958

Adolf-Henning Frucht

Adolf-Henning Frucht wird am **2. September 1913** in Torgau geboren. Er absolviert ein Medizinstudium in Jena und Leipzig. **1937/38** erhält er ein Stipendium für die Universität Cincinnati in den USA. Ab Sommer **1940** arbeitet Frucht und wird **1941** als Truppenarzt an der Front eingesetzt. Wegen Erkrankung wird er **Ende 1941** zuerst nach Dresden versetzt und ist dann bis zum Kriegsende **1945** als Arzt in Prag tätig. Gemeinsam mit seiner Familie lässt er sich **1945** in der sowjetisch besetzten Zone nieder und arbeitet in der Hauptabteilung Gesundheitswesen im Land Sachsen. Durch die sowjetische Militäradministration wird er als „politisch unzuverlässig" **1948** aus diesem Amt entfernt, bekommt aber eine Dozentur an der Universität Leipzig, wo er sich **1953** habilitiert. Nach Scheidung und neuer Heirat zieht Frucht **1960** nach Ostberlin, wo er ein eigenes Institut für Grundlagenforschung aufbauen kann. Seine bereits vor dem Mauerbau vorhandenen Kontakte zum amerikanischen Geheimdienst nutzt Frucht nach dem **13. August 1961**, um von sich aus dem CIA ihm bekannt gewordene militärische Pläne des Ostblocks auf dem Gebiet der Giftgasführung mitzuteilen. Durch den Verrat eines Überläufers wird Frucht im **Mai 1967** vom MfS verhaftet und in die MfS-Untersuchungshaftanstalt Berlin-Hohenschönhausen gebracht. Im **März 1968** verurteilt ihn der Militärstrafsenat des Obersten Gerichts der DDR wegen Spionage zu lebenslanger Haft. Am **17. Mai 1968** kommt Frucht nach Bautzen II. In den ersten Jahren wird er in Isolationshaft gehalten. Nur allmählich lockert sich die strenge Abschirmung. Am **18. Juni 1977** wird er im Austausch gegen einen in Chile inhaftierten kommunistischen Ex-Senator in die Bundesrepublik entlassen. Seine Familie kann ihm wenig später in den Westen folgen. Frucht nimmt trotz seines Alters noch Forschungsarbeiten in der Arbeitsmedizin und der Pharmakologie auf. Am **22. Oktober 1993** erliegt er in Berlin einem Herzversagen.

Bautzen, den 6. November 1972

Liebe tapfere, treue Alte!

Meinen letzten Brief schrieb ich, als ich erst kurze Zeit unter Menschen war. Inzwischen bin ich schon länger in Gemeinschaft und habe mich besser mit der Wirklichkeit beschäftigen können und viel dabei gelernt. Mein Leben ist weit natürlicher geworden, besonders durch das Auf und Ab kleiner Spannungen und Entspannungen, wie sie der Umgang mit sich bringt. Alle möglichen hormonalen und nervösen Regulationen sind ja auf solche Beanspruchungswechsel eingestellt, ebenso die höheren Leistungen des Nervensystems, und das läuft nun alles besser. Gleiches gilt für die berufliche Arbeit. Selbst eintönige Folge von Handgriffen nimmt einen anderen, eben belebten Verlauf, wenn sie im Verband, in Anpassung an Lieferanten und Abnehmer erfolgt. Seit einigen Tagen habe ich etwas schwierige Arbeiten mit Maschinenbenutzung, das ist noch besser. Gehörschutzwatte wird bereitgestellt. Wegen der wechselnden Gelenk- und Muskelbelastung fallen mir schwierige Arbeiten leichter, sie bringen auch mehr Geld ein. Das sind vorläufige Feststellungen. Für einen Vergleich mit der vorhergehenden Phase ist es noch zu früh, denn nicht nur ich befinde mich in der Umstellung, so daß jeder Tag etwas Neues bringt. Mein Wortschatz ergänzt sich schnell durch Umgangssprachliches und Dialekte. Das war wünschenswert. Eine spezielle Berufssprache existiert in meiner Umgebung nicht, doch es gibt viele Kurzbezeichnungen für Arbeits- und Lebensbedingungen, in die ich erst langsam eindringe, was z. B. bei Arbeitsanweisungen zu gelegentlichen Mißverständnissen führt. (...) Es besteht eine vielfältige soziale Rangordnung, wie stets in so eng geflochtenen Gemeinschaftten, die hier vorwiegend auf der aktuellen Leistung mit den Schwerpunkten Ausdauer, Geschicklichkeit, Erfahrung beruht. Also sehr ehrenwerten Prinzipien, weit entfernt von dem, was man von ähnlichen Einrichtungen in anderen Ländern oder Zeiten auch in unserer Bibliothek liest. Einen vorläufigen Platz in der Gemeinschaft habe ich auch schon gefunden, und wie ich aus vertrauensvollen Fragen entnehme, keinen schlechten. (...)

Brief von Adolf-Henning Frucht an seine Ehefrau Maria Frucht kurz nach Ende seiner Isolationshaft in Bautzen II im Oktober 1972 (Abschrift aus: Maria und Adolf-Henning Frucht: Briefe aus Bautzen II)

Wolfgang Harich

Wolfgang Harich wird am **9. Dezember 1923** in Königsberg geboren. Bereits in seiner Jugendzeit hat er ein reges Interesse an Philosophie und ist als Oberschüler Gasthörer an der Universität in Berlin. **1942** wird Harich zur Wehrmacht eingezogen und an der Ostfront eingesetzt. Er desertiert **1944** und wird Mitglied einer illegalen Widerstandsgruppe in Berlin. Nach Kriegsende **1945** tritt er der KPD, 1946 der SED bei. **1946 bis 1951** studiert Wolfgang Harich Philosophie und Literaturwissenschaft an der Berliner Universität. **1951** wird er zum Dr. phil. promoviert und erhält **1952** eine Philosophieprofessur an der Humboldt-Universität Berlin. Außerdem arbeitet er als Lektor im Aufbau-Verlag. Harich wird Mitbegründer, -herausgeber und Chefredakteur der „Deutschen Zeitschrift für Philosophie", dem einzigen Fachorgan der DDR-Philosophie. In dieser Zeit kommt es zu Auseinandersetzungen mit dem SED-Politbüro. Trotzdem hält er weiterhin stark besuchte Vorlesungen. In der kurzen „Tauwetter-Periode" nach dem XX. Parteitag der KPdSU konzipiert er im **Herbst 1956** eine „Plattform für einen besonderen deutschen Weg zum Sozialismus", zur Demokratisierung der DDR sowie zur „friedlichen Wiedervereinigung Deutschlands". Daraufhin, und wegen seiner Kontakte zur SPD und deren Ostbüro, wird Wolfgang Harich am **29. November 1956** durch das MfS festgenommen. In einem Schauprozess wird er am **9. März 1957** vom Obersten Gericht der DDR wegen Verbrechens gegen Art. 6 der Verfassung der Deutschen Demokratischen Republik zu zehn Jahren Zuchthaus verurteilt. Mitangeklagte sind Bernhard Steinberger und Manfred Hertwig. Harich wird zur Verbüßung seiner Strafe nach Bautzen II überführt. Aufgrund eines Amnestieerlasses des DDR-Staatsrates vom 3. Oktober 1964 wird er am **18. Dezember 1964** vorzeitig aus der Haft entlassen. Seit **1965** ist er als freiberuflicher Lektor tätig und wendet sich unter dem Eindruck der Veröffentlichungen des „Club of Rome" Anfang der siebziger Jahre ökologischen Themen zu. **Von 1979 bis 1981** hält er sich, unter Beibehaltung der DDR-Staatsbürgerschaft, in Österreich, in der Bundesrepublik, in Spanien und in der Schweiz auf und engagiert sich in der bundesdeutschen Friedensbewegung. Durch Entscheidung des Obersten Gerichts der DDR vom **30. März 1990** erfolgt die Kassation seines Urteils vom 9. März 1957. Harich wird vollständig rehabilitiert. **1992** wird er Mitbegründer und Vorsitzender der „Alternativen

Enquete-Kommission Deutscher Zeitgeschichte". **1994** tritt er der PDS bei und schließt sich dem linken Flügel an. Wolfgang Harich stirbt am **15. März 1995** in Berlin.

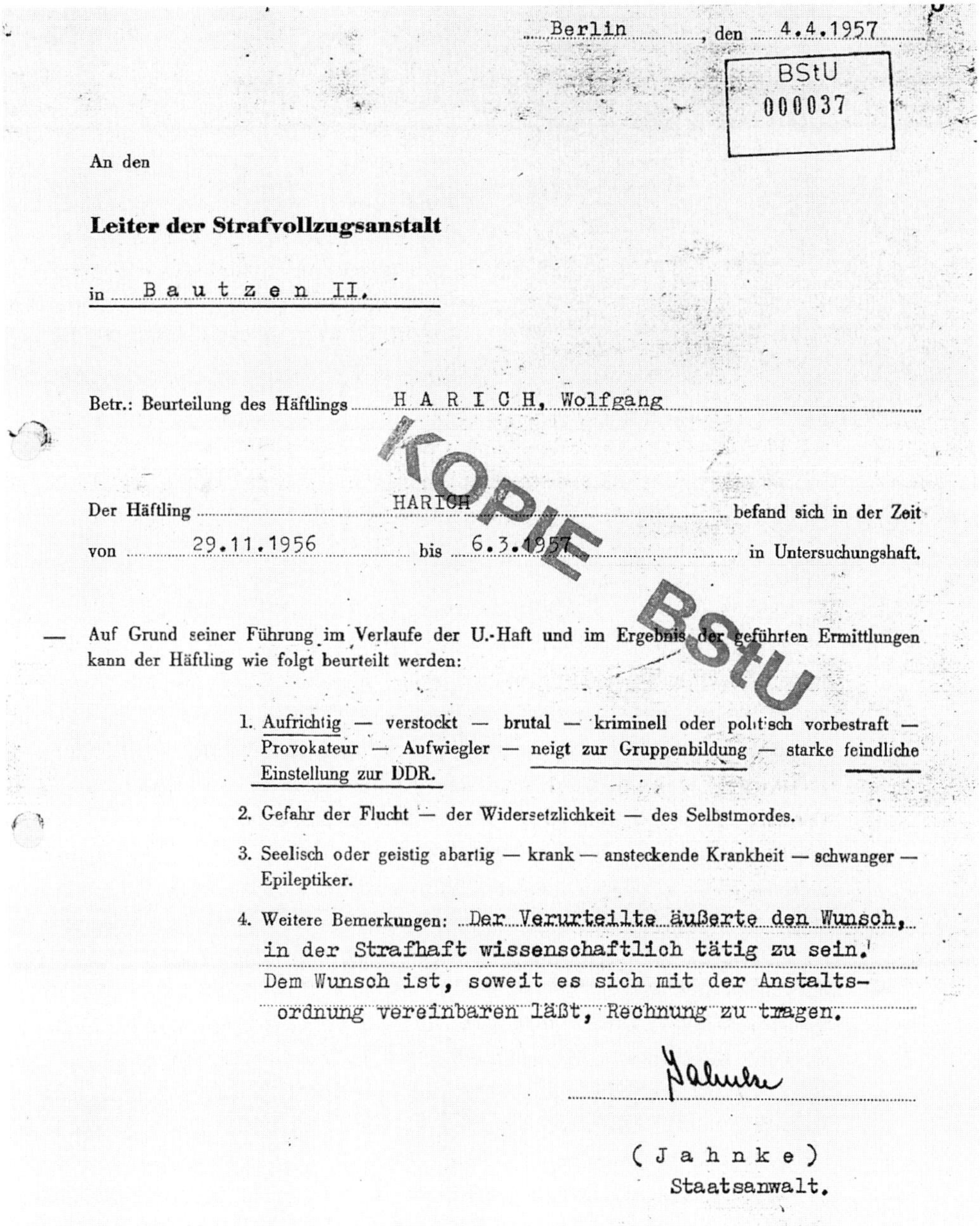

Berlin, den 4.4.1957

BStU 000037

An den

Leiter der Strafvollzugsanstalt

in B a u t z e n II.

Betr.: Beurteilung des Häftlings H A R I C H, Wolfgang

KOPIE BStU

Der Häftling HARICH befand sich in der Zeit von 29.11.1956 bis 6.3.1957 in Untersuchungshaft.

Auf Grund seiner Führung im Verlaufe der U.-Haft und im Ergebnis der geführten Ermittlungen kann der Häftling wie folgt beurteilt werden:

1. Aufrichtig — verstockt — brutal — kriminell oder politisch vorbestraft — Provokateur — Aufwiegler — neigt zur Gruppenbildung — starke feindliche Einstellung zur DDR.
2. Gefahr der Flucht — der Widersetzlichkeit — des Selbstmordes.
3. Seelisch oder geistig abartig — krank — ansteckende Krankheit — schwanger — Epileptiker.
4. Weitere Bemerkungen: Der Verurteilte äußerte den Wunsch, in der Strafhaft wissenschaftlich tätig zu sein. Dem Wunsch ist, soweit es sich mit der Anstaltsordnung vereinbaren läßt, Rechnung zu tragen.

Jahnke

(J a h n k e)
Staatsanwalt.

Vor der Einlieferung Harichs nach Bautzen II erhält der Leiter der Haftanstalt eine Beurteilung des Staatsanwaltes (BStU, MfS AU 89/57 HA/EV, Bd. 3)

Günter Heinrich

Günter Heinrich wird am **4. Oktober 1937** in Meuselwitz bei Altenburg geboren. **Von 1944 bis 1955** besucht er die Grund- und die Oberschule und schließt mit dem Abitur ab. Unmittelbar nach der Schulzeit wird er vom MfS als Volontär für die Kreisdienststelle des MfS in Altenburg angeworben. Ihm wird in Aussicht gestellt, das geplante Journalistikstudium über das MfS absolvieren zu können. Nach seiner Verpflichtung gewinnt Heinrich schnell Einblick in die Arbeitsweise des MfS und entschließt sich zur Flucht nach Westberlin, um sich im **August 1955** dem MfS zu entziehen. In Westberlin setzt ihn der CIA, der über seine Mitarbeit beim MfS informiert ist, unter Druck und verpflichtet Heinrich, als CIA-Agent in die DDR zurückzukehren. Aufgrund seiner persönlichen Beziehung zu einem „kaderpolitisch" nicht tragbaren Mädchen entpflichtet ihn das MfS im **Oktober 1955**. Er nimmt bis **September 1956** verschiedene Hilfstätigkeiten an und beginnt dann an der Universität Leipzig ein Zahnmedizinstudium. Er heiratet mit 19 Jahren seine Freundin und wird Vater. Im **Herbst 1956** meldet sich Heinrich in Westberlin erneut beim CIA, um mitzuteilen, dass er nicht mehr beim MfS arbeitet. Der CIA hält trotzdem an ihm als Agenten fest, er soll Adressen in der DDR überprüfen. **1959** fliehen Heinrichs Eltern in den Westen, wenige Tage später folgt er ihnen, seine Frau bleibt in der DDR zurück. Die Ehe wird 1961 geschieden. Heinrich bemüht sich, sein Zahnmedizinstudium fortzusetzen, muss es aber aus finanziellen Gründen **1961** abbrechen. Er findet bei der VW-Generalvertretung in Münster eine Anstellung. **1964** trifft Heinrich seine Ex-Frau und sein Kind das erste Mal in Ostberlin wieder. Weitere Treffen folgen in Leipzig, dem jetzigen Wohnort seiner Familie. Während dieser Treffen steht Heinrich unter operativer Beobachtung des MfS. **Ende 1965** beschließt Heinrich, in die DDR zurückzukehren, nachdem er eine Arbeitsstelle in Groitzsch bei Altenburg angeboten bekommen hat. Er reist im Dezember 1965 in die DDR ein und kommt in das Aufnahmelager Barby. Das MfS hat inzwischen aufgrund seiner Überwachungstätigkeit von Heinrichs CIA-Kontakten erfahren. Er wird unter dem Vorwurf der Spionage am **5. Januar 1966** in Barby verhaftet und in die MfS-Untersuchungshaftanstalt Berlin-Hohenschönhausen eingeliefert. Am **14. Juli 1966** verurteilt ihn der Militärstrafsenat beim Obersten Gericht der DDR in zweiter Instanz wegen Spionage zu vier Jahren Zuchthaus. Am **17. August 1966** wird Heinrich nach Bautzen II verlegt. Er wird nach fast vierjähriger Haftzeit am **30. Dezember 1969** nach Groitzsch in die DDR entlassen. Im Fernstudium qualifiziert sich Heinrich **1978** zum Ingenieurökonom und arbeitet nach seinem Umzug nach Jena als Ökonomischer Leiter. **1993** geht er in Rente. Im **Oktober 1994** wird sein Urteil aufgehoben und Heinrich vollständig rehabilitiert.

000122

Beschluß

In der Strafsache

gegen den Verurteilten
H e i n r i c h, Hans-Günter,
geboren am 04. 10. 1939 in Meuselwitz,
z.Zt. Strafvollzugsanstalt Bautzen II

wegen Spionage

wird dem Antrag des Leiters der Strafvollzugsanstalt Bautzen II auf Strafaussetzung auf Bewährung

nicht stattgegeben.

Gründe:

Der Strafgefangene Heinrich ist in 2. Instanz vom Militärstrafsenat des Kollegiums für Militärstrafsachen des Obersten Gerichts der DDR wegen Spionage zu 4 Jahren Freiheitsstrafe verurteilt worden. Die Strafzeit ist am 04.01.1970 beendet.
Aus Beurteilungen der Strafvollzugsanstalt Bautzen II geht hervor daß der Verurteilte zumindest von Anfang des Jahres 1967 bis zum Herbst 1968 und damit die überwiegende Zeit der Strafverbüßung ein sehr mangelhaftes Verhalten zeigte und unter anderen Strafgefangenen zersetzend wirkte. So traten besonders im Sommer 1967 im Arbeitskommando des Strafgefangenen Heinrich große Schwierigkeiten im Arbeitsablauf und in der Disziplin auf. Untersuchungen haben ergeben, daß Heinrich maßgeblich daran beteiligt war. Er forderte zum langsamen Arbeiten auf. Diese vom Verurteilten hervorgerufene bewußte negative Erscheinung wird nicht dadurch aufgehoben, daß bei seinem Verhalten seit Herbst 1968 eine positive Änderung eingetreten ist. Dieser Umstand ist noch keine ausreichende Grundlage und Voraussetzung zur Gewährung einer Strafaussetzung auf Bewährung (§§ 45 Abs. 1 StGB, 349 Abs. 1 StPO).
Unter Berücksichtigung der bisherigen Gesamtentwicklung, insbesondere seines Verhaltens im Strafvollzug ist es notwendig,

den erzieherischen Einfluß weiter fortzusetzen, damit der Verurteilte Heinrich grundsätzliche Lehren aus seinem Verhalten zieht.

gez. Keim gez. Geißler gez. Spiekmann

Ausgefertigt:

Berlin, den 7. Juli 1969

Sekretär
des Militärobergerichts Berlin

Das Militärobergericht Berlin gibt selbst dem Auftrag des Leiters der StVA Bautzen II auf Strafaussetzung auf Bewährung für Günter Heinrich nicht statt

Dieter Hötger

Dieter Hötger wird am **20. August 1939** in Berlin geboren. Als gelernter Kaufmann arbeitet er in Berlin bei einer Baufirma. Nach der Sperraktion vom **13. August 1961**, die zur Errichtung der Berliner Mauer führt, gräbt er mit Freunden einen Tunnel zwischen West- und Ostberlin, um mehreren DDR-Bürgern zur Flucht zu verhelfen. Die Aktion wird von einem MfS-Spitzel verraten. Hötger und ein Freund werden am **28. Juni 1962** auf der Ostseite des Tunnels von Grenzsoldaten niedergeschossen. Der Freund überlebt die Schüsse nicht, Hötger wird schwer verletzt in das MfS-Haftkrankenhaus in Berlin-Hohenschönhausen eingeliefert. Nach drei Monaten wird er nach Neustrelitz in Untersuchungshaft überstellt. Am **5. Oktober 1962** wird er vom Bezirksgericht Neubrandenburg wegen „staatsgefährdender Gewaltakte und Verleitung zur Republikflucht" zu neun Jahren Zuchthaus verurteilt. Am **16. Oktober 1962** wird Hötger nach Bautzen II verbracht. Nach einem misslungenen Ausbruchsversuch im **September 1964** kommt Hötger für 21 Tage in Arrest und anschließend in Einzelhaft. Am **28. November 1967** gelingt ihm ein zweiter Ausbruchsversuch. Er will über die ČSSR in den Westen fliehen, wird aber in einer groß angelegten Fahndungsaktion nach neun Tagen – ca. 20 km von Bautzen entfernt – gestellt. Er kommt in die MfS-Untersuchungshaft nach Berlin-Hohenschönhausen und wird schließlich vom Bezirksgericht Potsdam am **7. März 1969** zu zusätzlich acht Jahren Freiheitsstrafe verurteilt. Am **16. Mai 1969** wird er nach Bautzen II zurückgebracht. Der Bundesregierung gelingt es, Hötger am **21. September 1972** in den Westen freizukaufen. Dieter Hötger lässt sich wieder in Berlin nieder und arbeitet bis zu seiner Pensionierung **2000** als kaufmännischer Angestellter.

Arbeitsgruppe des Ministers   Berlin, den 31. Januar 1968

071

A n a l y s e

über den Informationsfluß in der Fahndung   H ö t g e r   in der Zeit vom 28. 11. bis 6. 12. 1967

Sachverhalt:

Am 28. 12. 1967, 04.30 Uhr, wurde aus der Strafvollzugsanstalt Bautzen II der Häftling

H ö t g e r ,   Dieter
geb. am 28. 8. 1939 in Berlin
wohnhaft: Berlin-Spandau,
Reckeweg 60

flüchtig.
H. wurde mittels eines Mauerdurchbruchs aus der Arbeitszelle flüchtig. Bekleidung: Häftlingskleidung.

Auf der Grundlage dieses Sachverhalts wurden folgende Maßnahmen eingeleitet:

- Der eingesetzte Fährtenhund hat um 5.40 Uhr keine Fährte aufgenommen,

- am 28. 11. 1967, 5.15 Uhr, Auslösung der Fahndungsstufe 1 für das VPKA Bautzen,

- Im Fahndungsersuchen der BdVP Dresden wird im besonderen auf gedeckte Fahndungsmaßnahmen hingewiesen,

  wie

  Kontrolle aller Unterschlupfmöglichkeiten, illegale Quartiere, Gaststätten, Bahnhöfe und Bahnhofsgelände,

- Alle anfallenden Straftaten, wie

  Kfz-Diebstähle,
  Diebstähle von Bekleidung,
  sowie Lebensmitteln

  sind im Zusammenhang mit der Eilfahndung analytisch zu verarbeiten.

- Einbeziehung von gesellschaftlichen Kräften von Forstwirtschaftsbetrieben, LPG, Auto- und Straßenbahnmeistereien sowie Kraftverkehr, VEB Taxi in das System der Fahndung.

- Der gesamte Personen- und Güterverkehr aus dem Bezirk Dresden in Richtung Staatsgrenze nach Westdeutschland und Westberlin ist zu kontrollieren.

Auszug aus der Analyse der Arbeitsgruppe des Ministers zur Fahndung nach dem Flüchtigen Dieter Hötger

Walter Janka

Walter Janka wird am **29. April 1914** in Chemnitz als Sohn einer Arbeiterfamilie geboren. Nach dem Besuch der Volksschule in Chemnitz beginnt er eine Ausbildung zum Schriftsetzer. Im Jahr **1932** tritt er in die KPD ein und wird **1933** Leiter des KJVD Erzgebirge. Bald darauf wird er verhaftet und bis **1935** im Zuchthaus Bautzen I sowie im Schutzhaftlager Sachsenburg (Frankenberg) inhaftiert. Während seiner Haft wird Janka ausgebürgert und nach seiner Entlassung im **August 1935** als Staatenloser in die ČSR ausgewiesen. Im Prager Exil wird er Mitglied im KJV der ČSR. **1936 bis 1939** kämpft Janka in den Reihen der „Internationalen Brigaden" im Spanischen Bürgerkrieg. **Von 1939 bis 1941** ist er in Frankreich interniert. **1941** flieht Janka zusammen mit dem KPD-Politbüro-Mitglied Paul Merker nach Mexiko und lebt dort bis **1947** im Exil. In Mexiko wird er Mitbegründer der Bewegung und Zeitschrift „Freies Deutschland". **1947** kehrt Janka nach Deutschland zurück. Er wird Mitglied der SED und zeitweilig persönlicher Mitarbeiter von Merker im Parteivorstand. **Von 1948 bis 1950** wird er Generaldirektor der DEFA, ab **1951** arbeitet er im Aufbau-Verlag. **1952** wird er Verlagsleiter. Am **6. Dezember 1956** wird Walter Janka vom MfS festgenommen und am **26. Juli 1957** in einem Schauprozess wegen „Boykotthetze" zu fünf Jahren Zuchthaus verurteilt. Mitangeklagte sind Gustav Just, Heinz Zöger und Richard Wolf. Janka wird aus der SED ausgeschlossen und gilt den Machthabern als politisch hauptverantwortlich für die Bildung einer „konterrevolutionären Gruppe" im Aufbau-Verlag und um die Zeitung „Sonntag". Ab **5. Februar 1958** ist er im Zuchthaus Bautzen II inhaftiert, anfänglich in Einzelhaft. Während seiner Inhaftierung erkrankt Walter Janka schwer. Nach anhaltenden internationalen Protesten wird er im Dezember 1960 nach einem Gnadenentscheid vorzeitig entlassen, bleibt aber weiterhin im Visier des MfS. **Von 1962 bis 1972** ist Janka als Dramaturg bei der DEFA tätig und geht 1972 in den Ruhestand. Im **Oktober 1989** kommt es in der DDR zur Teilveröffentlichung seiner Memoiren „Schwierigkeiten mit der Wahrheit". Am **5. Januar 1990** wird das Urteil vom 26. Juli 1957 kassiert. **1990** ist Janka zunächst noch Mitglied des Rats der Alten beim Parteivorstand der PDS, tritt aber bald darauf aus der Partei aus. Walter Janka stirbt am **17. März 1994** in Kleinmachnow.

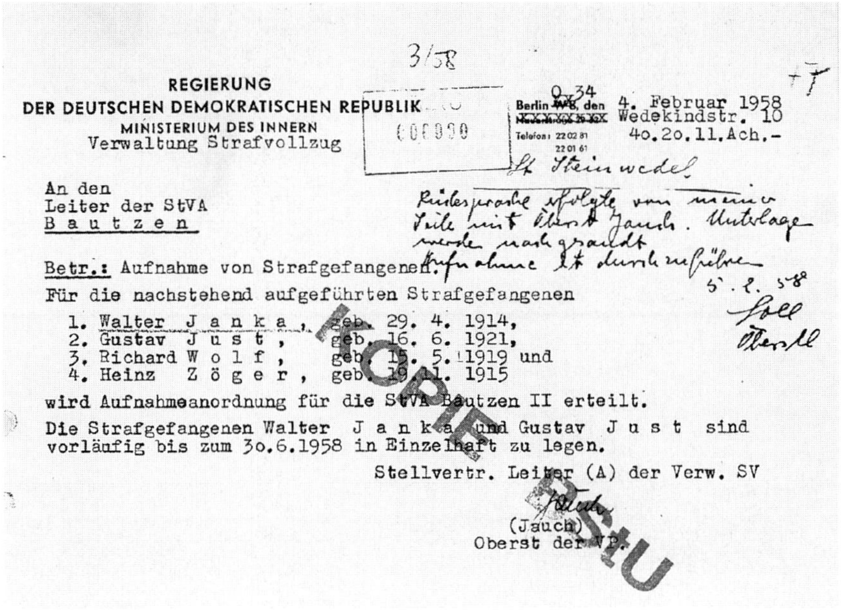

3/58

REGIERUNG
DER DEUTSCHEN DEMOKRATISCHEN REPUBLIK
MINISTERIUM DES INNERN
Verwaltung Strafvollzug

Berlin O 34, den 4. Februar 1958
Wedekindstr. 10
Telefon: 22 02 81, 22 01 61
40.20.11.Ach.-

An den
Leiter der StVA
B a u t z e n

Betr.: Aufnahme von Strafgefangenen.

Für die nachstehend aufgeführten Strafgefangenen

1. Walter J a n k a , geb. 29. 4. 1914,
2. Gustav J u s t , geb. 16. 6. 1921,
3. Richard W o l f , geb. 15. 5. 1919 und
4. Heinz Z ö g e r , geb. 19.11. 1915

wird Aufnahmeanordnung für die StVA Bautzen II erteilt.

Die Strafgefangenen Walter J a n k a und Gustav J u s t sind vorläufig bis zum 30.6.1958 in Einzelhaft zu legen.

Stellvertr. Leiter (A) der Verw. SV

(Jauch)
Oberst der VP.

Anweisung der Verwaltung Strafvollzug beim MdI an den Leiter der StVA Bautzen II, in der u. a. die Einzelhaft für Walter Janka angeordnet wird (BStU, MfS AU 89/57, Bd. 2)

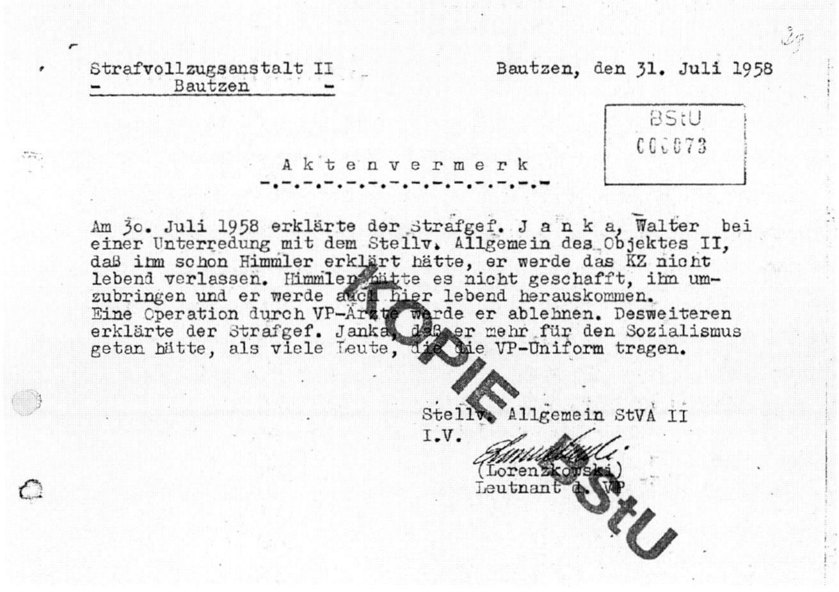

Strafvollzugsanstalt II
- Bautzen -

Bautzen, den 31. Juli 1958

A k t e n v e r m e r k
-.-.-.-.-.-.-.-.-.-.-.-.-

Am 30. Juli 1958 erklärte der Strafgef. J a n k a, Walter bei einer Unterredung mit dem Stellv. Allgemein des Objektes II, daß ihm schon Himmler erklärt hätte, er werde das KZ nicht lebend verlassen. Himmler hätte es nicht geschafft, ihn umzubringen und er werde auch hier lebend herauskommen.
Eine Operation durch VP-Ärzte würde er ablehnen. Desweiteren erklärte der Strafgef. Janka, daß er mehr für den Sozialismus getan hätte, als viele Leute, die die VP-Uniform tragen.

Stellv. Allgemein StVA II
I.V.

(Lorenzkowski)
Leutnant d. VP

Aktenvermerk über Walter Janka während seiner Haft in Bautzen II (BStU, MfS AU 89/57, Bd. 2)

Xing-Hu Kuo

Xing-Hu Kuo wird am **12. Mai 1938** als Sohn einer chinesischen Familie in Batavia (heute Djakarta) in Indonesien geboren. **1956** legt er das Abitur ab und arbeitet anschließend u. a. als Assistent eines amerikanischen Wissenschaftlers an der Cornell-Universität. Geprägt von den kommunistischen Idealen seines Vaters kommt er im **Sommer 1958** dank eines Stipendiums des Internationalen Studentenbundes nach Leipzig und studiert dort bis **1963** an der Fakultät für Journalistik. Kuo wird bereits während seiner Studentenzeit von inoffiziellen Mitarbeitern des MfS wegen Verdachts der Feindtätigkeit und ideologischer Diversion bespitzelt. Nach seinem Studium arbeitet er **von 1963 bis 1965** in der Botschaft der Volksrepublik China in Ostberlin als Übersetzer. Kuo kann ungehindert zwischen Ost- und Westberlin reisen. Er nutzt diese Möglichkeit, um fluchtwillige DDR-Bürger nach Westberlin zu bringen. Am **31. Januar 1965** wird er unmittelbar vor dem Grenzübergang „Checkpoint Charlie" in Ostberlin verhaftet. Das Stadtgericht von Groß-Berlin verurteilt ihn am **7. Januar 1966** u. a. wegen „fortgesetzter Verleitung von Personen zum Verlassen der DDR in Tateinheit mit Verbindungen zu verbrecherischen Organisationen" zu siebeneinhalb Jahren Zuchthaus. Am **24. Mai 1966** wird Kuo nach Bautzen II überstellt. Kuo wird am **26. Mai 1972** in die Haftanstalt Berlin-Rummelsburg verlegt. Von dort wird er nach erfolgtem Freikauf durch die Bundesregierung am **31. Mai 1972** nach Westberlin entlassen. Er arbeitet bis **1985** als Redakteur beim Axel-Springer-Verlag in Berlin und Stuttgart. Seit **1985** ist er als freier Publizist, Verleger und Buchautor tätig. 1990 erscheint sein Buch „Ein Chinese in Bautzen II", 1993 der Band „Wodka in Sektgläsern". Im Jahr **2000** siedelt Kuo von Berlin in die Niederlande über.

BStU
000059

Strafvollzugsanstalt
Bautzen II
- Der Leiter -

Bautzen, den 29.12.1967

KOPIE BStU

Betrifft:
Hinweise für das Aufsichtspersonal des HKH der StVA Bautzen I

Bei dem Strafgefangenen K u o handelt es sich um einen ausgesprochen gefährlichen Gegner unserer Republik.
Er wird nichts unversucht lassen, um über das Aufsichtspersonal oder Strafgefangene zu versuchen, Nachrichten nach außen zu bringen.
Deshalb ist es unbedingt erforderlich, daß die aufsichtsführenden SV-Angehörigen sich mit ihm in keinerlei Gespräche einlassen und der Zutritt von Strafgefangenen-Pflegepersonal nicht gestattet wird.

-Hauptmann des SV -

Im Dezember 1967 kommt Kuo nach Bautzen I in das dortige Haftkrankenhaus. Der Leiter von Bautzen II gibt dem Personal Hinweise für den Umgang mit Kuo

Erich Loest

Am **24. Februar 1926** wird Erich Loest in Mittweida/Sachsen als Sohn eines Kaufmanns geboren. 1944 wird er zum Kriegsdienst einberufen. Nach dem Ende des Zweiten Weltkrieges arbeitet Loest unter anderem in der Landwirtschaft und in den Leuna-Werken. **1947** wird er Mitglied der SED. Er erhält eine Volontärsstelle und wird Redakteur bei der „Leipziger Volkszeitung“. Ab **1950** lebt Loest als freischaffender Schriftsteller in Leipzig. **1955/56** studiert er am Literaturinstitut „Johannes R. Becher“ in Leipzig. Während des politischen „Tauwetters“ und nach der Niederschlagung des Ungarnaufstandes 1956 gerät er mehr und mehr in Opposition zur offiziellen Politik der SED. Er tritt offen für die Entstalinisierung der DDR ein. Am **14. November 1957** wird Erich Loest festgenommen und aus der SED ausgeschlossen. Nach 13monatiger Untersuchungshaft wird er gemeinsam mit vier Mitangeklagten am **23. Dezember 1958** vom Bezirksgericht Halle wegen „konterrevolutionärer Gruppenbildung“ zu siebeneinhalb Jahren Zuchthaus verurteilt und nach Bautzen II überstellt. Am **25. September 1964** wird er vorzeitig „auf Bewährung“ aus der Haft entlassen. **Von 1965 bis 1979** arbeitet Loest als Schriftsteller in der DDR. **1979** tritt er aus Protest gegen Zensurmaßnahmen aus dem Schriftstellerverband der DDR aus und siedelt schließlich **1981** in die Bundesrepublik Deutschland über. Seine Haftzeit verarbeitet er u. a. in seiner Autobiografie „Durch die Erde ein Riß“, die 1981 in einem Hamburger Verlag erscheint. Nach der Friedlichen Revolution in der DDR **1989/90** wird Loest vom Obersten Gericht der DDR rehabilitiert. Seit Mitte der neunziger Jahre lebt und arbeitet Loest wieder in Leipzig.

VI/42

Bautzen, 2. Sonderbrief Nr. 61

Mein lieber Thomas, ich bin sehr froh, auch Dir einmal schreiben zu können. Mutti hat mir bei jedem Besuch von Dir erzählt u. oft von Dir geschrieben. Ich hab mich immer über Deine Fortschritte gefreut u. gestaunt, wenn ich auf den Bildern sah, wie Du gewachsen bist. Vier Jahre sind eine lange Zeit, was? Vielleicht kannst Du Dir Deinen Papi gar nicht mehr richtig vorstellen, aber glaub mir, wenn ich im nächsten Jahr nach Hause komme, werden wir ganz schnell wieder die dicksten Freunde. Ich hab nie viel mit Euch geschimpft; nun werde ich fast gar nicht mehr schimpfen. Ich bin nämlich noch ruhiger geworden, streite mich nie, bin immer sachlich. Das hat zur Folge, daß selbst die größten Rowdys höflich mit mir sprechen. So spare ich viel Nervenkraft. – Thomas, besonders froh bin ich, daß Du einem Schwimmklub beigetreten bist. Ich bin als Junge begeistert geschwommen u. gesprungen, aber in M. gab es keine Anleitung u. schon gar kein Winterbad, u. so blieb alles halbe Sache. Sollst mal sehen, was Du für Schultern bekommst beim Schmettern! Und ein sauberer Salto vom 3m-Brett stärkt das Selbstbewußtsein ungemein. Ich las das Buch „Kleine Enzyklopädie – Körperkultur u. Sport". Besonders gefiel mir Judo, u. ich überlegte, ob das nicht etwas für Dich wäre. Man bekommt Mut, Kraft u. Geschicklichkeit u. braucht keine Raufereien zu fürchten. Natürlich kannst Du nur eines betreiben, sonst reicht die Zeit nicht. Vielleicht später mal, was? Das erwähnte Buch wäre etwas für Dich zu Weihnachten. Wenn Du möchtest, frag Mutti, ob sie es Dir von dem Geld, das ich schickte, kaufen kann. (9.80 DM). Wenn sie es für anderes braucht, schenke ich Dir den großen Meyer-Atlas. Übrigens, hast Du Karten aus den Zeitungen ausgeschnitten, wie ich es Dir einmal riet? So, u. nun setz Dich hin u. schreib mir einen 20-Zeilen-Brief, von der Schule, dem Sport usw. Dich u. Mutti, Gitta u. Robbi grüßt von ganzem Herzen Euer Papi, der Euch alle sehr lieb hat.

Brief von Erich Loest an seinen Sohn Thomas vom November 1961

Erika Lokenvitz

Erika Hahn wird am **10. Dezember 1921** in Berlin als Kind einer Arbeiterfamilie geboren. Nach einer kaufmännischen Lehre arbeitet sie als Stenotypistin. **1941** heiratet sie den Arbeiter Heinz Lokenvitz, sie wird Mutter zweier Töchter. Ihr Mann fällt **1945** an der Front. Nach dem Scheitern ihrer zweiten Ehe arbeitet Erika Lokenvitz **seit 1950** als Stenotypistin im Kabelwerk Oberspree Berlin. **1955** tritt sie in die SED ein. Im gleichen Jahr verpflichtet sie sich schriftlich, ihre Wohnung als konspirativen Treffort dem MfS zur Verfügung zu stellen. **1956** wechselt Erika Lokenvitz die Arbeitsstelle und lernt Gertrud Liebing kennen, die wie sie im VEB Funk- und Fernmeldeanlagenbau RFT in Berlin tätig ist. Durch den Einfluss ihrer neuen Freundin, die seit **1955** als Agentin für den amerikanischen Geheimdienst arbeitet, beginnt auch Erika Lokenvitz als Agentin geheime Informationen aus ihrem Arbeitsbereich zu sammeln und nach Westberlin zu übermitteln. Fast parallel beginnt sie nach einer Anwerbung durch einen Cousin im **Sommer 1957** mit ihrer Agententätigkeit für das Berliner Landesamt für Verfassungsschutz. Bis **1966** wechselt Erika Lokenvitz noch mehrmals die Arbeitsstelle, setzt aber immer ihre Spionagetätigkeit fort. Gertrud Liebing arbeitet seit **1959** als Fernmeldemonteur im Zentralkomitee der SED und gelangt im Zentrum der Macht an geheime Informationen, die sie dem CIA übermittelt. Nach dem **13. August 1961** und dem Bau der Berliner Mauer bricht der Kontakt von Erika Lokenvitz zum Berliner Landesamt für Verfassungsschutz ab, beide Frauen setzen aber ihre Agententätigkeit für den CIA fort. Am **14. September 1966** wird Gertrud Liebing nach monatelanger Observation vom MfS festgenommen, einen Monat später, am **15. Oktober 1966** folgt die Verhaftung von Erika Lokenvitz. Gertrud Liebing wird vom Bezirksgericht Neubrandenburg am **15. Dezember 1966** wegen Spionage zu zwölf Jahren, Erika Lokenvitz wegen ihrer früheren MfS-Verpflichtung vom Militärobergericht Berlin am **16. März 1967** zu 10 Jahren Zuchthaus verurteilt. Nur sieben Wochen nach der Urteilsverkündung erliegt Gertrud Liebing ihrem schweren Krebsleiden. Am **7. Juni 1967** wird Erika Lokenvitz nach Bautzen II verlegt. Für zwei Jahre verbleibt sie in Einzelhaft. Am **28. Dezember 1971** wird sie aufgrund eines Gnadenentscheids vorzeitig aus Bautzen II entlassen. Sie kehrt zu ihrer Tochter nach Ostberlin zurück und arbeitet in verschiedenen Betrieben als Sekretärin, Postangestellte und Küchenhilfe. Erika Lokenvitz stirbt am **29. Juni 1982** an einem Herzinfarkt.

Strafvollzugsanstalt II
- Bautzen -

Bautzen, d. 03.12.67

Jahreseinschätzung der St. Lokenvitz

Seit dem 07.06.67 befindet sich die St. Lokenvitz in der StVA II in Bautzen.
Ihre tägliche Arbeit führt sie ohne Beamstandung durch die Norm liegt bei ihr fast immer über 100%.
Für gute Arbeitsleistung wurde sie bereits einmal prämiert.
St. Lokenvitz ist eine sehr saubere Strafgefangene sie hält auch bei anderen St. auf Sauberkeit und Ordnung.
Auseinandersetzungen und Beamstandungen von Seiten des Stationsleiters und des Aufsichtspersonals gab es (bei) mit ihr nur deshalb weil sie mitunter sehr vorlaut auftritt.
Aus diesem Grunde musste sie schon einige Male zurecht gewiesen werden.
Seit Anfang November des Jahres führt sie die Funktion eines Kalfaktors aus auch hierbei gibt es keine wesentlichen Beamstandungen.
Im Kreise des Kollektivs ist sie verträglich und kameradschaftlich. Hausarbeiten führt sie sauber und ordentlich durch.
In ihrer Freizeit beschäftigt sie sich mit fertigen von Handarbeiten, dem lesen des ND und dem Studium der Arbeiterbewegung.
Bei Gesprächen mit SV-Angehörigen erwähnt sie ständig, daß sie sich mit dem Studium der Arbeiterklasse intensiv beschäftigt und das beide Schwiegersöhne Genossen der Partei sind (SED)
Bei der St. Lokenvitz handelt es sich um keinen eingefleischten Staatsfeind, jedoch ihre Redegewandtheit muß auf alle Fälle beachtet werden weil sie auch damit einen Schaden anrichten kann.
Zu ihrer Tochter hat sie guten Kontakt.
St. Lokenvitz muß ständig beobachtet werden beispielsweise im Kreise des Kollektivs damit man sich ein klares Gesammtbild von ihr machen kann.

Stationsleiter Häutsche Mstr.

Jahreseinschätzung für Erika Lokenvitz vom 3. Dezember 1967, nach sechs Monaten Haft in Bautzen II

Thomas Lukow

Am **24. Oktober 1959** wird Thomas Lukow in Potsdam geboren. Seine Eltern sind im DDR-Staatsdienst tätig, der Vater beim Zentralinstitut für Statistik, die Mutter als Sekretärin. Lukow wird im sozialistischen Sinn erzogen und nimmt bereits als Schüler Funktionen in der Pionier- und Jugendorganisation wahr. Nach der 10. Klasse nimmt er eine Lehre als Förster auf. In dieser Zeit beginnt seine Abkehr von den sozialistischen Idealen. Er geht zunehmend in Konfrontation zu seinem Elternhaus. Mit 17 Jahren tritt er aus der FDJ und der DSF aus und bricht seine Lehre ab. Er nimmt verschiedene Gelegenheitsjobs in Berlin an, engagiert sich in der Musik- und Kulturszene am Prenzlauer Berg und reist zu Blues- und Rockkonzerten in der DDR. Aufgrund seiner persönlichen Entwicklung und der Verweigerung des Wehrdienstes **1978** steht er zunehmend unter Kontrolle der Staatssicherheit. Seine Wohnung und sein persönlicher Umgang werden observiert. Lukow sieht in der DDR für sich keine Entwicklungsmöglichkeiten und beschließt, über die ČSSR, Ungarn und Jugoslawien in den Westen zu fliehen. Am **1. Juli 1981** wird er in der Nähe der Grenze zwischen der ČSSR und Ungarn festgenommen und nach einigen Tagen Untersuchungshaft dem MfS nach Berlin-Hohenschönhausen überstellt. Lukow wird am **1. Oktober 1981** vom Stadtbezirksgericht Berlin-Lichtenberg wegen „versuchten ungesetzlichen Grenzübertritts" zu einem Jahr und acht Monaten Freiheitsentzug verurteilt. Am **2. November 1981** kommt Lukow nach Bautzen II. Seine Bemühungen, nach Ende seiner Haft in den Westen entlassen zu werden, scheitern. Er wird am **28. Februar 1983** nach Ostberlin entlassen und erhält wiederum nur Gelegenheits- und Aushilfsjobs. Er heiratet im **Oktober 1987** eine in kirchlichen Krankenhäusern tätige Krankenschwester, die bereits einen vierjährigen Sohn hat. Im September 1989 wird der zweite Sohn geboren. Die Familie stellt wegen der fortwährenden Einschränkungen einen Ausreiseantrag. Wenige Tage vor dem Mauerfall am 9. November 1989 erhalten sie die Genehmigung zur Ausreise. Am **17. November 1989** verlassen sie die DDR und übersiedeln nach Westberlin. Lukow arbeitet als U-Bahn-Fahrer und später in der Alten- und Behindertenbetreuung. Das Landgericht Berlin rehabilitiert ihn am **5. Januar 1993** und hebt das Urteil von 1981 auf. Seit **1999** macht Thomas Lukow Zeitzeugenführungen in den Gedenkstätten Berlin-Hohenschönhausen und Normannenstraße, arbeitet freiberuflich in der politischen Bildung sowie als Stadtführer und Reiseleiter.

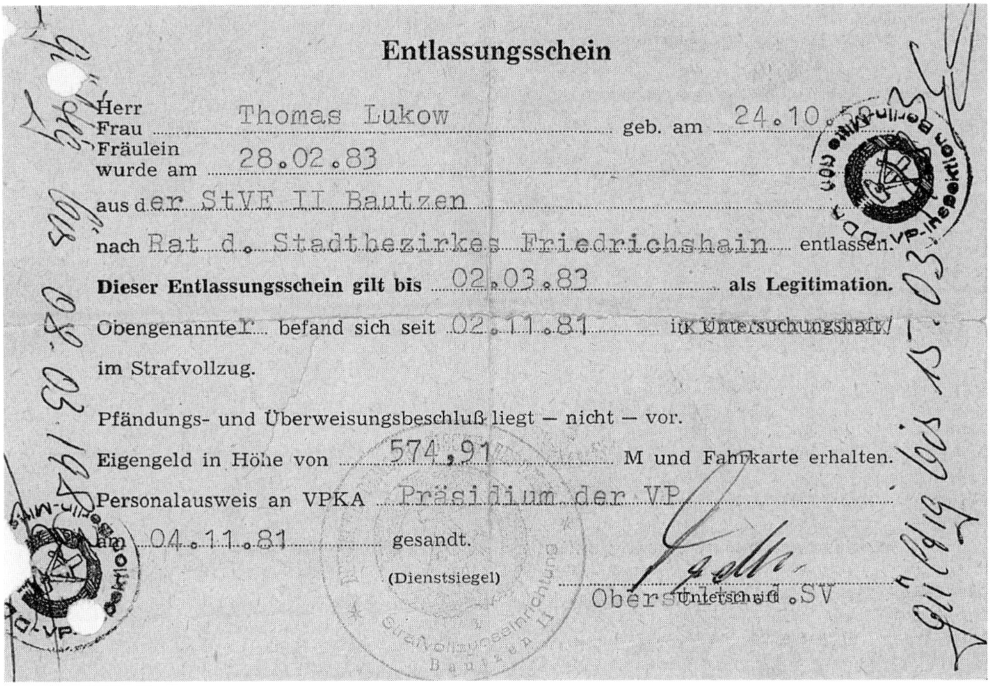

Entlassungsschein

Herr
Frau
Fräulein Thomas Lukow geb. am 24.10.5
wurde am 28.02.83
aus der StVE II Bautzen
nach Rat d. Stadtbezirkes Friedrichshain entlassen.

Dieser Entlassungsschein gilt bis 02.03.83 **als Legitimation.**

Obengenannter befand sich seit 02.11.81 in Untersuchungshaft/ im Strafvollzug.

Pfändungs- und Überweisungsbeschluß liegt — nicht — vor.

Eigengeld in Höhe von 574,91 M und Fahrkarte erhalten.

Personalausweis an VPKA Präsidium der VP
am 04.11.81 gesandt.

(Dienstsiegel)

Oberstleutnant SV
Unterschrift

Entlassungsschein von Thomas Lukow aus Bautzen II

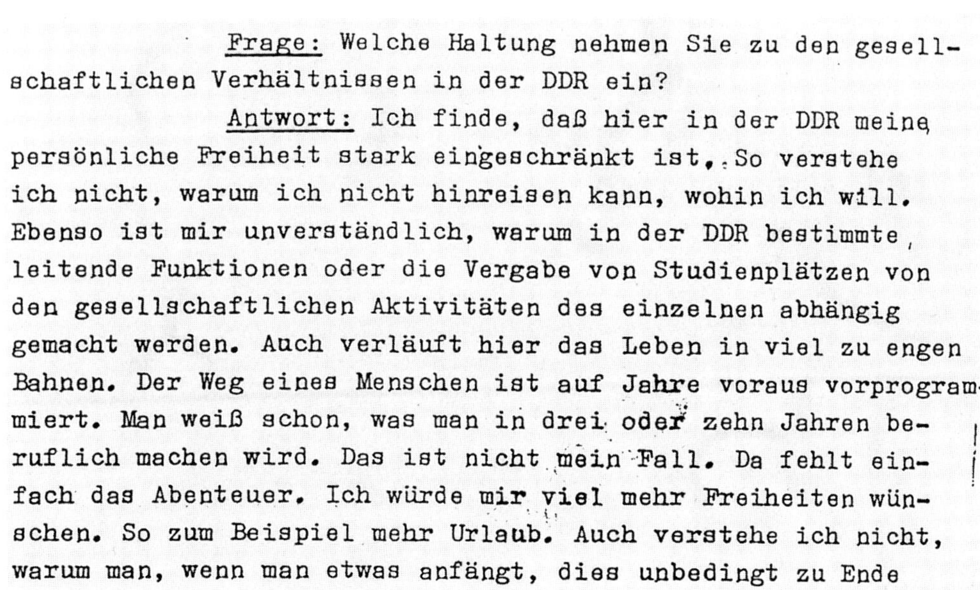

Frage: Welche Haltung nehmen Sie zu den gesellschaftlichen Verhältnissen in der DDR ein?

Antwort: Ich finde, daß hier in der DDR meine persönliche Freiheit stark eingeschränkt ist. So verstehe ich nicht, warum ich nicht hinreisen kann, wohin ich will. Ebenso ist mir unverständlich, warum in der DDR bestimmte, leitende Funktionen oder die Vergabe von Studienplätzen von den gesellschaftlichen Aktivitäten des einzelnen abhängig gemacht werden. Auch verläuft hier das Leben in viel zu engen Bahnen. Der Weg eines Menschen ist auf Jahre voraus vorprogrammiert. Man weiß schon, was man in drei oder zehn Jahren beruflich machen wird. Das ist nicht mein Fall. Da fehlt einfach das Abenteuer. Ich würde mir viel mehr Freiheiten wünschen. So zum Beispiel mehr Urlaub. Auch verstehe ich nicht, warum man, wenn man etwas anfängt, dies unbedingt zu Ende

Auszug aus einem Vernehmungsprotokoll Lukows während seiner Untersuchungshaft

Charlotte, Armin und Thomas Raufeisen

Charlotte Krüger wird am **24. Januar 1930** in Ahlbeck auf Usedom geboren. Nach der Schule absolviert sie eine Ausbildung zur Sprechstundenhilfe. Sie arbeitet später auch als Schulsekretärin. Mit 23 Jahren lernt Charlotte Krüger den Feriengast Armin Raufeisen in einem Tanzlokal kennen. **1956** findet die Hochzeit statt und beide ziehen nach Ronneburg in Thüringen. Armin Raufeisen lässt sich **1956** vom MfS als inoffizieller Mitarbeiter verpflichten. Er erhält **1957** die Anweisung, in die Bundesrepublik überzusiedeln und sich dort als Erdölfachmann weiterzuqualifizieren. Gegenüber seinen Angehörigen behauptet der überzeugte Kommunist, aus Karrieregründen in die Bundesrepublik fliehen zu wollen. Charlotte willigt ein und folgt ihrem Mann, der schon einige Monate zuvor „geflohen" war, im **August 1957** nach Hannover. Armin Raufeisen findet Arbeit bei der Preussag. Die Söhne Michael und Thomas werden **1960** und **1962** geboren. Charlotte Raufeisen wird erst nach und nach über die geheimen Verbindungen ihres Mannes zum MfS informiert. Sie verdrängt den Gedanken an mögliche Risiken und kann ihrem Mann das Versprechen abringen, nicht in die DDR zurückkehren zu müssen. In den **60er Jahren** versucht das MfS auch Charlotte Raufeisen als IM zu gewinnen. Sie weist den Anwerbungsversuch zurück und wird in Ruhe gelassen. Armin Raufeisen macht in den Hannoveraner Jahren eine doppelte Karriere. Zum einen wird er Abteilungsleiter bei der Preussag, zum anderen häufen sich Ehrungen, Beförderungen und Verdienstmedaillen von Seiten des MfS. **1969** verpflichtet er sich als Berufssoldat, **1973** wird er zum Oberleutnant befördert. Er erhält sämtliche Verdienstmedaillen der NVA sowie 1973 den Ehrentitel „Verdienter Mitarbeiter der Staatssicherheit". Armin Raufeisen will die zunehmende „Verwestlichung" seiner Familie verhindern. Seine Frau und die Kinder empfinden sich dagegen als Bundesbürger. Einem offenen Konflikt gehen alle aus dem Wege. Bis **1979** lebt Armin Raufeisen sein Doppelleben aus Überzeugung. In den letzten Jahren hat sich das Verhältnis zum MfS allerdings abgekühlt, nachdem er sich weigerte, Personen und militärische Informationen auszuspionieren. Im **Januar 1979** läuft der MfS-Offizier Werner Stiller zum BND über. DDR-Spione in der Bundesrepublik fühlen sich nicht mehr sicher. Sie werden in die DDR abgezogen. Armin Raufeisen kommt am **22. Januar 1979** mit der Nachricht nach Hause, Charlottes Vater läge im Sterben. Noch am selben Tag macht sich die Familie auf den Weg nach Ahlbeck. Mit dieser

Thomas Raufeisen im Frühjahr 1985 auf der Westseite des Brandenburger Tores, ein halbes Jahr nach seiner Entlassung aus Bautzen II

Thomas Raufeisen mit seiner Mutter während eines Österreich-Urlaubs 1976

gefälschten Nachricht wird die Familie Raufeisen in die DDR zurückgeholt. Das MfS begründet die eilige Rückkehr Raufeisen gegenüber als Konsequenz der „Stiller-Affäre". Die Söhne erfahren erstmals von der Geheimdiensttätigkeit des Vaters. Sie wollen auf keinen Fall in der DDR bleiben. Der bereits volljährige Sohn Michael weigert sich, den Staatsbürgerschaftsantrag der DDR zu unterschreiben. Die DDR lässt ihn im **Dezember 1979** in die Bundesrepublik ausreisen. Die politische Einstellung von Armin Raufeisen wandelt sich grundlegend. Er begreift, in welche Situation er seine Familie gebracht hat, und fühlt sich schuldig. Die Familie stellt zwei Ausreiseanträge und bemüht sich gleichzeitig, die DDR auf illegalem Weg zu verlassen. Die Fluchtaktivitäten werden über eine undichte Stelle beim Bundesamt für Verfassungsschutz dem MfS bekannt. Als die Familie einen Fluchtversuch plant, werden Armin, Charlotte und Thomas Raufeisen am **12. September 1981** festgenommen und in die Untersuchungshaftanstalt in Berlin-Hohenschönhausen eingeliefert. Am **16. September 1982** wird die Familie vom ersten Militärstrafsenat in Berlin verurteilt. Armin Raufeisen erhält wegen „vollendeter und versuchter Spionage im besonders schweren Fall" eine lebenslängliche Freiheitsstrafe, Charlotte Raufeisen wird wegen „Spionage" zu sieben Jahren, der Sohn Thomas zu drei Jahren wegen „landesverräterischer Agententätigkeit und ungesetzlichem Grenzübertritt" verurteilt. Alle drei werden zum Strafvollzug nach Bautzen II eingewiesen. Charlotte Raufeisen sieht ihren Mann und ihren Sohn einmal alle sechs Monate. Thomas Raufeisen wird am **11. September 1984** entlassen. Er kann **im Oktober 1984** in die Bundesrepublik zurückkehren. Am **12. Oktober 1987** verstirbt Armin Raufeisen in der Haft. Er wird ohne Rücksprache mit den Hinterbliebenen eingeäschert. Charlotte Raufeisen wird am **11. September 1988** nach vollständiger Verbüßung der Haft in die DDR entlassen. Ihr Antrag auf Ausreise in die Bundesrepublik wird erst im **April 1989** genehmigt. Seitdem lebt sie als Rentnerin wieder in ihrer Wahlheimat Hannover. Die Urteile gegen Armin, Charlotte und Thomas Raufeisen werden durch Gerichtsentscheid aufgehoben.

000029 24

Der Generalstaatsanwalt
der Deutschen Demokratischen Republik
– Militär-Oberstaatsanwalt –

Berlin, den 13. 9. 1981

Akz.: IA 2000-54/81 S

~~Militärobergericht~~
Militärgericht

Berlin

mit dem Antrag, gemäß § 124 StPO

gegen den/die Lehrling R A U F E I S E N , Thomas

geboren am 16. 07. 1962 in Hannover

Wohnort/~~Dienststelle~~ 1000 Berlin, Leipziger Straße 48

Haftbefehl

zu erlassen.

Gründe:

Der Beschuldigte Thomas RAUFEISEN ist dringend verdächtig, seit mehreren Monaten in Zusammenhang mit seinem, in einem besonderen Verpflichtungsverhältnis zum Ministerium für Staatssicherheit stehenden Vater Armin RAUFEISEN die Verbindungsaufnahme zu ausländischen Organisationen sowie deren Helfer mit dem Ziel des ungesetzlichen Grenzübertritts und der Schädigung der Interessen der DDR vorbereitet zu haben.

Die Handlungen des Beschuldigten begründen den Tatverdacht eines Verbrechens beziehungsweise Vergehens gemäß §§ 100 Absatz 1 und 2, 213 Absatz 1 und 4 StGB.

Gemäß § 122 Absatz 1 Ziffer 1 und 2 StPO ist der Erlaß des Haftbefehls gesetzlich begründet. Der Fluchtverdacht gemäß § 122 Absatz 2 Ziffer 1 StPO ergibt sich aus dem Charakter der Straftat selbst. Zur Durchführung des Strafverfahrens ist die Anordnung der Untersuchungshaft gemäß § 123 StPO unumgänglich.

Bock
Militärstaatsanwalt

Haftbefehl gegen Thomas Raufeisen vom September 1981

Hermann Reisch

Hermann Reisch wird am **9. Juni 1951** in Ulm geboren. Nach einer Lehre als Elektroinstallateur wird er in Ulm selbstständiger Taxifahrer. Weil er des öfteren ein älteres Ehepaar zu Urlaubs- und Kurreisen innerhalb der Bundesrepublik gefahren hatte, bittet ihn dieses Ehepaar, sie zu einer Hochzeit nach Karl-Marx-Stadt in die DDR zu fahren. Als Privatreisender fährt Reisch **1979** das Ehepaar in die DDR. In Karl-Marx-Stadt nimmt die Verwaltung Aufklärung des Ministers für Nationale Verteidigung (VAMfNV), getarnt als „Vertreter der Friedensbewegung", Kontakt mit Reisch auf und will ihn als Agenten anwerben. Er soll in seiner Heimatstadt Ulm und in Neu-Ulm die dort stationierten amerikanischen Raketenanlagen ausspionieren. Nach seiner Rückkehr in die Bundesrepublik berichtet Reisch freiwillig dem Verfassungsschutz in Stuttgart von dem Anwerbungsversuch und wird von diesem zur Gegenspionage angeworben. Er stimmt aus Abenteuerlust und vor allem aus finanziellen Gründen zu, da er sowohl vom Verfassungsschutz als auch vom VAMfNV Geld erhält. Das MfS erfährt durch einen Informanten von der Doppelspionage des Taxifahrers. Am **28. Juni 1984** wird Reisch während eines Treffs in Gera festgenommen und nach Berlin-Hohenschönhausen transportiert. In der Vernehmung gibt Reisch an, dass er vom bundesdeutschen Verfassungsschutz auf frischer Tat ertappt und „umgedreht" worden wäre. Seine freie Meldung beim Verfassungsschutz bleibt dem MfS verborgen. Er wird am **30. November 1984** zu zwölf Jahren Haft wegen „Spionage" verurteilt. Am **12. Februar 1985** kommt Reisch nach Bautzen II in das so genannte West-Kommando. Nach kurzem Aufenthalt im Gefängnis in Karl-Marx-Stadt (Chemnitz) wird er am **17. Dezember 1987** am Grenzübergang Herleshausen ausgetauscht. Die Generalstaatsanwaltschaft in Stuttgart rehabilitiert Reisch am **20. April 1988**. Reisch arbeitet anfänglich wieder als Berufskraftfahrer, muss dann aber aus gesundheitlichen Gründen diesen Beruf aufgeben. Er ist heute als Jugend- und Heimerzieher tätig und lebt in der Nähe von Ulm.

Militärobergericht Berlin
- 1. Militärstrafsenat -

Az.: BS 1-22/84 MOG-Be
Str. IA-91/84 S

Berlin, den 09.12.1987

Der Beschluß ist seit dem 09.12.1987 rechtskräftig.

Teichmann Sekretär

B e s c h l u ß

In der Strafsache

gegen den Bürger der BRD
R e i s c h , Hermann
geboren am 09.06.1951 in Ulm-Wiblingen
wohnhaft: 7901 Westerstetten, Kreuzbergstr. 6
z.Z. StVE Bautzen II

wird gemäß § 59 Abs. 2 StGB der weitere Vollzug der Freiheitsstrafe aus dem Urteil des Militärobergerichts Berlin vom 30.11.1984 beendet und für den 17. Dezember 1987 die Ausweisung

a n g e o r d n e t .

G r ü n d e :

Der Obengenannte wurde durch Urteil des Militärobergerichts Berlin wegen Spionage (Verbrechen gemäß § 98 StGB) zu einer Freiheitsstrafe von 12 Jahren verurteilt.

Die gesetzlichen Voraussetzungen für die Ausweisung sind gegeben.
Die Entscheidung erging gemäß § 351 Abs. 1 StPO.

gez.
Osterloh
Oberstleutnant
Militäroberrichter

9.12.87
Teichmann

17.12.87
Hermann Reisch

Der Beschluss des Militärobergerichtes Berlin vom 9. Dezember 1987 erklärt den Vollzug der Freiheitsstrafe für beendet. Reisch wird aus der DDR ausgewiesen

Hartmut Richter

Hartmut Richter wird am **29. Januar 1948** in Glindow bei Potsdam geboren. Ende **Januar 1966** unternimmt Richter aus Unzufriedenheit mit den Verhältnissen in der DDR einen Fluchtversuch durch die ČSSR nach Österreich. Der Versuch schlägt fehl, er wird aufgegriffen und festgenommen. Im **Mai 1966** wird er aufgrund seiner Jugend vom Kreisgericht Potsdam zu 10 Monaten Freiheitsstrafe auf Bewährung verurteilt und kann so seine Lehre beenden. Kaum hat er im **August 1966** das Abschlusszeugnis als Betriebs- und Verkehrseisenbahner in den Händen, flüchtet er durch den Teltowkanal nach Westberlin in die Freiheit. Richter fährt bis **1972** als Steward über die Weltmeere, bevor er nach Berlin zurückkehrt und als Kellner arbeitet. Ab **1972** beginnt er mit der Ausschleusung von DDR-Bürgern, ohne sich einer Fluchthilfeorganisation anzuschließen. Im **März 1975** versucht Richter seine noch in der DDR lebende Schwester in den Westen zu schmuggeln. Der Versuch misslingt – beide werden inhaftiert. Nach einjähriger Untersuchungshaft weist man ihm 18 geglückte Fluchtfahrten nach. Tatsächlich hatte Richter 33 Personen in den Westen gebracht. Am **12. Dezember 1975** wird er vom Bezirksgericht Potsdam unter Ausschluss der Öffentlichkeit zur Höchststrafe von 15 Jahren Freiheitsentzug wegen „staatsfeindlichen Menschenhandels" verurteilt und zum Strafvollzug in die Haftanstalt Berlin-Rummelsburg eingewiesen. Nach 18 Monaten Haft in Rummelsburg und zwei Hungerstreiks mit Zwangsernährung im Haftkrankenhaus Leipzig-Meusdorf wird Richter am **8. Dezember 1977** aufgrund seines fortwährenden Widerstandes gegen die Vollzugsbedingungen nach Bautzen II in Einzelhaft verlegt. Am **2. Oktober 1980** wird er nach erfolgtem Freikauf durch die Bundesrepublik aus Bautzen II entlassen. Sofort nach seiner Entlassung engagiert er sich in der Internationalen Gesellschaft für Menschenrechte und tritt der CDU bei. Er beteiligt sich bis heute an der Aufarbeitung der DDR-Geschichte und stellt sich u. a. als Zeitzeuge für Führungen in den Gedenkstätten Bautzen und Hohenschönhausen zur Verfügung.

Kurzeinschätzung des SG Richter, Hartmut geb.: 29.01.1948

SG Richter ist ein Feind der DDR. Seine feindliche Einstellung bringt er offen zum Ausdruck. Er versucht durch Nahrungsverweigerung seine Forderungenn durchzusetzen. Der Hauptgrund seiner bisherigen Nahrungsverweigerungen war stets die Ausreise seiner Schwester und seines zukünftigen Schwagers in die BRD zu erzwingen.
SG R. ist unter ständiger Kontrolle zu halten. Es sind keine Kontakte zu anderen SG zuzulassen.

[Unterschrift] ...... Ultn.d.SV
Erzieher

Kurzeinschätzung vom 20. April 1978

StVE: II Bautzen — Bautzen 19.6.79

Abteilung: Operativer Dienst
Name: Bucksch, Mstr. d.SV

181

Meldung

1.) Am 19.6.79 12[20] Uhr
2.) SG Richter, Hartmut
3.) Speiseraum
4.) Zerschlagen der Scheibe des Kinoschaukastens
5.) Genannter SG warf die volle Eßschüssel gegen die Scheibe, danach schlug er mit dem Hocker die Scheibe weiterhin kaputt und eine Eßschüssel
6.)
7.) SG protestierte durch diese Tat wegen dem schlechten Essen in der StVE II
8.) SG isoliert auf Station
VZD-Leiter, Med. Dienst u. ODH verständigt
9.)

Bucksch, Mstr. d.SV.

Meldung über den Protest Hartmut Richters gegen die schlechte Verpflegung in Bautzen II am 19. Juni 1979

Rainer Schubert

Rainer Schubert wird am **4. April 1946** in Flensburg geboren. **Von 1947 bis 1956** lebt er mit seiner Mutter in Ostberlin. Nach der Flucht in den Westen wächst Schubert in verschiedenen Orten der Bundesrepublik auf und kehrt **1963** zurück nach Westberlin. **1967** wechselt Schubert nach Frankfurt am Main, wo er für verschiedene Nachrichtenagenturen, später auch als freier Journalist, u. a. für den „Spiegel", arbeitet. **1972** startet Schubert seine erste Fluchthilfe-Aktion für zwei Klassenkameraden eines Bekannten. **Zwischen 1973 und 1974** professionalisiert Schubert seine Fluchthilfe. Er verhilft über 100 DDR-Bürgern zur Flucht. Durch Verrat seiner Aktivitäten wird Schubert am **8. Januar 1975** in eine Falle des MfS gelockt und in Ostberlin festgenommen. Nach über einem Jahr Untersuchungshaft findet **vom 20. bis zum 26. Januar 1976** ein Schauprozess vor dem Stadtgericht Berlin gegen Schubert statt. Die DDR-Presse berichtet ausführlich über die Hauptverhandlung und die Urteilsverkündung. Schubert erhält 15 Jahre Freiheitsentzug wegen „staatsfeindlichen Menschenhandels". Am **23. Dezember 1976** wird er nach Bautzen II verbracht. Während seiner Haft erkrankt er mehrmals und wird zur Behandlung in das Haftkrankenhaus Leipzig-Meusdorf eingeliefert. Am **14. Oktober 1983** wird Schubert nach Westberlin entlassen. Er arbeitet bei der Senatsverwaltung für Inneres. Nach der Wiedervereinigung **1990** ist er im Rahmen der Aufbauhilfe Ost als Pressereferent in verschiedenen öffentlichen Ämtern tätig. Seit **1995** ist Schubert freiberuflicher Journalist und Referent bei der „Arbeitsgemeinschaft 13. August" in Berlin. Er bringt sich bis heute öffentlich und aktiv in den Aufarbeitungsprozess zur DDR-Vergangenheit ein.

Verbrechen richten sich vorsätzlich gegen die DDR

Prozeß gegen professionellen Menschenhändler fortgesetzt

Berlin (ND). Der Strafsenat 1a des Stadtgerichts von Groß-Berlin setzte am Mittwoch den Prozeß gegen den berufsmäßigen Menschenhändler Rainer Schubert aus Berlin-West fort. Die äußerst gründliche Beweisaufnahme enthüllte viele Einzelheiten, wie die Menschenhändlerbanden mit dem vollen Arsenal krimineller Methoden zum Schaden der DDR und ihrer Bürger arbeiten, dabei skrupellos das Völkerrecht verletzen und von staatlichen Stellen der BRD und Westberlins unterstützt werden.

Der Angeklagte, dem der Menschenhandel ein luxuriöses Leben ermöglicht hatte, betonte zynisch seine Genugtuung, daß er die DDR insbesondere durch die Schleusung von medizinischen Fachkräften schädigte.

Schuberts militärisch organisierte Bande, zunächst Teil der in Zürich ansässigen Aramco AG, später selbständig, übernahm auch Spionageaufgaben gegen die DDR. Dem Hauptagenten wurde die persönliche Verantwortung für eine große Anzahl von Schleusungen von DDR-Bürgern und die direkte Mitwirkung nachgewiesen. Er mußte zugeben, daß weitere Abwerbungsversuche scheiterten, weil die DDR-Bürger das Verlassen der Republik ablehnten.

In seiner verbrecherischen Tätigkeit erhielt Schubert Hilfe von den Beamten Hellbig vom Landesamt für Verfassungsschutz in Berlin-West und Sehrt vom Generalkonsulat der BRD in Zürich. Sie überprüften z. B. die Zuverlässigkeit seiner Agenten. Hellbig nahm Einfluß auf die Schleusungen. Wohnung und Stützpunkt der Bande in Westberlin wurden von einer kostspieligen elektronischen Anlage gesichert, die unmittelbar mit der Politischen Polizei verbunden war.

Sehrt, der sich als Mitarbeiter des Bundesnachrichtendienstes zu erkennen gab,

an der Staatsgrenze der DDR zu Berlin-West und die Entführung eines Bootes der Grenztruppen der DDR geplant zu haben. Da in diesem Zusammenhang auch § 106 des Strafgesetzbuches der DDR (Staatsfeindliche Hetze) in das Verfahren eingeführt wurde, erhielt der Angeklagte entsprechend der Strafprozeßordnung der DDR Gelegenheit, sich mit seinem Rechtsanwalt über die neue Rechtslage zu beraten, wofür die Verhandlungen für einige Zeit unterbrochen wurden.

Der Angeklagte gab zu, die Bewaffnung seiner Bande erwogen zu haben. Er selbst besaß fünf Karabiner und Gewehre und drei Pistolen bzw. Revolver. Er wies seine Bande an, mit brutaler Gewalt gegen DDR-Bürger vorzugehen, die sich ihren verbrecherischen Vorhaben entgegenstellen.

Am Schluß des Verhandlungstages wurde als Zeuge der rechtskräftig verurteilte Norbert Schmidt, ein früherer Komplice Schuberts, vernommen. Er sagte aus, daß Schuberts Handlungsmotiv sowohl in seinem Haß gegen die DDR lag als auch seiner Gier, schnell zu viel Geld zu kommen. Schmidt bestätigte die Paßfälschungen. Es sei kein Problem gewesen, Blanko-Pässe zu erhalten, in die dann als Personalien Decknamen eingefügt wurden. Er sagte aus, daß Schubert bei Fahrten über die Transitwege Spionageaufnahmen gemacht und dann der Politischen Polizei in Frankfurt (Main) übergeben habe. Damit belastete er den Beschuldigten im Sinne der Anklage.

Der Prozeß wird heute fortgesetzt.

Ein Beweisstück

DISPOSITION FORM Streng vertraulich

Über den Prozessverlauf gegen Schubert berichtet das „Neue Deutschland" ausführlich, ND vom 22. Januar 1976

Bodo Strehlow

Am **5. April 1957** wird Bodo Strehlow in Fürstenberg/Havel geboren. Nach dem Abitur **1975** weigert sich Strehlow anfangs, eine dreijährige Wehrdienstzeit zu absolvieren. Als ihm sein Physikstudienplatz an der Magdeburger Universität deswegen verwehrt werden soll, verpflichtet er sich doch zu einer verlängerten Dienstzeit und kommt im **November 1975** zur Volksmarine. Als Elektromaat wird er auf das Küstenschutzschiff „Graal-Müritz" kommandiert. Er erlebt das Grenzregime der DDR und den Umgang mit aufgegriffenen Flüchtlingen. Er protestiert gegen die Vorgehensweise und legt schließlich sein Amt als FDJ-Sekretär an Bord nieder. Die disziplinarischen Maßnahmen gegen ihn reichen bis zur Drohung, ihm erneut den Studienplatz abzuerkennen. Strehlow sieht in der DDR für sich keine Perspektive mehr und beschließt, während einer Patrouillenfahrt in bundesdeutsche Gewässer zu fliehen. In der Nacht **vom 4. zum 5. August 1979** schließt er die schlafende Besatzung sowie zwei Wachtposten unter Deck ein und nimmt Kurs auf die westliche Küste der Ostsee. Die wach gewordene Besatzung sprengt die verschlossene Luke mit einer Handgranate auf, es kommt zu einem Schusswechsel und dem Einsatz von Handgranaten, in dessen Folge Bodo Strehlow schwer verletzt wird. Erst nach sieben Stunden wird Strehlow erstmals medizinisch versorgt und in das MfS-Haftkrankenhaus nach Berlin-Hohenschönhausen transportiert. Weitere Haftstationen sind die MfS-Untersuchungshaftanstalten in der Magdalenenstraße in Berlin-Lichtenberg und in Rostock. Am **21. April 1980** fällt das Militärobergericht in Neubrandenburg das Urteil: lebenslängliche Freiheitsstrafe wegen „Terror, mehrfachen versuchten Mordes, Fahnenflucht und Geheimnisverrat". Am **9. Juli 1980** wird Strehlow in den Strafvollzug nach Bautzen II überführt. Wegen der Schwere seiner Tat kommt er in den Isolationstrakt. Strehlow wird am **19. Dezember 1989** vom Staatsrat der DDR begnadigt, am **22. Dezember 1989** wird er mit anderen Häftlingen aus Bautzen II entlassen. Er beginnt **1990** in Heidelberg ein Physikstudium, das er **1994** abbricht, um sich mit einer Computerfirma selbstständig zu machen. Am **7. Oktober 1992** hebt das Landgericht Neubrandenburg das Urteil von 1980 auf.

Transportbegleitschein für die Beförderung von Strafgefangenen/Verhafteten

Der Strafgefangene/Verhaftete: S t r e h l o w (Name) Bodo (Vorname)

PKZ bzw. geb. am: 050457412283

ist in die StVE/UHA: Bautzen II zu transportieren.

Grund: Strafverbüßung

Letzter Übergabebahnhof im GSTW-Umlauf: - Sondertransport -

Er/Sie ist wegen Terror, Spionage, mehrf, vers. Mord in Untersuchungshaft

zu lebenslänglich Jahr(en) Monat(en) Tagen FS (Strafart) verurteilt

und in die erleichterte/allgemeine/strenge/verschärfte Vollzugsart aufgenommen worden.

Der/Die Strafgef./Verh. ist frei von Ungeziefer und transportfähig mit: Sankra, GTW, GSTW

Zusätzl. Vermerke:

Unterschrift des zuständigen Arztes

*Ausbrecher: ja/nein — *Gewalttätiger: ja/nein — *Mittäter ja/nein — *wird Fesselung angeordnet: ja/nein

Bemerkungen und sonstige Hinweise über Mittäter usw.:

Anmerkung: Nichtzutreffendes streichen
* Vom Leiter der StVE/UHA zu unterschreiben und das Angeordnete ist zu unterstreichen

UHA Rostock, den 08.07.1980
StVE/UHA-Ort

Unterschrift

SV 45 (87/11) Ag 106/21/21/77

Der Transportbegleitschein für Bodo Strehlow von der Untersuchungshaftanstalt in Rostock nach Bautzen II. Der Transport ist als „Sondertransport“ ausgewiesen und soll in Fesselung erfolgen.

StVE II Bautzen (Dienststelle) — Bautzen, den 04.12.85 (Datum)

(Lfd. Nachweis-Nr.)

Verfügung
über eine
Anerkennung/Disziplinarmaßnahme/Sicherungsmaßnahme/Vollzugsmaßnahme

Name, Vorname, Geburtstag: Strelow, Bodo — 0 5 0 4 5 7 4 1 2 2 8 3 (PKZ)

Anlaß: Verstoß gegen die Hausordnung :Verbindungsaufnahme bei dem Aufenthalt imfreien und Einwirken auf Diensthunde

Gesetzliche Grundlage: §32 StVG Absch.3/4

Art und Dauer der Maßnahme: Einschränkung des Verfügungssatzes für den monatlichen Einkauf für zwei Monate um 50 %

Hptm.d.SV
Leiter d.StVE II Bautzen
(Unterschrift, Dienstgrad und -stellung des Verfügenden)

SV 27 (87/11) Ag 106/78/80/81/88

Verfügung einer Disziplinarstrafe

Arthur Trüschel

Arthur Trüschel wird am **16. Dezember 1926** in Lübben geboren. Seine Eltern, Fabrikanten in Lübben, bleiben während des Nationalsozialismus auf Distanz zur NSDAP. Aus gesundheitlichen Gründen wird Trüschel nicht zur Wehrmacht eingezogen. Nach dem Krieg beginnt er ein Chemiestudium an der Technischen Universität Berlin. Er wird ab **1947** Neulehrer in der SBZ, legt externe Lehrerprüfungen ab und holt erst später seine Fachlehrerprüfung in Chemie nach. **Seit 1947** ist Trüschel Mitglied in der CDU. Er arbeitet an verschiedenen Schulen und wird des öfteren wegen seiner politischen Ansichten versetzt. Wegen einer Erkrankung geht Trüschel Ende der siebziger Jahre in Frühpension. **Ab 1980** entsteht ein enger Kontakt zu einem ehemaligen Schulkameraden, der inzwischen als Diplomat bei der Ständigen Vertretung in Ostberlin akkreditiert ist. Die Staatssicherheit versucht Trüschel als IM anzuwerben, um an direkte Informationen über den Schulfreund und die Aktivitäten der Ständigen Vertretung zu gelangen. Er weigert sich und informiert seinen Freund über den Werbungsversuch. Am **24. März 1982** wird Trüschel unter dem Vorwurf der Spionage in Jessen festgenommen und nach Berlin-Hohenschönhausen überführt. Vom Militärobergericht Berlin wird er am **21. Oktober 1982** wegen „mehrfach begangener Spionage" zu fünf Jahren Haft verurteilt. **Anfang November 1982** wird Trüschel nach Bautzen II überstellt. Am **20. Juni 1984** kommt er nach Freikauf durch die Bundesrepublik zuerst in die Haftanstalt nach Karl-Marx-Stadt (Chemnitz). Von dort wird er in die Bundesrepublik entlassen. Seine Frau kann ihm sechs Wochen später folgen. **1992** kehren Trüschels in ihren Heimatort Lübben zurück, wo sie bis heute wohnen. Das Landgericht Berlin rehabilitiert Arthur Trüschel **1994**.

DER GENERALSTAATSANWALT
DER DEUTSCHEN DEMOKRATISCHEN REPUBLIK
Militär-Oberstaatsanwalt
Leiter der Abteilung IA

109

102 Berlin, den 18. 6. 1984
Grunerstraße 5

Str. IA - 79/82 S
Az. BS-1-14/82 MOG-Be.
(in jedem Schreiben anzugeben)

Militärobergericht

1020 Berlin
Littenstraße

In der Strafsache

TRÜSCHEL, Arthur
geb. 16. 12. 1926
wohnhaft 7550 Lübben, Friedrich-Ludwig-Jahn-Str. 2
PKZ.: 161226 4 08713
z.Zt. StVE Bautzen II
Strafbeginn: 25. 3. 1982

wird beantragt,

den Vollzug der Freiheitsstrafe aus dem Urteil des MOG Berlin vom 21. 10. 1982 gemäß § 349 Abs. 1 StPO auf Bewährung auszusetzen, die Bewährungszeit auf 3 Jahre festzusetzen und den Tag der Haftentlassung auf den 20. 6. 1984 festzulegen.

Gründe

Der Genannte wurde wegen mehrfacher Spionage zu einer Freiheitsstrafe von 5 Jahren verurteilt. Von dieser Strafe hat er bisher über 2 Jahre und 2 Monate verbüßt.
Sein Verhalten im Strafvollzug läßt erwarten, daß er künftig die Gesetze der DDR achten und einhalten wird.

Bei antragsgemäßer Entscheidung wird auf Rechtsmittel verzichtet.

Die Entlassung erfolgt zentral.

Lohse
Militärstaatsanwalt

NVA 07 702 (79) Ag 117/XV/1/78

Trüschels Haftstrafe wird im Juni 1984 auf Bewährung ausgesetzt

Kurt Vieweg

Kurt Vieweg wird am **29. Oktober 1911** in Göttingen geboren. Nach dem Realgymnasium ist er als Arbeiter tätig. **1930/31** besucht er die Landwirtschaftsschule in Eisleben. **1932** wechselt er von der Hitler-Jugend zum KJVD und wird Mitglied der KPD. **1933** emigriert er nach Dänemark und ist an einer dortigen Landwirtschaftsschule **von 1935 bis 1940** Gasthörer. Zur selben Zeit engagiert er sich in der illegalen KP-Arbeit. Nach der Okkupation Dänemarks durch die deutsche Wehrmacht geht Vieweg in die Illegalität und schließt sich dänischen Widerstandsgruppen an. **1943** kommt er nach Schweden, wo er **1943/44** seine landwirtschaftlichen Studien fortsetzen kann. Nach einem kurzen Zwischenaufenthalt im befreiten Dänemark **1945/46** kehrt er im **Juli 1946** nach Deutschland zurück. Er wird Funktionär in der Vereinigung der gegenseitigen Bauernhilfe (VdgB), anfangs im Land Sachsen-Anhalt, **von 1947 bis 1952** ist er Generalsekretär der VdgB. **1949 bis 1950** ist Vieweg Abgeordneter der Provisorischen Volkskammer, **von 1950 bis 1954** Abgeordneter der Volkskammer der 1. Legislaturperiode, Mitglied des ZK der SED und Präsident des Nationalrates der Nationalen Front sowie **von 1950 bis 1953** auch Sekretär des ZK der SED für Landwirtschaftsfragen. Wegen seiner Kontakte zum Gesamtdeutschen Arbeitskreis für Land- und Forstwirtschaft wird Vieweg ab **1954** sukzessive seiner politischen Ämter enthoben. **1955** promoviert er an der Humboldt-Universität und erhält nach der Habilitation an der Deutschen Akademie der Landwirtschaftswissenschaften eine Professur. Im gleichen Jahr wird er mit dem Nationalpreis ausgezeichnet. **Zwischen 1955 und 1957** erarbeitet Vieweg ein „Neues Agrarprogramm für die Entwicklung der Landwirtschaft beim Aufbau des Sozialismus in der DDR", das auf der 30. Tagung des ZK der SED Ende Januar/Anfang Februar 1957 als „revisionistisch" verworfen wird. Vieweg wird zum Rücktritt von all seinen Ämtern genötigt. Am **27. März 1957** flieht Vieweg über Westberlin in die Bundesrepublik, kehrt aber im **Oktober** des gleichen Jahres in die DDR zurück. Er wird sofort festgenommen. Am **27. März 1958** ergeht gegen ihn ein Haftbefehl. Am **1. Oktober 1959** wird er vom Obersten Gericht der DDR wegen so genannten Staatsverrats zu zwölf Jahren Zuchthaus verurteilt. Vieweg wird nach Bautzen II eingewiesen. Im **Dezember 1964** wird er begnadigt und vorzeitig aus der Haft entlassen. Ab **1965** ist er wissenschaftlicher Mitarbeiter und später Forschungsgruppenleiter mit Lehrtätigkeit am Nordischen Institut in Greifswald. Zu seinem Aufgabengebiet gehören auch Einschätzungen und Analysen für die Hauptverwaltung Aufklärung des MfS. Wenige Jahre vor seinem Ruhestand **1974** erhält er eine außerordentliche Professur. Kurt Vieweg verstirbt am **2. Dezember 1976**. Das 1959 gegen ihn ergangene Urteil wird durch Entscheidung des Landgerichts Berlin vom **27. Dezember 1990** aufgehoben.

Heinz-Peter Wetzig

Heinz-Peter Wetzig wird am **8. September 1946** in Klaptow (Kloptowo, Polen) geboren. Nach dem Abitur absolviert er ein Studium zum Betriebswirt an der Technischen Universität Dresden, das er mit einer Promotion abschließt. Ab **1972** arbeitet er im Ministerium für Materialwirtschaft und spezialisiert sich auf Recyclingfragen. **1984** ermöglicht eine Fluchthilfeorganisation für Wetzigs damalige Lebensgefährtin mit der gemeinsamen Tochter und zwei weiteren Kindern aus vorangegangener Ehe die Übersiedlung nach Kaiserslautern. Dass Wetzig nachfolgen würde, steht für ihn fest. Sein Arbeitgeber fordert den sofortigen Abbruch aller Kontakte nach Kaiserslautern. Wetzig wird observiert, das Telefon abgehört. Zur Fluchthilfeorganisation kommen wegen der hohen Risiken nur noch vage Kontakte zustande. Wetzig beschließt deshalb, einen Ausreiseantrag zu stellen. Der Antragsabgabe kommt im **Frühjahr 1987** ein von der Stasi geführter Westberliner „Fluchthilfe-Kurier" mit sehr günstigen „Schleusungspreisen" zuvor. Wetzig geht auf sein Angebot ein. Am **24. Oktober 1987** wird sein Fluchtversuch am Autobahnkontrollpunkt Drewitz durch Grenzoffiziere vereitelt. Sie waren über das Fluchtvorhaben informiert worden. Wetzig wird im Kofferraum des Fluchtfahrzeuges entdeckt und festgenommen. Seine „Fluchthelfer" erhalten eine Geldprämie des MfS in Höhe von 3000 DM, da sie ein „organisiertes Verbrechen gegen die DDR" verhindert haben. Nach seiner Verhaftung befindet sich Wetzig im Zeitraum **vom 24. Oktober 1987 bis 4. März 1988** in Berlin-Hohenschönhausen in Untersuchungshaft. Durch den 1a-Strafsenat des Stadtgerichts Berlin wird Wetzig am **3. März 1988** zu vier Jahren Freiheitsstrafe wegen „landesverräterischer Agententätigkeit in Tateinheit mit versuchtem ungesetzlichen Grenzübertritt in schwerem Fall" sowie wegen „mehrfachem, teils versuchtem ungenehmigten Devisenwertumlauf" verurteilt. Wetzig wird weiterhin zur Zahlung eines Gegenwertes in Höhe von 15 000 Mark verurteilt. Ein Bargeldbetrag in Höhe von 32 000 Mark wird eingezogen. Am **4. März 1988** erfolgt seine Verlegung nach Bautzen II. Die Post der Menschenrechtsorganisation Amnesty international, die sich um seine Freilassung bemüht, wird ihm während der Haftzeit vorenthalten. Am **22. Dezember 1989** wird Wetzig gemeinsam mit Bodo Strehlow und anderen als letzte Gruppe der in Bautzen II verbliebenen politischen Häftlinge entlassen. Heinz-Peter Wetzig wird **1991** durch das Landgericht Berlin rehabilitiert. Die beiden Fluchthelfer, die ihn an das MfS verraten hatten, werden **1998** in Berlin wegen Freiheitsberaubung und Verschleppung zu zwei Jahren Freiheitsentzug auf Bewährung verurteilt. Der verantwortliche MfS-Offizier wird **1999** wegen Anstiftung zur Verschleppung mit einer Haftstrafe von einem Jahr und sechs Monaten auf Bewährung belangt. Heinz-Peter Wetzig lebt heute im Saarland.

-97-

Staatsbürgerschaft: DDR Nationalität: deutsch U	PKZ: 08.09.46.42.50.07 Familienname: Dr. WETZIG U	Rufname: Heinz-Peter U
Geburtsdatum: 08.09.1946 Kreis: Klaptow Geburtsort: VR/Polen U	Wohnsitz: DDR Bezirk: Berlin Kreis: Marzahn Ort: Berlin 1140 Straße, Nr.: Bruno-Baum-Str. 42 U	Festnahmedatum: 24.10.87 U Einlieferung/Selbststeller am ~~25.10.87~~ von 10.05.88 EDU U Aufnahme-UHA U

12. Kl.

Verurteilungen

Straftat	Straf-höhe	Straf-art	Straf-ende	Vollzug	Tag des Urteils	Verurteilendes Gericht
9 §§ 100, 213 StGB § 17 Devisengesetz U	4 J.	FS	23.10.91	AV	03.3.88	Stadtgericht Berlin Az. StA: 211-19-88
						Az. StA: AS
						Az. StA:

Name, Vorname und Anschrift des Ehegatten bzw. des nächsten Angehörigen: Mutter: Else Wetzig 7024 Leipzig Ploßstr. 33	Abgangsdatum: 07.12.89 Abgangsgrund: § 349	Ort: Drei oben Straße, Nr.: Kreis: Bezirk: U

SV 1 (87/11) Ag 106/84/82/83/84

FREISTAAT SACHSEN JUSTIZVOLLZUGSANSTALT BAUTZEN

	Familienstand: ledig U	Im Haushalt lebende Kinder: ---	Zahl der unterhaltsberecht. Kinder 2	Parteizugehörigkeit (auch Ausschluß): SED
Tätigkeit in bewaffneten Organen: ---	Tätigkeit in faschistischen und militaristischen Organisationen: ---	Zuwanderer Erstzuzug am Rückkehr erstmalig: -- mehrmalig:		
Beruf: Dr. Ökonomie erlernt: ausgeübt: wiss. Mitarb.	Letzte Entlassung aus am: U	Karte ausgefertigt durch UHA/StVE/JH: Sachbearbeiter:		

Vorstrafen				Verlegungsaufnahmen U			
Straftat	Strafhöhe/-art	Entl.-Datum	Entl.-Grund	UHA/StVE/JH:	Tag	Monat	Jahr
—				StVE Bautzen II	10	05	88

Vorder- und Rückseite der Haftkartei von Heinz-Peter Wetzig

Anton Wohsmann

Anton Wohsmann wird am **21. November 1937** in Preußisch-Holland (Pasłęk, Polen) geboren. Nach der Flucht **1945** kommt seine Familie nach Niemegk, wo er bis 1953 die Grund- und Volksschule besucht. Anschließend absolviert er eine Lehre als Werkzeugmacher. Ein Studium an der Fachschule für Fördertechnik in Bautzen **von 1957 bis 1959** bricht er ohne Abschluss ab. Bis **1964** arbeitet er in verschiedenen Städten, bis ihn das MfS im **Juli 1964** als Unteroffizier im Wachdienst für die Kreisdienststelle Belzig einstellt. Wohsmann reizen die vergleichsweise guten Verdienstmöglichkeiten. Außerdem glaubt er, das MfS diene dem Kampf gegen „äußere Feinde". Während seiner Dienstzeit erkennt er, dass die Staatssicherheit in erster Linie der Überwachung und Unterdrückung der eigenen Bevölkerung dient. Seine Entschlossenheit, das MfS zu verlassen, verstärkt sich, als er im **Juli 1965** nach Potsdam in die dortige Untersuchungshaftanstalt des MfS versetzt wird. Wohsmann reicht zwei Entlassungsgesuche ein, die unbeachtet bleiben. Er bemüht sich, durch Nachlässigkeiten, Zuspätkommen und andere disziplinarische Verstöße, aus den Reihen des MfS entlassen zu werden. Am **25. September 1965** fährt er nach Berlin mit der festen Absicht, mehrere Tage nicht zum Dienst zu erscheinen. Außerdem hinterlässt er ein Kündigungsschreiben und erkundet in Berlin die Grenzsicherungsanlagen. Am **10. Oktober 1965** wird er von der Volkspolizei in Ostberlin verhaftet und nach Klärung seiner Identität dem MfS in Berlin-Hohenschönhausen überstellt. Am **4. März 1966** wird er wegen „Fahnenflucht, versuchtem illegalen Grenzübertritt und staatsgefährdender Gewaltakte" vom Militärobergericht Berlin zu fünf Jahren und sechs Monaten Freiheitsstrafe verurteilt. **Vom 29. März 1966 bis zum 8. September 1970** ist Wohsmann in Bautzen II inhaftiert. Wenige Monate vor Ablauf seiner regulären Haftzeit wird er nach Niemegk entlassen, wo er bis heute lebt. Am **19. August 1993** erfolgt seine Rehabilitierung durch das Landgericht Berlin.

DER GENERALSTAATSANWALT
DER DEUTSCHEN DEMOKRATISCHEN REPUBLIK

Militär-Oberstaatsanwalt
– Abteilung IA –

102 Berlin, den 12. 02. 1970
Grunerstraße 5 Wgk/Rt

Az.: Str. IA-1/66 S
(In jedem Schreiben anzugeben)

Frau
Erieda W o h s m a n n

1824 N i e m e g k/Kr. Belzig
Jüterbogerstraße 12

Sehr geehrte Frau W o h s m a n n !

Ich bestätige den Eingang Ihres Schreibens vom 04. 02. 1970 und teile Ihnen mit, daß von der Leitung der Strafvollzugsanstalt in dem hier eingegangenen Führungsbericht von Anfang Dezember 1969 eine vorzeitige Haftentlassung gegenwärtig noch abgelehnt wird. Der Strafzweck wird noch nicht als erfüllt angesehen. Ich werde im Juli 1970 erneut einen Führungsbericht anfordern, vielleicht ist es dann möglich Ihnen entgegenzukommen.

Wagenknecht
Militärstaatsanwalt

Die Mutter von Wohsmann bemüht sich jahrelang vergebens um eine vorzeitige Haftentlassung ihres Sohnes

Hossein und Feridoun Yazdi

Hossein Yazdi wird am **13. September 1934** in Teheran geboren. Sein Vater arbeitet als Arzt, seine Mutter stammt aus Deutschland, wo sich die beiden kennen gelernt hatten. Drei Jahre später, am **16. Januar 1937**, kommt sein Bruder Feridoun ebenfalls in Teheran zur Welt. Die Brüder wachsen in behüteten Verhältnissen auf. Durch die politische Ausrichtung des wohlhabenden Vaters, der sich in der kommunistischen Bewegung engagiert, ist Hossein seit seiner frühesten Jugend im kommunistischen Jugendverband aktiv. Nach ihrem Schulabschluss sollen die Brüder wie bereits vorher ihr Vater in Deutschland studieren. Aufgrund der politischen Einstellung entscheidet sich die Familie für ein Studium der Söhne in der DDR. Im **Sommer 1954** fliegt Hossein Yazdi in die DDR und beginnt im Herbst sein Studium der Agrarwissenschaften in Leipzig. Sein Bruder Feridoun folgt ihm 1956, er beginnt ein Ingenieurstudium in Dresden. Nach persönlichem Erleben der realen Lebensbedingungen in der DDR wenden sich die Gebrüder Yazdi von ihren kommunistischen Überzeugungen ab. **1957** beginnt Hossein Yazdi für den iranischen Sicherheitsdienst SAVAK die in die DDR exilierten Vertreter der iranischen kommunistischen Tudeh-Partei auszuspionieren. Seinen Bruder weiht er in seine Aktivitäten ein und erhält von ihm Unterstützung. Am **26. Oktober 1961** werden beide Brüder gemeinsam mit iranischen Bekannten am Berliner Grenzübergang Checkpoint Charlie verhaftet und in die MfS-Untersuchungshaftanstalt Hohenschönhausen eingeliefert. Durch Urteil des Bezirksgerichts Leipzig vom **5. Juli 1962** wird Hossein Yazdi wegen „Verbrechen gegen das Gesetz zum Schutz des Friedens" und wegen Fluchthilfe zu lebenslanger Zuchthausstrafe, sein Bruder mit derselben Begründung zu acht Jahren Freiheitsstrafe verurteilt. Die zwei mitangeklagten iranischen Freunde, die nicht mit dem Fall in Verbindung standen, werden zu vier und zwei Jahren Haft verurteilt. Im **Oktober 1962** werden Hossein und Feridoun Yazdi nach Bautzen II transportiert. Sie werden in einer gemeinsamen Zelle in Isolationshaft gehalten, damit „die Geheimnisse der iranischen Arbeiterklasse keine Verbreitung finden". Erst allmählich lockert sich die Isolation. Bis zur Entlassung von Feridoun Yazdi am **26. Oktober 1969** sind die Brüder Tag und Nacht zusammen inhaftiert. Feridoun bemüht sich nach seiner Entlassung in den Westen um die vorzeitige Freilassung seines Bruders. Außerdem beendet er sein Ingenieurstudium und ist seither als Bauingenieur in Berlin tätig. Hossein Yazdi erhält ab den siebziger Jahren regelmäßige Besuche von diplomatischen

Vertretern des Iran. Die Gesellschaft für Menschenrechte setzt sich für ihn in der bundesdeutschen Öffentlichkeit ein. **1975** gelingt es Hossein Yazdi, zu einem Wachmann in Bautzen II engeren Kontakt aufzubauen. Yazdi vermittelt ihm über seinen inzwischen in Westberlin lebenden Bruder „Westpakete" mit Textilien, Zigaretten und Lebensmitteln. Im Gegenzug schmuggelt der Wärter Alkohol, Zeitschriften und sogar ein Transistorradio in Yazdis Zelle. Die Staatssicherheit deckt den illegalen Austausch auf, der Wärter wird verhaftet, entgeht aber einer Verurteilung. Aus den Reihen des Wachdienstes wird er ausgeschlossen. Am **10. Mai 1977**, nach über 16 Jahren Haft, wird Hossein Yazdi in die Freiheit entlassen. In Teheran arbeitet er als Journalist. Nach dem Sturz des Schah-Regimes und der Machtübernahme durch Ajatollah Khomeini verlässt Hossein Yazdi **1979** den Iran und kehrt nach Deutschland zurück. Er arbeitet bis heute in Berlin als Journalist.

U r t e i l .

IM N A M E N D E S V O L K E S !

In der Strafsache
gegen

1. den Diplom-Agronom
   J a s d i , Hossein,
   geboren am 13.9.1934 in Teheran/Iran
   wohnhaft in Berlin-Hohenschönhausen, Orankestr.7,
   zur Zeit in Untersuchungshaft,
   Verteidiger: Rechtsanwalt Kolberg, Halle,

2. den Studenten
   J a s d i , Fereydoun,
   geboren am 16.1.1937 in Teheran/Iran
   wohnhaft in Dresden A 1, Juri-Gagarin Str. 18,
   zur Zeit in Untersuchungshaft,
   Verteidiger: Rechtsanwalt Frau Kolberg, Halle,

wegen Verbrechens nach dem Gesetz zum Schutze des Friedens,

Der Angeklagte J a s d i , Hossein wird wegen fortgesetzten Verbrechens gegen das Gesetz zum Schutze des Friedens und wegen Verleitens zum Verlassen der Deutschen Demokratischen Republik zu

lebenslänglichem Zuchthaus

verurteilt.

Der Angeklagte J a s d i , Fereydoun wird wegen fortgesetzten Verbrechens gegen das Gesetz zum Schutze des Friedens und wegen Verleitens zum Verlassen der Deutschen Demokratischen Republik zu einer Gesamtstrafe von

8 -acht- Jahren Zuchthaus

verurteilt.

Das gesamte Vermögen der Angeklagten wird e i n g e z o g e n .

Die seit dem 28.1o.1961 verbüsste Untersuchungshaft wird auf die erkannte Strafe angerechnet.

Die Angeklagten haben die Auslagen des Verfahrens zu tragen.

Auszug aus dem Urteil des Bezirksgerichts Leipzig gegen die Gebrüder Yazdi vom 5. Juni 1962

Horst Zimmermann

Horst Zimmermann wird am **24. Juli 1928** in Erfurt geboren. In den Jahren **1935 bis 1943** besucht er die Volksschule in Erfurt und erlernt danach den Beruf eines Versicherungskaufmannes. **1950** tritt Zimmermann als Kandidat der SED bei. Im Herbst **1951** wird er bei einem Personalgespräch auf seiner Arbeitsstelle, der Deutschen Konsumgenossenschaft Erfurt, für das MfS geworben. Als Kandidat der SED erfüllt er scheinbar die Voraussetzungen für einen Dienst bei der Staatssicherheit. Am **1. Januar 1952** erfolgt seine Einstellung. Zimmermann wird in der Abteilung 8 der Kreisdienststelle Weißensee eingesetzt, zu deren Aufgaben die Abschirmung und Überwachung der Polizei gehört. Aufgrund seiner religiösen Erziehung und einer intensiven Beschäftigung mit Geschichte und Politik distanziert sich Zimmermann zunehmend von dem politischen System in der DDR. Er sieht durch den Eintritt in das MfS eine reale Chance, gegen das kommunistische Regime zu arbeiten, und suchte daher schon vor seinem Eintritt in das MfS in Westberlin Kontakte zu deutschen Behörden und antikommunistischen Organisationen. Zimmermann übergibt u. a. dem Untersuchungsausschuss Freiheitlicher Juristen geheime Papiere des MfS, die er aus seiner Dienststelle schmuggelt. Am **20. Oktober 1952** setzt er sich, nachdem das MfS aufmerksam wird und er durch den UFJ gewarnt wird, nach Westberlin ab. Da Zimmermann akut gefährdet ist, bietet man ihm an, ihn nach Westdeutschland auszufliegen – aber er schlägt dieses Angebot aus. Längst steht er unter ständiger Überwachung durch das MfS. Als Zimmermann am **18. Juli 1953** wenige Meter hinter der Sektorengrenze auf der Ostberliner Seite Einkäufe tätigt, wird er von Stasi-Mitarbeitern überwältigt und festgenommen. Nach seiner Verhaftung kommt Zimmermann nach Berlin in Untersuchungshaft. Am **20. November 1953** wird er wegen „fortgesetzter Verletzung des Amtsgeheimnisses im schweren Fall, Landfriedensbruch und unbefugtem Waffenbesitz" zu lebenslangem Zuchthaus verurteilt. Erst im August 1954 wird er nach Brandenburg-Görden verlegt. Nach zwei Jahren kommt Zimmermann im **August 1956** nach Bautzen II. Im **Oktober 1965** wird sein Urteil im Rahmen einer Amnestie „gemildert" und die Strafe auf 15 Jahre Freiheitsentzug herabgesetzt. Am **5. April 1966** wird er „vorzeitig" – nach 12 Jahren und 9 Monaten – aus Bautzen II entlassen. Seit seiner Haftentlassung lebt er in Erfurt. **Ab August 1966 bis 1998** ist er als Angestellter im CENTRUM-Warenhaus in Erfurt beschäftigt. Horst Zimmermann lebt seit **1998** als Rentner in seiner Geburtsstadt.

> Meine eigentlich schlimmen Erlebnisse fanden nicht in Bautzen II statt (wenn auch dies das „letzte Loch vor der Hölle" war), sondern vorangehend im U-Boot/Berlin, wo ich 13 Monate in Einzelhaft, im Keller, wochenlang ohne Freigang, 12 Wochen mit nach hinten gefesselten Händen (nach einem mißlungenen Fluchtversuch) unter den denkbar schlimmsten Bedingungen leben mußte. Deshalb auch verständlich: Bautzen „das letzte Loch vor der Hölle" – das U-Boot in Berlin „das Zentrum in der Hölle."
> Bautzen II war in den 10 Jahren meines Dortseins „meine politische Hochschule" und verfestigte das, was vorher schon bei mir vorhanden war: den Haß auf dieses verdammte System in der DDR! Ich bin stolz darauf, in diesen schweren Jahren nicht zerbrochen zu sein und nicht zum Kollaborateur (Zinker) geworden zu sein. Der Zinker war selbst unter uns nicht immer Feinen der allerschlimmste, der noch hinter dem Schließer kam. Ich danke Gott dafür, daß ich die Wende 1989 noch erleben durfte, und auch dafür, daß ich im Dezember 1991 (...) als freier Mensch dieses Objekt betreten und auch wieder verlassen konnte.

Aus einem Brief von Horst Zimmermann an das Bautzen-Komitee vom 9. März 1993

Anhang

Die folgenden Dokumente werden als Abschriften wiedergegeben. Bei der Verschriftlichung sind die im Original enthaltenen Hervorhebungen (Unterstreichungen, fetter Druck, Großschreibungen usw.) übernommen worden. Stilistisch wurde nicht eingegriffen. Die Dokumente werden ungekürzt abgedruckt.
Der Dokumentenkopf wird in den Fußnoten näher beschrieben. Ebenfalls dort befinden sich die Archiv-Signaturen der Bundesbeauftragten für die Unterlagen der Staatssicherheit (BStU) sowie Anmerkungen zu handschriftlichen Ergänzungen und Formmerkmalen des Dokuments. Abkürzungen lassen sich durch das Abkürzungsverzeichnis auf Seite 301f auflösen.
Die Angabe von Blatt und Seitenzahl der Dokumente bezieht sich entweder auf die Originalpaginierung oder, falls nicht vorhanden, auf die übliche Blattzählung.
Offensichtliche Tippfehler wurden korrigiert; die Absätze, Einzüge und Aufzählungen entsprechen der Originalvorlage.
Eine Anonymisierung der Personennamen erfolgte nicht, da es sich ausschließlich um hauptamtliche Mitarbeiter des Ministeriums für Staatssicherheit handelt.

Bautzen, den 4. November 1957

HAUSORDNUNG
der Strafvollzugsanstalt Bautzen*

Entsprechend dem Artikel 137 der Verfassung der DDR obliegt es den Organen des Strafvollzuges, straffällig gewordene Bürger durch produktive Arbeit zu nützlichen Mitgliedern der Gesellschaft zu erziehen.
Um dieses Ziel zu erreichen, ist es notwendig, im Strafvollzug eine strenge innere Ordnung zu verwirklichen.
Die VP.-Angehörigen sind befugt, im Rahmen der geltenden Gesetze, Verordnungen und dergleichen, vor allem auf der Grundlage der Hausordnung, Weisungen an Strafgefangene zu erteilen, die von den Strafgefangenen durchzuführen sind.
Entsprechend dem § 346 StPO obliegt es der Leitung der StVA, Anträge an den Staatsanwalt zur bedingten Strafaussetzung zu stellen. Die Voraussetzung für solch einen Antrag kann nur der Strafgefangene selbst schaffen, indem er eine sehr disziplinierte, gute Führung und Arbeitsleistung zeigt.
Um die Prinzipien des Strafvollzuges durchzusetzen, erläßt der Leiter der Strafvollzugsanstalt Bautzen diese Hausordnung:

Disziplin: Jeder Angehörige des Strafvollzuges ist von den Strafgefangenen mit „Herr" und Dienstgrad anzusprechen.

Der Gefangene hat die Angehörigen des Strafvollzuges innerhalb und außerhalb der Verwahrräume zu grüßen. Der Gruß ist durch Einnehmen einer straffen Haltung und Blickwendung zu erweisen. Trägt der Strafgefangene eine Kopfbedeckung, so hat er diese für die Dauer des Grüßens abzunehmen und die Mützenöffnung nach außen, seitlich des rechten Oberschenkels zu halten. Innerhalb der Verwahrhäuser ist das Tragen einer Kopfbedeckung untersagt.

Marschieren die Gefangenen in Kolonnen ohne Begleitung eines Angehörigen des Strafvollzuges, so grüßt nur der Schichtführer oder Brigadier, welcher auch die Meldung erstattet.

Wird ein Strafgefangener von einem Angehörigen des Strafvollzuges angesprochen, so hat der Strafgefangene die Mütze abzunehmen, aufrechte Haltung einzunehmen und den Angehörigen des Strafvollzuges anzusehen. Sitzende Strafgefangene haben aufzustehen.

*HSGB, AA-5

Betritt ein Angehöriger des Strafvollzuges einen Verwahrraum, so hat der Zellenälteste „Achtung" zu rufen, alle Strafgefangenen haben aufzustehen, unter das Fenster (in größeren Unterkünften vor die Betten) zu treten und Haltung zum eintretenden Angehörigen des Strafvollzuges einzunehmen.

Die Fenster des Verwahrraumes sind zu schließen.
Die darauffolgende Meldung des Zellenältesten lautet z. B.: „Zelle fünf, belegt mit acht Strafgefangenen, sieben anwesend, Strafgefangener Schulz hat Sprechzeit; es meldet Strafgefangener Kunze."
Sind besondere Vorkommnisse in der Zelle zu verzeichnen, so sind diese zu melden.

Bei Einzelhaft meldet der Strafgefangene dem eintretenden Angehörigen des Strafvollzuges, nachdem er unter das Fenster getreten ist, dieses geschlossen und aufrechte Haltung eingenommen hat.
Die Meldung lautet: „Zelle zwei mit einem Strafgefangenen; es meldet Strafgefangener Müller."

Hält ein Angehöriger des Strafvollzuges sich längere Zeit in einer Gemeinschaftsunterkunft auf, kann er dem Zellenältesten die Anordnung „Lassen Sie weitermachen" geben.

Betritt anschließend ein Vorgesetzter die Gemeinschaftsunterkunft, ruft der Älteste abermals „Strafgefangene Achtung". Sämtliche Fenster der Verwahr- und Arbeitsräume, außer Oberlichten und besonders genehmigten, sind ständig geschlossen zu halten.

Sinngemäß wird bei Zusammenkünften von Strafgefangenen in anderen Räumen (z. B. in Speiseräumen, bei Produktionsberatungen usw.) verfahren.

In Werkstätten und auf Arbeitsstellen, sowie in den Gemeinschaftssälen entfällt das Kommando „Achtung" während der Einnahme der Mahlzeiten. Hier erfolgt nur die Meldung des jeweiligen Brigadiers.

Befindet sich eine Gruppe Strafgefangener beim Volleyballspiel oder Tischtennis usw., so ist nach dem Kommando „Achtung" dem zuständigen Kommandoleiter, Oberaufsicht, dem OvD, den Stellvertretern des Leiters und dem Dienststellenleiter durch den Brigadier Meldung zu erstatten.
Gehören die Strafgefangenen zu einer Produktionsstätte, so ist die Meldung auch an den zuständigen Abteilungsleiter zu erstatten.
Werden Strafgefangene Verwaltungsdienststellen zugeführt, so hat er sich nach Eintritt mit Name, Vorname und Geburtsdatum zu melden.

In Gemeinschafts-Sälen hat während Kulturveranstaltungen und Rundfunkübertragungen jede Unterhaltung zu unterbleiben.

Der mit einem Strich abgegrenzte Türvorraum darf nicht betreten werden.

Strafgefangene untereinander haben sich mit „Sie" und Strafgefangener anzureden.
Die Brigadiers und Verwahrraumältesten sind verpflichtet, die Kommandosprache genauestens einzuhalten und in ihrem Aufgabenbereich durchzusetzen.
(Kommandotafel siehe Anhang).

Bei Verstößen von Strafgefangenen gegen die gegebenen Kommandos hat der Brigadier dem VP.-Angehörigen Meldung zu erstatten.

Der Brigadier darf seine Kommandogebung nicht mißbrauchen.

Unterhaltungen bei Gefangenenbewegungen sind untersagt.

Bei Antrete- und Marschformationen ist auf Einhaltung des Vordermannes, der Seitenrichtung und des Gleichschrittes zu achten. – Gehbehinderte Strafgefangene treten am Schluß der Kolonne an, sie haben sich jedoch den Formen der Disziplin unterzuordnen.

Anzugs-Ordnung	Um eine einheitliche Bekleidung zu gewährleisten, werden folgende Anzugsarten festgelegt: Anzug 1 – Jacke, Hose, Unterhemd, Unterhose, Socken, Schuhe. Anzug 2 – wie Anzug 1, jedoch mit Kopfbedeckung. Anzug 3 – wie Anzug 2, jedoch mit Pullover u. Halstuch. Anzug 4 – wie Anzug 3, jedoch mit Wintermantel und Handschuhen. Anzug 5 – Hose, Unterhose, Hausschuhe.

Welcher Anzug zu tragen ist, wird vom Angehörigen des Strafvollzuges bestimmt. Von Seiten der Dienststelle kann eine zeitweilige Änderung der Anzugsordnung angewiesen werden.

Bekleidung: Jeder Strafgefangene hat während der Verbüßung seiner Strafzeit Anstaltskleidung zu tragen. Diese wird ihm nach der Einlieferung in der Anstalt ausgehändigt.

Er hat folgende Kleidungsstücke zu empfangen:

1 Kopfbedeckung	Für den Winter zusätzlich:
2 Jacken	1 Pullover oder Unterjacke
2 Hosen	1 Halstuch
4 Hemden	
3 Unterhosen	
3 Taschentücher	
3 Handtücher	
2 Paar Fußlappen	
3 Paar Socken	
2 Paar Lederschuhe	
1 Paar Lederpantoffeln	

Die ausgehändigte Bekleidung ist schonendst zu behandeln. Notwendige kleine Reparaturen sind von den Strafgefangenen selbst durchzuführen. Großreparaturen an Bekleidung und Schuhwerk sind dem Aufsichtspersonal zu melden. Jedes ihm ausgehändigte Bekleidungsstück ist mit einer Wäschenummer zu versehen, welche gleichzeitig die Effektennummer ist. Jede Vornahme von Veränderungen an der Bekleidung ist untersagt.

Der Strafgefangene darf nur eine Garnitur Bekleidung und ein Nachthemd im Besitz haben. Die restlichen Garnituren sind in der Wäschekammer zu lagern. Bei Verlegungen innerhalb der Anstalt hat jeder Strafgefangene die ihm ausgehändigte Bekleidung vollzählig mitzunehmen.

Der Wäschetausch hat wöchentlich einmal nach dem festgelegten Plan der Wäscherei zu erfolgen.

Ordnung und Sauberkeit:
Für jeden Verwahrraum wird ein Ältester durch die Aufsicht bestimmt. Dieser ist für die Ordnung und Sauberkeit des Verwahrraumes verantwortlich.
Sofort nach dem Wecken hat der Strafgefangene aufzustehen, sich zu waschen und anzukleiden. Danach seine Liegestatt in Ordnung zu bringen. Anschließend beginnt das Reinigen des Verwahrraumes und das Durchlüften desselben.
Jedem Strafgefangenen ist es untersagt, das Nachtlager während der Tageszeit zu benutzen.

Ausnahmen bedürfen der Genehmigung:
durch den Arzt
bedingt durch das Arbeits-Schichtsystem

Weiterhin ist untersagt:
Tische oder Lagerstätten als Sitzgelegenheiten zu benutzen.
Das Inventar der Verwahrräume mutwillig zu beschmutzen oder zu beschädigen.
In den Verwahrräumen zu pfeifen, singen oder zu lärmen.
Speisereste oder andere Gegenstände aus dem Fenster zu werfen.
Jegliches Mitnehmen von Arbeitsgerät in die Verwahrräume.
Ohne Genehmigung des Aufsichtspersonals zu rauchen.

Der Bettenbau hat ordnungsgemäß und einheitlich zu erfolgen.
Eine Decke unter dem Laken, eine eingezogen bzw. eingenäht und zwei Decken zusammengelegt am Fußende.

Das in der Unterkunft befindliche Regal ist wie folgt einzurichten:

Oberes Fach: Bücher und Zeitschriften
Mittleres Fach: Lebensmittel
Unteres Fach: Toilettenartikel

Alle diese Sachen sind ordentlich und gut übersichtlich zu lagern.

Überbekleidungsstücke dürfen während der Tageszeit nur an den dafür bestimmten Kleiderhaken abgelegt werden.

Bei Sachenausschluß ist die gesamte Oberbekleidung in Päckchenform auf dem Hocker an den dafür vorgesehenen Platz zu lagern.
Dafür wird folgende Ordnung festgelegt:

Jacke, geschlossene Kante nach vorn
Hose, geschlossene Kante nach vorn
Pullover bzw. Unterjacke,
geschlossene Kante nach vorn
Handtuch, ausgebreitet nach den Seiten und
hinten herunterhängend
Halstuch
Kopfbedeckung
Bücher.

Ist Sonderbekleidung empfangen, so ist diese unter der Jacke in derselben Form abzulegen. In den Gemeinschaftsunterkünften ist entsprechend der Saalordnung zu verfahren.

Schuhe, sowie Kaffee- und Wasserkrüge sind herauszustellen.

Ordnung und Sauberkeit in den Produktionsräumen:
Jeder Strafgefangene ist verpflichtet, seinen Arbeitsplatz in Ordnung zu halten. Sämtliche Werkzeuge und Geräte sind nach Arbeitsschluß ordnungsgemäß und übersichtlich in einem sauberen Zustand in den dafür bestimmten Schränken und Kästen abzulegen. Diese Behältnisse sind zu verschließen und der Schlüssel beim Werkstattleiter abzugeben.

Arbeitsplätze, Maschinen und Werkbänke sind täglich zu reinigen und bei Arbeitsschluß in sauberem Zustand zu verlassen.
Material und Fertigprodukte sind übersichtlich zu ordnen und so abzulegen, daß der Arbeitsablauf nicht behindert wird.

Arbeitsschutz-Bestimmungen:
Die Bestimmungen über Unfallschutz sind strengstens einzuhalten.
Jeder Strafgefangene ist verpflichtet, sich mit den Unfallschutz-Bestimmungen vertraut zu machen, wenn er in den Arbeitsprozeß eingereiht wird.
An den monatlichen Arbeitsschutzbelehrungen hat er teilzunehmen.
Sicherheitsvorrichtungen an den einzelnen Maschinen dürfen ohne Einwilligung der Arbeitsinspektion nicht entfernt werden.

Brandschutz-Bestimmungen:
Ferner hat sich der Strafgefangene mit den Brandschutzbestimmungen vertraut zu machen und sie genauestens einzuhalten.
Vor allem sind die Gänge freizuhalten.
Feuerlöscher und Wasserentnahmestellen dürfen nicht mit Material bzw. Fertigteilen verstellt werden.
Alle in der Produktion eingesetzten Strafgefangenen haben die Handhabung der Feuerlöschgeräte zu erlernen, und bei Brandgefahr anzuwenden.
Den aufsichtsführenden VP.-Angehörigen ist sofort Meldung zu erstatten.

Arbeitsbekleidung:
Strafgefangene, die in Arbeit stehen, erhalten einen Arbeitsanzug und 1 Hemd zusätzlich.
Diese Arbeitsbekleidung ist in den Umkleideräumen der einzelnen Arbeitskommandos in den dafür bestimmten Spinden übersichtlich abzulegen.
Der An- und Abmarsch zur Arbeitsstelle erfolgt im blauen Anzug.
Die Umkleideräume sind täglich zu säubern und in einem ordentlichen Zustand zu verlassen.
Es ist untersagt, Material und Werkzeuge sowie andere Gegenstände mit in den Umkleideraum zu nehmen.

Verpflegung:
Die Verpflegungssätze richten sich nach den allgemein gültigen Bestimmungen.

Freistunde:
Dem Strafgefangenen stehen täglich 30 Minuten Bewegung im Freien zu.
In dieser Zeit werden gymnastische Übungen durchgeführt.
Die Bewegung hat in Marschkolonne bzw. einzeln zu erfolgen.
Die Kommandos sind entsprechend der Kommando-Tafel zu geben und einzuhalten.
Das Sprechen während der Freistunde ist untersagt.
Verstöße gegen die Disziplin während der Freistunde hat den sofortigen Abbruch für den oder die betreffenden Strafgefangenen zur Folge. Dieses schließt eine Bestrafung entsprechend der Disziplinarordnung nicht aus.
Gehbehinderte Strafgefangene führen die Freistunde unter den entsprechenden Bedingungen durch.

Tagesablauf: – Sommerhalbjahr –

04.30–06.00	Uhr	Sacheneinschluß, Krankmeldungen, Kübeln, Waschen, Lüften u. Reinigen der Unterkünfte, Frühstück.
06.10–06.40	"	Zählappell
06.45	"	Ausrücken zum Arbeitsplatz
10.30–13.30	"	Mittagessen
ab 16.30–17.30	"	Einrücken der Arbeitskommandos
16.30–18.00	"	Abendessen
18.10–18.40	"	Zählung
18.40–19.40	"	Putz- u. Flickstunde oder Freizeitgestaltung
ab 19.45	"	Bekleidungsablage
20.00	"	Nachtruhe
08.00–17.30	"	Freistunde entsprechend der speziellen Einteilung

Ambulanzzeiten richten sich nach dem Ambulanzplan.

– Winterhalbjahr –

18.40–19.10 Uhr	Putz- und Flickstunde oder Freizeitgestaltung
19.30 Uhr	Nachtruhe

Alle anderen Zeiten bleiben wie im Sommerhalbjahr.
Beginn des Sommerhalbjahres: 1. April
Beginn des Winterhalbjahres: 1. Oktober

Für Strafgefangene, die zur Schichtarbeit eingesetzt sind, richtet sich der Tagesablauf nach der Arbeitszeit.
Freizeitgestaltung an Sonn- und Feiertagen wird besonders geregelt.

Die Benutzung des Lehrkabinetts erfolgt entsprechend der Planung der Abteilung Produktion.

Bittgesuche und Beschwerden:
Strafgefangene können Beschwerden beim Leiter der StVA vorbringen. Diese sind schriftlich innerhalb von 3 Tagen unter Bekanntgabe des Beschwerdegrundes einzureichen. Gemeinsame Beschwerden sind unzulässig.
Der Weg der Beschwerde erfolgt mit dem dazu bestimmten Vordruck über den Stationsleiter an die in der Beschwerde angeführte Stelle.
Die Entscheidung über die Beschwerde wird dem Strafgefangenen durch den Leiter der StVA oder einem von ihm beauftragten VP.-Angehörigen der StVA bekanntgegeben. Beschwerden an die oberste Vollzugsbehörde über den Leiter der StVA Bautzen sind zulässig.
Bitten und Gesuche können den VP.-Angehörigen des Aufsichtsdienstes, dem Leiter der StVA und dem zuständigen aufsichtsführenden Staatsanwalt mündlich oder schriftlich vorgetragen werden.

Kulturelle Betreuung:
Die kulturelle Betreuung wird, entsprechend den Möglichkeiten, gewährleistet durch:
Filmveranstaltungen
Kulturveranstaltungen
Gefangenen-Bibliothek
Ball- und Brettspiele
Der Büchertausch findet aller 14 Tage statt.

Seelsorge:
Jeder Strafgefangene hat das Recht, an den religiösen Veranstaltungen in der StVA teilzunehmen.
Desweiteren kann er die Sprechstunden des Anstaltsgeistlichen aufsuchen.

Schreiberlaubnis:
Jeder Strafgefangene darf monatlich 1mal, grundsätzlich in deutscher Sprache, an einen seiner nächsten Angehörigen schreiben und von demselben Post erhalten.
Der einmalige Antrag auf Schreiberlaubnis muß von jedem Strafgefangenen selbst gestellt werden, unter gleichzeitiger Angabe des Postempfängers.
Eine Änderung des Empfängers ist zu begründen und rechtzeitig dem Stationsleiter zu melden.
Bei Ausländern erfolgt Sonderregelung.
Der Inhalt der Briefpost hat sich auf familiäre Angelegenheiten zu beschränken.

Bei Nichteinhaltung der Bestimmungen wird der Brief zurückgehalten und der Gefangenenakte beigelegt.
Dem Strafgefangenen kann Gelegenheit gegeben werden, einen zweiten Brief zu schreiben.
Bei Ausgabe der neuen Post ist die alte Post abzugeben.
Das Porto geht zu Lasten des Strafgefangenen.
Schreibmaterial wird von der StVA zur Verfügung gestellt.
Sonderschreiben für Eingaben an Vollzugs- u. Aufsichtsbehörden oder Gerichte der DDR sind mittels Bittgesuch zu beantragen und bedürfen der Genehmigung.

Besuchserlaubnis:
Jeder Strafgefangene kann in einem Vierteljahr den Besuch eines seiner nächsten Angehörigen empfangen.
Der Zeitpunkt wird vom Leiter der StVA oder dessen Beauftragten bestimmt.
Die Besuchserlaubnis ist von der Antragstellung des Strafgefangenen abhängig und wird durch Besuchserlaubnisschein den Angehörigen mitgeteilt.
Der Besuchserlaubnisschein ist nicht übertragbar.
Als nächste Angehörige gelten:
Ehegatten, Eltern, Kinder über 16 Jahren u. Geschwister.
Die Sprechzeit beträgt 30 Minuten.

Bei Strafgefangenen, die sich durch gute Führung und Arbeitsleistung ausgezeichnet haben, kann der Leiter der StVA die Sprechzeit verlängern.
Die Unterhaltungen während des Besuches sind grundsätzlich in deutscher Sprache zu führen. Der Inhalt der Gespräche hat sich auf familiäre Angelegenheiten zu beschränken.
Zur Begrüßung und zum Abschied ist nur der Händedruck statthaft.
Zuwiderhandlungen haben den sofortigen Abbruch der Sprechzeit zur Folge.
Desweiteren kann die Besuchserlaubnis für eine bestimmte Zeit entzogen werden.

Arbeitseinsatz:
Jeder Strafgefangene wird entsprechend seiner Eignung und seinen Fähigkeiten zur Arbeit herangezogen, wenn seine Führung und sein Verhalten einen solchen Einsatz nicht ausschließen.

Zur Weiterbildung stehen den Strafgefangenen folgende Möglichkeiten zur Verfügung:
die Arbeit in einer Produktionsstätte
das Lehrkabinett

Presseinformationen
die Gefangenenbücherei
Zeitungen und Fachschriften
Rundfunkübertragungen.

Arbeitsbelohnung:
Die Belohnung der Strafgefangenen erfolgt grundsätzlich nach dem Leistungsprinzip und nach dem Nützlichkeitsgrad für die Volkswirtschaft.

1. Gruppe A) Belohnung nach Tabelle entsprechend dem überwiesenen Nettolohn für Strafgefangene, die in A-Betrieben im Rahmen des Arbeitskräfteplanes des jeweiligen VEB beschäftigt werden.
(Tariflohn der volkseigenen Industrie).

2. Grundlage für die Höhe der Arbeitsbelohnung der nach Gruppe A belohnten Strafgefangenen ist die Lohnabrechnung des Betriebes.
Die Summe der Belohnung der Strafgefangenen gliedert sich entsprechend der Tabelle in:
Eigenverbrauch
Rücklage
Unterstützung bzw. Rücklage

Mit der Summe des Eigenverbrauchs kann von der HO Lebensmittel und sonstige Artikel gekauft werden.

3. Die Belohnung der Arbeitsgruppen B sowie der Hausarbeiter erfolgen nach den vorhandenen Richtlinien.

4. Bei Übererfüllung von Normen können die Strafgefangenen der Gruppe B einen prozentualen Zuschlag zur Arbeitsbelohnung entsprechend der Höhe der Normübererfüllung erhalten.

5. Die in der Gruppe B gezahlte Arbeitsbelohnung besteht zu 80% aus Eigenverbrauch und zu 20% aus Rücklage.

6. Die Prämiierung der Strafgefangenen der Gruppe A erfolgt auf Vorschlag des jeweiligen VEB aus Mitteln des Prämienfonds. Hierbei findet ebenfalls Führung und Disziplin Beachtung.

7. Über den Prämienbetrag kann der Strafgefangene frei verfügen. Eine Überweisung an Familienangehörige ist gestattet.

8. Nutzungsvergütungen für Erfindungen und Verbesserungsvorschläge gelten sinngemäß als Prämien.

Sozialrechtliche Stellung des Strafgefangenen:
1. Nach der gültigen Anweisung steht der Strafgefangene grundsätzlich außerhalb der allgemein geltenden sozialversicherungsrechtlichen Bestimmungen und hat keinen Anspruch auf Leistungen der Sozialversicherung.
Diese Regelung gilt auch für Familienangehörige von Inhaftierten, soweit sie nicht selbst anspruchsberechtigt sind.
Die Betreuung in Bezug der Sozialversicherungskasse übernimmt die Dienststelle.

2. Der Versicherungsausweis von Strafgefangenen wird durch die Anstaltsleitung eingezogen; während der Haft erfolgen keine Eintragungen in den Versicherungsausweis.

3. Strafgefangene können nach ihrer Entlassung innerhalb von 3 Wochen Sozialversicherungsleistungen, sofern sie vor ihrer Inhaftierung Anspruch darauf hatten, geltend machen.

4. Zur Aufrechterhaltung der Rentenanwartschaft ist jeder Strafgefangene durch den Strafvollzug pauschalversichert. Bei der Entlassung wird jedem Strafgefangenen, der länger als einen Monat eingesessen hat, eine Bescheinigung über Zahlung der Rentenanwartschaft ausgehändigt.

5. Erleidet ein Strafgefangener einen Betriebsunfall oder eine Berufskrankheit, so steht ihm nach der Haftentlassung Unfallrente durch die Sozialversicherung zu, sofern die Erwerbsminderung 20 Prozent und mehr beträgt. In jedem Fall wird dem Strafgefangenen bei der Entlassung ein Exemplar der Unfallanzeige und eine Bescheinigung über die Höhe des für die Berechnung der Unfallrente zugrunde zu legenden Jahresbetrages ausgehändigt.

6. Bei selbstverschuldeter Erkrankung und evt. dadurch bedingtem Krankenhausaufenthalt wird die Zeit der Erkrankung nicht auf die Strafzeit angerechnet. Die daraus entstehenden Kosten, auch die des Krankenhausaufenthaltes, hat der Strafgefangene selbst zu tragen.

Vergünstigungen:
Außer der bereits angeführten Möglichkeit der Sprechzeitverlängerung, kann der Leiter der StVA bei einwandfreier Führung, Disziplin und Arbeitsleistung den Strafgefangenen den Besuch von Kinoveranstaltungen, Kulturveranstaltungen, die Benutzung des Lehrkabinetts zur fachlichen Weiterbildung und den HO-Einkauf gestatten.

Ferner kann der Leiter der StVA bei Erfüllung der oben angeführten Bedingungen das Schachspielen, Volleyball, Tischtennis und die Benutzung der Bücher der Gefangenen-Bibliothek genehmigen.

Entsprechend der Disziplinarordnung für Straf- und Untersuchungs-Gefangene kann der Leiter der Dienststelle noch folgende Auszeichnungen aussprechen:
Belobigung
Prämiierung
Löschung einer früher ausgesprochenen Hausstrafe
Erteilung zusätzlicher Raucherlaubnis
Gewährung eines Sonderbriefes
Gewährung eines zusätzlichen oder erhöhten Bezuges von Lebensmitteln.

Bei besonders guter Führung und Arbeitsleistung kann der Leiter der StVA entsprechend § 346 Antrag auf bedingte Strafaussetzung stellen.

HO-Einkauf:
HO-Einkauf für Strafgefangene, die entsprechend den Bestimmungen die Genehmigung erhalten, erfolgt 3mal im Monat nach dem Plan der Eigengeldverwaltung.
Nichtarbeitende Strafgefangene können keine zusätzlichen Lebens- und Genußmittel einkaufen.

Das Warenangebot ist auf folgende Artikel beschränkt:
1) Zwei Sorten Wurst
2) tierische sowie pflanzliche Fette (keine Butter)
3) Zucker, Kunsthonig, Marmelade (keine Konfitüre)
4) Brötchen (nur an den vor Sonn- und Feiertagen liegenden Werktagen)
5) Fischhalbmarinaden (in beschränktem Umfang)
6) Obst je nach Jahreszeit (keine Südfrüchte)
7) zwei Sorten Zigaretten zu je –,08 und –,10 DM das Stück, sowie Kautabak
8) Zahnseide – Zahnpasta – Zahnbürsten – Handbürsten – Kämme
(Bei ärztlicher Anregung kann im Einzelfall medizinische Seife bzw. Hautschutzcreme und Salbe gestattet werden)

Außerdem können Strafgefangene Wäsche – Bekleidung – Schuhe und Koffer kaufen.

Nach Gesuch des Strafgefangenen an die Anstaltsleitung können Paketsendungen an Angehörige der Strafgefangenen gestattet werden, dessen Inhalt sich auf folgendes Warensortiment beschränkt:

Lebensmittel und Süßwaren
Seifengeschenkpackungen
Bücher
Füllfederhalter und Wäsche.

Paketsendungen nach Westdeutschland bzw. Westberlin werden nach den gesetzlichen Bestimmungen durchgeführt.

Ärztliche Betreuung:
Jedem Strafgefangenen stehen die Möglichkeiten des ärztlichen Beistandes zu. Die Krankmeldungen sind jeden Morgen beim Sacheneinschluß an den Stationswachtmeister zu erstatten.
Ausgenommen hiervon sind Unfälle, die eine sofortige ärztliche Hilfe beanspruchen. Außerdem bekommt jeder Strafgefangene die vom Arzt verordneten Medikamente, die er sofort in Gegenwart eines VP.-Angehörigen einzunehmen bzw. zu verbrauchen hat.

Soziale Gerichtshilfe:
Ergeben sich im Verlauf der Strafhaft Rechtsfragen für den Strafgefangenen, z. B. Ehescheidungen usw., so sind diese über den Strafvollzug zu klären.

Strafbestimmungen:
Jeder Strafgefangene hat die Hausordnung genauestens einzuhalten. Verstöße gegen die Hausordnung werden entsprechend der Disziplinarvorschrift für Straf- und Untersuchungs-Gefangene mit Hausstrafen geahndet.
Eine Strafverfolgung nach den Bestimmungen des StGB wird dadurch nicht ausgeschlossen. Bei mutwilliger Beschädigung oder Zerstörung von Inventar, Geräten, Bekleidung, Büchern und dergleichen wird der betreffende Strafgefangene für den entstandenen Schaden regreßpflichtig gemacht.

Erläuterung von Strafgesetzen:
Widerstand: Wer einem Angehörigen des Strafvollzuges in der rechtmäßigen Ausübung seines Amtes durch Gewalt oder durch Drohung mit Gewalt Widerstand leistet oder ihn während der Ausübung seines Amtes tätlich angreift, unterliegt wegen Widerstand gegen die Staatsgewalt der Strafverfolgung. Strafverfolgung tritt auch dann ein, wenn die Handlung gegen Personen, welche zur Unterstützung der Angehörigen des Strafvollzuges zugezogen waren, begangen wird.

Meuterei: Strafgefangene, welche sich zusammenrotten und mit vereinten Kräften Angehörige des Strafvollzuges oder die mit der Beaufsichtigung Beauftragten angreifen, denselben Widerstand leisten oder es unternehmen, sie zu Handlungen oder Unterlassungen zu nötigen, werden wegen Meuterei strafrechtlich verfolgt. (§ 122 StGB.)

Zusammenrottung: Strafverfolgung tritt auch dann ein, wenn Strafgefangene sich zusammenrotten und mit vereinten Kräften einen gewaltsamen Ausbruch unternehmen.

Sachbeschädigung: Für vorsätzliche Sachbeschädigung kann der Strafgefangene unter Strafverfolgung gestellt werden (§§ 303–305 StGB.)
Für vorsätzliche oder fahrlässige von Strafgefangenen verursachte Schäden an anstaltseigenen Einrichtungen, Bekleidungs- und sonstigen Gegenständen sind Strafgefangene schadenersatzpflichtig. Die Kosten werden vom Konto des betreffenden Strafgefangenen abgezogen.

Flucht: Bei der Flucht eines Strafgefangenen kann das vorhandene Eigentum einschließlich des Eigengeldes zur Deckung entstandener Kosten verwendet werden.

Berlin, den 15. Januar 1963

Maßnahmen zur Durchführung einer zielgerichteteren und planmäßigeren politisch-operativen Arbeit in der StVA Bautzen II*

Die Tätigkeit des Mitarbeiters der Hauptabteilung IX, Genossen Hauptmann KEMPE, in der Strafvollzugsanstalt Bautzen II hat grundsätzlich auf der Grundlage der Funktionsmerkmale der Hauptabteilung IX zu erfolgen. Unter Berücksichtigung, daß in der StVA Bautzen II die verschiedensten Kategorien der vom Ministerium für Staatssicherheit bearbeiteten Strafgefangenen wie Westberliner, Westdeutsche und ausländische Staatsangehörige, ehemalige Mitarbeiter, IMs und solche Bürger der DDR, die unter Anwendung der raffiniertesten Mittel und Methoden gefährliche Staatsverbrechen begangen haben, untergebracht sind, besteht die Notwendigkeit einer zielgerichteten politisch-operativen Weiterbearbeitung, Kontrolle und allseitigen Absicherung.

1. Die politisch-operative Bearbeitung der Strafgefangenen hat mit den verschiedensten spezifischen Arbeitsmethoden des MfS zu erfolgen und ist nach folgenden aufgeführten Schwerpunkten vorzunehmen:

   – In Absprache mit den Leitern der zuständigen Fachabteilungen der HA IX und auf der Grundlage der von den Untersuchungsführenden erarbeiteten Einschätzungen über Beschuldigte, hat die Unterbringung entsprechend den Kategorien zu erfolgen, jedoch unter dem Gesichtspunkt der operativen Weiterbearbeitung. Aus dringenden politisch-operativen Gründen erforderliche Einzelhaft von Strafgefangenen ist nur nach schriftlicher Anordnung des aufsichtsführenden Staatsanwaltes zu vollziehen und muß periodisch auf ihre weitere Notwendigkeit überprüft werden.

   – In Absprachen mit den Leitern der Fachabteilungen der HA sind Festlegungen über die Auswahl für eine inoffizielle Arbeit geeignete Strafgefangene zu treffen, wobei vorrangig bereits überprüfte inoffizielle Mitarbeiter zum Einsatz gelangen sollen.

   – Nach Auswahl, Überprüfung und Einschätzung des jeweiligen Strafgefangenen werden durch Gen. Hauptmann KEMPE Werbungsvorschläge erarbeitet, die nach nochmaliger Konsultation mit den Leitern der Fachabteilungen der HA IX Genossen Oberstleutnant FISTER zur Bestätigung vorgelegt werden.

* BStU, MfS HA IX 630; Kopf: Hauptabteilung IX; 5 Exemplare, 3. Ausfertigung. 5 Blatt, handschriftlich gezeichnet auf Seite 5: Fister, Oberstleutnant

- Nach gründlicher Vorbereitung erfolgt ein qualifiziertes Werbungsgespräch und die Verpflichtung des Strafgefangenen unter dem Gesichtspunkt, daß eine sofortige Bindung dieses inoffiziellen Mitarbeiters an das MfS gewährleistet ist.

- Über das Werbungsgespräch ist eine schriftliche Einschätzung anzufertigen, in der unter anderem das vorgesehene Einsatzgebiet des betreffenden Strafgefangenen und dessen Legendierung vermerkt sind.

- Die Durchführung operativer Kombinationen ist schriftlich vorzuschlagen, wobei Verlauf derselben, Zielrichtung und dabei zu beachtende Reaktionen der durch den inoffiziellen Mitarbeiter zu bearbeitenden Strafgefangenen einzuschätzen sind.

- Operative Kombinationen sind insbesondere mit dem Ziel zu führen, die von Strafgefangenen während der Untersuchungshaft verschwiegenen Umstände und Zusammenhänge ihrer Straftat zu entlarven sowie erneut geplante und vorbereitete Verbrechen aufzuklären und zu verhindern. Weiterhin soll damit vorbeugend zur politisch-ideologischen Zersetzung feindlicher Gruppierungen, zur politischen Isolierung von Strafgefangenen mit extrem feindlicher Grundhaltung und zur Verhinderung von Versuchen des Ausbruchs, der Verbindungsaufnahme und der Liberalisierung von Angehörigen der Deutschen Volkspolizei beigetragen werden. Die operativen Kombinationen müssen auch dazu dienen, Verstöße gegen Ordnungen und Weisungen des Strafvollzugs sowie anderer politisch-operativ bedeutsamer Faktoren zu erarbeiten.

- Der dabei erfolgte Einsatz inoffizieller Mitarbeiter ist durch operativ-technische und andere Mittel und Methoden ständig zu überprüfen, so daß ihre unbedingte Zuverlässigkeit garantiert ist.

- Unter Einschaltung des inoffiziellen Netzes sowie durch variable Überprüfungsmaßnahmen sind die offiziellen Verbindungswege der Strafgefangenen unter ständiger Kontrolle zu halten. Das betrifft sowohl den Brief- und Paketverkehr als auch die Besuche.

- Über den Stand der in Bearbeitung befindlichen Strafgefangenen sind ständig die Leiter der Fachabteilungen der HA IX zu unterrichten, mit ihnen weitere geeignete Maßnahmen abzusprechen und notwendige Überprüfungsmaßnahmen zu veranlassen.

- Die operative Bearbeitung der Strafgefangenen ist als Vorlaufmaterial zu erfassen und nach einem bestimmten Entwicklungsstand den entsprechenden Fachabteilungen zur Entscheidung über die Durchführung strafprozessualer oder anderweitiger Maßnahmen vorzulegen.

- In Absprache mit den Leitern der Fachabteilungen sind Vernehmungen und Befragungen von Strafgefangenen durchzuführen, wobei nicht nur eine Klärung des zu erarbeitenden Sachverhaltes zu erfolgen hat, sondern diese gleichzeitig für die politisch-operative Bearbeitung der Strafgefangenen zu nutzen sind.

Sämtliche der mit den spezifischen Arbeitsmethoden des MfS im Zusammenhang stehenden Aufgaben sind unter strengster Wahrung der Konspiration durchzuführen und erfordern eine ständige Überprüfung.

2. Zur Unterstützung der politisch-operativen Tätigkeit anderer Diensteinheiten ist in Absprache mit den Leitern der Fachabteilungen und nach Bestätigung durch Genossen Oberstleutnant FISTER folgendes durchzuführen:

   - Die Übergabe erarbeiteter Materialien an die zuständigen Diensteinheiten des MfS zur Einleitung von Überprüfungen und politisch-operativer Maßnahmen.

   - Koordinierung von Maßnahmen mit den zuständigen Mitarbeitern der Linie VII zur Gewährleistung der inneren und äußeren Sicherheit, der Verhinderung von Ausbruchsversuchen sowie der Entlarvung illegaler Verbindungen, Kontaktversuche und der Beseitigung begünstigender Bedingungen.

   - Erarbeitete Materialien, die die Nichteinhaltung der bestehenden Ordnungen und Weisungen der Leitung der StVA Bautzen II durch Angehörige der Deutschen Volkspolizei betreffen, werden über die zuständigen Mitarbeiter der Abteilung VII Genossen Hauptmann Pokorny beziehungsweise der Leitung der Verwaltung Strafvollzug zugestellt.

3. Verstöße gegen die sozialistische Rechtspflege, insbesondere das Strafvollzugs- und Wiedereingliederungsgesetz und festgestellte Maßnahmen, die eine Behinderung derselben darstellen, werden Genossen Oberstleutnant FISTER zur Prüfung und Weiterleitung an den Beauftragten des Generalstaatsanwaltes, Genossen Staatsanwalt KUNZE, übergeben.

4. Die im Interesse der Durchsetzung der politisch-operativen Maßnahmen erforderliche Zusammenarbeit mit der Leitung der StVA Bautzen II hat seitens des Genossen Hauptmann KEMPE nur in empfehlender Form zu erfolgen. Das betrifft insbesondere solche Fälle wie

- die Unterbringung der Strafgefangenen unter den Bedingungen, die deren politisch-operative Bearbeitung nicht erschweren,
- den Einsatz überprüfter Strafgefangener als Brigadiere und Hausarbeiter, durch die gleichzeitig eine Wahrung der politisch-operativen Interessen erfolgen kann,
- die Kontrolle der Besuche bei Strafgefangenen mit Verwandten sowie Probleme disziplinarischer Maßnahmen.

5. Die im jeweiligen Monat durchzuführenden Schwerpunktaufgaben sind entsprechend zu planen und deren Durchführung zu dokumentieren.

6. Die unmittelbare Anleitung der politisch-operativen Arbeit des Genossen Hauptmann KEMPE in der StVA Bautzen II und die systematische Kontrolle an Ort und Stelle erfolgt durch Genossen Oberstleutnant FISTER und unter Einbeziehung der Genossen Oberstleutnant WALß und Major HEINITZ in Bautzen.
Die Festlegung der Termine wird entsprechend den politisch-operativen Erfordernissen vorgenommen.
Genosse Oberstleutnant FISTER hat [sich] schwerpunktmäßig [mit] dem Leiter der Hauptabteilung IX, Genossen Oberst HEINITZ, über den Stand der politisch-operativen oder rechtspolitischen Probleme und Maßnahmen abzusprechen.

Fister
Oberstleutnant

Berlin, 24. September 1963

DIENSTANWEISUNG des Ministers des Innern Nr. 30/63
Inhalt: Zusammenarbeit der Organe der Verwaltung Strafvollzug mit den Organen des Ministeriums für Staatssicherheit*

Die im Zusammenwirken mit dem Ministerium für Staatssicherheit geübte Verfahrensweise bei Vernehmungen Gefangener durch Mitarbeiter des Ministeriums für Staatssicherheit in den SV-Dienststellen bei Auslieferungen oder Einlieferungen Gefangener an bzw. von Dienststellen des Ministeriums für Staatssicherheit erfordern eine strenge Ordnung.

ICH WEISE AN:

I. Vernehmungen

1. Die Mitarbeiter des Ministeriums für Staatssicherheit sind berechtigt, Vernehmungen Strafgefangener ohne schriftliche Genehmigung der Verwaltung Strafvollzug durchzuführen, wenn sie im Besitz eines Dienstauftrages des Ministeriums für Staatssicherheit sind.

2. Dienstaufträge zur Vernehmung innerhalb des Kreisgebietes werden vom Leiter der Kreisdienststelle des MfS ausgestellt. Bei überörtlicher Tätigkeit sind die Dienstaufträge vom Leiter der Bezirksverwaltung des MfS oder dessen Stellvertreter unterschrieben.

3. Der für die jeweilige SV-Dienststelle eingesetzte Mitarbeiter des MfS oder der vom Leiter der Kreisdienststelle Beauftragte legitimiert den Vernehmer bei dem Leiter der SV-Dienststelle, bei dem sich der Vernehmer mit Dienstauftrag und Dienstausweis auszuweisen hat.

4. Auf dem Dienstauftrag müssen die Nummer des Dienstausweises des Vernehmers sowie die Personalien des zu vernehmenden Gefangenen vermerkt sein. Ergibt sich aus der Vernehmung, daß in der gleichen Sache noch andere als auf dem Dienstauftrag angegebene, aber in derselben SV-Dienststelle einsitzende Gefangene vernommen werden müssen, so hat der Leiter der SV-Dienststelle nach entsprechender Information durch den Vernehmer diesbezüglichen Verlangen stattzugeben.

* BStU, ZA Nr. 100924; Kopf: Regierung der Deutschen Demokratischen Republik, Ministerium des Inneren; Geheime Verschlußsache B3/1–41/63, 58. Ausfertigung, 3 Blatt. Auf Seite 6 handschriftlich gezeichnet: Franke, Oberst, auf Seite 7 handschriftlich gezeichnet: [Unterschrift unleserlich] 1.10.63

5. Vernehmungen sind während der allgemeinen Dienstzeit durchzuführen. Ausnahmefälle bedürfen der Genehmigung des Leiters der SV-Dienststelle oder seines Stellvertreters.

6. Mitarbeiter des MfS, die im Besitz eines gelben bzw. blauen Sonderausweises der Verwaltung Strafvollzug sind, benötigen für Vernehmungen keinen Dienstauftrag. Das gleiche gilt für ständig eingesetzte Mitarbeiter des MfS in SV-Dienststellen, wenn sie in der für sie zuständigen SV-Dienststelle tätig werden.

7. Vernehmungen Strafgefangener in der Strafvollzugsanstalt Bautzen II sind nur mit Genehmigung des Ministeriums für Staatssicherheit zulässig. Die Entscheidung obliegt dem für die StVA Bautzen II verantwortlich eingesetzten Mitarbeiter des MfS.

II. Auslieferungen

1. Zur Auslieferung Strafgefangener ist ein Dokument der Verwaltung SV erforderlich. Ein Dokument ist auch bei Zurückverlegungen nach stationärer Behandlung im Haftkrankenhaus Leipzig-Klein-Meusdorf bzw. in Krankenabteilungen der Strafvollzugsanstalten erforderlich.

2. Die Gefangenenakten und Effekten dürfen nur übergeben werden, wenn es auf dem Auslieferungsdokument angewiesen ist.

III. Einlieferungen

1. Ausgelieferte Strafgefangene werden durch die jeweilige Dienststelle des Ministeriums für Staatssicherheit ohne Dokument der Verwaltung SV wieder eingeliefert. Die Einlieferung erfolgt in der SV-Dienststelle, in der diese Strafgefangenen registriert sind. Die Verwaltung SV – Zentralkartei – ist durch die aufnehmende SV-Dienststelle telefonisch über die Wiederaufnahme zu unterrichten.

2. Eine Weiterverlegung von Strafgefangenen in eine andere Strafvollzugseinrichtung auf Antrag des MfS kann nur dann erfolgen, wenn die aufnehmende SV-Dienststelle entsprechend der Kategorisierung der Strafgefangenen nach dem Rechtspflegeerlaß des Staatsrates für die Unterbringung dieser Kategorie von Strafgefangenen festgelegt ist. Soll diese überbezirklich erfolgen, entscheidet darüber die Verwaltung SV.

3. Neuverurteilte können durch Dienststellen des Ministeriums für Staatssicherheit in SV-Dienststellen nach Rechtskraft des Urteils

und Vorliegen der Vollstreckungsunterlagen entsprechend der Kategorieneinteilung der Strafvollzugseinrichtungen selbständig und ohne weitere Anweisung eingeliefert werden. Die vollzähligen Vollstreckungsunterlagen sind dabei zu übergeben.

4. Die Einlieferung Gefangener in das Haftkrankenhaus Leipzig-Klein-Meusdorf bzw. in Krankenabteilungen von Strafvollzugsanstalten zur stationären Behandlung wird wie folgt geregelt:

   a) Zur Einlieferung kranker Gefangener in das Haftkrankenhaus Leipzig-Klein-Meusdorf bzw. in Krankenabteilungen von Strafvollzugsanstalten ist kein Dokument der Verwaltung SV erforderlich. Die einliefernde Dienststelle des Ministeriums für Staatssicherheit muß jedoch vor der Einlieferung bei dem Haftkrankenhaus bzw. den Krankenabteilungen der StVA unter Angabe der Krankheit und der Dringlichkeit anfragen, ob eine Aufnahmemöglichkeit besteht. Das Haftkrankenhaus Leipzig-Klein-Meusdorf bzw. die Krankenabteilungen der StVA sind verpflichtet, innerhalb von 48 Stunden die Anfrage zu beantworten. Bei Noteinweisungen (Lebensgefahr) entfällt die Anfrage.

   b) Der Einlieferer bzw. Abholer hat sich mit Dienstauftrag und Dienstausweis auszuweisen (Formalitäten wie bei I.).

   c) Aus dem von der einliefernden Dienststelle mit zu übergebenden abgesiegelten Begleitschreiben muß ersichtlich sein, ob es sich um einen Straf- oder Untersuchungsgefangenen handelt. Bei Untersuchungsgefangenen muß außerdem angegeben sein, daß ein Haftbefehl vorliegt.

   d) Bei Noteinweisungen entfällt der Dienstauftrag. In diesen Fällen werden die Einlieferer durch die zuständigen Verbindungsoffiziere der Kreisdienststellen des MfS legitimiert. Das Siegel auf dem Begleitschreiben ist bei Noteinweisungen nicht erforderlich.

5. Einlieferungen in die Strafvollzugsanstalt Bautzen II werden direkt durch das Ministerium für Staatssicherheit angewiesen. Bezirksverwaltungen und Kreisdienststellen des MfS sind hierzu nicht berechtigt.

IV. Verwaltungsmäßige Erfassung

1. Im Falle einer verwaltungsmäßigen Erfassung übergeben die Bezirksverwaltungen des MfS die Vollstreckungsunterlagen den für die verwaltungsmäßige Erfassung zuständigen SV-Dienststellen (Abteilung SV der BDVP, Arbeitsgruppe Strafvollstreckung) direkt, ohne daß hierfür eine Weisung der Verwaltung SV erforderlich ist. Nach der Registrierung ist der Verwaltung SV – Zentralkartei – die Karteikarte SV 1 zu übermitteln.

2. Nach Einlieferung dieser Strafgefangenen in die mit der verwaltungsmäßigen Erfassung beauftragten SV-Dienststellen wird die verwaltungsmäßige Erfassung aufgehoben. Der Verwaltung SV – Zentralkartei – ist die Aufnahme telefonisch zu melden.

V. Allgemeines

1. Die Leiter der Abteilungen SV der BDVP haben die Leiter der SV-Dienststellen mündlich von dem Inhalt dieser Dienstanweisung zu unterrichten, soweit es deren dienstliche Belange erfordern. Die Kenntnisnahme ist durch Unterschriftenleistung zu bestätigen.

2. Diese Dienstanweisung ist von den Leitern der Abteilungen SV der BDVP persönlich unter Verschluß zu halten.

3. Die Dienstanweisung des Leiters der HVDVP Nr. 7/59 – GVS-Nr. B3/32–703/59 tritt hiermit außer Kraft.

Minister des Innern
gez. Maron

F.d.R.
Franke
Oberst

Nach Mitteilung des Genossen Hptm. Grischka Referatsleiter in der HA VII für den Strafvollzug wurde der Entwurf der Dienstanweisung Nr. 30/63 des MdI zwischen den HA VII, IX und der Abt. XIV beraten und dieser Fassung zugestimmt.
[Unterschrift 1.10.63]

Berlin, den 25. Oktober 1963

Betr.: Dienstanweisung des Ministers des Innern Nr. 30/63, GVS Nr. B 3/1–41/63*

Bezug: Ohne

Die Hauptabteilung VII bittet, die durch das Büro der Leitung des MfS Ihrer Bezirksverwaltung übersandte DA 30/63 des MdI allen operativen Mitarbeitern der BV zur Kenntnis zu geben und dieselben anzuweisen, in ihrer operativen Tätigkeit den Inhalt der genannten Dienstanweisung unbedingt zu beachten.

Zum Punkt 7. Absatz I. wird mitgeteilt, daß ab sofort nicht mehr die üblichen Sonderdokumente der Verwaltung Strafvollzug des MdI erforderlich sind, welche bisher von der Hauptabteilung VII angefordert wurden.
Alle Ersuchen zur Vernehmung Strafgefangener in der StVA Bautzen II sind nicht mehr an die Hauptabteilung VII, sondern ab sofort an die Hauptabteilung IX des MfS zu richten. Die Ersuchen sind von den Leitern der BV oder deren Stellvertretern zu bestätigen; zwischen Antragstellung und Zeitpunkt der Vernehmung soll eine Frist von mindestens 8 Tagen liegen. Die schriftlichen Ersuchen für Vernehmungen müssen folgende Angaben enthalten:

- Name,
- Dienstgrad,
- Dienstausweisnummer des Mitarbeiters, der mit der Vernehmung beauftragt ist,
- Personalien des Strafgefangenen, der vernommen werden soll,
- Zeitpunkt der Vernehmung,
- kurze Begründung der op. Notwendigkeit der Vernehmung bzw. Befragung.

Die Hauptabteilung IX benachrichtigt die ersuchende Diensteinheit über den Zeitpunkt, zu dem die Vernehmung durchgeführt wird. Der mit der Vernehmung beauftragte Mitarbeiter Ihrer Diensteinheit hat sich nach erfolgter Genehmigung durch die HA IX mit einem vom Leiter der Bezirksverwaltung bzw. den Stellvertretern unterschriebenen Dienstauftrag beim zuständigen Mitarbeiter für die StVA Bautzen II, Obltn. Kempe, anzumelden.

* BStU, MfS Leipzig 246; Kopf: Regierung der Deutschen Demokratischen Republik, Ministerium für Staatssicherheit, Hauptabteilung VII, an: Ministerium für Staatssicherheit, Bezirksverwaltung, Leiter, Leipzig; Tagebuch-Nr. VII/1/3202/63. 2 Blatt, auf Blatt 1 handschriftlicher Zusatz: „Rücksprache", auf Blatt 2 handschriftlich gezeichnet: Jamin, Oberst

Auf dem Dienstauftrag sind nur die Dienstausweisnummer des Vernehmers sowie die Personalien der bzw. des zu vernehmenden Strafgefangenen zu vermerken.

Leiter der Hauptabteilung VII

Jamin
Oberst

Berlin, den 25.10.1963

Betr.: Verfahrensweise bei Vernehmungen von Strafgefangenen in der StVA Bautzen II*

Bezug: Dienstanweisung Nr. 30/63 des MdI, GVS Nr. B 3/1–41/63

In Übereinstimmung mit der Hauptabteilung IX des MfS und der Verwaltung Strafvollzug des MdI wurde durch die im Bezug genannte Dienstanweisung die Verfahrensweise bei Vernehmungen von Strafgefangenen in der StVA Bautzen II durch Dienststellen des MfS neu geregelt.
Ab sofort sind alle Ersuchen zum Zwecke der Vernehmung von Strafgefangenen in der StVA Bautzen II nicht mehr an die Hauptabteilung VII, sondern an die Hauptabteilung IX des MfS zu richten. Die Ersuchen sind von den Leitern der Hauptabteilungen bzw. selbständigen Abteilungen oder deren Stellvertretern zu bestätigen und müssen folgende Angaben enthalten:

– Name, Dienstgrad, Dienstausweisnummer des Mitarbeiters, der mit der Vernehmung beauftragt ist,
– Personalien des zu vernehmenden Strafgefangenen,
– Zeitpunkt der vorgesehenen Vernehmung und kurze Begründung für deren operative Notwendigkeit.

Die Ersuchen sollen mindestens 8 Tage vor Durchführung der Vernehmung an die HA IX gerichtet werden.
Nach erfolgter Genehmigung durch die HA IX kann sich der betreffende Mitarbeiter mit einem Dienstauftrag, unterschrieben vom HA-Leiter oder Stellvertreter, beim zuständigen Mitarbeiter, Obtln. K e m p e, in der StVA Bautzen II melden.
Der Dienstauftrag braucht lediglich die Dienstausweisnummer des Mitarbeiters und den bzw. die Namen der Strafgefangenen zu enthalten, die zu vernehmen sind.

Ab sofort haben zur StVA Bautzen II nur noch Mitarbeiter des MfS Zutritt, die durch die Hauptabteilung IX dem für die StVA Bautzen II zuständigen Mitarbeiter, Obtln. K e m p e , gemeldet wurden.

Die Hauptabteilung VII bittet um Kenntnisnahme und Beachtung dieses neuen Verfahrensweges.

Leiter der Hauptabteilung VII

Jamin
Oberst

* BStU, HA XVIII 7761; Kopf: Hauptabteilung VII/1, an: den Leiter der Hauptabteilung III, im Hause, Tagebuch-Nr.: VII/1/3200/63, 2 Blatt, auf Blatt 2 handschriftlich gezeichnet: Jamin, Oberst

10. August 1967

Anweisung Nr. 0017/67 des Ministers des Innern und Chefs der Deutschen Volkspolizei über Zusammenarbeit des Organs Strafvollzug mit Dienststellen des Ministeriums für Staatssicherheit*

Zur Durchsetzung einer einheitlichen Ordnung im Zusammenwirken des Organs Strafvollzug mit Diensteinheiten des Ministeriums für Staatssicherheit hinsichtlich der Gewährleistung der Durchführung von Vernehmungen Inhaftierter durch Mitarbeiter des Ministeriums für Staatssicherheit in Einrichtungen des Strafvollzuges sowie Auslieferung bzw. Einweisung Inhaftierter an oder von Dienststellen des Ministeriums für Staatssicherheit

WEISE ICH AN:

I. <u>Durchführung von Vernehmungen in Vollzugseinheiten</u>

1. Die Mitarbeiter des Ministeriums für Staatssicherheit sind unter Vorlage ihres Dienstausweises und eines ordnungsgemäßen Dienstauftrages ihrer zuständigen Dienststelle jederzeit berechtigt, Vernehmungen Inhaftierter in den Vollzugseinrichtungen durchzuführen. Der Dienstauftrag hat die Personalien des zu vernehmenden Inhaftierten zu enthalten.

2. Der für die jeweilige Vollzugseinrichtung verantwortlich eingesetzte oder beauftragte Mitarbeiter der zuständigen Dienststelle des Ministeriums für Staatssicherheit hat den Vernehmer beim Leiter der Vollzugseinrichtung entsprechend zu legitimieren.

3. Ergibt sich aus den geführten Vernehmungen die Notwendigkeit, weitere Inhaftierte zu vernehmen oder andere Ermittlungshandlungen in der gleichen Strafvollzugseinrichtung durchzuführen, so hat der Leiter der Strafvollzugseinrichtung entsprechende Unterstützung zu gewähren.

4. Die ständig eingesetzten und beauftragten Mitarbeiter des Ministeriums für Staatssicherheit in den Vollzugseinrichtungen benötigen für die von ihnen durchzuführenden Vernehmungen keinen Dienstauftrag.

* BStU, ZA 201586; Kopf: Ministerrat der Deutschen Demokratischen Republik, Ministerium des Innern; Geheime Verschlußsache I 020023, Blatt 1–3. 3 Blatt, auf Seite 1 handschriftliche Vermerke zur Inventarisierung, auf Seite 6 handschriftlich gezeichnet: Schmalfuß, Oberst der VP

5. Vernehmungen Strafgefangener in der Strafvollzugsanstalt Bautzen II bedürfen grundsätzlich der Genehmigung des Ministeriums für Staatssicherheit. Die Entscheidung obliegt dem für die Strafvollzugsanstalt Bautzen II verantwortlich eingesetzten Mitarbeiter des Ministeriums für Staatssicherheit.

II. Auslieferungen

6. Zur Auslieferung Strafgefangener an Dienststellen des Ministeriums für Staatssicherheit ist ein Dokument der Verwaltung Strafvollzug erforderlich. Dieses trifft auch zu bei Rückverlegungen nach stationärer Behandlung Inhaftierter im Haftkrankenhaus Leipzig-Klein-Meusdorf bzw. in Krankenabteilungen der Strafvollzugseinrichtungen.

7. Die Gefangenenakten und Effekten dürfen nur übergeben werden, wenn es auf dem Auslieferungsdokument angewiesen ist.

III. Einweisungen

8. (1) Die Einweisung ausgelieferter Inhaftierter erfolgt durch die jeweilige Dienststelle des Ministeriums für Staatssicherheit ohne Dokument der Verwaltung Strafvollzug. Sie kann in die Vollzugseinrichtung erfolgen, in der die Inhaftierten bereits registriert sind. Diese hat durch eine schriftliche Mitteilung die Verwaltung Strafvollzug-Zentralkartei über die Wiederaufnahme zu informieren.

   (2) Erfolgt die Einweisung in eine andere Vollzugseinrichtung, dann fordert die aufnehmende Vollzugseinrichtung von der vorherigen Vollzugseinrichtung die Akten und Effekten an und unterrichtet die Verwaltung Strafvollzug-Zentralkartei von der Aufnahme.

9. Weiterverlegungen von Inhaftierten in andere Strafvollzugseinrichtungen auf Antrag der Dienststelle des Ministeriums für Staatssicherheit haben auf der Grundlage der gesetzlich geregelten Art des Vollzuges zu erfolgen. Überbezirkliche Weiterverlegungen werden von der Verwaltung Strafvollzug angewiesen.

10. Neuverurteilte können durch Dienststellen des Ministeriums für Staatssicherheit in Strafvollzugseinrichtungen, nach Rechtskraft des Urteils und Vorliegen der Vollstreckungsunterlagen, entsprechend der gesetzlich geregelten Art des Vollzuges selbständig und ohne weitere Anweisung eingeliefert werden. Die vollständigen Vollstreckungsunterlagen sind dabei zu übergeben.

11. Die Einweisung Inhaftierter in das Haftkrankenhaus Leipzig-Klein-Meusdorf bzw. in Krankenabteilungen von Strafvollzugsanstalten zur stationären Behandlung wird wie folgt geregelt:

a) Zur Einlieferung kranker Inhaftierter in das Haftkrankenhaus Leipzig-Klein-Meusdorf bzw. in Krankenabteilungen von Strafvollzugsanstalten ist kein Dokument der Verwaltung Strafvollzug erforderlich. Die einweisende Dienststelle des Ministeriums für Staatssicherheit muß jedoch vor der Einlieferung bei dem Haftkrankenhaus bzw. in den Krankenabteilungen der Strafvollzugsanstalten unter Angabe der Krankheit und der Dringlichkeit anfragen, ob eine Aufnahmemöglichkeit besteht. Das Haftkrankenhaus Leipzig-Klein-Meusdorf bzw. die Krankenabteilungen der Strafvollzugsanstalten sind verpflichtet, innerhalb von 48 Stunden die Anfrage zu beantworten.
Bei Noteinweisungen (Lebensgefahr) entfällt die Anfrage.

b) Der Einlieferer bzw. Abholer hat sich mit Dienstauftrag und Dienstausweis auszuweisen.

c) Von der einweisenden Dienststelle muß ein abgesiegeltes Begleitschreiben übergeben werden, auf dem die für die Vollzugseinrichtung notwendigen Angaben (wie Personalien, Hinweise zur Straftat, Strafende) enthalten sein müssen. Bei Untersuchungsgefangenen muß außerdem angegeben sein, daß ein Haftbefehl vorliegt.

d) Bei Noteinweisungen werden die Einlieferer durch die für die jeweilige Strafvollzugseinrichtung eingesetzten bzw. beauftragten Mitarbeiter des Ministeriums für Staatssicherheit legitimiert. In diesen Fällen ist kein Dienstauftrag und auf dem Begleitschreiben kein Siegel erforderlich.

12. Einlieferungen in die Strafvollzugsanstalt Bautzen II werden direkt durch das Ministerium für Staatssicherheit angewiesen.

IV. <u>Verwaltungsmäßige Erfassung</u>

13. (1) Im Falle einer verwaltungsmäßigen Erfassung übergeben die Bezirksverwaltungen des Ministeriums für Staatssicherheit die Vollstreckungsunterlagen den für die verwaltungsmäßige Erfassung zuständigen Abteilungen Strafvollzug der Bezirksbehörden der Deut-

schen Volkspolizei, Arbeitsgruppen Strafvollstreckung direkt, ohne daß hierfür eine Weisung der Verwaltung Strafvollzug erforderlich ist.

(2) Nach der Registrierung sind der Verwaltung Strafvollzug-Zentralkartei die angewiesenen Karteiunterlagen zu übermitteln.

(3) Nach Einlieferung dieser Strafgefangenen in die mit der verwaltungsmäßigen Erfassung beauftragten Vollzugseinrichtungen wird die verwaltungsmäßige Erfassung aufgehoben.

(4) Der Verwaltung Strafvollzug-Zentralkartei ist die Aufnahme schriftlich zu melden.

V. Allgemeines

14. Die Leiter der Abteilungen Strafvollzug der Bezirksbehörden der Deutschen Volkspolizei haben die Leiter der Vollzugseinrichtungen mündlich von dem Inhalt dieser Anweisung zu unterrichten, soweit es deren dienstliche Belange erfordern. Die Kenntnisnahme ist durch Unterschriftsleistung zu bestätigen.

15. Diese Anweisung ist von den Leitern der Abteilungen Strafvollzug der Bezirksbehörden der Deutschen Volkspolizei persönlich unter Verschluß zu halten.

16. Diese Anweisung tritt mit sofortiger Wirkung in Kraft.

17. Die Dienstanweisung des Ministers des Innern Nr. 30/63-GVS 3/1-41/63 tritt hiermit außer Kraft.

Berlin, den 10. August 1967

gez. Dickel
Generaloberst

F. d. R.
Schmalfuß
Oberst der VP

29. April 1969

1. Änderung zur Anweisung Nr. 0017/67 des Ministers des Innern und Chefs der Deutschen Volkspolizei*

Die Anweisung Nr. 0017/67 des Ministers des Innern und Chefs der Deutschen Volkspolizei über die Zusammenarbeit des Organs Strafvollzug mit Dienststellen des Ministeriums für Staatssicherheit wird wie folgt geändert:

1. Die Ziffer 9 enthält folgende neue Fassung: „Weiterverlegungen von Inhaftierten in andere Strafvollzugseinrichtungen auf Antrag der Dienststelle des Ministeriums für Staatssicherheit haben unter Beachtung der gesetzlich geregelten Vollzugsart zu erfolgen. Überbezirkliche Weiterverlegungen werden von der Verwaltung Strafvollzug angewiesen."

2. Die Ziffer 10 enthält folgende neue Fassung: „Rechtskräftig Verurteilte können durch Dienststellen des Ministeriums für Staatssicherheit entsprechend der gesetzlich geregelten Vollzugsart in Strafvollzugseinrichtungen nach Vorliegen des Verwirklichungsersuchens selbständig und ohne weitere Anweisung eingeliefert werden. Das Verwirklichungsersuchen und alle dazu gehörenden Unterlagen sind dabei zu übergeben."

3. Der Absatz 1 der Ziffer 13 erhält folgende neue Fassung: „(1) Im Falle einer verwaltungsmäßigen Erfassung übergeben die Bezirksverwaltungen des Ministeriums für Staatssicherheit das Verwirklichungsersuchen und die dazu gehörenden Unterlagen der für das Gericht I. Instanz zuständigen Vollzugseinrichtung direkt, ohne daß hierfür eine Weisung der Verwaltung Strafvollzug erforderlich ist."

4. Die 1. Änderung zur Anweisung Nr. 0017/67 tritt mit sofortiger Wirkung in Kraft.

Berlin, den 29. April 1969

gez. Dickel
Generaloberst

F.d.R.
[handschriftliche Unterschrift]
Schmalfuß
Oberst der VP

*BStU, ZA 201586; Kopf: Ministerrat der Deutschen Demokratischen Republik, Ministerium des Innern; Geheime Verschlußsache I 020171, 37. Ausfertigung, Blatt 1. 1 Blatt, auf Seite 1 handschriftlich vermerkt: „Rechtsstelle E[ingang] 17/69 – 20.5.69" sowie „2/67", weiterhin handschriftliche Vermerke zur Inventarisierung, auf Seite 2 handschriftlich gezeichnet: Schmalfuß, Oberst der VP

Berlin, den 4. Oktober 1974

Verstärkung der politisch-operativen Arbeit in den Einrichtungen des Strafvollzuges und in den Untersuchungshaftanstalten*

Die Untersuchung der von Straf- und Untersuchungsgefangenen in letzter Zeit verübten Straftaten und anderer Vorkommnisse in Strafvollzugseinrichtungen und Untersuchungshaftanstalten zeigt, daß feindlich-negative Kräfte versuchen, ihre Aktivitäten zur Störung der Sicherheit und Ordnung sowie des reibungslosen Vollzugsablaufes zu verstärken.
Dabei wird die politisch-operative Bedeutsamkeit dieser Straftaten und Vorkommnisse vor allem durch solche Bestrebungen und Aktivitäten charakterisiert wie staatsfeindliche Handlungen mit Anwendung bzw. Androhung von Gewalt, verstärkter passiver und aktiver Widerstand, Gruppenbildung zur wirksamen Verhinderung bzw. Einschränkung der Realisierung strafrechtlicher und disziplinarischer Sanktionen, Provozieren von SV-Angehörigen zur Schaffung von Anlässen für feindlich-negative und demonstrative Handlungen, erhöhte Risikobereitschaft der Straf- und Untersuchungsgefangenen.

Es wurden insbesondere solche Erscheinungen und schwerwiegende Fälle des passiven und aktiven Widerstandes gegen die Sicherheit und Ordnung sowie gegen die Vollzugsgestaltung sichtbar, wie

- Angriffe gegen SV-Angehörige und Anwendung brutaler Gewalt gegen andersgesinnte und schwächere Mitgefangene einschließlich des Totschlages,

- mündliche und schriftliche staatsfeindliche Hetze,

- Ablehnung der produktiven Arbeit während des gesamten Vollzugs der Freiheitsstrafe, Verweigerung der Arbeitsaufnahme und Androhung von Arbeitsniederlegungen bzw. „Streiks", Beschädigung von Maschinen u. ä.,

- Absichtserklärungen, durch permanente Unruhestiftung oder Antragstellung die Ausweisung bzw. Haftentlassung in die BRD zu erzwingen,

- Verbreitung und Schürung von Gerüchten.

* BStU, ZA 102027; Kopf: Ministerrat der Deutschen Demokratischen Republik. Ministerium für Staatssicherheit, Der Minister, an: Hauptabteilung/selbständige Abteilungen, Bezirksverwaltung/Verwaltung für Staatssicherheit, Leiter; Vertrauliche Verschlußsache MfS 8, Nr. 1033/74, 59. Ausfertigung, 3 Blatt. Auf Seite 6 handschriftlich gezeichnet: Mielke, Generaloberst

In diesem Zusammenhang traten zunehmende Renitenz und Aufsässigkeit der feindlich-negativen Straf- und Untersuchungsgefangenen in Erscheinung.

Im Hinblick auf den 25. Jahrestag der Gründung der DDR wurden unter den Straf- und Untersuchungsgefangenen in allen Strafvollzugseinrichtungen und Untersuchungshaftanstalten Spekulationen und Gerüchte über eine bevorstehende Amnestie anläßlich dieses bedeutsamen politischen Höhepunktes zweckgerichtet in Umlauf gesetzt und in großem Ausmaß verbreitet.

Im Falle des Ausbleibens einer Amnestie beabsichtigen Straf- bzw. Untersuchungsgefangene solche Aktivitäten zu entwickeln wie:

- Arbeitsniederlegungen, Beschädigungen von Produktionsmitteln, Selbsttötung u. ä.,

- gewaltsame Ausbrüche, verbunden mit dem Überfall auf SV-Angehörige und ihrer Entwaffnung, des Diebstahls von Waffen, Fahrzeugen und schwerer Technik zur Durchführung von gewaltsamen Grenzdurchbrüchen,

- Geiselnahme von SV-Angehörigen und Betriebsangehörigen der Arbeitseinsatzbetriebe zum ultimativen Erzwingen des freien Geleits über die Staatsgrenze nach der BRD.

Im operativen Zusammenwirken mit dem MdI wurden in den Strafvollzugseinrichtungen und Untersuchungshaftanstalten entsprechende umfangreiche Sicherungsmaßnahmen eingeleitet.

Die Wirksamkeit der eingeleiteten Maßnahmen wird jedoch durch die teilweise unzureichende Führungs- und Leitungstätigkeit der BDVP und der Strafvollzugseinrichtungen, durch Pflichtverletzungen und taktisch nicht ausreichend durchdachtes Reagieren von SV-Angehörigen sowie die teilweise Überbelegung einzelner Strafvollzugseinrichtungen und Untersuchungshaftanstalten beeinträchtigt.

Auftretende Vernachlässigungen der Wachsamkeit, nicht ausreichende Postensicherung und Bewachung in den Produktions- und Verwahrbereichen sowie qualitativ und quantitativ nicht ausreichende Kontrolle durch die BDVP und verantwortlichen Leiter der Strafvollzugseinrichtungen begünstigen Planung und Vorbereitungshandlungen von Straftaten. Operative Untersuchungsergebnisse weisen aus, daß diese Unzulänglichkeiten von den Tätern eingehend aufgeklärt wurden und Bestandteile der

Varianten zur Begehung von Straftaten und verursachten Vorkommnissen bildeten.

Zur Verstärkung der politisch-operativen Arbeit in den Einrichtungen des Strafvollzuges und in den Untersuchungshaftanstalten

weise ich an:

1. Die Leiter der Bezirksverwaltungen/Verwaltungen und der anderen zuständigen operativen Diensteinheiten haben zu sichern, daß zur wirksamen Aufklärung und Verhinderung aller die Sicherheit und Ordnung beeinträchtigenden Erscheinungen, insbesondere des feindlich-negativen Auftretens von Straf- und Untersuchungsgefangenen, die vorbeugende politisch-operative Arbeit weiter qualifiziert wird.

   Durch entsprechende politisch-operative Maßnahmen ist zu gewährleisten, daß von feindlichen Zentren, Hintermännern und Organisatoren ausgehende Aktivitäten – z. B. unter Ausnutzung entsprechender Verbindungen von Angehörigen der Straf- und Untersuchungsgefangenen, Strafentlassener und anderer Personenkreise –, Straf- und Untersuchungsgefangene zu feindlich-negativen und demonstrativen Handlungen zur Störung der Sicherheit und Ordnung in den Strafvollzugseinrichtungen und Untersuchungshaftanstalten zu inspirieren, aufgeklärt werden.

   Alle operativen Materialien und Hinweise über Verbindungen zu Straf- und Untersuchungsgefangenen sind allseitig entsprechend dieser Aufgabenstellung auszuwerten und zu analysieren.

2. Die inoffiziellen Kräfte unter den Angehörigen des Organs Strafvollzug, den Angehörigen der Arbeitseinsatzbetriebe sowie unter dem Gefangenenbestand sind zielgerichtet und mit erhöhter Wirksamkeit zur Sicherung der Schwerpunktbereiche und der Bearbeitung der politisch-operativen Schwerpunkte, insbesondere zur Aufklärung und Verhinderung der bekannten bzw. zu erwartenden feindlich-negativen Aktivitäten, einzusetzen.

   Dabei ist unter allen Lagebedingungen zu sichern, daß die Pläne, Absichten, Maßnahmen und feindlich-negativen Aktivitäten von Straf- und Untersuchungsgefangenen rechtzeitig erkannt und wirksam verhindert werden.

   Insbesondere durch einen zweckmäßigen IM-Einsatz sind alle bekanntwerdenden Hinweise unverzüglich zu überprüfen und differenziert mit dem Ziel operativ zu bearbeiten, feindlich-negative Kräfte, vor allem Anstifter und Rädelsführer, rechtzeitig zu erkennen und ihr weiteres Wirksamwerden zu verhindern.

Durch schwerpunktbezogenen Einsatz der OibE und IM in Schlüsselpositionen ist sicherzustellen, daß zur Verhinderung von feindlich-negativen Handlungen parallel mit den politisch-operativen Maßnahmen

- eine stabile und zuverlässige vollzugsbezogene Kontrolle und Aufsicht durch den Strafvollzug gewährleistet wird,

- die permanent als Unruhestifter auftretenden Straf- und Untersuchungsgefangenen isoliert werden bzw. Maßnahmen der verschärften Vollzugsart erfolgen,

- bei strafrechtlicher Relevanz, sofern die Gründe für eine weitere Bearbeitung durch das MfS nicht mehr gegeben sind, unverzüglich die kriminalpolizeiliche Weiterbearbeitung bzw. Untersuchungsführung eingeleitet und durchgesetzt wird.

3. Bei Vorliegen entsprechender operativer Ausgangsmaterialien über feindlich-negatives Wirksamwerden von Straf- und Untersuchungsgefangenen hat die Aufnahme der Vorgangsbearbeitung und operativen Personenkontrolle unverzüglich zu erfolgen. Dabei ist eine exakte Abstimmung über einzuleitende politisch-operative Maßnahmen und kriminalpolizeiliche Kontrollaufgaben vorzunehmen.

   Das Ziel der Vorgangsbearbeitung und operativen Personenkontrolle ist auf die Aufklärung und schnellste Unterbindung der feindlich-negativen Pläne, Absichten und Aktivitäten, die Aufdeckung unaufgeklärt gebliebener staatsfeindlicher Tätigkeit sowie die Aufdeckung und Beseitigung bzw. Einschränkung aller begünstigenden Bedingungen und Umstände auszurichten.

   Durch die Klärung der Frage „Wer ist wer?“ und perspektivvolle Werbungen unter Straf- und Untersuchungsgefangenen sowie durch andere geeignete operative Maßnahmen sind Voraussetzungen zu schaffen, um die erneute Planung staatsfeindlicher Handlungen und anderer schwerer Kriminalität nach der Haftentlassung bereits während des Strafvollzuges aufdecken zu können.

4. Die Auswertungs- und Informationstätigkeit auf der Grundlage meines Befehls Nr. 299/65 ist mit höherer Wirksamkeit zu organisieren und konsequent zur wirksamen Unterstützung bei der Lösung der in die-

sem Schreiben gestellten Aufgaben, insbesondere zum rechtzeitigen Erkennen und Herausarbeiten von Hinweisen über feindlich-negative Pläne, Absichten und Aktivitäten von Straf- und Untersuchungsgefangenen zu nutzen.

Besonders bedeutsame Vorkommnisse und Hinweise sind mir sofort zu melden.

5. Das operative Zusammenwirken mit den Chefs der BDVP, ihren Stellvertretern, den Leitern der Abteilungen/Arbeitsgruppen Strafvollzug sowie mit den Leitern der Strafvollzugseinrichtungen und Untersuchungshaftanstalten ist wirksam und aufgabenbezogen zu verstärken.

   Die operative Einflußnahme hat sich dabei insbesondere zu konzentrieren auf die

   - Verstärkung der unmittelbaren Hilfe und Unterstützung, insbesondere bei der Durchsetzung der in den dienstlichen Bestimmungen des Ministers des Innern und Chefs der DVP festgelegten Aufgaben und beim selbständigen Erkennen und eigenverantwortlichen, wirksamen Reagieren auf sicherheits- und ordnungsgefährdende Aktivitäten von Straf- und Untersuchungsgefangenen,

   - unverzügliche Abstimmung über Grundsatzfragen und alle operativ bedeutsamen Feststellungen, Vorkommnisse und Erscheinungen sowie die erforderlichen Maßnahmen zu ihrer Untersuchung und weiteren Bearbeitung,

   - Einbeziehung von Spezialisten und Einsatzgruppen zur unverzüglichen abgestimmten Untersuchung geplanter und erfolgter Zusammenrottungen, Gewalthandlungen gegenüber Personen, Sachen und Einrichtungen, staatsfeindlicher Hetze, Staatsverleumdungen, Meutereien, Verweigerungen der Arbeitsaufnahme u. ä.,

   - Herausarbeitung staatsfeindlicher Pläne, Absichten und Maßnahmen der Straf- und Untersuchungsgefangenen durch die Untersuchungstätigkeit des Arbeitsgebietes I der Kriminalpolizei bzw. des Strafvollzuges,

   - Sicherstellung stabiler Informationsbeziehungen zur Gewährleistung einer ununterbrochenen Lagebeurteilung.

6. Die sich aus der Lageeinschätzung und in Auswertung von verhinderten und erfolgten Straftaten sowie bedeutsamen Vorkommnissen ergebenden Schlußfolgerungen und Erkenntnisse sind mit den BDVP und dem Strafvollzug auszuwerten, sofern nicht politisch-operative Interessen und Fragen der Konspiration entgegenstehen.

   Die Auswertung hat sich dabei auf solche Probleme zu konzentrieren wie

   - Mängel und Schwächen in der Führungs- und Leitungstätigkeit sowie festgestelltes Fehlverhalten von SV-Angehörigen,

   - Sicherung der Verwahr- und Produktionsbereiche, der Außenarbeitskommandos und die wirksame Außensicherung der Strafvollzugseinrichtungen,

   - Erhöhung der Eigenverantwortung der Arbeitseinsatzbetriebe bei der Auswahl der Betriebsangehörigen und bei der Sicherung und Kontrolle betrieblicher Produktionsbereiche, in denen Strafgefangene eingesetzt sind,

   - erforderliche Umgruppierungen und Veränderungen der Zusammensetzung von Straf- und Untersuchungsgefangenen in Verwahr- und Produktionsbereichen im Interesse der Erhöhung der Sicherheit und Ordnung sowie zur Lösung politisch-operativer Aufgaben,

   - durchgehende Kontrolle der Verwahr- und Produktionsbereiche, insbesondere während Zeiten erhöhter Gefährdung durch feindlich-negative Kräfte, während der Abend- und Nachtstunden sowie der Tätigkeit in Außenarbeitskommandos,

   - wirkungsvoller, schwerpunktbezogener Einsatz der Kontrollgruppe des Chefs der BDVP.

Der Termin für die Rücksendung dieses Schreibens wird gesondert angewiesen.

Mielke
Generaloberst

Berlin, den 13. März 1975

Dienstanweisung Nr. 2/75: Die politisch-operativen Aufgaben des Ministeriums für Staatssicherheit im Strafvollzug der Deutschen Demokratischen Republik*

Das Organ Strafvollzug des Ministeriums des Innern hat als Bestandteil der sozialistischen Staatsmacht bedeutsame Aufgaben zum Schutz und zur Gewährleistung der Sicherheit der DDR und ihrer Bürger zu erfüllen. Die in diesem Zusammenhang durch die zuständigen Diensteinheiten des MfS zu lösenden politisch-operativen Aufgaben erfordern unter Beachtung der neuen politisch-operativen Lagebedingungen

- die weitere Qualifizierung der politisch-operativen Abwehrarbeit im Strafvollzug und

- die zielgerichtete Einflußnahme auf die Erhöhung der Wirksamkeit des Organs Strafvollzug des Ministeriums des Innern bei der Gewährleistung einer hohen Sicherheit und Ordnung in den Strafvollzugseinrichtungen und Untersuchungshaftanstalten (im weiteren Vollzugseinrichtungen genannt) sowie bei der Vorbeugung und Bekämpfung der Kriminalität im Zusammenwirken mit anderen staatlichen und wirtschaftsleitenden Organen, Betrieben, Kombinaten und Einrichtungen sowie gesellschaftlichen Organisationen und Kräften.

Zur Gewährleistung der zuverlässigen politisch-operativen Sicherung des Strafvollzuges, insbesondere zur vorbeugenden Verhinderung, Aufdeckung und Bekämpfung der gegen den Strafvollzug gerichteten feindlich-negativen Aktivitäten

w e i s e   i c h   a n :

1. <u>Grundsätzliche Aufgaben der politisch-operativen Abwehrarbeit im Strafvollzug</u>

Zur allseitigen politisch-operativen Sicherung des Strafvollzuges sind insbesondere folgende grundsätzlichen Aufgaben zu lösen:

Umfassende und zuverlässige politisch-operative Sicherung der Angehörigen und Zivilbeschäftigten des Organs Strafvollzug, der Betriebsangehöri-

* BStU, ZA 101090; Kopf: Ministerrat der Deutschen Demokratischen Republik, Ministerium für Staatssicherheit, Der Minister; Geheime Verschlußsache MfS 8, Nr. 367/75, 499. Ausfertigung, 17 Blatt. Auf Seite 29 handschriftlich gezeichnet: Mielke, Generaloberst

gen der Arbeitseinsatzbetriebe sowie der Einrichtungen des Organs Strafvollzug vor allen feindlichen Angriffen;

rechtzeitige Feststellung feindlich tätiger Personen unter den Straf- und Untersuchungsgefangenen sowie Verhinderung der Einbeziehung weiterer Straf- und Untersuchungsgefangener in die Feindtätigkeit;

vorbeugende Verhinderung, Aufdeckung und Bearbeitung

der Pläne und Absichten des Gegners, durch gezielte Maßnahmen eine stabile potentielle Reserve aus solchen Personen zu schaffen, die mit ihrer Straftat eine negative bzw. feindliche Einstellung zur DDR offenbarten,

der politisch-ideologischen Diversion, mit der der Gegner das Ziel verfolgt, die Sicherheit und Ordnung in den Vollzugseinrichtungen zu beeinträchtigen und insbesondere durch feindlich-negative Aktivitäten die Maßnahmen des Strafvollzuges und das konsequente Auftreten der Angehörigen des Strafvollzuges zu verleumden,

der gegen den Strafvollzug gerichteten gegnerischen Kontaktpolitik/Kontakttätigkeit, insbesondere der Aktivitäten zur Abschöpfung Haftentlassener sowie zur Nutzung aktiver Westverbindungen von Angehörigen und Zivilbeschäftigten des Organs Strafvollzug, um die Regimeverhältnisse im Strafvollzug aufzuklären und auf dieser Grundlage weitere Feindtätigkeit zu organisieren,

von geplanten Ausbrüchen, Entweichungen, Geiselnahmen oder Angriffen gegen Leben und Gesundheit der Angehörigen des Strafvollzuges durch Straf- und Untersuchungsgefangene und der in diesem Zusammenhang geplanten bzw. beabsichtigten Angriffe gegen die Staatsgrenze der DDR,

von Diversions- und Sabotagehandlungen in Strafvollzugseinrichtungen und Arbeitseinsatzbetrieben,

von Erscheinungen der staatsfeindlichen Gruppenbildung, geplanter Provokationen wie Gefangenenmeutereien und Arbeitsniederlegungen durch Strafgefangene, die zu beträchtlichen Störungen des Vollzugs- und Arbeitsprozesses und zur Diffamierung des sozialistischen Strafvollzuges führen;

systematische Aufdeckung begünstigender Umstände und Bedingungen für feindlich-negative Handlungen und deren unverzügliche Beseitigung bzw. Einschränkung.

Die Leiter der für die politisch-operative Abwehrarbeit im Strafvollzug verantwortlichen Diensteinheiten des MfS haben zu sichern, daß

- die politisch-operativen Kräfte, Mittel und Methoden konzentriert und in hoher Qualität zur Aufdeckung und Bekämpfung der gegen den Strafvollzug gerichteten feindlich-negativen Pläne, Absichten, Maßnahmen, Mittel und Methoden eingesetzt werden;

- die vorbeugende politisch-operative Arbeit zur wirksamen Aufklärung und Verhinderung aller die Sicherheit und Ordnung beeinträchtigenden Erscheinungen, insbesondere des feindlich-negativen Auftretens von Straf- und Untersuchungsgefangenen, weiter qualifiziert wird;

- eine ständige Qualifizierung und Vervollkommnung der inoffiziellen Kräfte, Mittel und Methoden erfolgt und die IM/GMS unter den Angehörigen der Arbeitseinsatzbetriebe sowie unter dem Gefangenenbestand zielgerichtet und mit hoher Wirksamkeit zur Sicherung der Schwerpunktbereiche und Lösung der politisch-operativen Schwerpunkte, insbesondere zur Aufklärung und Verhinderung der bekannten bzw. zu erwartenden feindlich-negativen Aktivitäten eingesetzt werden;

- Vorkommnisse sowie vorhandene operative Ausgangsmaterialien über feindlich-negatives Wirksamwerden von Straf- und Untersuchungsgefangenen unverzüglich und zielgerichtet geklärt bzw. bearbeitet werden;

- im Prozeß der politisch-operativen Sicherung des Strafvollzuges politisch-operativ bedeutsame Informationen über Straf- und Untersuchungsgefangene

  zur weiteren Klärung der Frage „Wer ist wer?“,

  zur Aufklärung unaufgedeckt gebliebener Feindhandlungen, von Hintermännern, Verbindungen sowie

  zum Erkennen operativer Möglichkeiten für perspektivvolle Werbungen von IM, deren Einsatz besonders nach der Entlassung aus dem Strafvollzug zielgerichtet erfolgt,

erarbeitet werden;

- ein enges und kameradschaftliches Zusammenwirken mit dem Organ Strafvollzug und der Arbeitsrichtung I/4 der Kriminalpolizei und eine ständige Einflußnahme auf die Erhöhung der Wirksamkeit dieser Organe bei der Gewährleistung einer hohen Sicherheit und Ordnung in den Vollzugseinrichtungen sowie bei der Vorbeugung und Bekämpfung der Kriminalität erfolgen.
  Die ständige Einflußnahme ist auch darauf zu richten, daß das Organ Strafvollzug durch eine wirksame, klug differenzierte und an positive Persönlichkeitseigenschaften und -merkmale der Strafgefangenen anknüpfende Erziehungsarbeit den Wiedereingliederungsprozeß bereits während des Strafvollzuges aktiv vorbereitet und unterstützt.
  In Verbindung mit anderen geeigneten Maßnahmen ist zu verhindern, daß wiedergutmachungswillige Strafgefangene durch unverbesserliche feindlich-negative Kräfte beeinflußt werden und auf Grund dessen erneut feindlich-negative Aktivitäten, insbesondere zum ungesetzlichen Verlassen der DDR, entwickeln.

2. Aufgaben und Verantwortung der Hauptabteilungen, der Abteilungen der Bezirksverwaltungen/Verwaltungen und der Kreisdienststellen bei der politisch-operativen Sicherung des Strafvollzuges

Die Leiter nachstehender Diensteinheiten sind für die Lösung folgender Aufgaben verantwortlich:

2.1. Hauptabteilung VII

- Politisch-operative Sicherung der Verwaltung Strafvollzug des Ministeriums des Innern;

- schwerpunktmäßige Anleitung und Kontrolle der Abteilungen VII der Bezirksverwaltungen/Verwaltungen, insbesondere bei der Entwicklung und qualifizierten Bearbeitung operativer Vorgänge;

- Orientierung der für die politisch-operative Sicherung des Strafvollzugs verantwortlichen Diensteinheiten auf erkannte gegnerische Angriffsrichtungen, Mittel und Methoden sowie auf bewährte politisch-operative Arbeitsmethoden bei der politisch-operativen Sicherung des Strafvollzuges;

- zweckentsprechende Koordinierung politisch-operativer Maßnahmen mit anderen Diensteinheiten, insbesondere mit den Hauptabteilungen IX, XVIII und XIX;

- Durchsetzung der politisch-operativen Interessen des MfS bei der Vorbereitung von dienstlichen Bestimmungen und Grundsatzentscheidungen, die durch den Minister des Innern und Chef der DVP bzw. den Leiter der Verwaltung Strafvollzug erlassen bzw. getroffen werden sollen;

- Gewährleistung des Zusammenwirkens mit dem Minister des Innern und Chef der DVP, seinem zuständigen Stellvertreter und dem Leiter der Verwaltung Strafvollzug zur Lösung bzw. Abstimmung grundsätzlicher Fragen;

- Zusammenarbeit mit dem Leiter der Abteilung I der Hauptabteilung Kriminalpolizei zur Gewährleistung des schwerpunktmäßigen und qualifizierten Einsatzes spezieller kriminalpolizeilicher Mittel und Methoden unter Strafgefangenen.

2.2. Abteilungen VII der Bezirksverwaltungen/Verwaltungen

- Politisch-operative Sicherung der Abteilungen/Arbeitsgruppen Strafvollzug in den BDVP, der Strafvollzugseinrichtungen, der ihnen nachgeordneten Untersuchungshaftanstalten sowie der Angehörigen und Zivilbeschäftigten des Organs Strafvollzug dieser Vollzugseinrichtungen entsprechend der durch die Leiter der Bezirksverwaltungen/Verwaltungen in Abstimmung mit dem Leiter der Hauptabteilung VII festgelegten Zuständigkeit;

- innere und äußere politisch-operative Objektsicherung der Vollzugseinrichtungen und die Organisation des vorbeugenden Geheimnisschutzes;

- schwerpunktmäßige Abwehrarbeit unter Strafgefangenen mit politisch-operativ bedeutsamen Merkmalen und Verdachtshinweisen (mit Ausnahme des Strafgefangenenbestandes der StVA Bautzen II);

- schwerpunktmäßige Anleitung und Kontrolle der Kreisdienststellen, die Vollzugseinrichtungen in eigener Verantwortung politisch-operativ zu sichern haben;

- zweckentsprechende Koordinierung von politisch-operativen Maßnahmen mit anderen Abteilungen der Bezirksverwaltungen/Verwaltungen sowie Kreis-/Objektdienststellen;

- Gewährleistung des Zusammenwirkens mit den Chefs der BDVP und ihren zuständigen Stellvertretern, den Leitern der Abteilungen/

Arbeitsgruppen Strafvollzug in den BDVP, den Leitern der Strafvollzugseinrichtungen und Untersuchungshaftanstalten zur Lösung bzw. Abstimmung grundsätzlicher Fragen;

- Zusammenarbeit mit den Leitern der Dezernate I der Kriminalpolizei der BDVP zur Gewährleistung des schwerpunktmäßigen und qualifizierten Einsatzes spezieller kriminalpolizeilicher Mittel und Methoden unter Strafgefangenen.

Die Abteilung VII der Bezirksverwaltung Dresden ist für die politisch-operative Sicherung der Fachschule des Ministeriums des Innern – Strafvollzug –, die Abteilung VII der Bezirksverwaltung Karl-Marx-Stadt für die politisch-operative Sicherung der Dienstanfängerschule des Organs Strafvollzug verantwortlich.

Die Verantwortlichkeit erstreckt sich auf die politisch-operative Sicherung des Lehr- und Verwaltungspersonals sowie der Offiziersschüler bzw. Dienstanfänger während ihrer Ausbildung an der Fachschule bzw. Dienstanfängerschule.

Vor der Delegierung von Kadern aus dem Organ Strafvollzug an die Fachschule haben die Abteilungen VII der Bezirksverwaltungen/Verwaltungen diese auf ihre Zuverlässigkeit zu überprüfen. Die Ergebnisse der Überprüfungen sind in einem Auskunftsbericht mit der Zustimmung zur Delegierung bis zum 31.5. des jeweiligen Jahres, in dem das Studium beginnen soll, an die Abteilung VII der Bezirksverwaltung Dresden zu übersenden. Bei Vorliegen von Ablehnungsgründen ist über die Leiter der Abteilungen/Arbeitsgruppen Strafvollzug der BDVP darauf Einfluß zu nehmen, daß keine Delegierung erfolgt.

Bei der Delegierung von IM/GMS sind diese entsprechend den geltenden dienstlichen Bestimmungen und Weisungen an die Abteilung VII der Bezirksverwaltung Dresden zu übergeben.

2.3. Kreisdienststellen

- Politisch-operative Sicherung der Strafvollzugseinrichtungen, der ihnen bzw. den VPKÄ nachgeordneten Untersuchungshaftanstalten sowie der Angehörigen und Zivilbeschäftigten des Organs Strafvollzug dieser Vollzugseinrichtungen;

- innere und äußere politisch-operative Objektsicherung der Vollzugseinrichtungen und die Organisation des vorbeugenden Geheimnisschutzes;

- schwerpunktmäßige Abwehrarbeit unter Strafgefangenen mit politisch-operativ bedeutsamen Merkmalen und Verdachtshinweisen;

- Zusammenarbeit mit den für die politisch-operative Sicherung der Arbeitseinsatzbetriebe verantwortlichen Diensteinheiten des MfS;

- Gewährleistung des Zusammenwirkens mit den Leitern der Strafvollzugseinrichtungen und Untersuchungshaftanstalten zur Lösung bzw. Abstimmung grundsätzlicher Fragen;

- Zusammenwirken mit den Mitarbeitern der Arbeitsrichtung I/4 der Kriminalpolizei zur Gewährleistung des schwerpunktmäßigen und qualifizierten Einsatzes spezifischer kriminalpolizeilicher Mittel und Methoden unter den Strafgefangenen.

Die Leiter der Bezirksverwaltungen/Verwaltungen haben in Abstimmung mit dem Leiter der Hauptabteilung VII festzulegen, welche Strafvollzugseinrichtungen bzw. Untersuchungshaftanstalten auf Grund ihrer Größenordnung, der Zusammensetzung des Gefangenenbestandes sowie der territorialen Lage zweckmäßiger durch die Abteilung VII der Bezirksverwaltungen/Verwaltungen politisch-operativ zu sichern sind.

2.4. Diensteinheiten der Linie IX

- Zielstrebige Einflußnahme auf den zweckmäßigen Einsatz spezieller Mittel und Methoden des Arbeitsgebietes II der Kriminalpolizei zur Erhöhung der Sicherheit und Ordnung in den Untersuchungshaftanstalten in enger Zusammenarbeit mit den Diensteinheiten der Linie VII und den Kreisdienststellen;

- Erarbeitung von Auskunftsberichten über Inhaftierte, deren weitere operative Bearbeitung im Strafvollzug erforderlich ist bzw. die inoffiziell genutzt werden sollten.

Diese Auskunftsberichte sind an die für die politisch-operative Sicherung der Strafvollzugseinrichtung zuständige Abteilung VII bzw. Kreisdienststelle zu übersenden.

Die Auskunftsberichte haben neben den Personalien der Inhaftierten folgende Angaben zu enthalten:

Hinweise über den Grad der Gesellschaftsgefährlichkeit, den Umfang, die Intensität und Begehungsweise der Straftat sowie bisher verschwiegene Gesetzesverletzungen, Mittäter u. a., die eine operative Bearbeitung erforderlich machen;

Angaben über nachrichtendienstliche oder andere spezielle politisch-operativ beachtenswerte Kenntnisse, Erfahrungen und Eigenschaften, die aus Sicherheits- oder anderen politisch-operativen Gründen im Strafvollzug zu beachten sind;

politisch-operativ bedeutsame Faktoren oder Hinweise, die im Einsatz, bei der Kontrolle persönlicher Verbindungen oder der operativen Bearbeitung von Strafgefangenen sowie bei der Wiedereingliederung zu beachten sind;

Hinweise auf Möglichkeiten einer inoffiziellen Nutzung während der Zeit des Strafvollzuges, unter besonderer Berücksichtigung eines perspektivischen Einsatzes nach der Haftentlassung.

Die Hauptabteilung IX ist für die politisch-operative Sicherung der Strafvollzugsanstalt Bautzen II verantwortlich.

2.5. Diensteinheiten der Linien XVIII und XIX bzw. Kreis- und Objektdienststellen

Die Diensteinheiten der Linien XVIII und XIX bzw. Kreis- und Objektdienststellen sind verantwortlich für die abwehrmäßige Sicherung der zu ihrem Verantwortungsbereich gehörenden Produktionsbereiche von Arbeitseinsatzbetrieben, in denen Strafgefangene außerhalb von Strafvollzugseinrichtungen zum Einsatz kommen.

Die zur politisch-operativen Sicherung erforderlichen Maßnahmen sind in enger Zusammenarbeit mit der für die politisch-operative Sicherung der Strafvollzugseinrichtung zuständigen Abteilung VII bzw. Kreisdienststelle mit dem Ziel durchzuführen,

- feindlich-negative Aktivitäten Strafgefangener in den Arbeitseinsatzbetrieben, Verbindungsaufnahmen Strafgefangener zu außenstehenden Personen sowie Vorbereitungen bzw. Versuche von Entweichungen und Ausbrüchen vorbeugend zu verhindern, aufzudecken und zu bearbeiten;

- Hinweise auf Sabotage- oder Diversionshandlungen durch Strafgefangene während der produktiven Tätigkeit operativ zu bearbeiten und zu klären sowie die Bedingungen und Faktoren, die den effektiven Produktionseinsatz Strafgefangener sowie die Sicherheit und Ordnung hemmen, mit den Betriebsleitern auszuwerten und zu beseitigen.

Die für einen ständigen Einsatz in den Produktionsbereichen der Arbeitseinsatzbetriebe innerhalb oder außerhalb von Strafvollzugseinrichtungen vorgesehenen Betriebsangehörigen sind von der für die politisch-operative Sicherung des Arbeitseinsatzbetriebes zuständigen Diensteinheit aufzuklären.

Über das Ergebnis ist ein Auskunftsbericht zu erarbeiten und an die für die Strafvollzugseinrichtung zuständige Abteilung VII bzw. Kreisdienststelle zu übergeben. Der Einsatz dieser Kräfte hat erst nach Bestätigung durch die Abteilung VII bzw. die Kreisdienststelle zu erfolgen.

3. <u>Aufgaben zur politisch-operativen Sicherung der Angehörigen und Einrichtungen des Strafvollzuges</u>

3.1. Zur politisch-operativen Sicherung der Angehörigen und Zivilbeschäftigten des Organs Strafvollzug, der Betriebsangehörigen der Arbeitseinsatzbetriebe sowie der Einrichtungen des Organs Strafvollzug ist ein ausreichender Bestand qualifizierter IM/GMS zu schaffen und zielgerichtet einzusetzen. Eine ständige Bestandsaufnahme der IM/GMS ist zu gewährleisten.

Insbesondere sind solche IM zu schaffen, die

- als IM in Schlüsselpositionen zur Durchsetzung der politisch-operativen Interessen des Ministeriums für Staatssicherheit in den Vollzugsorganen genutzt werden können oder die als Führungs-IM relativ selbständig festgelegte Bereiche sichern und personen- sowie sachbezogene Aufgaben mit hoher Qualität lösen;

- mit hohem Nutzeffekt zur operativen Bearbeitung von Verdächtigen in operativen Vorgängen und zur operativen Personenkontrolle entsprechend meiner Richtlinie 1/71 eingesetzt werden können;

- Voraussetzungen für einen effektiven Einsatz zur Aufklärung und Kontrolle der Angehörigen und Zivilbeschäftigten des Organs Strafvollzug in den Vollzugseinrichtungen und im Wohn- und Freizeitbereich besitzen sowie Aufgaben im Prozeß der Klärung der Frage „Wer ist wer?" lösen können;

- über Voraussetzungen als IMK in den Strafvollzugseinrichtungen verfügen, um die konspirative Zusammenarbeit mit IM unter Strafgefangenen zu gewährleisten.

Unter Beachtung der Spezifik der einzelnen Vollzugseinrichtungen ist die inoffizielle Zusammenarbeit mit IM/GMS, die Angehörige oder Zivilbeschäftigte des Organs Strafvollzug sind, unter strengster Beachtung der Regeln der Konspiration, vorwiegend außerhalb von Vollzugseinrichtungen in konspirativen Wohnungen durchzuführen.

Durch den differenzierten Einsatz der IM/GMS sind feindlich-negative Handlungen vorbeugend zu verhindern und bereits feindlich tätige bzw. andere, die Sicherheit und Ordnung in den Vollzugseinrichtungen beeinträchtigende Personen festzustellen und operativ zu bearbeiten.

3.2. Bei Vorliegen operativer Ausgangsmaterialien über den Verdacht einer feindlich-negativen Tätigkeit durch Angehörige oder Zivilbeschäftigte des Organs Strafvollzug sowie Angehörige der Arbeitseinsatzbetriebe bzw. bei Vorliegen operativ bedeutsamer Anhaltspunkte ist unverzüglich die Vorgangsbearbeitung bzw. die operative Personenkontrolle einzuleiten.

Das trifft insbesondere bei solchen Personen zu, die

- operativ bedeutsame Verbindungen zu Personen aus der BRD, anderen nichtsozialistischen Staaten oder Westberlin unterhalten;

- Einflüssen der politisch-ideologischen Diversion unterliegen bzw. bei denen Ansatzpunkte für die gegnerische Kontakttätigkeit erkennbar sind;

- illegale oder andere politisch-operativ bedeutsame Kontakte zu Strafgefangenen unterhalten, besonders zu wegen Staatsverbrechen und anderen Straftaten mit hoher Gesellschaftsgefährlichkeit Verurteilten;

- als Geheimnisträger bestätigt sind oder auf Grund ihrer spezifischen Tätigkeit im Strafvollzug im Blickfeld gegnerischer Kräfte stehen.

3.3. Der vorbeugende Geheimnisschutz ist durch qualifizierte Arbeit mit den IM/GMS und eine zielstrebige offizielle Einflußnahme im Strafvollzug umfassend mit dem Ziel zu organisieren,

- die unbefugte Weitergabe von Staats- und Dienstgeheimnissen sowie den fahrlässigen Umgang mit diesen zu verhindern. Die dafür Verantwortlichen sind operativ zu bearbeiten. Es ist sicherzustellen, daß Strafgefangene nicht in den Besitz von Staats- und Dienstgeheimnissen gelangen und nachlässiger Umgang mit solchen Geheimnissen im Strafvollzug insbesondere durch eine wirksame inoffizielle Arbeit unterbunden wird;

- Verstöße gegen die Geheimhaltungsordnung des Ministers des Innern und Chefs der DVP vorbeugend zu verhindern bzw. aufzuklären;

- Rückverbindungen der in die BRD, die übrigen nichtsozialistischen Staaten oder nach Westberlin entlassenen Strafgefangenen zu Angehörigen oder Zivilbeschäftigten des Strafvollzuges festzustellen, operativ zu bearbeiten und zu unterbinden.

3.4. Durch zweckmäßige politisch-operative Maßnahmen ist ein hoher Grad der Sicherheit, Zuverlässigkeit und Stabilität unter den Angehörigen und Zivilbeschäftigten des Organs Strafvollzug zu gewährleisten. Dazu sind die in der Dienstanweisung Nr. 1/72 meines 1. Stellvertreters festgelegten Aufgaben, Regelungen und Prinzipien zur Auswahl, Überprüfung und Bestätigung der Kader konsequent durchzusetzen.

4. <u>Aufgaben zur vorbeugenden Verhinderung, Aufdeckung und Bekämpfung der Feindtätigkeit und anderer Erscheinungen der Gefährdung der Sicherheit durch Strafgefangene</u>

4.1. Die Abteilungen VII der Bezirksverwaltungen/Verwaltungen bzw. die Kreisdienststellen haben entsprechend der ihnen übertragenen Verantwortung und bei exakter Abgrenzung zu den Aufgaben der Arbeitsrichtung I/4 eine qualifizierte politisch-operative Abwehrarbeit unter ausgewählten Kategorien Strafgefangener zu gewährleisten.

Solche ausgewählten Kategorien sind insbesondere Strafgefangene, die

- wegen Staatsverbrechen verurteilt worden sind und zu denen von der Linie IX Auskunftsberichte übersandt wurden;

- im Verdacht stehen, bisher unaufgedeckte staatsfeindliche Handlungen begangen zu haben, insbesondere Feindverbindungen zu unterhalten, oder solche Handlungen zu planen;

- als Anstifter oder Rädelsführer bei der Verursachung besonderer Vorkommnisse bekannt wurden;

- Bürger der BRD, anderer nichtsozialistischer Staaten oder Einwohner Westberlins sind bzw. politisch-operativ bedeutsame Merkmale aufweisen, wie Rückkehrer/Zuziehende, Überläufer gegnerischer bewaffneter Organe, Personen mit Spezialausbildung;

- wegen Straftaten mit hoher Gesellschaftsgefährlichkeit verurteilt wurden, der Verdacht der feindlichen Zielstellung jedoch nicht zu beweisen war.

Zur Durchsetzung dieser Aufgabenstellung sind unter Strafgefangenen perspektivvolle Werbungen durchzuführen.

Die Werbungen von IM unter Strafgefangenen haben in der Regel auf der Grundlage ihrer Bereitschaft zur Wiedergutmachung zu erfolgen.
Sind zur Werbung vorgesehene Strafgefangene durch andere Diensteinheiten in der Abteilung XII/den selbständigen Referaten XII bereits erfaßt, hat die Übergabe der entsprechenden operativen Materialien an die für die politisch-operative Sicherung der Strafvollzugseinrichtung verantwortliche Diensteinheit gemäß den geltenden dienstlichen Bestimmungen und Weisungen zu erfolgen.

4.2. Zur Wahrung der Konspiration hat die inoffizielle Zusammenarbeit mit IM unter Strafgefangenen unter Berücksichtigung der durch die Rahmenbedingungen im Strafvollzug gegebenen Spezifik zu erfolgen.

Die konspirative Treffdurchführung mit IM unter Strafgefangenen ist insbesondere durch IMK aus dem Bestand der Angehörigen und Zivilbeschäftigten des Organs Strafvollzug zu gewährleisten.

Der Einsatz von Führungs-IM aus dem Bestand der Angehörigen des Organs Strafvollzug zur Führung von IM unter Strafgefangenen ist in begründeten Fällen möglich.

Die Auswahl der zu übergebenden IM hat insbesondere nach solchen politisch-operativen Kriterien zu erfolgen, wie

Persönlichkeitsstruktur unter Berücksichtigung der begangenen Straftaten,

Zeitdauer und Intensität der Zusammenarbeit mit dem Ministerium für Staatssicherheit,

bisher unter Beweis gestellte Zuverlässigkeit und Ehrlichkeit.

Der Einsatz der IM hat mit dem Ziel zu erfolgen,

- bisher unbekannt gebliebene oder geplante staatsfeindliche Tätigkeit, z. B. Spionage, Terrorhandlungen, Diversion und Sabotage, aufzudecken und offensiv zu bearbeiten;

- andere Straftaten, wie geplante Angriffe gegen die Staatsgrenze, Ausbrüche, Geiselnahmen sowie Angriffe gegen Leben und Gesundheit der Angehörigen des Strafvollzuges rechtzeitig aufzuklären und durch eigene Maßnahmen bzw. im Zusammenwirken mit den zuständigen Mitarbeitern der Arbeitsrichtung I/4 zu verhindern.

Zur Lösung der politisch-operativen Sicherungsaufgaben sind die Strafgefangenen zu nutzen, die für eine Mitwirkung im Erziehungsprozeß ausgewählt wurden. Auf die Auswahl der Strafgefangenen für die Funktionen

Älteste, Brigadiere, Ordner, Beauftragte,
Helfer im Außenarbeitseinsatz

ist politisch-operativ Einfluß zu nehmen und ihre Eignung als IM zu prüfen.

Bewährte Methoden zur Gewährleistung der Konspiration der Zusammenarbeit mit IM und GMS in Strafvollzugseinrichtungen und Arbeitseinsatzbetrieben sind durch die Hauptabteilung VII in enger Zusammenarbeit mit den Abteilungen VII der Bezirksverwaltungen/Verwaltungen, den Kreisdienststellen sowie mit den Diensteinheiten der Linien XVIII und XIX ständig zu analysieren und zu verallgemeinern.

4.3. Werden IM/GMS zu Strafen mit Freiheitsentzug verurteilt, haben die Leiter der bis zu diesem Zeitpunkt für die Führung der IM/GMS zuständigen Diensteinheiten die Zweckmäßigkeit der Übergabe dieser IM/GMS an die für die politisch-operative Sicherung der Strafvollzugseinrichtung verantwortliche Abteilung VII bzw. Kreisdienststelle zu prüfen.

Erforderliche Übergaben haben entsprechend den geltenden dienstlichen Bestimmungen und Weisungen zu erfolgen.

Bei der Entlassung dieser IM/GMS aus dem Strafvollzug sind sie der vormals für deren Führung zuständigen Diensteinheit über die Abteilung XII/selbständigen Referate XII zu übergeben, sofern die Wiedereingliederung in ihrem Verantwortungsbereich erfolgt.

Im Falle der Wiedereingliederung an einem anderen Wohnort sind sie der dafür zuständigen Diensteinheit zwecks Prüfung der operativen Verwendbarkeit anzubieten. Wird eine Übernahme durch diese Diensteinheit abgelehnt, hat die Archivierung der Akten durch die für die politisch-operative Sicherung der Strafvollzugseinrichtung verantwortliche Diensteinheit zu erfolgen.

4.4. Qualifizierte und überprüfte IM, die in der Zeit des Vollzugs einer Strafe mit Freiheitsentzug geworben und auf einen perspektivischen Einsatz vorbereitet wurden, sind durch die betreffende Abteilung VII der Bezirksverwaltung/Verwaltung bzw. Kreisdienststelle der für den späteren Wohnort zuständigen Diensteinheit persönlich zu übergeben. Die Übergabe der IM-Akten hat über die Abteilung XII/selbständigen Referate XII zu erfolgen.

4.5. Durch eine konzentrierte Vorgangsbearbeitung bzw. zielgerichtete operative Personenkontrolle und andere politisch-operative Maßnahmen sind alle

vorliegenden operativen Ausgangsmaterialien über feindlich-negatives Wirksamwerden von Straf- und Untersuchungsgefangenen bzw. entsprechende politisch-operativ bedeutsame Anhaltspunkte unverzüglich zu klären bzw. mit dem Ziel zu bearbeiten, feindlich-negative Pläne, Absichten und Aktivitäten aufzuklären und zu unterbinden und unaufgeklärt gebliebene staatsfeindliche Tätigkeit aufzudecken;

die Sicherheit in den Vollzugseinrichtungen beeinträchtigenden Vorkommnisse zu untersuchen, um mögliche staatsfeindliche Zielstellungen herauszuarbeiten;

die Feindtätigkeit begünstigenden Umstände und Bedingungen zu erkennen und durch Einleitung entsprechender Sicherungsmaßnahmen zu beseitigen bzw. weitestgehend einzuschränken.

Durch wirksamen Einsatz der OibE und IM in Schlüsselpositionen ist sicherzustellen, daß zur Verhinderung von feindlich-negativen Handlungen parallel mit den politisch-operativen Maßnahmen

- eine stabile und zuverlässige Kontrolle und Aufsicht durch den Strafvollzug gewährleistet wird,

- die permanent als Unruhestifter auftretenden Straf- und Untersuchungsgefangenen isoliert werden und bei Notwendigkeit die Unterbringung in einer besonderen Vollzugsabteilung erfolgt,

- bei strafrechtlicher Relevanz, sofern die Gründe für eine weitere operative Bearbeitung durch das MfS nicht mehr gegeben sind, unverzüglich die kriminalpolizeiliche Weiterbearbeitung bzw. Untersuchungsführung eingeleitet und durchgesetzt wird.

Wird die operative Bearbeitung bzw. Kontrolle eines bereits für eine andere Diensteinheit in der Abteilung XII/den selbständigen Referaten XII erfaßten Strafgefangenen im Strafvollzug erforderlich, hat die Übergabe der entsprechenden operativen Materialien an die für die politisch-operative Sicherung der Strafvollzugseinrichtung verantwortliche Diensteinheit gemäß den geltenden dienstlichen Bestimmungen und Weisungen zu erfolgen.

4.6. Die operative Bearbeitung bzw. Kontrolle von Strafgefangenen nach Entlassung aus dem Strafvollzug ist durch die für den zukünftigen Wohnort bzw. die Arbeitsstelle zuständige Diensteinheit zielstrebig fortzusetzen, wenn die bestehenden Verdachtsmomente bzw. Kontrollgründe bis zur Entlassung aus dem Strafvollzug nicht geklärt werden konnten.
Die Übergabe von operativen Vorgängen, Personenkontrollakten und KK-erfaßtem Material hat entsprechend den geltenden dienstlichen Bestimmungen und Weisungen zu erfolgen.

Mit dem operativen Material ist ein Zwischenbericht zu übergeben, der Aussagen zu folgendem zu enthalten hat:

- Persönlichkeitsentwicklung des Strafgefangenen, Angaben über die Straftat, zu den Vorstrafen und zum Verhalten im Strafvollzug;

- Gründe, die zur operativen Bearbeitung bzw. operativen Personenkontrolle führten, und Zielstellung der operativen Bearbeitung bzw. operativen Personenkontrolle;

- bisher durchgeführte operative Maßnahmen im Strafvollzug, Analyse der wesentlichsten Bearbeitungsergebnisse sowie der Verbindungen des Strafgefangenen.

4.7. Die von feindlichen Zentren, Hintermännern und Organisatoren ausgehenden Aktivitäten, z. B. unter Ausnutzung entsprechender Verbindungen von Angehörigen der Straf- und Untersuchungsgefangenen, Haftentlassenen und anderen Personenkreisen, Straf- und Untersuchungsgefangene zu feindlich-negativen und demonstrativen Handlungen zur Störung der Sicherheit und Ordnung in den Vollzugseinrichtungen zu inspirieren, sind durch geeignete politisch-operative Maßnahmen aufzuklären und zu unterbinden.

In diesem Zusammenhang sind Besuche bei Strafgefangenen durch Personen aus der BRD, anderen nichtsozialistischen Staaten oder Westberlin besonders unter Kontrolle zu halten, um mögliche, die Sicherheit gefährdende Aktivitäten rechtzeitig zu erkennen und vorbeugend zu verhindern.

4.8. Anträge inhaftierter DDR-Bürger auf Entlassung in nichtsozialistische Staaten bzw. nach Westberlin sind im Zusammenwirken mit den Leitern der Abteilungen bzw. Arbeitsgruppen Strafvollzug der BDVP sowie den Leitern der Strafvollzugseinrichtungen und Untersuchungshaftanstalten qualifiziert zu erfassen, aufzubereiten und auf dem vorgeschriebenen Weg den für den letzten Wohnort der Inhaftierten zuständigen Abteilungen Innere Angelegenheiten zuzuleiten.

Kopien oder Abschriften von derartigen Anträgen sind über die Abteilungen VII der Bezirksverwaltungen/Verwaltungen der Hauptabteilung VII zuzuleiten.
Diese Unterlagen sind durch die Haftdaten sowie durch Auskunftsberichte mit folgendem Inhalt zu ergänzen:

Personalien des Antragstellers (lt. Form SV 1),

Aufstellung der in der BRD, anderen nichtsozialistischen Staaten bzw. Westberlin lebenden Verwandten des Antragstellers (Personalien, Wohnort, Arbeitsstelle, Verwandtschaftsgrad),

Stellungnahme, ob einer Entlassung in nichtsozialistische Staaten bzw. nach Westberlin zugestimmt oder aus welchen Gründen keine Zustimmung gegeben werden sollte.

Analog ist bei Strafgefangenen zu verfahren, von denen weiterhin die Gefahr verbrecherischer Handlungen, insbesondere gegen die innere Sicherheit und Ordnung sowie gegen die Staatsgrenze der DDR, ausgeht.

Nach erfolgter Übersiedlung in nichtsozialistische Staaten oder nach Westberlin sind diese Personen, sofern sie nicht bereits aktiv erfaßt sind, bei entsprechender operativer Bedeutsamkeit gemäß meinem Befehl Nr. 299/65 in der PKK-West bzw. gemäß der 3. Durchführungsbestimmung zum Befehl Nr. 299/65 als „West-Personen" in der VSH-Kartei zu erfassen.

5. Aufgaben zur Gewährleistung eines effektiven Zusammenwirkens der Diensteinheiten der Linie VII und der Kreisdienststellen mit dem Organ Strafvollzug und der Arbeitsrichtung I/4 der Kriminalpolizei

5.1. Zur Durchsetzung der politisch-operativen Aufgabenstellung ist unter Wahrung der Konspiration und Geheimhaltung ein zweckmäßiges, enges kameradschaftliches Zusammenwirken mit dem Organ Strafvollzug zu organisieren. Die über die verantwortlichen Leiter und IM in Schlüsselpositionen durchzusetzenden Aufgaben haben sich zu konzentrieren auf die

- Verstärkung der unmittelbaren Hilfe und Unterstützung, insbesondere bei der Durchsetzung der in den dienstlichen Bestimmungen des Ministers des Innern und Chefs der DVP festgelegten Aufgaben für die Angehörigen und Zivilbeschäftigten des Organs Strafvollzug sowie beim selbständigen Erkennen und eigenverantwortlichen, wirksamen Reagieren auf sicherheits- und ordnungsgefährdende Aktivitäten von Straf- und Untersuchungsgefangenen;

- allseitige Wahrung der politisch-operativen Interessen des MfS im Prozeß der Vorbereitung von Grundsatzentscheidungen, besonderen Maßnahmen und Aktionen sowie Sicherstellung ihrer abgestimmten einheitlichen Durchsetzung;

- unverzügliche Abstimmung der erforderlichen Maßnahmen zur Untersuchung und weiteren Bearbeitung operativ bedeutsamer Feststellungen, Vorkommnisse und Erscheinungen;

- Einbeziehung von Spezialisten und Einsatzgruppen zur unverzüglichen abgestimmten Untersuchung geplanter und erfolgter Zusammenrottungen, Gewalthandlungen gegenüber Personen, Sachen und Einrichtungen, staatsfeindlicher Hetze, Staatsverleumdungen, Meutereien, Verweigerung der Arbeitsaufnahme u. ä.

- Herausarbeitung feindlich-negativer Pläne, Absichten und Maßnahmen der Straf- und Untersuchungsgefangenen;

- Sicherstellung stabiler Informationsbeziehungen zur Gewährleistung einer ununterbrochenen Lagebeurteilung und zur Bestimmung politisch-operativer Schwerpunkte.

5.2. Das Zusammenwirken mit den Offizieren der Arbeitsrichtung I/4 der Kriminalpolizei ist bei klarer Abgrenzung der Verantwortung darauf auszurichten, unter Wahrung der Konspiration und Geheimhaltung die politisch-operativen Interessen des MfS durchzusetzen und den schwerpunktbezogenen Einsatz spezieller Mittel und Methoden zu unterstützen. Es ist zu gewährleisten, daß durch die Arbeitsrichtung I/4 erarbeitete operativ bedeutsame Informationen den zuständigen Mitarbeitern der Abteilungen VII bzw. den Kreisdienststellen übergeben werden. Dazu sind mit den zuständigen Leitern konkrete Maßnahmen festzulegen und insbesondere über die in diesen Bereichen tätigen OibE durchzusetzen.

Die Unterstützung der Offiziere der Arbeitsrichtung I/4 hat sich insbesondere darauf zu konzentrieren, die mit speziellen kriminalpolizeilichen Mitteln und Methoden organisierte Arbeit

- zum rechtzeitigen Erkennen, zur Aufklärung und Verhinderung von geplanten, nicht aufgedeckten oder durch unbekannte Täter begangenen Straftaten,
- zur Gewährleistung einer hohen Sicherheit und Ordnung in den Strafvollzugseinrichtungen und
- zur zielstrebigen Entwicklung und Bearbeitung von Kriminalakten

umfassend zu qualifizieren und weiter zu vervollkommnen.

Der Einsatz von Leit-IM der Arbeitsrichtung I/4 zur Führung von IM unter Strafgefangenen hat nur in ausgewählten Strafvollzugseinrichtungen zu erfolgen und bedarf der Bestätigung durch den Leiter der zuständigen Abteilung VII der Bezirksverwaltung/Verwaltung.

Durch die Abteilungen VII sind für die Arbeit mit Leit-IM der Arbeitsrichtung I/4 die spezifischen Kriterien für deren Notwendigkeit, die Auswahl von Leit-IM und die Zusammenarbeit mit diesen festzulegen. Ihre Einhaltung ist unter ständiger Kontrolle zu halten. Die Zusammenarbeit der Offiziere der Arbeitsrichtung I/4 mit Leit-IM hat nur zur Lösung der Aufgaben dieser Arbeitsrichtung zu erfolgen.

5.3. Die sich aus der Lageeinschätzung und in Auswertung von verhinderten und erfolgten Straftaten sowie bedeutsamen Vorkommnissen ergebenden Schlußfolgerungen und Erkenntnisse sind bei Wahrung der Konspiration und Geheimhaltung sowie der politisch-operativen Interessen des MfS mit den Chefs bzw. Leitern der Organe des Ministeriums des Innern entsprechend ihrer Zuständigkeit für den Strafvollzug ständig auszuwerten.

Die Auswertung hat sich dabei auf solche Probleme zu konzentrieren wie:

- Mängel und Schwächen in der Führungs- und Leitungstätigkeit im Organ Strafvollzug sowie festgestelltes Fehlverhalten von Strafvollzugsangehörigen;

- Sicherung der Verwahr- und Produktionsbereiche, der Außenarbeitskommandos und die wirksame Außensicherung der Vollzugseinrichtungen;

- Erhöhung der Eigenverantwortung der zuständigen Leiter der Arbeitseinsatzbetriebe bei der Auswahl der Betriebsangehörigen und bei der Sicherung und Kontrolle der Bereiche von Arbeitseinsatzbetrieben, in denen Strafgefangene eingesetzt sind;

- erforderliche Umgruppierungen von Straf- und Untersuchungsgefangenen in Verwahr- und Produktionsbereichen im Interesse der Erhöhung der Sicherheit und Ordnung sowie der Lösung politisch-operativer Aufgaben;

- durchgehende Kontrolle der Verwahr- und Produktionsbereiche, insbesondere während Zeiten erhöhter Gefährdung in Abend- und Nachtstunden sowie während der Tätigkeit in Außenarbeitskommandos;

- wirkungsvoller, schwerpunktbezogener Einsatz der Kontrollgruppe des Chefs der BDVP bzw. des PDVP.

6. <u>Aufgaben der Auswertungs- und Informationstätigkeit bei der politisch-operativen Sicherung des Strafvollzuges</u>

6.1. Die Auswertungs- und Informationstätigkeit hat auf der Grundlage meines Befehls Nr. 299/65 zu erfolgen und ist konsequent auf die Lösung der in dieser Dienstanweisung gestellten politisch-operativen Aufgaben zu richten. Operativ bedeutsame Vorkommnisse und Hinweise (s. Anlage 1) sind sofort an die Hauptabteilung VII zu melden.

6.2. In den Abteilungen VII der Bezirksverwaltungen/Verwaltungen bzw. in den Kreisdienststellen sind entsprechend ihrer Zuständigkeit Leitakten „Strafvollzug“ über die Vollzugseinrichtungen anzulegen und zu führen (s. Anlage 2).

Die Leitakten sind in den genannten Diensteinheiten als Hilfsmittel zu nutzen

- zur Gewährleistung einer ständigen Übersicht über die konkrete Lage in den Vollzugseinrichtungen;

- zur Organisierung der politisch-operativen Sicherung der Vollzugseinrichtungen;

- zur Gewährleistung einer rationellen analytischen Tätigkeit und ständigen Auskunftsbereitschaft.

Mielke
Generaloberst

<u>Anlage 1</u>

Zur Erhöhung der Wirksamkeit der politisch-operativen Arbeit im Strafvollzug ist durch die Abteilungen VII bzw. Kreisdienststellen auf der Grundlage meines Befehls Nr. 299/65 der Informationsfluß zur Hauptabteilung VII über nachstehend genannte Vorkommnisse zu gewährleisten:

1. Operativ bedeutsame Vorkommnisse mit Strafvollzugsangehörigen (Schriftliche Sofortmeldungen)

   - Alle Hinweise auf geplante, vorbereitete sowie erfolgte Desertionen;

   - Selbsttötungen und Selbsttötungsversuche;

   - schwerwiegende Verstöße gegen die GHO des MdI;

   - Waffen- und Munitionsverluste sowie unberechtigter Schußwaffengebrauch;

- alle eingeleiteten Ermittlungsverfahren gegen Strafvollzugsangehörige.

2. Alle schwerwiegenden Vorkommnisse mit Strafgefangenen und Verhafteten (Schriftliche Sofortmeldungen)

   - Gefährliche Angriffe gegen Strafvollzugsangehörige, Zivilkräfte und Betriebsangehörige;

   - geplante, vorbereitete und erfolgte Geiselnahmen sowie Terrorhandlungen;

   - versuchte und erfolgte Ausbrüche sowie Entweichungen;

   - Gefangenenmeutereien und organisierte Arbeitsniederlegungen;

   - Brandstiftungen und vorsätzliche erhebliche Beschädigungen von Produktionsanlagen;

   - Anwendung von brutaler Gewalt gegen Mitgefangene;

   - alle feindlich-negativen Demonstrativhandlungen, mit denen die Erfüllung gestellter Forderungen erzwungen werden soll.

3. Zu allen operativen Vorgängen sind der Hauptabteilung VII Durchschriften der Eröffnungs-, Zwischen- und Schlußberichte zu übersenden.

   Die Berichterstattung zur Entwicklung der politisch-operativen Lage im Strafvollzug, insbesondere zu erkannten Plänen, Absichten, Mitteln und Methoden feindlicher Zentren und Organisationen, hat auf der Grundlage der vom Leiter der Hauptabteilung VII bestätigten Rahmengliederung zu erfolgen.

Anlage 2

Inhalt der Leitakten „Strafvollzug"

- Angaben zur Lage und Struktur des Objektes;

- Angaben über den Personalbestand einschließlich der Zivilbeschäftigten (Zahlenangaben, Struktur der wichtigsten Bereiche und Erfassung der in ihnen tätigen Personen, Übersicht über die in den letzten drei Jahren ausgeschiedenen Strafvollzugsangehörigen und Zivilbeschäftigten);

- Angaben über ständig in den Vollzugseinrichtungen tätige Betriebsangehörige mit Bestätigungsvermerk;

- Belegung der Vollzugseinrichtungen mit Inhaftierten;

- Übersicht über besondere Vorkommnisse, Ergebnisse ihrer Untersuchung;

- Angaben über VS-Stellen und die Sicherung von Staats- und Dienstgeheimnissen;

- Bestand an IM/GMS im Objekt und in der Umgebung der Objekte;

- Übersicht über vorhandenes operatives Material;

- Aufklärungsergebnisse über die Umgebung der Vollzugseinrichtungen unter dem Gesichtspunkt der Sicherheit;

- festgelegte Maßnahmen der Koordinierung mit den Diensteinheiten der Linien IX, XVIII, XIX sowie anderen Linien und Diensteinheiten des Ministeriums für Staatssicherheit;

- Festlegungen über das Zusammenwirken mit dem Organ Strafvollzug und der Arbeitsrichtung I/4 der Kriminalpolizei;

- Analysen, Berichte und Informationen, Arbeitsplan.

Berlin, den 18. November 1975

Vereinbarung zur Gewährleistung der politisch-operativen Aufgaben in der Strafvollzugseinrichtung Bautzen II*

Die Strafvollzugseinrichtung Bautzen II wird entsprechend der gesetzlichen Bestimmungen sowie der Befehle und Weisungen des Ministers des Innern und Chefs der Deutschen Volkspolizei angeleitet und geführt.
Für die politisch-operative Sicherung und Organisation der Abwehrarbeit in der StVE Bautzen II ist die Abteilung VII der BV Dresden in Koordinierung mit der Hauptabteilung VII verantwortlich.
In diese Einrichtung werden solche straffällig gewordenen Personen (DDR-Bürger und Ausländer) auf Veranlassung der HA IX eingewiesen, die vorwiegend durch die Untersuchungsabteilungen des MfS wegen Staatsverbrechen und anderer krimineller Delikte mit hoher Gesellschaftsgefährlichkeit bearbeitet wurden.
Die Wahrnehmung der sich daraus ergebenden spezifischen Interessen der Hauptabteilung IX während des Vollzuges der Strafen mit Freiheitsentzug an diesen Personen und die Gewährleistung einer hohen Sicherheit durch die Linie VII erfordern eine enge Zusammenarbeit.
Zur Realisierung der vom Genossen Minister in der DA 2/75 gestellten Aufgaben

wird vereinbart:

1. Die Abteilung VII der BV Dresden organisiert die politisch-operative Abwehrarbeit in der StVE Bautzen II und konzentriert sich dabei auf:

   - die politisch-operative Sicherung des Personalbestandes (SV-Angehörige, Zivilbeschäftigte, Betriebsangehörige) zur Gewährleistung einer hohen Kadersicherheit und des vorbeugenden Geheimnisschutzes sowie die Verhinderung illegaler Verbindungen zu Strafgefangenen;

   - die Durchführung von Maßnahmen zur Sicherung des Objektes und der Produktionsbereiche, insbesondere der Objekt-Umweltbeziehungen und die vorbeugende Verhinderung möglicher Angriffe von innen bzw. außen;

   - die Realisierung der Aufgaben zur Überprüfung, Aufklärung und Bestätigung der SV-Angehörigen und Zivilbeschäftigten gemäß

* BStU, MfS HA IX 630; Kopf: Hauptabteilung IX, Geheime Verschlußsache MfS 00, Nr. 0, 6 Exemplare. 6 Blatt, auf Blatt 6 handschriftlich gezeichnet: Markert, Generalmajor, Dr. Büchner, Oberst, Dr. Fister, Oberst

Dienstanweisung 1/72 des 1. Stellvertreters des Ministers und der Betriebsangehörigen gemäß der Dienstanweisung 2/75 des Genossen Minister;

- die weitere Kontrolle und Bearbeitung operativ bedeutsamer Hinweise und Sachverhalte zu SV-Angehörigen und anderen außenstehenden Personen, die durch die politisch-operative Arbeit unter den Strafgefangenen der Hauptabteilung IX bekannt werden.

2. Die Hauptabteilung IX ist entsprechend der DA 2/75 des Genossen Minister verantwortlich für die politisch-operative Sicherung der Strafgefangenen der StVE Bautzen II. Die Hauptabteilung IX konzentriert sich auf die

   - Organisation und Durchführung der politisch-operativen Abwehrarbeit unter den Strafgefangenen sowie die weitere operative Kontrolle und Bearbeitung von Strafgefangenen zur Klärung von Verdachtshinweisen aus der vorangegangenen Vorgangsbearbeitung;

   - die Einflußnahme auf eine den operativen Erfordernissen entsprechende Unterbringung in den Verwahrbereichen und die Zusammensetzung der Arbeitskommandos;

   - die politisch-operative Sicherung der Besuchsdurchführung von Familienangehörigen und anderen Personen mit Strafgefangenen sowie die operative Überwachung und Kontrolle der durch Mitarbeiter diplomatischer Vertretungen stattfindenden Konsularbesuche;

   - die Einleitung strafprozessualer Maßnahmen, wenn im Ergebnis der vorgangsmäßigen Bearbeitung der dringende Tatverdacht der Begehung von Straftaten durch Strafgefangene erarbeitet wurde;

   - die Übergabe von erarbeiteten politisch-operativen Informationen und Materialien an die zuständigen Diensteinheiten des MfS sowie die Festlegung von Maßnahmen der weiteren operativen Bearbeitung in Abstimmung mit diesen Diensteinheiten.

3. Zur Gewährleistung einer hohen Qualität der politisch-operativen Abwehrarbeit werden durch die Mitarbeiter der HA IX in der StVE Bautzen II an den für die StVE zuständigen Mitarbeiter der Abteilung VII der BV Dresden schriftlich Informationen übergeben

   - zur Person und zur Straftat der in der StVE einsitzenden Strafgefangenen;

- zu politisch-operativ bedeutsamen Sachverhalten über SV-Angehörige und anderen an der StVE tätigen Personen sowie über getroffene Feststellungen von illegalen Verbindungen zu Strafgefangenen, die Nichteinhaltung von Befehlen und Weisungen und anderen der Sicherheit und Ordnung widersprechende Verhaltensweisen;

- über im Zusammenhang mit der politisch-operativen Arbeit unter den Strafgefangenen getroffene Feststellungen zu Mängel und Schwächen im Sicherungssystem und im Vollzugsprozeß.

Der zuständige Mitarbeiter der Abt. VII der BV Dresden übermittelt an die Mitarbeiter der HA IX in der StVE schriftliche Informationen

- über operativ bedeutsame Hinweise und Sachverhalte zu Strafgefangenen;

- zu festgestellten Mängeln und Lücken im Sicherungssystem, in den Objekt-Umweltbeziehungen und bei der ordnungsgemäßen Durchführung des Vollzugsprozesses;

- zu Kaderentscheidungen sowie zu Veränderungen und Ergänzungen von Befehlen, Weisungen u. a. Grundsatzdokumenten.

Zur umfassenden Gewährleistung der Aufgaben der HA IX in der StVE Bautzen II werden nach gegenseitiger Abstimmung durch die Abteilung VII geeignete IM unter SV-Angehörigen geschaffen und entsprechend der DA 2/75 des Genossen Minister als IMK zum Einsatz gebracht.

Zwischen den für die StVE Bautzen II zuständigen Mitarbeitern der HA IX und der Abteilung VII werden in der Regel einmal wöchentlich, wenn erforderlich unverzüglich, Absprachen geführt, in denen die in dieser Vereinbarung festgelegten Informationen ausgetauscht und die zu lösenden Aufgaben beraten werden.

Die politisch-operative Bearbeitung bedeutsamer Sachverhalte erfolgt unter Beachtung der operativen Voraussetzungen entsprechend der festgelegten Verantwortlichkeit und in enger Zusammenarbeit. In besonderen Fällen wird über die weitere Bearbeitung durch die Leiter der Hauptabteilung VII und Hauptabteilung IX entschieden.

4. Die Hauptabteilung VII realisiert auf der Grundlage der DA 2/75 die Anleitung, Hilfe und Kontrolle der Abteilung VII der BV Dresden zur Durchsetzung dieser Vereinbarung. Dazu werden halbjährlich Bera-

tungen zwischen den zuständigen verantwortlichen Mitarbeitern der Hauptabteilung IX, Hauptabteilung VII und der Abteilung VII durchgeführt sowie die erreichte Wirksamkeit der Vereinbarung eingeschätzt und sich daraus ergebende Maßnahmen festgelegt.

Die HA VII koordiniert mit der HA IX alle erforderlichen Maßnahmen

- zur Durchführung von Sprechern mit Angehörigen diplomatischer Vertretungen;

- zur Bearbeitung von Eingaben, Noten, Beschwerden und Gesuchen, die von diplomatischen Vertretungen an das MdI herangetragen werden;

- bei der Untersuchung von besonderen Vorkommnissen in der StVE Bautzen II.

5. Das Zusammenwirken mit dem Organ Strafvollzug ist auf die Erhöhung der Wirksamkeit der operativen Maßnahmen zu konzentrieren.

Die Hauptabteilung VII sichert, daß

- die StVE Bautzen II systematisch in das Kontrollsystem der Verwaltung Strafvollzug des MdI einbezogen wird, um die gesetzlichen Bestimmungen, Befehle, Ordnungen und Weisungen qualifiziert durchzusetzen und die Ordnung und Sicherheit in der StVE zu erhöhen. Kontrollberechtigt sind der Leiter der Verwaltung Strafvollzug, sein Stellvertreter operativ und 2 Mitarbeiter der Kontrollgruppe. Mit dem Leiter der Verwaltung Strafvollzug wird festgelegt, daß beabsichtigte Kontrollen zeitlich und inhaltlich mit der HA VII abgestimmt werden. Vor der Durchführung von Kontrollen erfolgt eine Absprache zwischen der HA VII und der HA IX. Ausgenommen von Kontrolleinsätzen der Verwaltung Strafvollzug sind Untersuchungen im Strafgefangenenbestand der StVE;

- über vorgesehene Kommandierungen bzw. Versetzungen aus der StVE durch die Verwaltung Strafvollzug informiert und die Zustimmung eingeholt wird;

- durch die Verwaltung Strafvollzug auf den Einsatz der neuesten und zuverlässigsten Sicherungstechnik in der StVE Bautzen II Einfluß genommen wird.

Die Abteilung VII der BV Dresden sichert, daß die

- BDVP Dresden ebenfalls analog den Festlegungen zur Verwaltung Strafvollzug systematisch Kontrollen durchführt. Kontrollberechtigt sind der Chef der BDVP, sein zuständiger Stellvertreter und der Leiter der Arbeitsgruppe Strafvollzug der BDVP;

- die BDVP Hilfe und Unterstützung bei der Besetzung der Planstellen gibt und bewährte, zuverlässige und erprobte Kader in der StVE Bautzen II eingesetzt werden.

Leiter BV Dresden	Leiter HA VII	Leiter HA IX
Markert	Dr. Büchner	Dr. Fister
Generalmajor	Oberst	Oberst

<u>Verteiler:</u>
2 Expl. BV Dresden; Leiter BV, Leiter Abt. VII
2 Expl. HA VII; Leiter HA VII, Leiter HA VII/5
2 Expl. HA IX; Leiter HA IX, Leiter HA IX/AGK

16. März 1976

Anweisung zur Sicherung der politisch-operativen Aufgaben der Hauptabteilung IX in der Strafvollzugseinrichtung Bautzen II*

Auf der Grundlage der Dienstanweisung 2/75 des Genossen Minister über die politisch-operativen Aufgaben des Ministeriums für Staatssicherheit im Strafvollzug der Deutschen Demokratischen Republik und den sich daraus ergebenden Aufgaben der Hauptabteilung IX zur Gewährleistung der politisch-operativen Abwehrarbeit unter den Strafgefangenen der Strafvollzugseinrichtung (StVE) Bautzen II sowie zur wirkungsvollen Gestaltung der inoffiziellen Tätigkeit und der zielgerichteten operativen Bearbeitung von Strafgefangenen

weise ich an:

1. Festlegung der Verantwortungsbereiche

1.1. Die der Hauptabteilung IX in der StVE Bautzen II obliegenden Aufgaben werden durch Offiziere für Sonderaufgaben der AG Koordinierung der Hauptabteilung IX mit Dienstsitz in der StVE Bautzen II wahrgenommen. Die Anleitung und Kontrolle der eingesetzten Offiziere für Sonderaufgaben erfolgt durch den Leiter der AG Koordinierung der Hauptabteilung IX.

1.2. Die Offiziere für Sonderaufgaben arbeiten eigenverantwortlich auf der Grundlage der bestehenden Funktions- und Qualifikationsmerkmale. Sie haben eine enge Verbindung zu dem Leiter der Strafvollzugseinrichtung zu unterhalten, mit diesem kameradschaftlich zusammenzuarbeiten und diesen in der Durchsetzung erforderlicher Maßnahmen zur Aufrechterhaltung der Sicherheit und Ordnung in der Anstalt zu unterstützen.
Die Zusammenarbeit mit der Linie VII hat entsprechend der mit der Hauptabteilung VII und der Abteilung VII der BVfS Dresden abgeschlossenen Koordinierungsvereinbarung zu erfolgen.

* BStU, MfS HA IX 630; Kopf: Hauptabteilung IX; Geheime Verschlußsache MfS 14, Nr. 362/76, 1. Ausfertigung, 7 Blatt. Auf Blatt 7 handschriftlich gezeichnet: Dr. Fister, Oberst

2. Kriterien und Verfahrensweise zur Einweisung von rechtskräftig verurteilten Personen in die StVE Bautzen II

2.1. In die StVE Bautzen II sind solche rechtskräftig verurteilten Personen einzuweisen, die während der Strafverbüßung unter anderem auf Grund ihrer gegen die DDR begangenen Straftat, ihrer vor der Inhaftierung ausgeübten Tätigkeit, ihrer Kenntnisse über Arbeitsmethoden des MfS, ihrer Zugehörigkeit zu imperialistischen Geheimdiensten, Zentren der politisch-ideologischen Diversion oder zu Menschenhändlerbanden besonders abgesichert, unter intensiver Kontrolle gehalten oder weiter operativ bearbeitet werden müssen. Darüber hinaus sind alle rechtskräftig verurteilten weiblichen Personen aus dem NSW bis auf weiteres zur Strafverbüßung in die StVE Bautzen II einzuweisen.

2.2. Zur Einweisung von rechtskräftig verurteilten Personen in die StVE Bautzen II sind durch die Abteilungen der Linie IX formlose Einweisungsersuchen in zweifacher Ausfertigung analog der Auskunftsberichte entsprechend Punkt 2.4. der DA 2/75 des Genossen Minister zu fertigen und an den Leiter der AG Koordinierung zur weiteren Veranlassung zu übergeben.
In erforderlichen Fällen sind mit dem Leiter der AG Koordinierung spezielle Maßnahmen der Unterbringung, Zusammenlegung mit anderen Strafgefangenen oder des arbeitsmäßigen Einsatzes der zur Strafverbüßung in die StVE Bautzen II einzuweisenden Inhaftierten zu beraten und abzustimmen.

2.3. Der Leiter der AG Koordinierung unterrichtet die Leiter der Abteilungen über den vorgesehenen Zeitpunkt der Einweisung der Inhaftierten in die StVE Bautzen II und veranlaßt die Überführung durch die Abteilung XIV des MfS.
Die Leiter der Abteilungen IX der BVfS/VfS veranlassen die Überführung durch die Abteilungen XIV der BVfS/VfS in eigener Zuständigkeit nach Erhalt der Zusage zur Einlieferung in die StVE Bautzen II durch den Leiter der AG Koordinierung.

2.4. Durch die Leiter der Abteilungen der Linie IX ist zu gewährleisten, daß vor der Verlegung der Inhaftierten in die StVE Bautzen II eine vollständige Übergabe aller zur Strafverbüßung erforderlichen Unterlagen sowie der Effekten an die Abteilungen XIV erfolgt. Unstimmigkeiten in den Effektenaufstellungen sind noch vor der Verlegung des Inhaftierten zu klären.

3. Maßnahmen zur Erhöhung der Wirksamkeit der inoffiziellen Arbeit

3.1. Die Offiziere für Sonderaufgaben der Hauptabteilung IX in der StVE Bautzen II haben sich in ihrer operativen Tätigkeit schwerpunktmäßig auf die ständige Stärkung der operativen Basis zu konzentrieren.
Die Suche, Auswahl und Zusammenarbeit mit inoffiziellen Kräften hat entsprechend den Prinzipien über die inoffizielle Arbeit unter Beachtung der Bedingungen des Strafvollzuges zu erfolgen.
Die Aktenführung über die inoffizielle Zusammenarbeit hat den dazu bestehenden Bestimmungen zu entsprechen. Die Registrierung der inoffiziellen Kräfte erfolgt beim Leiter der AG Koordinierung.

3.2. Durch die untersuchungsführenden Abteilungen der Linie IX sind zur Stärkung der operativen Basis geeignete inoffizielle Kräfte zur Strafverbüßung in die StVE Bautzen II einzuweisen. Vor Einweisung sind durch die Leiter der Fachabteilungen der Hauptabteilung IX mit dem Einweisungsersuchen die wesentlichsten Materialien über die inoffizielle Zusammenarbeit mit Hinweisen zur Absicherung an den Leiter der AG Koordinierung zu übergeben. Durch die Leiter der Abteilungen IX der BVfS/VfS sind die vorgenannten Materialien zusammen mit dem Einweisungsersuchen an den Leiter der AG Koordinierung zu übersenden.

3.3. Durch den Leiter der AG Koordinierung sind in Zusammenarbeit mit dem Leiter der betreffenden untersuchungsführenden Abteilung vor Einweisung der inoffiziellen Kräfte in die StVE Bautzen II die günstigsten Formen der Übergabe/Übernahme sowie die Möglichkeiten für einen zielgerichteten Einsatz zu beraten und festzulegen. Die persönliche Übergabe/Übernahme vor der Einweisung in die StVE Bautzen II ist anzustreben.

3.4. Wird im Verlauf der Strafverbüßung die Eignung eines Strafgefangenen zur inoffiziellen Zusammenarbeit festgestellt, ist durch den jeweils zuständigen Offizier für Sonderaufgaben ein Vorschlag zur Werbung zu erarbeiten. Im Vorschlag zur Werbung sind darzulegen, Feststellungen zur Eignung des Kandidaten, Einsatzmöglichkeiten, Art der Werbung, vorgesehene Maßnahmen der Überprüfung und die mit dem Einsatz verfolgte Zielstellung.
Durch den Leiter der AG Koordinierung ist der Vorschlag zur Werbung mit dem Leiter der untersuchungsführenden Abteilung, durch die der betreffende Strafgefangene in die StVE Bautzen II eingewiesen wurde, abzustimmen und zu bestätigen.

3.5. Bis spätestens acht Wochen vor der Entlassung eines inoffiziell genutzten Strafgefangenen ist dieser nach vorangegangener Abstimmung mit dem Leiter der untersuchungsführenden Abteilung der nach der Entlassung zuständigen Diensteinheit zwecks Prüfung der weiteren operativen Verwendbarkeit anzubieten.
Dabei sind insbesondere solche inoffiziell genutzte Strafgefangene anzubieten, die sich in der Zusammenarbeit bewährt haben und hinreichend auf Ehrlichkeit überprüft wurden.
Besteht bereits während der Strafverbüßung durch operative Diensteinheiten Interesse zur Weiterführung oder zur Aufnahme der inoffiziellen Zusammenarbeit, sind entsprechende Maßnahmen zur Übergabe/Übernahme oder zur Werbung mit dem Leiter der AG Koordinierung zu vereinbaren.

4. Maßnahmen zur Sicherung der operativen Bearbeitung

4.1. Die operative Bearbeitung von Strafgefangenen in der StVE Bautzen II hat entsprechend den Grundsätzen der Richtlinie über die Vorgangsbearbeitung zu erfolgen.
Ergibt sich die Notwendigkeit der weiteren operativen Bearbeitung bereits aus dem geführten Ermittlungsverfahren, ist im Einweisungsersuchen darauf hinzuweisen.
Zur Gewährleistung einer zielstrebigen operativen Bearbeitung sind die erforderlichen Ausgangsmaterialien zusammengefaßt in einem Auskunftsbericht an den Leiter der AG Koordinierung zu übergeben.
Die Einweisung der Offiziere für Sonderaufgaben in die operative Bearbeitung des betreffenden Strafgefangenen erfolgt durch den Leiter der AG Koordinierung und wenn erforderlich, in Verbindung mit einem leitenden Mitarbeiter der untersuchungsführenden Abteilung.

4.2. Ergibt sich im Verlauf der Strafverbüßung die Notwendigkeit der operativen Bearbeitung eines Strafgefangenen, ist dazu auf der Grundlage der erarbeiteten Verdachtshinweise durch die Offiziere für Sonderaufgaben ein Vorschlag zur Aufnahme der operativen Bearbeitung zu fertigen.
Nach Abstimmung mit dem Leiter der untersuchungsführenden Abteilung, durch den die Einweisung des Strafgefangenen in die StVE Bautzen II erfolgte, entscheidet der Leiter der AG Koordinierung über die Aufnahme der operativen Bearbeitung.

4.3. Durch die Offiziere für Sonderaufgaben sind die Ergebnisse der operativen Bearbeitung in einer gesonderten Akte (Kontrollvorgang) übersichtlich und nach Schwerpunkten zu dokumentieren. Zur zielstrebigen Lösung der gestellten Aufgaben sind geeignete Maßnahmepläne zu erarbeiten und durch den Leiter der AG Koordinierung zu bestätigen. Notwendige Überprüfungsmaßnahmen außerhalb der StVE Bautzen II sind mit dem jeweiligen Leiter der untersuchungsführenden Abteilung abzustimmen.

4.4. Die operative Bearbeitung hat im engen Zusammenwirken mit der betreffenden Fachabteilung der Hauptabteilung IX zu erfolgen. Dazu sind in regelmäßigen Abständen bzw. zu vereinbarten Terminen die erreichten Ergebnisse in gemeinsamen Beratungen einzuschätzen und weitere Maßnahmen festzulegen.

Entsprechend der Bestimmungen über den Abschluß der operativen Bearbeitung sind die erarbeiteten Ergebnisse durch den jeweils für den betreffenden Vorgang verantwortlichen Offizier für Sonderaufgaben in einem Abschlußbericht zusammenzufassen und mit dem Vorgang an die zuständige Fachabteilung der Hauptabteilung IX zur Einschätzung zu übergeben.

4.5. In den Fällen, in denen die operative Bearbeitung bis zur Entlassung des Strafgefangenen nicht abgeschlossen werden kann, ist bis spätestens acht Wochen vor dem Entlassungstermin ein Auskunftsbericht über die Zielstellung und den Stand der operativen Bearbeitung zu fertigen.
Der Leiter der AG Koordinierung entscheidet nach Abstimmung mit dem Leiter der betreffenden untersuchungsführenden Abteilung, an welche Diensteinheit das Material zur Weiterführung der operativen Bearbeitung übergeben wird. Bei Verlegung eines in operativer Bearbeitung stehenden Strafgefangenen in eine andere StVE ist über den Leiter der AG Koordinierung an die zuständige Abteilung VII ein Auskunftsbericht zu übersenden.
Wird die operative Bearbeitung noch während der Strafverbüßung in der StVE Bautzen II eingestellt, erfolgt die Ablage des Materials zum Untersuchungsvorgang.

5. Maßnahmen im Zusammenhang mit Strafaussetzung auf Bewährung und Entlassung von Strafgefangenen

5.1. Vor der Einleitung von Maßnahmen zur Strafaussetzung auf Bewährung durch die StVE Bautzen II sind die Vorschläge durch den Leiter der AG Koordinierung mit dem jeweiligen Leiter der untersuchungsführenden Abteilung abzustimmen. Die Leiter der untersuchungsführenden Abteilungen unterrichten den Leiter der AG Koordinierung über anderweitig vorgesehene Maßnahmen zur Strafaussetzung auf Bewährung.

5.2. Durch den Leiter der AG Koordinierung sind die Leiter der untersuchungsführenden Abteilungen zur Einleitung notwendiger Maßnahmen bis spätestens acht Wochen vor dem Entlassungstermin der Strafgefangenen zu informieren.

Leiter der
Hauptabteilung
Dr. Fister
Oberst

Chronik der Sonderstrafvollzugsanstalt Bautzen II, 1956 bis 1989

1956

9. August 1956 Bautzen II wird Sonderstrafvollzugsanstalt unter MfS-Kontrolle. Ein Sondertransport verbringt 124 Gefangene aus der Strafvollzugsanstalt Brandenburg-Görden in die Haftanstalt. Als Leiter der Anstalt fungiert Oberleutnant des SV Fritz Steinwedel. Formell bleibt Bautzen II weiterhin eine Außenstelle der Strafvollzugsanstalt Bautzen I, dem so genannten Gelben Elend, und wird als „Objekt II“ bezeichnet.

August 1956 Die äußeren Umfassungsmauern von Bautzen II werden auf eine Höhe von vier Metern aufgestockt.

1957

8. Oktober 1957 Auf geheimen Beschluss des Politbüros der SED wird der Staatssekretär im Ministerium für Staatssicherheit, Erich Mielke, als Minister für Staatssicherheit eingesetzt. Er tritt damit die Nachfolge Ernst Wollwebers an, der „aus Gesundheitsrücksichten“ von seiner Funktion entbunden wird.

1. November 1957 Ministerpräsident Otto Grotewohl beruft Erich Mielke offiziell zum Minister für Staatssicherheit. In dieser Funktion hat Erich Mielke unmittelbaren Einfluss auf Bautzen II betreffende Entscheidungen.

11. Dezember 1957 Die Volkskammer der DDR beschließt das Gesetz zur Ergänzung des Strafgesetzbuches (Strafrechtsänderungsgesetz), das die Normen des politischen Strafrechts neu kodifiziert.

1958

10. bis 16. Juli 1958 In Ostberlin hält die SED ihren V. Parteitag ab. In einer Entschließung wird dem Staat in der DDR die Aufgabe zugewiesen, „die gesellschaftliche Ordnung gegen Anschläge und Wühlarbeit der Klassengegner zu schützen sowie Strafmaßnahmen und Erziehungsmaßnahmen gegenüber solchen Bürgern zu ergreifen, die in Mißachtung ihrer Pflichten gegen die Gesetze verstoßen und dem sozialistischen Aufbau schaden“.

1960

1. Oktober 1960 Der Staatsrat der DDR beschließt die Gewährung von Straferlass durch Gnadenerweis; dieser erstreckt sich auch auf politische Häftlinge in Bautzen II.

1961

30. Januar 1961 Der Staatsrat beschließt über die weitere Entwicklung der Rechtspflege. Der Beschluss sieht u. a. eine deutlichere Differenzierung zwischen harten Strafen für „Feinde" des Staates und erzieherischen, d. h. weniger harte Strafen für solche Gesetzesverletzer vor, die ihre Straftat nicht aus einer grundsätzlich feindlichen Haltung heraus verübt haben. Da die Häftlinge in Bautzen II durchweg als „Feinde" angesehen werden, ändert sich nichts an den harten Bedingungen des Strafvollzuges.

1961 Oberleutnant Erwin Mayer übernimmt die Leitung von Bautzen II.

13. August 1961 Zwischen West- und Ostberlin und um Westberlin herum beginnt die Errichtung der Mauer und anderer Sperranlagen.

29. Dezember 1961 An diesem Tag sind in Bautzen II 235 Häftlinge registriert, von denen 196 als so genannte Staatsverbrecher gelten.

1962

24. Mai 1962 Laut einem offiziellen Bericht sind zu diesem Zeitpunkt 244 Gefangene in Bautzen II inhaftiert. Damit erreicht die Sonderhaftanstalt ihre Höchstbelegung.

1963

15. bis 21. Januar 1963 Der VI. Parteitag der SED in Ostberlin beschließt ein Grundsatzprogramm, in dem es u. a. heißt: „Als eine scharfe Waffe wendet der Arbeiter-und-Bauern-Staat das sozialistische Recht gegenüber solchen Personen an, die im Dienste imperialistischer Agenturen und der NATO feindliche Handlungen gegen die DDR begehen oder sich durch andere schwerste Verbrechen außerhalb der Gesellschaft stellen."

1. Februar 1963 Bautzen II erhält die volle Eigenständigkeit gegenüber Bautzen I. Die Notwendigkeit dieses Schrittes wird mit den Besonderheiten

des Häftlingsprofils und den speziellen Anforderungen an Bautzen II begründet. Nur in der materiellen Versorgung bleibt die Anstalt von Bautzen I vorerst noch abhängig.
Mit der Eigenständigkeit von Bautzen II wird in der Sonderhaftanstalt ein eigener Verbindungsoffizier des MfS eingesetzt. Er ist für die „innere Sicherheit“ des Gewahrsams, die Kontrolle und Überwachung des Strafvollzuges und für die Koordination und Steuerung der IM-Arbeit zuständig.

22. Juli 1963 Erstmals werden elf verurteilte Frauen zur Verbüßung ihrer Freiheitsstrafen nach Bautzen II eingewiesen.

24. September 1963 Die seit August 1956 gängige Praxis schlägt sich in der Dienstanweisung Nr. 30/63 des Ministers des Innern und Chef der Deutschen Volkspolizei, Karl Maron, nieder: „Einlieferungen in die Strafvollzugsanstalt Bautzen II werden direkt durch das MfS angewiesen.“ In der Dienstanweisung wird die Zusammenarbeit der Organe der Verwaltung Strafvollzug mit den Organen des Ministeriums für Staatssicherheit festgelegt. Danach ist es den Mitarbeitern des MfS u.a. möglich, Vernehmungen von Strafgefangenen in Gefängnissen ohne Einwilligung oder Verständigung der Volkspolizei vorzunehmen. Für Bautzen II wird bestimmt, dass jede Vernehmung von Strafgefangenen der Einwilligung des Verbindungsoffiziers des MfS bedarf.

1964

1964 bis 1969 In Bautzen II werden umfangreiche Baumaßnahmen durchgeführt. Die 4. und 5. Etage im Ostflügel werden baulich von den anderen Bereichen der Anstalt getrennt, wodurch die räumlichen Voraussetzungen für die Abriegelung der Frauenabteilung von den übrigen Abteilungen innerhalb des Gebäudes geschaffen werden. Außerdem erfolgen die Umgestaltung der Freihöfe sowie der Bau von zwei Arbeitsräumen im Keller der Anstalt. Bis 1969 werden die Heizungsanlage und die Warmwasserversorgung erneuert, das gesamte Stromnetz wird „zur Gewährleistung der sicherheitsmäßigen und operativen Erfordernisse einer SVE“ neu installiert; Außenputz und das Dach werden erneuert.

3. Oktober 1964 Aus Anlass des 15. Jahrestages der DDR beschließt der Staatsrat eine umfassende Amnestie, von der auch politische Häftlinge betroffen werden. Aus Bautzen II werden ca. 80 Häftlinge entlassen.

1965

25. Juni 1965 Der Minister des Innern und Chef der Deutschen Volkspolizei, Friedrich Dickel, erlässt eine neue Strafvollzugsordnung für die DDR, die auch in Bautzen II wirksam wird.

1966

29. Juni 1966 Das Belegbuch von Bautzen II verzeichnet 107 Häftlinge. 84 von ihnen werden von der Anstaltsleitung der Kategorie der „Staatsverbrecher" zugeordnet.

1967

Hauptmann Johannes Pokorny wird Leiter der Strafvollzugseinrichtung Bautzen II.

20. Februar 1967 Das „Gesetz über die Staatsbürgerschaft der DDR" wird beschlossen.

10. August 1967 Der Minister des Innern und Chef der Deutschen Volkspolizei bestimmt in seiner Dienstanweisung Nr. 0017/67: „Vernehmungen Strafgefangener in der Strafvollzugsanstalt Bautzen II bedürfen grundsätzlich der Genehmigung des Ministeriums für Staatssicherheit. Die Entscheidung obliegt dem für die Strafvollzugsanstalt Bautzen II verantwortlich eingesetzten Mitarbeiter des Ministeriums für Staatssicherheit. [...] Einlieferungen in die Strafvollzugsanstalt Bautzen II werden direkt durch das Ministerium für Staatssicherheit eingewiesen."

28. November 1967 Dem Häftling Dieter Hötger gelingt der einzige Ausbruch aus Bautzen II zwischen 1956 und 1989. Am neunten Tag seiner Flucht wird er nach einer großangelegten Fahndungsaktion durch die Volkspolizei gestellt.

1968

12. Januar 1968 Im Zuge einer umfassenden „sozialistischen Strafrechtsreform" beschließt die Volkskammer ein neues Strafgesetzbuch und eine neue Strafprozessordnung sowie eine Reihe einschlägiger Nebengesetze, ferner ein Strafvollzugs- und Wiedereingliederungsgesetz, das sich auch auf Bautzen II nachhaltig auswirkt.

15. Januar 1968 Die für Bautzen II zuständige Hauptabteilung IX des MfS trifft „Maßnahmen zur Durchführung einer zielgerichteteren und planmäßigeren politisch-operativen Arbeit in der StVA Bautzen II". Definiert werden in einem internen Dokument „die verschiedensten Kategorien der vom Ministerium für Staatssicherheit bearbeiteten Strafgefangenen wie Westberliner, Westdeutsche und ausländische Staatsangehörige, ehemalige Mitarbeiter (des MfS), IMs und solche Bürger der DDR, die unter Anwendung der raffiniertesten Mittel und Methoden gefährliche Staatsverbrechen begangen haben".

9. April 1968 Die am 6. April 1968 durch Volksentscheid angenommene „sozialistische Verfassung" der DDR tritt in Kraft. Sie ersetzt die erste Verfassung der DDR vom 7. Oktober 1949.

1. Juli 1968 Das am 12. Januar 1968 beschlossene neue Strafgesetzbuch, die neue Strafprozessordnung und die dazu ergangenen Nebengesetze sowie das Strafvollzugs- und Wiedereingliederungsgesetz treten in Kraft.

21. August 1968 Der Einmarsch der Warschauer-Pakt-Staaten in die ČSSR führt in Bautzen II zu einer erhöhten Sicherungsstufe für Wachpersonal und Häftlinge.

1969

Die Arbeitspflicht in Bautzen II wird durch den Arbeitseinsatz der Strafgefangenen u. a. für den VEB Schaltgerätewerk Oppach und den VEB Schreibgerätewerk „Markant" realisiert. Mehr als drei Viertel der Strafgefangenen arbeiten für das Schaltgerätewerk. Die Produktionsleistung wird auf 1000000 Mark jährlich beziffert.

1. Oktober 1969 In einer „Analyse der Strafvollzugsanstalt Bautzen II" legt die Leitung dar, wie der Umgang mit Häftlingen aus dem „Nichtsozialistischen Wirtschaftsgebiet" (NSW) auszusehen habe: „Die Staatsfeinde aus Westberlin, der Bundesrepublik und des Auslandes, die wegen staatsgefährdender schwerer Verbrechen verurteilt wurden und nach ihrer Strafhaft wieder in diese Territorien zurückkehren, sind so zu halten, daß sie keine Gelegenheit haben, neue Erkenntnisse zu sammeln, um diese nach der Entlassung den Geheimdiensten erneut auszuliefern."

1971

3. Mai 1971 Walter Ulbricht wird mit Moskauer Unterstützung von allen Partei- und Staatsämtern entbunden, indem er seinen Rücktritt aus Alters- und Gesundheitsgründen erklärt. Seine Nachfolge als Erster Sekretär des Zentralkomitees der SED übernimmt Erich Honecker.

17. Dezember 1971 Das Transitabkommen zwischen den beiden deutschen Staaten wird unterzeichnet. Der Vertrag tritt am 3. Juni 1972 in Kraft.

1972

Hauptmann des SV Horst Faedtke übernimmt die Leitung von Bautzen II. Zugleich steht er bis zu seinem Tod 1985 als Offizier im besonderen Einsatz (OibE) im Dienst des MfS.

6. Oktober 1972 Aus Anlass des 23. Jahrestages der DDR-Gründung am 7. Oktober beschließt der Staatsrat eine umfassende Amnestie für politische und kriminelle Straftäter; von der nach offiziellen Angaben 25351 Strafgefangene und 6344 Untersuchungsgefangene erfasst werden. Aus Bautzen II werden ca. 100 Häftlinge entlassen.

20. Dezember 1972 Das Belegbuch von Bautzen II verzeichnet in Auswirkung der Amnestie nur noch 42 Häftlinge.

21. Dezember 1972 Unterzeichnung des Vertrages zwischen der Bundesrepublik Deutschland und der Deutschen Demokratischen Republik über die Grundlagen der Beziehungen zwischen beiden deutschen Staaten.

1973

21. Juni 1973 Der Grundlagenvertrag vom 21. Dezember 1972 tritt in Kraft. Als unmittelbare Folge für Bautzen II können diplomatische Vertreter der Bundesrepublik in der DDR inhaftierte Bürger aus der Bundesrepublik und Westberlin besuchen. Die Häftlinge aus Bautzen II werden zu diesen so genannten Diplomatensprechern jeweils in die MfS-Haftanstalt in der Berliner Magdalenenstraße gebracht.

1974

2. Mai 1974 Die Ständigen Vertretungen der Bundesrepublik Deutschland in Ostberlin und der DDR in Bonn werden eröffnet und nehmen ihre Arbeit auf. Für die Betreuung von Strafgefangenen des jeweils anderen Staates sind deren Rechtsabteilungen zuständig.

7. Oktober 1974 Die Total-Revision der zweiten Verfassung der DDR wird wirksam.

23. Dezember 1974 Laut Belegbuch ist die Zahl der Häftlinge in Bautzen II wieder auf 156 gestiegen. In den Folgejahren liegt die Belegungszahl stets im dreistelligen Bereich.

1975

13. März 1975 Die Dienstanweisung Nr. 2/75 des MfS wirkt sich unmittelbar auf die Strafvollzugseinrichtung Bautzen II aus, indem die geheime Überwachung von Leitung, Personal und Gefangenen als Kompetenz der Hauptabteilung IX definiert wird. Der Zugriff des MfS erstreckte sich auf die Einweisung der Gefangenen, die Kontrolle des Personals, des Haftalltags der Gefangenen und die Überwachung ihrer Außenkontakte.

1. August 1975 In Helsinki findet die Abschlusskonferenz der KSZE statt. Die DDR ist Mitunterzeichner der Schlussakte von Helsinki und erkennt damit formal u.a. das Recht auf Reisefreiheit und weitere demokratische Grundrechte an.

1976

1. März 1976 Der in Bautzen II eingesetzte Verbindungsoffizier des MfS erhält zur Unterstützung seiner Arbeit einen weiteren Mitarbeiter.

16. März 1976 In einer „Anweisung zur Sicherung der politisch-operativen Aufgaben der HA IX in der Strafvollzugseinrichtung Bautzen II" legt der Leiter der Hauptabteilung IX des MfS folgende Kriterien fest: „In die StVE Bautzen II sind solche rechtskräftig verurteilten Personen einzuweisen, die während der Strafverbüßung unter anderem auf Grund ihrer gegen die DDR begangenen Straftat, ihrer vor der Inhaftierung ausgeübten Tätigkeit, ihrer Kenntnisse über Arbeitsmethoden des MfS, ihrer Zugehörigkeit zu imperialistischen Geheimdiensten, Zentren der politisch-ideologischen Diversion oder zu Menschenhändlerbanden besonders abgesichert, unter intensiver Kontrolle gehalten oder weiter operativ bearbeitet werden müssen."

16. November 1976 Wolf Biermann wird nach einem Gastspiel in der Bundesrepublik die Wiedereinreise in die DDR verweigert und das „Recht auf weiteren Aufenthalt in der DDR entzogen".

1977

Das Ministerium des Innern verfügt den Anbau eines neuen Verwaltungs- und Wachgebäudes in Bautzen II. Außerdem werden Garagen und die Fahrzeugschleuse errichtet sowie die Umwehrungsmauern nochmals erhöht. Innerhalb der Anstalt wird der Eingangsbereich rekonstruiert. Mit dem Bau eines neuen Verwaltungsgebäudes an der Weigangstraße werden 1981 die letzten baulichen Veränderungen abgeschlossen.

7. April 1977 Ein neues Gesetz über den Vollzug von Strafen mit Freiheitsentzug hebt das Gesetz vom 12. Januar 1968 auf. Die Einteilung der Strafgefangenen in mehrere Kategorien wird durch die vereinfachte Einteilung in „erleichterten" und „allgemeinen" Vollzug ersetzt.

1978

2. Januar 1978 Die seit 1974 in Berlin abgehaltenen „Diplomatensprecher" finden ab sofort in Bautzen II statt. Die hier neu eingerichteten Besucherzimmer werden durch das MfS mit Abhör- und Videoüberwachungstechnik ausgerüstet.

1979

10. Oktober 1979 Nach Delikten aufgeschlüsselt setzt sich der Gefangenenbestand von Bautzen II laut einer MfS-internen Analyse wie folgt zusammen: „Spionage" 34,3%, „staatsfeindlicher Menschenhandel" 28,6%, „Terror" 5,0%, „Sabotage" 5,0%, „staatsfeindliche Verbindungsaufnahme" 2,1%, „Nachrichtensammlung" 1,5%, „Verbrechen gegen die Menschlichkeit" 7,1% und „allgemeine Kriminalität" 16,4%.

10. Oktober 1979 Anlässlich des 30. Jahrestages der DDR am 7. Oktober werden über 20 000 Strafgefangene in DDR-Gefängnissen amnestiert. In Bautzen II sind davon lediglich ca. 20 Häftlinge betroffen.

1985

1. August 1985 Hauptmann Horst Alex wird neuer Leiter der StVE Bautzen II.

1986

2. Juni 1986 Der Leiter der Hauptabteilung VII schlägt MfS-intern dem Leiter der Hauptabteilung IX die Verlegung aller Häftlinge aus dem „NSW" von Bautzen II nach Ostberlin für das erste Halbjahr 1988 vor. Gründe der geplanten Verlegung sind die angestrebte Konzentrierung der „NSW"-Häftlinge an einem zentralen Ort sowie bauliche Mängel und der Umstand, dass zu Besuchs- und Betreuungszwecken Angehörige und Botschaftspersonal bisher durch die gesamte DDR nach Bautzen II reisen müssen.

28. August 1986 In Berlin findet eine Beratung zur „vorgesehenen Umprofilierung" der StVE Bautzen II mit Vertretern der Abteilung Strafvollzug beim MdI, der Berliner Bezirksverwaltung des MfS und der Hauptabteilungen IX und VII sowie dem Leiter der Strafvollzugseinrichtung Berlin statt. Der Leiter von Bautzen II wird nicht hinzugezogen.

1987

17. Juni 1987 In der DDR wird die Todesstrafe abgeschafft.

22. Dezember 1987 Infolge der am 17. Juli 1987 bekannt gegebenen Amnestie verringert sich der Häftlingsbestand in Bautzen II laut Belegbuch um mehr als die Hälfte auf 73.

1989

3. August 1989 Die Hauptabteilung VII stellt fest, dass „getroffene Vereinbarungen zur generellen Rekonstruktion des Ausländervollzuges in der StVE Berlin ohne Abstriche durchzusetzen sind". Ab dem 1. Januar 1990 sollen alle Häftlinge des „NSW" in der StVE Berlin konzentriert werden. In Bautzen II sollen „nur noch wenige Ausnahmen" mit einem besonderen „operativen Interesse des MfS" festgehalten werden.

18. Oktober 1989 Erich Honecker erklärt seinen Rücktritt von allen Partei- und Staatsämtern, nachdem das Politbüro der SED ihn dazu aufgefordert hatte. Zum Nachfolger für sieben Wochen wird Egon Krenz gewählt.

27. Oktober 1989 Der Staatsrat erlässt angesichts der revolutionären Ereignisse in der DDR seit Anfang Oktober eine Amnestie für alle nach § 213 (Republikflucht) und wegen „Zusammenrottung" Inhaftierten und Verurteilten. Aus Bautzen II werden bis Anfang Dezember 1989 23 Häftlinge entlassen.

7. November 1989 Die Regierung der DDR unter Ministerpräsident Willi Stoph erklärt ihren Rücktritt. Dadurch scheidet auch Staatssicherheitsminister Erich Mielke aus dem Amt. Er wird am 7. Dezember 1989 in Untersuchungshaft genommen.

9. November 1989 Die Berliner Mauer und die DDR-Grenze zur Bundesrepublik öffnen sich infolge des revolutionären Umbruchs in der DDR.

13. November 1989 Die Volkskammer wählt Hans Modrow zum Ministerpräsidenten der DDR.

17. November 1989 Das MfS wird in Amt für Nationale Sicherheit umbenannt. Zum Leiter wird Generalleutnant Wolfgang Schwanitz bestellt.

3. Dezember 1989 Die aus der Bundesrepublik und Westberlin stammenden Häftlinge in Bautzen II treten in einen unbefristeten Arbeits- und Hungerstreik, um die Verbesserung der Haftbedingungen in Bautzen II bzw. ihre Entlassung durchzusetzen. Sie schließen sich damit den Streiks in Bautzen I und den anderen großen Strafvollzugseinrichtungen der DDR an.

4. Dezember 1989 Der Streik in Bautzen II weitet sich auf die gesamte Gefangenenbelegschaft aus. Auch die DDR-Bürger verweigern die Nahrungsaufnahme und die Arbeit. Von den Gefangenen wird ein Streikkomitee gewählt und der Anstaltsleitung ein gemeinsamer Forderungskatalog übergeben. Zwischen der Leitung und dem Streikkomitee wird eine Sicherheitspartnerschaft vereinbart, um einer Eskalation vorzubeugen. Zivilarbeiter aus Bautzen II informieren die evangelische Kirche und das Neue Forum in Bautzen über Aktenverbrennungen der MfS-Kreisdienststelle im Kesselhaus von Bautzen II. Eine Menschenkette umstellt das Gefängnis. Die Demonstranten fordern Freiheit für die Inhaftierten.

5. Dezember 1989 Die Arbeitsniederlegung und der Hungerstreik dauern an. Am Nachmittag besetzen Demonstranten die MfS-Kreisdienststelle. Das Bautzener Bürgerkomitee nimmt Kontakt zu den streikenden Gefangenen auf. In der Lokalpresse wird erstmals über den Streik berichtet.

6. Dezember 1989 Auf einer Pressekonferenz können Häftlinge aus Bautzen II erstmals öffentlich die Überprüfung ihrer Urteile und ihre Freilassung fordern. Der Staatsrat der DDR erlässt eine Amnestie, aber viele Forderungen der Gefangenen werden nicht erfüllt, so dass sich nach einer kurzen Entspannung die Lage wieder verschärft. Das Streikkomitee wendet sich in einem Fernschreiben an Ministerpräsident Hans Modrow persönlich und fordert die Erweiterung der bisherigen Bestimmungen.

7. Dezember 1989 Eine Abordnung von Gefangenen aus Bautzen I erreicht in Berlin in Gesprächen mit dem Ministerium des Innern eine Modifizierung der Amnestieverordnung vom Vortag. In Bautzen II wird die Beendigung des Streiks beschlossen. Eine Abordnung der evangelischen Kirche erhält im Beisein des Anstaltspfarrers von Bautzen I die Möglichkeit, erneut mit den Häftlingen in Bautzen II zu sprechen. Der erste Häftling wird zur Entlassung nach Berlin verlegt.

8. Dezember 1989 In allen Haftanstalten der DDR werden die Arbeits- und Hungerstreiks beendet. Die Lage beruhigt sich. Die Entlassung der politisch Inhaftierten beginnt. Aus Bautzen II werden ca. 100, aus Bautzen I ca. 1100 Strafgefangene entlassen.

9. Dezember 1989 Am Abend gelingt es einem westlichen Kamerateam, mit Hilfe des Neuen Forums Bautzen in die Strafvollzugseinrichtung Bautzen II zu gelangen. Die Fernsehaufnahmen, die in der Sendung „Kennzeichen D" gesendet werden, liefern die ersten bewegten Bilder aus der Sonderhaftanstalt seit ihrem Bestehen. Die Zeitung „Union" berichtet über die Pressekonferenz in Bautzen II. Die Entlassungen gehen weiter.

10. Dezember 1989 Das bisherige Streikkomitee wird in einen ständigen Gefangenenrat umgewandelt. Dieser verabschiedet noch am gleichen Tag eine Resolution, in der die konsequente und unverzügliche Umsetzung aller den Gefangenen gemachten Zusicherungen gefordert wird.

14. Dezember 1989 Das Amt für Nationale Sicherheit wird durch Beschluss des Ministerrates aufgelöst. An seiner Stelle wird ein Amt für Verfassungsschutz der DDR und ein Nachrichtendienst gegründet.

22. Dezember 1989 Der Machtverfall von SED und MfS und die innenpolitische Lage nach der Maueröffnung führen zur Entlassung aller politischen Häftlinge aus Bautzen II.

Anmerkungen

1 Dienstanweisung 2/75: Die politisch-operativen Aufgaben des Ministeriums für Staatssicherheit im Strafvollzug der Deutschen Demokratischen Republik, vom 13.3.1975, vgl. dazu S. 232.

2 Vgl. dazu die in diesem Buch enthaltenen Angaben zu „Ausgewählter Literatur".

3 Vgl. Manfred Zeidler, MfS-Sonderhaftanstalt Bautzen II (herausgegeben vom Hannah-Arendt-Institut für Totalitarismusforschung an der Technischen Universität Dresden), Dresden 1994.

4 Vgl. Silke Klewin/Kirsten Wenzel (Bearb.), Wege nach Bautzen II. Biographische und autobiographische Porträts (Lebenszeugnisse – Leidenswege, Bd. 8), Dresden 1998.

5 Vgl. Karl Wilhelm Fricke, Der Strafvollzug in Bautzen während der realsozialistischen Diktatur (1950–1989), in: ders. (Hrsg.), Humaner Strafvollzug und politischer Mißbrauch. Zur Geschichte der Strafvollzugsanstalten in Bautzen 1904 bis 2000 (Schriftenreihe des Sächsischen Staatsministeriums der Justiz, Bd. 10), Dresden 1999, S. 118–186.

6 Vgl. Tobias Wunschik, Der DDR-Strafvollzug unter dem Einfluß der Staatssicherheit in den siebziger und achtziger Jahren, in: Roger Engelmann/Clemens Vollnhals (Hrsg.), Justiz im Dienste der Parteiherrschaft. Rechtspraxis und Staatssicherheitsdienst in der DDR (Analysen und Dokumente, Bd. 18), Berlin 1999, S. 467–493.

7 Vgl. dazu grundsätzlich: Hubert Rottleuthner (Hrsg.), Steuerung der Justiz in der DDR. Einflußnahme der Politik auf Richter, Staatsanwälte und Rechtsanwälte, Köln 1995; Falco Werkentin, Politische Justiz in der Ära Ulbricht. Vom bekennenden Terror zur verdeckten Repression, Berlin [2]1997; Roger Engelmann/Clemens Vollnhals (Hrsg.), Justiz im Dienste der Parteiherrschaft. Rechtspraxis und Staatssicherheit in der DDR, Berlin 1999.

8 Unter Strafvollzug wird im Folgenden ausschließlich der Vollzug von Strafen mit Freiheitsentzug verstanden. Auf die verschiedenen Formen von Freiheitsentzug, die das Strafrecht der DDR kannte, wird im Rahmen dieser Darstellung nicht näher eingegangen. Bis zum Inkrafttreten des Strafgesetzbuches vom 12. Januar 1968 unterschied das in der DDR gültige Strafrecht zwischen Zuchthaus-, Gefängnis- und Haftstrafen, wobei Freiheitsstrafen für Jugendliche in Jugendhäusern zu vollziehen waren. Das neue Strafgesetzbuch hob den Unterschied von Zuchthaus- und Gefängnisstrafe – dem im Alltag des Strafvollzuges ohnehin kaum Relevanz zukam – auf und beschränkte sich auf die Androhung einer einheitlichen Freiheitsstrafe. Ferner sah es die Haftstrafe, den Strafarrest für Militärpersonen und die Jugendhaft vor.

9 Heinz Szkibik, Sozialistischer Strafvollzug. Erziehung durch Arbeit, Berlin (Ost) 1969, S. 9.

10 GBl. 1949, S. 1.

11 Autorenkollektiv, Rechtslexikon, Berlin (Ost) 1988, S. 350.

12 Joachim Renneberg, Die Funktion der Strafe in der Deutschen Demokratischen Republik, in: Neue Justiz Nr. 9/1957, S. 264.

13 Herbert Kern, Die Erziehung im Strafvollzug, Berlin (Ost) 1958, S. 76f.

14 Autorenkollektiv unter Leitung von Hans Keikert, Strafvollzug in Sachsen. Einblicke – Ausblicke, Radebeul 1990, S. 55f.

15 Der Befehl Nr. 201 der SMAD vom 16. August 1947 enthielt Richtlinien zur „beschleunigten Durchführung der Entnazifizierung in der sowjetischen Besatzungszone". Dazu erlassene Ausführungsbestimmungen sahen u. a. die Bildung politischer Sonderstrafkammern bei den Landgerichten und Oberlandesgerichten vor, die für die Ahndung von NS-Verbrechen, aber auch von „antidemokratischen" und „friedensgefährdenden" Delikten zuständig waren, insoweit also bereits gegen Gegner der SED vorgehen konnten.

16 Zitiert nach Tobias Wunschik, Der Strafvollzug als Aufgabe der Deutschen Volkspolizei in den fünfziger Jahren, in: Archiv für Polizeigeschichte 8 (1997), S. 78.

17 Aktenvermerk Staatssekretär Warnke vom 24. Mai 1950, SAPMO DO 1.11.0/1587, Bl. 40.

18 GBl. 1950, S. 1165.

19 Bärbel Schönefeld, Die Struktur des Strafvollzuges auf dem Territorium der DDR (1945–1950), in: Beiträge zur Geschichte der Arbeiterbewegung 6 (1990), S. 815.

20 MinBl. 1950, S. 215.

21 MinBl. 1952, S. 47.

22 Vgl. Tobias Wunschik, Der Strafvollzug als Aufgabe der Deutschen Volkspolizei in den fünfziger Jahren, a.a.O., S. 74.

23 Ebenda, S. 75.

24 Hans Keikert, Strafvollzug in Sachsen, a.a.O., S. 6f.

25 GBl. 1952, S. 275.

26 GBl. 1963, S. 21.

27 Vorläufige Ordnung über die Durchführung des Strafvollzuges (Strafvollzugsordnung) des Ministers des Innern und Chef der Deutschen Volkspolizei vom 25. Januar 1965, BStU, ZA, MfS Abt. XIV.

28 GBl. I, S. 109.

29 Militärstrafarrestkommandos der DDR existierten in Parchim und Schwedt/Oder.

30 Vgl. Gesetz zur Änderung des Gesetzes über den Vollzug der Strafen mit Freiheitsentzug und über die Wiedereingliederung Strafentlassener in das gesellschaftliche Leben vom 19. Dezember 1974, GBl. I, S. 597.

31 GBl. I, S. 98f.

32 GBl. 1987, S. 301.

33 Zu Organisation und Zuständigkeit von HA VII, HA IX und Abt. XIV des MfS: Roland Wiedmann, Die Organisationsstruktur des Ministeriums für Staatssicherheit 1989, in: Klaus-Dietmar Henke u. a. (Hrsg.), Anatomie der Staatssicherheit. Geschichte, Struktur, Methoden (MfS-Handbuch), Berlin ^{2}1996, S. 131–136, 138–143, 252–256. Zur HA IX auch Karl Wilhelm Fricke, Kein Recht gebrochen? Das MfS und die politische Strafjustiz der DDR, in: Aus Politik und Zeitgeschichte 44 (1994), S. 24–33.

34 Vgl. Roland Wiedmann, Die Organisationsstruktur des Ministeriums für Staatssicherheit 1989, a.a.O., S. 131ff. und 252ff.

35 Tobias Wunschik, Der DDR-Strafvollzug unter dem Einfluß der Staatssicherheit in den siebziger und achtziger Jahren, a.a.O., S. 470.

36 Ebenda, S. 478.

37 Vgl. Dienstanweisung Nr. 42/53 des Staatssekretariats für Staatssicherheit zur politisch-operativen Arbeit im Organ Strafvollzug vom 8. Dezember 1953, BStU, ZA DSt 100884; Dienstanweisung Nr. 2/75 über die politisch-operativen Aufgaben des Ministeriums für Staatssicherheit im Strafvollzug vom 13. März 1975, vgl. dazu S. 232. Die Dienstanweisung Nr. 5/85 des Ministers für Staatssicherheit zur politisch-operativen Arbeit im Organ Strafvollzug des MdI vom 3. Juni 1985 ersetzte die DA Nr. 2/75, ohne allerdings substantielle Änderungen zu erhalten, vgl. BStU, MfS ZA 103174.

38 IM = Inoffizieller Mitarbeiter, GMS = Gesellschaftlicher Mitarbeiter für Sicherheit.

39 Dienstanweisung Nr. 2/75, vgl. dazu S. 232.

40 Tobias Wunschik, Der DDR-Strafvollzug unter dem Einfluß der Staatssicherheit in den siebziger und achtziger Jahren, a.a.O., S. 479.

41 Ebenda.

42 Ebenda, S. 477.

43 Direct-tv Klaus Schwagrzinna GmbH, Drehkassette Bautzen II (8./9.12.1989), HSGB.

44 Tobias Wunschik, Der DDR-Strafvollzug unter dem Einfluß der Staatssicherheit in den siebziger und achtziger Jahren, a.a.O., S. 477.

45 Vortragsmanuskript des Anstaltsleiters Hauptmann Horst Alex vom 22.5.1986, HSGB, AC-1, Blatt 1.

46 Chronik 1961 der Strafvollzugsanstalt Bautzen I, HSGB, AAA-1, Bl. 29.

47 BA, DO 23.1/696, Bl. 4–10, hier Bl. 4.

48 Walter Heinitz (1915–1987), 1945/46 Mitglied der KPD/SED, 1950 MfS-Landesverwaltung Sachsen, 1951 MfS-Hauptabteilung IX, 1952 Abteilungsleiter, 1957 stellvertretender Leiter, 1964 Leiter der Hauptabteilung IX, 1973 Ruhestand. Vgl. Jens Gieseke, Wer war wer im Ministerium für Staatssicherheit, in: Siegfried Suckut u. a. (Hrsg.), Anatomie der Staatssicherheit. Geschichte, Struktur, Methoden (MfS-Handbuch), Berlin 1995, S. 29.

49 Vgl. dazu Roland Wiedmann, Die Organisationsstruktur des Ministeriums für Staatssicherheit 1989, a.a.O., S. 131ff.

50 Helmut Mähler, Die Suche, Auswahl und Instruierung geeigneter, rechtskräftig verurteilter inoffizieller Mitarbeiter des MfS für den Einsatz in der Strafvollzugseinrichtung Bautzen II zur Qualifizierung der Abwehrarbeit unter Strafgefangenen (Fachschulabschlussarbeit), Berlin (Ost) 1979, BStU, MfS, HA IX, 630, Bl. 18.

51 Maßnahmen zur Durchführung einer zielgerichteteren und planmäßigeren politisch-operativen Arbeit in der StVA Bautzen II vom 15.1.1963, vgl. dazu S. 210.

52 Rolf Fister, Jahrgang 1929, seit 1952 MfS-Landesverwaltung Sachsen, 1953 MfS-Hauptabteilung IX, 1958 stellvertretender Abteilungsleiter, danach Abteilungsleiter, 1965 stellvertretender Leiter der Hauptabteilung IX, 1973 deren Leiter, 1975 „Kollektivpromotion" an der Juristischen Hochschule des MfS Potsdam-Eiche, 1978 Generalmajor. Vgl. Jens Gieseke, Wer war wer?, a.a.O., S. 18.

53 BStU, MfS HA IX Nr. 630, Bl. 18.

54 Dienstanweisung des Ministeriums des Innern 30/63 zur Zusammenarbeit der Organe der Verwaltung Strafvollzug mit den Organen des Ministeriums für Staatssicherheit vom 24.9.1963, vgl. dazu S. 214.

55 Instruktion Nr. 013/68 der Verwaltung Strafvollzug (Einweisungsplan) vom 29.6.1968, Art. 6; BStU, ZA, Abt. XIV, 69.

56 Anweisung zur Sicherung der politisch-operativen Aufgaben in der Strafvollzugseinrichtung Bautzen II vom 16.3.1976, vgl. dazu S. 259.

57 Ebenda.

58 Vereinbarung zur Gewährleistung der politisch-operativen Aufgaben in der StVE Bautzen II, 18. November 1975, vgl. dazu S. 254.

59 Ebenda.

60 BStU, ZA DSt 103174.

61 Anweisung des MdI Nr. 17/67 über die Zusammenarbeit des Organs Strafvollzug mit Dienststellen des Ministeriums für Staatssicherheit vom 10.8.1967, BStU, Leipzig, 246.

62 Vereinbarung zur Gewährleistung der politisch-operativen Aufgaben in der StVE Bautzen II, vgl. dazu S. 254.

63 Nach viereinhalbjähriger Bauzeit weihten die Bautzener das Amts- und Landgerichtsgebäude nebst angegliedertem Gerichtsgefängnis am 19. September 1906 feierlich ein. Der Vorstand des Königlich Sächsischen Landbauamtes eröffnete das Gebäude mit den Worten: „Arx nova surgit! (Eine Burg erhebt sich)." Er wünschte, dass das Haus sei: „Zum ersten: Eine Burg der Stärke, zum zweiten: Eine Stätte der Weisheit, zum dritten: Ein Denkmal der Zeit." Zitiert nach Bautzener Nachrichten, Nr. 219 vom 20. September 1906. Zu Planung und Bau des Gebäudekomplexes vgl. Christa Kämpfe, Die Strafvollzugsanstalten in Bautzen – eine Baugeschichte, in: Justizgebäude in Sachsen gestern und heute (Sächsische Justizgeschichte, Band 5), Dresden 1995, S. 127–182, hier S. 161f.

64 Ebenda, S. 166.

65 Vgl. ebenda, S. 167, und Manfred Zeidler, MfS-Sonderhaftanstalt Bautzen II, a.a.O., S. 21. Insgesamt elf Zellen wurden als Aufnahme- und Entlassungszellen, als „Krankenrevier" und als Arrestzellen genutzt, d.h. 134 Zellen wurden für die dauerhafte „Verwahrung" der Gefangenen genutzt.

66 Vgl. Staatsministerium der Justiz (Hrsg.), Landgericht Bautzen. Festschrift zur Wiedererrichtung, 1. Januar 1993, Dresden 1993, S. 6.

67 Erich Loest, Durch die Erde ein Riß. Ein Lebenslauf, Leipzig 1990, S. 405.

68 Vgl. Horst Alex (ehem. Leiter von Bautzen II), der 1991 in einem ausführlichen Schreiben an die Stadtverwaltung Bautzen die Entwicklung der Haftanstalt Bautzen II resümiert, Schreiben vom 14.2.1991, HSGB, YE-1, S. 2.

69 Die Haftanstalt diente sowohl im Kaiserreich als auch in der Weimarer Republik und während der NS-Diktatur als Gerichtsgefängnis. Zwischen 1945 und 1949 diente die Anstalt der sowjetischen Besatzungsmacht als NKWD-Operativgefängnis. Nach der Übernahme durch das sächsische Justizministerium im August 1949 wurde Bautzen II wieder zur Inhaftierung von Untersuchungshäftlingen und zu kurzen Strafen Verurteilter genutzt. Im Januar 1951 wurde die Anstalt an das Ministerium des Innern übergeben und für den Vollzug von Freiheitsstrafen an durchschnittlich 350 Gefangenen genutzt.

70 Vgl. Christa Kämpfe, Die Strafvollzugsanstalten in Bautzen – eine Baugeschichte, a.a.O., S. 174.

71 An dieser Stelle danken die Verfasser Yvonne Kavermann für Sichtung, Erfassung und Auswertung der Bauunterlagen. Weite Teile der folgenden Ausführungen basieren auf ihren Recherchen; vgl. Fachgutachten über die Baumaßnahmen in Bautzen II, unveröffentlichtes Manuskript, Berlin 2000, HSGB.

72 Vgl. Christa Kämpfe, Die Strafvollzugsanstalten in Bautzen – eine Baugeschichte, a.a.O., S. 174, und Alex, Schreiben vom 14.2.1991, a.a.O., S. 3.

73 Vgl. Bauunterlagen Umgestaltung des Freistundenhofes, HSGB, FA-561, FC-561.

74 Vgl. Maßnahmen zur weiteren Erhöhung der Sicherheit der unbeweglichen Grundmittel und Grundstücke des MdI, HSGB, FA-2.

75 Bautzen II wies im Vergleich zu anderen Haftanstalten der DDR eine deutlich höhere Personalstärke im Verhältnis zur Anzahl der Häftlinge auf. Durchschnittlich kam ein Bediensteter auf zwei Gefangene. Vgl. Kapitel: Das Anstaltspersonal, S. 46ff.

76 Vgl. Bauberichte der An- und Weiterbauten der StVA Bautzen II, HSGB, EA-661-663.

77 Besuchstermine der Angehörigen, Anwälte bzw. bei westdeutschen und ausländischen Häftlingen Gesprächstermine mit diplomatischen Vertretern ihrer Heimatländer.

78 Vgl. Baubeschreibungen der elektrotechnischen Anlagen der StVA Bautzen II sowie entsprechende Schaltpläne, HSGB, EA-701-705, FA-301, FB-301, FC-301-304.

79 Vgl. Funktionsbeschreibungen Torantrieb Bautzen II, HSGB, FA-551, FC-551, FC-552.

80 Vgl. Erweiterung 7 RE Bautzen S.-Rädel-Straße, Erweiterung der Standortgenehmigung in der StVE II Bautzen, HSGB, FA 114, FA-705, FC-705.

81 Ergänzung zum militärökonomischen Fünfjahresplan 1981–1985 der StVE Bautzen II, vom 9.3.1978, HSGB, FA-2.

82 Stellungnahme der HA IX/AKG zum Vorschlag der perspektivischen Verlegung von Strafgefangenen der StVE Bautzen II zur StVE Berlin vom 24.9.1986, BStU, MfS HA VII, Nr. 606, Bl. 17.

83 Operative Zielstellung vom 20.12.1979, HSGB, FA-2.

84 Aufgabenstellung zum Einsatz von Videotechnik in der Strafvollzugseinrichtung Bautzen II vom 2.11.1987, HSGB, FA-2.

85 Zur detaillierten Planung baulicher und elektrischer Sicherungsmaßnahmen vgl. auch HSGB, FA-3-4, FA-703, EB-4, FA-5, FC-703, EA-701-705.

86 Bauforderungsprogramm der StVE II Bautzen zur langfristigen Konzeption 1981–1985 vom 27.11.1981, HSGB, EA-2, Bl. 5.

87 Vgl. Bauforderungsprogramm zur langfristigen Konzeption 1981–1985 vom 27.11.1981 und Bedarfsnachweis, HSGB, EA-2.

88 Vgl. ebenda, siehe auch Christa Kämpfe, Die Strafvollzugsanstalten in Bautzen – eine Baugeschichte, a.a.O., S. 174f.

89 Vgl. Ausführungsprojekt über den Anbau eines Produktionsraumes im Objekt II der StVA Bautzen, HSGB, FA-401, 402, FB-401, FC-401.

90 Vgl. Projektskizze und Durchführungsanweisung zur Errichtung eines Lastenaufzuges in der StVA Bautzen II, HSGB, FA-501, FC-502.

91 Vgl. Werkstatterweiterung – und Erweiterungsbau/Werk 3 StVA Bautzen II, HSGB, EA-581, Blatt 4–6, EA-582, FA-581, FC-581.

92 Vgl. Projekt über Baumaßnahmen zur Aufstockung für Arbeitsräume in der StVE Bautzen II, HSGB, FA-531, 532, FC-531, FA-7.

93 Vgl. Alex, Schreiben vom 14.2.1991, HSGB, YE-1, S. 2.

94 Vgl. Manfred Zeidler, MfS-Sonderhaftanstalt Bautzen II, a.a.O., S. 21.

95 Vgl. ebenda; siehe auch S. 78ff. in diesem Band.

96 Vgl. Sanierung der Heizungsanlage StVA Bautzen II, HSGB, EA-201-205.

97 Vgl. Karl Wilhelm Fricke, Humaner Strafvollzug und politischer Mißbrauch, a.a.O., S. 146.

98 Langfristige Konzeption zur Reproduktion der baulichen Grundfonds für das Objekt StVE Bautzen II, o. J. [1984], HSGB, EA-3, Bl. 3.

99 Vgl. Karl Wilhelm Fricke, Humaner Strafvollzug und politischer Mißbrauch, a.a.O., S. 146. Diese Maßnahme lässt sich leider durch keinerlei Bauunterlagen verifizieren.

100 Vgl. Langfristige Konzeption zur Reproduktion der baulichen Grundfonds der StVE Bautzen II vom 3.12.1984, HSGB, EA-4.

101 Ebenda. Zum Vergleich: Heute werden Strafgefangenen durchschnittlich rund 10 Quadratmeter Haftraum zugestanden.

102 Bauplanungen Umbau Kinosaal, HSGB, EA-451-453.

103 Grundrißskizzen der StVA Bautzen II, HSGB, EA-6.

104 Alex, Schreiben vom 14.2.1991, a.a.O., HSGB, S. 2.

105 Langfristige Konzeption zur Reproduktion der baulichen Grundfonds für das Objekt StVE Bautzen II, o.J. [1984], HSGB, EA-3, Bl. 8.

106 Übergabeprotokoll des Baustabes der BDVP Dresden für das Investitionsvorhaben Freistundenhof – Wachturm an die StVA Bautzen II, Abt. Versorgung, vom 21.2.1967, HSGB, FA-561.

107 Zitiert nach Christa Kämpfe, Die Strafvollzugsanstalten in Bautzen – eine Baugeschichte, a.a.O., S. 175.

108 Vgl. Werkstatterweiterung – und Erweiterungsbau/Werk 3 StVA Bautzen II, 1963/64, HSGB, EA-581, EA-561, auch Kämpfe, Baugeschichte, S. 175.

109 Siegfried B. war laut Haftkarteikarte am 24.11.1967 vom Obersten Gericht in Berlin wegen Militär-Spionage verurteilt und am 22.12.1967 vom MfS zur Verbüßung seiner lebenslangen Haftstrafe nach Bautzen II eingewiesen worden.

110 Vorschlag des Strafgefangenen S. B. zum Umbau des Kellerabganges im Mittelgebäude vom 7.3.1972, HSGB, FA-611.

111 Vgl. Treppenumsetzung, HSGB, FA-631, vgl. auch Karl Wilhelm Fricke, Humaner Strafvollzug und politischer Mißbrauch, a.a.O., S. 146, und Christa Kämpfe, Die Strafvollzugsanstalten in Bautzen – eine Baugeschichte, a.a.O., S. 175.

112 Brief der Leitung der StVA Bautzen II an die BDVP Dresden betreffend Stellenplanvorschlag für 1964 vom 14.11.1963, HSGB, BB-91, S. 39ff. Soweit nicht anders vermerkt, entstammen die folgenden Zitate zur Beschreibung der Arbeitsaufgaben dem gleichen Bericht.

113 Korrespondenz zwischen der BDVP Dresden und der StVA Bautzen II 1963/64, BA, DO 1/23.1/696.

114 Vorläufiger Stellenplan für Bautzen II vom 11.6.1969, BA, DO 1/2.2/54854.

115 Stellenplan der StVE Bautzen II vom 1.7.1978, BA, DO 1/2.2/54855.

116 Rahmen-Funktionsplan des Leiters der Verwaltung Strafvollzug im MdI für die StVE der DDR vom Dezember 1983, HSGB, XD-2. Dieser Rahmenfunktionsplan bestimmte die Organisation und Kompetenzverteilung in jedem Gefängnis der DDR. Den einzelnen Funktionen werden dabei konkrete Aufgaben und Befugnisse zugeordnet. Alle folgenden Zitate in diesem Abschnitt entstammen diesem Plan.

117 Einschätzung zur Parteistatistik (durch die SED-Grundorganisation in Bautzen II) vom 20.1.1966, HSGB, Bl. 1.

118 Analyse des Personalbestandes vom 30.9.1976, BStU, MfS, BV Dresden, Abt. VII 43, Bd. 1, Bl. 478.

119 Schlußfolgerungen aus der Einschätzung des politisch-moralischen und disziplinarischen Zustandes der StVE Bautzen II vom 13.8.1979 für die weitere Verbesserung der Qualität unserer Arbeit bei der Erfüllung des Klassenauftrages insbesondere zur würdigen Vorbereitung des 30. Jahrestages der Gründung der DDR des Leiters der StVE Bautzen II vom 29.8.1979, HSGB, AB-8, Bl. 11.

120 Stellenplan der Strafvollzugseinrichtung Bautzen II 1.7.1978, BA, DO 1/2.2/54855.

121 Vgl. Auskunftsangaben zum Verantwortungsbereich des Leiters der StVE Bautzen II, undatiert (1986), HSGB, AD-1, vgl. auch Vorschlag zur Umprofilierung der StVE Bautzen II, BStU, MfS, HA VII, Nr. 606, Bl. 9.

122 Vgl. Tobias Wunschik, Der DDR-Strafvollzug unter dem Einfluß der Staatssicherheit in den siebziger und achtziger Jahren, a.a.O., S. 472.

123 Schreiben der Bezirksverwaltung für Staatssicherheit, Abteilung VII zur „Besetzung der Dienststelle, Leiter der StVE Bautzen I", BStU, MfS, BV Dresden, Abt. VII 43, Bd. 1, Bl. 51f.

124 Vgl. Tobias Wunschik, Der DDR-Strafvollzug unter dem Einfluß der Staatssicherheit in den siebziger und achtziger Jahren, a.a.O., S. 473.

125 Verschiedene Berichte der Leitung der StVA Bautzen an die BDVP Dresden 1952–1960, HStA Dresden, BDVP Dresden, 23/138.

126 Quartalsbericht für das III. Quartal 1956 der StVA Bautzen, Referat Kader vom 1.10.1956, HSGB, DE-9, S. 1.

127 Ebenda.

128 Vgl. z. B. die Karriere Manfred Schiewecks, S. 65f dieses Bandes.

129 Quartalsarbeitsplan für die Strafvollzugsanstalt Bautzen I. Quartal 1959 der Leitung der StVA Bautzen I vom 12.1.1959, HSGB, DE-9.

130 Brief der Leitung der StVA Bautzen an die VSV Berlin, Generalmajor Mayer, vom 31.1.1958 zum Abschluß des Kampfprogramms am 3.1.1958, HSGB, DE 4, S. 3.

131 Quartalsarbeitsplan für das II. Quartal 1960 der StVA Bautzen. HSGB, DE-4.

132 Brief der StVA Bautzen II an den Leiter der Abteilung Strafvollzug bei der BDVP Dresden vom 24.1.1963, HSGB, BB-91.

133 Arbeitsplan der StVA Bautzen II für das 1. Halbjahr 1964, HSGB, BB-91.

134 Perspektivplan der StVA Bautzen II bis zum Jahre 1970 vom 13.4.1964, HSGB, BB-91.

135 Brief der Leitung der StVA Bautzen II an den Chef der BDVP Dresden vom 28.12.1964, HSGB, BB-91.

136 Brief der Leiters von Bautzen II an die BDVP vom 28.12.1964, HSGB, BB-91.

137 Einschätzung der Arbeitsergebnisse des Jahres 1977 und Schlußfolgerungen für das Jahr 1978 des Leiters der StVE Bautzen II vom 2.1.1978, HSGB, AB-9.

138 Einschätzung des politisch-moralischen Zustandes der Dienststelle des Stellvertreters Operativ vom 13.10.1979, HSGB, AB-8, S. 5.

139 Vgl. Tobias Wunschik, Der DDR-Strafvollzug unter dem Einfluß der Staatssicherheit in den siebziger und achtziger Jahren, a.a.O., S. 473.

140 Bericht der Hauptabteilung IX vom 13.10.1975, BStU, ASt Dresden, AOP 572/76, Bl. 166–175.

141 BV Dresden, Abt. VII, Zuarbeit zur Berichterstattung von der Leitung der BV vom 15.11.1976, BStU, MfS, BV Dresden, Abt. VII 43, Bd. 1, Bl. 368f.

142 Auskunftsangaben zum Verantwortungsbereich des Leiters der StVE Bautzen II, undatiert [1986], HSGB, AD-1.

143 Diese Zahl ergibt sich aus der Auswertung der periodischen Lageeinschätzungen des Stellvertreters Operativ für die Jahre 1984–1988. HSGB, AC-401-419.

144 Einschätzung des politisch-moralischen Zustandes der Dienststelle des Stellvertreters Operativ der StVE Bautzen II vom 13.10.1979, HSGB, AB-8, S. 2.

145 Brief der StVA Bautzen II an die Politabteilung der BDVP Dresden vom 27.10.1969, HSGB, BB-93.

146 Einschätzung des politisch-moralischen Zustandes für das Jahr 1970 vom 4.11.1970, HSGB, DE-111, Bl. 1.

147 Einschätzung des disziplinaren Zustandes 1. Halbjahr 1970 vom 7.7.1970, HSGB, DE-111, Bl. 1.

148 Einschätzung eines Vorkommnisses mit Gruppencharakter in der StVE Bautzen II vom 11.10.1975, HSGB, HC-108, Bl. 108ff.

149 Einschätzung des politisch-moralischen Zustandes der Dienststelle des Stellvertreters Operativ vom 13.10.1979, HSGB, AB-8, S. 3.

150 Brief des Leiters der StVE Bautzen II an den Chef der BDVP Dresden, Generalmajor Nyffenegger vom 20.3.1986, HSGB, AB-6.

151 Auswertung des 1. Halbjahresplanes der StVE der Leitung der StVE Bautzen II vom 4.7.1978, HSGB, AB-9.

152 „Offiziere im besonderen Einsatz (nachfolgend OibE genannt) sind Angehörige des MfS, die im Interesse der dem MfS übertragenen Verantwortung zur umfassenden Gewährleistung der staatlichen Sicherheit auf den Gebieten der Abwehr und der Aufklärung unter Legendierung ihres Dienstverhältnisses mit dem MfS auf der Grundlage eines Arbeitsrechts- oder Dienstverhältnisses in sicherheitspolitisch bedeutsamen Positionen im Staatsapparat, der Volkswirtschaft oder in anderen Bereichen des gesellschaftlichen Lebens (Einsatzobjekte) eingesetzt und wirksam werden." Ordnung Nr. 6/86 über die Arbeit mit Offizieren im besonderen Einsatz des Ministeriums für Staatssicherheit (OibE-Ordnung) vom 17.3.1986, BStU, ZA, DSt 103276.

153 Vereinbarung zur Gewährleistung der politisch-operativen Aufgaben in der Strafvollzugseinrichtung Bautzen II vom 18.11.1975, vgl. dazu S. 254.

154 BStU, MfS Dresden KS II 186/79, Bl. 258.

155 Die Gefangenen durften „aus konspirativen Gründen" die Namen ihrer Bewacher nicht erfahren.

156 Information über die Strafvollzugsanstalt Bautzen II vom 20.11.1978, BStU, MfS HA VII Nr. 1386, Bl. 122–138, hier S. 123.

157 Vorschlag zur Auszeichnung mit der Verdienstmedaille der NVA in Gold des Oberstleutnants Faedtke, Horst vom 10.11.1983, BStU, ASt Dresden, KS II 46/86, Bl. 65.

158 Vgl. Tobias Wunschik, Der DDR-Strafvollzug unter dem Einfluß der Staatssicherheit in den siebziger und achtziger Jahren, a.a.O., S. 479.

159 Dienstanweisung Nr. 2/75, vgl. dazu S. 232.

160 Vgl. Zusammenfassender Bericht über die Ergebnisse der Kontrollen in ausgewählten StVE zum Stand der Wirksamkeit der Durchsetzung der Befehle und Weisungen des Ministers für Staatssicherheit, BStU, MfS, HA VII, Nr. 2047, Bl. 38.

161 Zum Rekrutierungsprozeß vgl.: Helmut Müller-Enbergs (Hrsg.), Inoffizielle Mitarbeiter des Ministeriums für Staatssicherheit. Richtlinien und Durchführungsbestimmungen (Analysen und Dokumente, Bd. 3), Berlin 1996, S. 91ff.

162 BStU, MfS, AST Dresden, 178/42, Bl. 17.

163 BStU, MfS Dresden XII 1748/75, 4430/90, Bd. I, Bl. 192.

164 Festlegungen zum Verbindungswesen zum IME „Lothar" StVE II Bautzen vom 23.09.1985, BStU, MfS Ddn. AIM 857 1/90, Bl. 157, 163.

165 Dienstanweisung Nr. 5/85, a.a.O.

166 Richtlinie Nr. 2/81 zur Arbeit mit Zelleninformatoren (ZI), BStU, MfS ZA 102737.

167 Vgl. ebenda.

168 Jahresanalyse 1984 der Hauptabteilung IX/AKG, Bereich Koordinierung, BStU, ZA, HA IX 570, Bl. 46.

169 Ebenda.

170 Kontaktpersonen stellten nach den Normen des MfS keine inoffiziellen Mitarbeiter dar. „In der Regel wurden KP [...] ohne ihr Wissen abgeschöpft. Es kann allerdings nicht ausgeschlossen werden, daß manche KP auch bewußt und inoffiziell für das MfS gearbeitet haben." Helmut Müller-Enbergs, Inoffizielle Mitarbeiter des Ministeriums für Staatssicherheit, a.a.O., S. 88f.

171 Jahresanalyse 1987 der Hauptabteilung IX/AKG, BStU, ZA, HA IX 518, Bl. 16f.

172 Vgl. Tobias Wunschik, Der DDR-Strafvollzug unter dem Einfluß der Staatssicherheit in den siebziger und achtziger Jahren, a.a.O., S. 481f., und Manfred Zeidler, MfS-Sonderhaftanstalt Bautzen II, a.a.O., S. 26f.

173 Gespräch mit Rainer Steudtner am 25.8.1998, HSGB, Transkript, S. 3.

174 Diese seit Abschluß des Grundlagenvertrages möglichen Treffen von Mitarbeitern der Ständigen Vertretung der Bundesrepublik mit Bautzen-II-Häftlingen hatten zwischen 1974 und 1979 in der Berliner Magdalenenstraße stattgefunden. Vgl. BA, DO 1/3557.

175 Laut interner Analyse vom 14.12.1979, BStU, MfS HA IX 630, Bl. 25.

176 Laut Jahresanalyse 1987 der Hauptabteilung IX/AKG, BStU, ZA, HA IX 518, Bl. 18.

177 BStU, Ddn. 8571/90, Bd. I, Bl. 199.

178 Ebenda, Bl. 154.

179 Ebenda, Bl. 157.

180 Ebenda, Bl. 157f.

181 BStU, Ddn. 8571/90, Bd. II, Bl. 379.

182 Ebenda, Bl. 15 (Besuch eines SG am 20.5.1983 durch Herrn Dr. Klimke).

183 Ebenda, Bl. 112.

184 Ebenda, Bl. 80, 82, 85.

185 Ebenda, Bl. 98.

186 BStU, Ddn. 8571/90, Bd. I, Bl. 157.

187 Vgl. BStU, MfS 5644/74, und BStU, ZA Dos 9217/92.

188 Beurteilung des Genossen Offiziersschüler Faedtke, Horst vom 18.12.1964, BStU MfS 5644/74, Bd. I, Bl. 14.

189 Ebenda, Bl. 15.

190 Vorschlag zur Werbung eines GI, vom 24.4.1965, BStU, ZA Dos 9217/92, Bl. 24.

191 Ermittlungsbericht vom 24.2.1972, BStU, MfS Dresden KS II 46/86, Bl. 176f.

192 Stellungnahme der HA Kader und Schulung, undatiert, ebenda, Bl. 246f.

193 Begründung zur Höherstufung Faedtkes in die Vergütungsstufe XI vom 28.11.1972, BStU ZA Dos 9217/92, Bl. 11.

194 So der Tenor fast sämtlicher Interviews mit ehemaligen Häftlingen als auch mit ehemaligen Bediensteten der Anstalt, vgl. HSGB.

195 Beurteilung des Genossen Major Hans Kempe vom 16.9.1986, BStU, MfS Diszi 6528/92, ZA 38363, n.p.

196 Ebenda.

197 Ebenda.

198 Ebenda.

199 BStU, MfS Diszi 6528/92 ZA 38363, n.p.

200 Vermerk der HA Kader und Schulung vom 3.11.1986, ebenda.

201 BStU, MfS Dresden KS II 186/79, Bl. 21.

202 Nach dem 17. Juni 1953 wurde das Ministerium für Staatssicherheit bis zum 23. November 1955 zum Staatssekretariat zurückgestuft.

203 BStU, MfS Dresden KS II 186/79, Bl. 33.

204 Ebenda, Bl. 28.

205 Ebenda, Bl. 12.

206 Ebenda, Bl. 49.

207 Ebenda, Bl. 53.

208 Ebenda, Bl. 140.

209 Ebenda, Bl. 69.

210 Ebenda, Bl. 144.

211 Ebenda, Bl. 256.

212 Ebenda, Bl. 258.

213 BStU, MfS Dos 3321/92, Bl. 40.

214 Ebenda, Bl. 47.

215 Ebenda, Bl. 57.

216 Ebenda, Bl. 20.

217 Ebenda, Bl. 29.

218 So die Begründung zur Auszeichnung Steudtners mit der Verdienstmedaille der DDR vom 28.5.1984, ebenda, Bl. 20.

219 Ebenda, Bl. 29f.

220 BStU, MfS Dresden 8571/90, Bd. I, Bl. 51.

221 Ebenda, Bl. 18f.

222 Auch IMK/W: Inoffizieller Mitarbeiter zur Sicherung der Konspiration und des Verbindungswesens/Konspirative Wohnung.

223 Maschinenschriftliche Beurteilung, ohne Datum, BStU, MfS Dresden 8571/90, Bd. I, Bl. 17.

224 „Der IM bewohnt ein separates Zimmer in der Stadt Bautzen, welches in einer verkehrsreichen Straße gelegen ist. Mit der Schaffung der IMK/W wird wesentlich die konspirative Arbeit verbessert werden können. In der KW werden nur überprüfte IMs aus dem Bestand der SV-Angehörigen bzw. ehemalige SV-Angehörige getroffen. Es ist vorgesehen, 3 FIM, 2 IMV und 2 IMS darin zu treffen." BStU, Ddn. AIM 8571/90, Bd. I, Bl. 51.

225 Inoffizieller Mitarbeiter im bzw. für einen besonderen Einsatz.

226 BStU, Ddn. AIM 8571/90, Bd. I, Bl. 17.

227 Ebenda, Bl. 154.

228 BV Dresden, Abteilung VII, Jahreseinschätzung des IME „Lothar" vom 4.1.1983, ebenda, Bl. 153.

229 Vgl. BStU, Ddn. AIM 8571/90, Bd. I, Bl. 175.

230 Umregistrierung „Lothars" vom IME zum IMS vom 2.9.1986, ebenda.

231 So die immer wieder auftauchende Formulierung, vgl. z. B. BStU, MfS HA VII, Nr. 606, Bl. 8.

232 Zitiert nach einer internen Analyse des MfS vom 14.12.1979, BStU, MfS, HA IX 630, Bl. 20.

233 Erhalten ist eine Belegkartei, die seit August 1956 bis Anfang der siebziger Jahre geführt wurde. Sie enthält genau 1024 Einträge, ist aber nicht lückenlos überliefert. Für die siebziger und achtziger Jahre ließ sich die Belegung anhand verschiedener Quellen (Protokolle der „Diplomatensprecher", Unterlagen zu Gefangenentransporten und zu disziplinarischen Maßnahmen) ermitteln und mittels einer Belegungskartei für den Zeitraum zwischen 1986 und 1989 rekonstruieren. Insgesamt sind derzeit genau 1891 Häftlinge namentlich dokumentiert.

234 Chronik der Strafvollzugsanstalt Bautzen I, 1961, HSGB, AAA-1.

235 Vortragsmanuskript vom 22.5.1986, HSGB, AC-1, Bl. 1f.

236 Vgl. Div. Belegbücher der StVA Bautzen II, Abschriften, HSGB.

237 Vgl. Belegbuch der StVA Bautzen II von 1956, Abschrift, HSGB.

238 Anweisung zur Sicherung der politisch-operativen Aufgaben der Hauptabteilung IX in der Strafvollzugseinrichtung Bautzen II, 16. März 1976, vgl. S. 259.

239 Helmut Mähler, Die Suche, Auswahl und Instruierung geeigneter rechtskräftig verurteilter inoffizieller Mitarbeiter des MfS für den Einsatz in der Strafvollzugseinrichtung Bautzen II zur Qualifizierung der Abwehrarbeit unter Strafgefangenen (Fachschulabschlussarbeit), a.a.O., Bl. 45.

240 Zum Vergleich einige Angaben zur Belegung der StVE Bautzen I, die am 31.12.1979 mit insgesamt 1845 Strafgefangenen belegt war. Davon waren 1752 vorbestraft, 3 der Strafgefangenen waren wegen „Staatsverbrechen" verurteilt, 131 wegen „ungesetzlichen Verlassens der DDR", 624 wegen „Straftaten gegen die staatliche und öffentliche Ordnung", davon 203 wegen „asozialen Verhaltens". Vgl. Leitakte Strafvollzugsanstalt Bautzen I, BStU, MfS BV Dresden Abt. VII, Ordner 43 Bd. 1, Bl. 189.

241 Jahresanalyse 1984 der Hauptabteilung IX, AKG, vom 20. Februar 1985, BStU, ZA, HA IX, 570, Bl. 56ff.

242 Analyse der Strafvollzugsanstalt Bautzen II vom 1.10.1968, HSGB, BB-92.

243 Maßnahmen zur Durchführung einer zielgerichteteren und planmäßigeren politisch-operativen Arbeit in der StVA Bautzen II, 15. Januar 1963, vgl. dazu S. 210.

244 BStU, ZA AU 89/57-HA/EV Bd. 2, Bl. 275f.

245 Information [eines ehemaligen Gefangenen] über die StVE Bautzen II vom 20.11.1978, BStU, HA VII, 1386, Bl. 122–138.

246 Vgl. Analyse des Leiters der Strafvollzugsanstalt Bautzen II vom 1.10.1968, HSGB, BB-92, Bl. 5.

247 Abschriften diverser Belegbücher der Haftanstalt Bautzen II, HSGB.

248 Stellenplan der Strafvollzugseinrichtung Bautzen II vom 1.7.1978, BA, DO 1/2.2/54855.

249 Auskunftsangaben zum Verantwortungsbereich des Leiters der StVE Bautzen II, undatiert [1986], HSGB, AD-1, vgl. auch Vorschlag zur Umprofilierung der StVE Bautzen II, BStU, MfS, HA VII, Nr. 606, Bl. 9.

250 Zum Vergleich: In Bautzen I standen am 1.1.1962 2048 Strafgefangenen nur 390 SV-Bediens-tete gegenüber.

251 Karl Wilhelm Fricke, Meine Wege nach Bautzen, in: Silke Klewin/Kirsten Wenzel (Hrsg.), Wege nach Bautzen II, a.a.O., S. 16–32, hier S. 17.

252 Winfried Christen, Wege zur politischen Haft in der DDR. Versuch einer Analyse und Erlebnisbericht 1968–1970 (unveröffentlichtes Manuskript) 1999, S. 24f., HSGB.

253 Schreiben Günter Heinrichs an die Gedenkstätte Bautzen vom 21.1.1997, HSGB.

254 Herbert Crüger, Verschwiegene Zeiten. Vom geheimen Apparat der KPD ins Gefängnis der Staatssicherheit, Berlin 1990, S. 170.

255 Interview mit Bodo Strehlow am 2.9.1998, Transkript, S. 34, HSGB. Bodo Strehlow bezieht sich hier auf Biermanns Stasi-Ballade von 1974, deren Schlußworte lauten: „Gott weiß, es gibt Schöneres, als grad eure Schnauzen. Schönre Löcher gibt es auch, als das Loch von Bautzen."

256 Winfried Christen, Wege zur politischen Haft in der DDR, a.a.O., S. 25f.

257 Ebenda, S. 26f.

258 Gustav Just, Zeuge in eigener Sache. Die fünfziger Jahre, Berlin 1990, S. 163.

259 Thomas Lukow, Aufzeichnungen über die Haft in der Strafvollzugsanstalt Bautzen II 1981 bis 1983, S. 7, HSGB.

260 Interview mit Hossein Yazdi am 7.6.2000, Transkript, S. 23. Yazdi war zwischen Oktober 1962 und Mai 1977 in Bautzen II inhaftiert.

261 Erich Loest, Durch die Erde ein Riß, a.a.O., S. 405.

262 Ebenda, S. 402.

263 Winfried Christen, Wege zur politischen Haft in der DDR, a.a.O., S. 28.

264 Horst Zimmermann, Schreiben ans Bautzen-Komitee vom 9.3.1993, S. 1, HSGB.

265 Hossein Yazdi, Als Iraner in Bautzen II, in: Silke Klewin/Kirsten Wenzel, Wege nach Bautzen II, a.a.O., S. 65–82, hier S. 74f.

266 Walter Janka, Spuren eines Lebens, Berlin 1991, S. 404f. Janka war zwischen 1958 und 1962 in Bautzen II inhaftiert.

267 Schreiben des Leiters der StVA Bautzen II, Oberleutnant Mayer, an die BDVP Dresden vom 28.9.1962, HStA MdI, BDVP, 23.1., Bl. 7f.

268 Vgl. Bauunterlagen zu Bautzen II, HSGB, EA-201-205.

269 Interview mit Robert Axt (Bautzen-II-Häftling 1969–1970) am 19.7.1999, Transkript, S. 9, HSGB.

270 Winfried Christen, Wege zur politischen Haft in der DDR, a.a.O., S. 29, HSGB.

271 Interview mit Thomas Lukow am 10.2.1999, Transkript, S. 10, HSGB.

272 Ebenda, S. 8f.

273 Vgl. Bauunterlagen zu Bautzen II, FA-5, Bl. 8, HSGB.

274 Vgl. § 33 „Sicherungsmaßnahmen" des Strafvollzugsgesetzes der DDR vom 7.4.1977, GBl. I.

275 Vgl. z.B. BStU, ZA AU 89/57-HA/EV Bd. 2, Bl. 275f.

276 Gustav Just, Zeuge in eigener Sache, a.a.O., S. 162.

277 Brandt war während der Zeit des Nationalsozialismus von 1934 bis 1945 in Gefangenschaft, u.a. in den Konzentrationslagern Auschwitz und Buchenwald.

278 Heinz Brandt, Ein Traum, der nicht entführbar ist. Mein Weg zwischen Ost und West, München 1967, S. 18.

279 Interview mit Bodo Strehlow vom 2.9.1998, Transkript, S. 26, HSGB.

280 Hausordnung der Strafvollzugsanstalt Bautzen vom 4. November 1957, vgl. dazu S. 196.

281 Gustav Just, Zeuge in eigener Sache, a.a.O., S. 164.

282 Winfried Christen, Wege zur politischen Haft in der DDR, a.a.O., S. 30, HSGB; vgl. auch die Hausordnung der Strafvollzugsanstalt Bautzen vom 4. November 1957, hier finden sich detaillierte Tagesablaufpläne, unterschieden nach Sommer- und Winterhalbjahr, vgl. dazu S. 196.

283 Interview mit Robert Axt am 19.7.1999, Transkript, S. 15, HSGB.

284 Hausordnung der Strafvollzugsanstalt Bautzen vom 4.11.1957, vgl. dazu S. 196.

285 Hausordnung der StVE II Bautzen vom 1.1.1987, HSGB XB-2.

286 Horst Zimmermann, Schreiben ans Bautzen-Komitee vom 9.3.1993, S. 1, HSGB.

287 Erich Loest, Durch die Erde ein Riß, a.a.O., S. 361.

288 Gustav Just, Zeuge in eigener Sache, a.a.O., S. 162f.

289 „Vorhandene Betriebe bzw. Kommandos im SV Bautzen im Jahre 1961", EA-2, HSGB.

290 Interview mit Klaus Mlynek am 7.5.1997, Transkript, S. 8, HSGB.

291 Arbeitsplan der StVA Bautzen II für das 2. Halbjahr 1963, vom 5. Juli 1963, HStA, MDI, BDVP; 23.1, Bl. 18f.

292 Schreiben Günter Heinrichs an die Gedenkstätte Bautzen vom 21.1.1997, S. 2, HSGB.

293 Vgl. StVE Bautzen II/Der Leiter: Einschätzung der Arbeitsergebnisse des Jahres 1977 und Schlußfolgerungen für das Jahr 1978 vom 2. Januar 1978, HSGB, Bl. 5.

294 Interview mit Thomas Lukow am 10.2.1999, Transkript, S. 15, HSGB.

295 Vgl. Gerhard Finn/Karl Wilhelm Fricke, Politischer Strafvollzug in der DDR, Köln 1981, S. 84f.

296 Vgl. § 18 der Ersten Durchführungsbestimmung zum StVG, DDR-GBl. I, S. 118.

297 Hossein Yazdi, Als Iraner in Bautzen II, a.a.O., S. 75.

298 Interview mit Robert Axt am 19.07.1999, Transkript, S. 9, HSGB.

299 Interview mit Thomas Lukow am 10.2.1999, Transkript, S. 10, HSGB.

300 Günter Heinrich in einem Schreiben an die Gedenkstätte Bautzen vom 21.1.1997, S. 3, HSGB.

301 Winfried Christen, Wege zur politischen Haft in der DDR, a.a.O., S. 29f.

302 Bauforderungsprogramm der StVE II Bautzen zur langfristigen Konzeption 1981–1985 vom 27.11.1981, Bl. 2f., HSGB, EA-2.

303 Umfangreiche Planungsunterlagen für ein fünfgeschossiges Produktionsgebäude liegen vor. HSGB, FA-541, 542, FB-541, FC-541.

304 In: „Langfristige Konzeption zur Reproduktion der baulichen Grundfonds für das Objekt StVE Bautzen II", nicht datiert [1985], HSGB, EA-3, Bl. 3.

305 Hausordnung der Strafvollzugsanstalt Bautzen vom 4. November 1957, vgl. dazu S. 196.

306 Vgl. ebenda.

307 Heinz Brandt, Ein Traum, der nicht entführbar ist, a.a.O., S. 17.

308 Horst Zimmermann war von 1956 bis 1966 in Bautzen II inhaftiert. Brief Zimmermanns ans Bautzen-Komitee e.V. vom 9.3.1993, S. 2, HSGB.

309 Erich Loest, Durch die Erde ein Riß, a.a.O., S. 379.

310 Vgl. Punkt 12.6 der Hausordnung der Strafvollzugseinrichtung Bautzen II vom 1.1.1987, Dokument 15.

311 Vgl. S. 30ff in diesem Band.

312 StVE Bautzen II, AG Operativ: „Periodische komplexe Lageeinschätzung zur Sicherheit und Ordnung in der StVE Bautzen II im Zeitraum vom 01.01.84 bis 31.03.84" vom 17.4.1984, HSGB, AC-401.

313 Interview mit Klaus Mlynek am 7.5.1997, Transkript, S. 17, HSGB.

314 Interview mit Thomas Lukow am 10.2.1999, Transkript, S. 43, HSGB.

315 Interview mit Klaus Mlynek am 7.5.1997, Transkript, S. 9, HSGB.

316 Interview mit Thomas Lukow am 10.2.1999, Transkript, S. 43, HSGB.

317 Günter Heinrich (Bautzen-II-Häftling zwischen 1966 und 1969), Interview am 9.4.1997, Transkript, S. 43, HSGB.

318 StVE Bautzen II, AG Operativ: „Periodische komplexe Lageeinschätzung zur Sicherheit und Ordnung in der StVE Bautzen im Zeitraum vom 1.4.86 bis 30.6.86" vom 7.7.1986, AGB, AC-410.

319 Walter Janka, Spuren eines Lebens, a.a.O., S. 405.

320 Hubert Weigt/Helmut Wittwer, Kommentar zum Strafvollzugsgesetz (herausgegeben im Auftrag des Ministeriums des Innern, Verwaltung Strafvollzug und der Hochschule der Deutschen Volkspolizei „Karl Liebknecht"), Berlin 1980, S. 197.

321 Erich Loest, Durch die Erde ein Riß, a.a.O., S. 359.

322 Ebenda, S. 372.

323 Schreiben Horst Zimmermanns ans Bautzen-Komitee e.V. vom 9. März 1993, S. 1, HSGB.

324 Hossein Yazdi, Als Iraner in Bautzen II, a.a.O., S. 75.

325 Periodische komplexe Lageeinschätzung zur Sicherheit und Ordnung in der StVE Bautzen II für den Zeitraum vom 1.1.88 bis 30.6.88 mit II. Quartal 1988, HSGB, AC-418.

326 Vgl. Protokoll Nr. 105/83, HSGB, AB-302.

327 Vgl. Gesprächsprotokolle der Jahre 1978 bis 1982: BA, DO 1/32.0/47924, 46932, 46933 und für die Jahre 1983 und 1984, HSGB, AB-301-305.

328 Protokoll Nr. 69/83, HSGB, AB-302.

329 Schreiben vom 7.12.1983, BA DO 1/3566.

330 Protokoll des Gesprächs des 1. Sekretärs der Botschaft der Republik Türkei am 16.12.1983 mit einem türkischen Strafgefangenen, Nr. 105/83, HSGB, AB-302.

331 Vgl. z. B. Protokoll Nr. 97/83 vom 7.12.1983 und Nr. 102/83 vom 10.1.1984, HSGB, AB-302.

332 „Periodische komplexe Lageeinschätzung zur Sicherheit und Ordnung in der StVE Bautzen II im Zeitraum vom 01.04.86 – 30.6.86“ vom 7.7.1986, HSGB, AC-410, Bl. 10.

333 „Komplexe Lageeinschätzung zur Sicherheit und Ordnung in der StVE Bautzen II für den Zeitraum 01.01.89 – 30.6.89“ vom 7.7.1989, HSGB, AC-420, Bl. 6.

334 Erich Loest, Durch die Erde ein Riß, a.a.O., S. 400f.

335 Vgl. dazu Hausordnung der Strafvollzugsanstalt Bautzen vom 4.11.1957, S. 196.

336 BStU, MfS HA VII, Nr. 606, Bl. 8.

337 StVE Bautzen II/Der Leiter: Einschätzung der Arbeitsergebnisse des Jahres 1977 und Schlußfolgerungen für das Jahr 1978, vom 2.1.1978, HSGB, AB-9, Bl. 15.

338 Thomas Lukow, Aufzeichnungen über die Haft in der Strafvollzugsanstalt Bautzen II, a.a.O., S. 9., HSGB.

339 Analyse der Strafvollzugsanstalt Bautzen II vom 1.10.1968, HSGB, BB-92, Bl. 10.

340 Ebenda.

341 Interview mit Thomas Lukow am 8.6.2000, Transkript, S. 11f., HSGB.

342 StVE Bautzen II/Leiter VZD: Halbjährliche Einschätzung der Zweckmäßigkeit und Wirksamkeit von Maßnahmen bei der Gestaltung der Erziehungsprozesse Strafgefangener gemäß Ziffer 2.3.4. der Ordnung Nr. 0107/77, Bl. 4, HSGB.

343 Interview mit Bodo Strehlow am 2.9.1998, Transkript, S. 28, HSGB.

344 Vgl. Autorenkollektiv, Schlag nach für SV-Angehörige, S. 336.

345 Analyse der Strafvollzugsanstalt Bautzen II vom 1.10.1968, HSGB, BB-92, Bl. 6f.

346 Einschätzung der Arbeitsergebnisse des Jahres 1977 und Schlußfolgerungen für das Jahr 1978, vom 2.1.1978, HSGB, AB-9.

347 Hausordnung der StVA Bautzen vom 4.11.1957, vgl. dazu S. 196.

348 Erich Loest, Durch die Erde ein Riß, a.a.O., S. 361.

349 Interview mit Robert Axt am 19.7.1999, Transkript, S. 10, HSGB.

350 Vgl. Andreas Beckmann/Regina Kusch, Gott in Bautzen. Gefangenenseelsorge in der DDR, Berlin 1994, S. 101.

351 Zur Doppelrolle Giebelers vgl. ebenda, S. 111ff.

352 Vgl. Strafvollzugsgesetz der DDR vom 7.4.1977, GBl. I.

353 Vgl. Interview mit Hartmut Richter am 11.9.2000, Transkript, S. 54, HSGB.

354 Vgl. Andreas Beckmann/Regina Kusch, Gott in Bautzen, a.a.O., S. 163.

355 Vgl. Eckart Giebeler, Hinter verschlossenen Türen. Vierzig Jahre als Gefängnisseelsorger in der DDR, Wuppertal/Zürich 1992, S. 126.

356 Ebenda, S. 127.

357 1979 gab es einen ersten öffentlich in der Westberliner BZ geäußerten Verdacht, daß Giebeler als IM für das MfS arbeiten würde. Vgl. Andreas Beckmann/Regina Kusch, Gott in Bautzen, a.a.O., S. 140f.

358 Erich Loest, Durch die Erde ein Riß, a.a.O., S. 319f.

359 Interview mit Anton Wohsmann am 9.9.1997, Transkript, S. 32, HSGB.

360 Interview mit Peter Gross am 11.9.2000, Transkript, S. 4f., HSGB.

361 Interview mit Bodo Strehlow am 2.9.1998, Transkript, S. 34, HSGB.

362 Aussage von Hossein Yazdi in dem Film „Der verbotene Händedruck", © BR und NDR 1994.

363 Formblatt SV 38 (87/11) 333/1874 2.54 g 75/54, Privatbesitz Fricke.

364 Erich Loest, Durch die Erde ein Riß, a.a.O., S. 361.

365 Schreiben Günter Heinrichs an die Gedenkstätte Bautzen vom 21.1.1997, S. 5, HSGB.

366 Thomas Lukow, Aufzeichnungen über die Haft in der Strafvollzugsanstalt Bautzen II, a.a.O., S. 11.

367 Interview mit Bodo Strehlow am 2.9.1998, Transkript, S. 31, HSGB.

368 Operativ-Information von Oberstleutnant Kries, Leiter der Arbeitsgruppe Koordinierung der Hauptabteilung IX, vom 10.9.1979, HSGB, n.V.

369 Ebenda.

370 Vgl. BA, DO 1/3557.

371 Laut interner Analyse vom 14.12.1979, BStU, MfS HA IX 630, Bl. 25.

372 Jahresanalyse 1984 der Hauptabteilung IX/AKG, BStU, ZA, HA IX 570, Bl. 47.

373 Jahresanalyse 1987 der Hauptabteilung IX/AKG, BStU, ZA, HA IX 518, Bl. 18.

374 Nicht wenige der Bautzen-II-Häftlinge lehnten die Kontakte mit der Ständigen Vertretung der Bundesrepublik in der DDR ab, da sie sich schlecht vertreten fühlten. 1988 haben laut einer anstaltsinternen Analyse zehn Strafgefangene den Besuchskontakt abgelehnt, was bei einer Belegung von durchschnittlich rund 80 Häftlingen, die keineswegs nur aus Westdeutschland bzw. Westberlin stammten, auf einen hohen Prozentsatz schließen lässt.

375 Vgl. S. 57ff. Exkurs: Exemplarische Arbeitsbereiche.

376 Vgl. Gesprächsprotokolle der Jahre 1978 bis 1982 der StVE Bautzen II, BA DO1/32.0 47924, 46932, 46933.

377 Jahresanalyse 1984 der Hauptabteilung IX/AKG, BStU, ZA, HA IX 570, Bl. 47.

378 Helmut Mähler, Die Suche, Auswahl und Instruierung geeigneter rechtskräftig verurteilter inoffizieller Mitarbeiter des MfS für den Einsatz in der Strafvollzugseinrichtung Bautzen II zur Qualifizierung der Abwehrarbeit unter Strafgefangenen (Fachschulabschlussarbeit), a.a.O., Bl. 11ff.

379 Stellungnahme der Hauptabteilung VII, Abteilung 8 zum Vorschlag einer Umprofilierung der StVE Bautzen II zur StVE Berlin, vom 26.5.1986, BStU, MfS HA VII, Nr. 606, Bl. 8.

380 Stellungnahme von Oberstleutnant Kries, Hauptabteilung IX/AKG, Bereich Koordinierung, zum Vorschlag der perspektivischen Verlegung von Strafgefangenen der StVE Bautzen II zur StVE Berlin, vom 24.9.1986, BStU, MfS HA VII, Nr. 606, Bl. 15.

381 Ebenda.

382 Konzeption zur Vorbereitung inhaltlicher und organisatorischer Absicherung einer konzentrierten Unterbringung aller Strafgefangenen aus nichtsozialistischen Staaten und Berlin (West) in der StVE Berlin vom 23. Januar 1987, BStU, MfS HA VII, Nr. 606, Bl. 2ff.

383 Information zur Verlegung ausländischer Strafgefangener von der StVE Bautzen II zur StVE Berlin vom 27. Juni 1989, BStU, MfS HA VII, Nr. 606, Bl. 29.

384 Autorenkollektiv, Schlag nach für Strafvollzugsangehörige, S. 247f.

385 Vgl. zum Kontrollsystem in Bautzen II Gerhard Sälter/Silke Klewin: Überwachung und Bespitzelung. Einsatz und Zielstellung technischer und personengebundener Kontrollsysteme in der Haftanstalt Bautzen II, unveröffentlichtes Manuskript, Bautzen 2000, HSGB.

386 Vgl. div. Monatsberichte der StVE Bautzen II, HSGB, AC-301.

387 Vgl. Monatsbericht der StVE Bautzen II für April 1982, HSGB, AC-306.

388 Vgl. Lagefilme 144 und 146 vom Mai 1983, HSGB, AC-103.

389 Dienstvorschrift Nr. 46/81 des Ministers des Innern und Chefs der DVP für die operativen Dienste in den Strafvollzugseinrichtungen, Jugendhäusern und Untersuchungshaftanstalten des Organs Strafvollzug vom 10.4.1981, Abschnitt I und II, § 5, BStU, ZA DSt 200684.

390 „Periodische komplexe Lageeinschätzung zur Sicherheit und Ordnung in der StVE Bautzen II im Zeitraum vom 1.4.86 – 30.6.86 des AG Operativ der StVE Bautzen II" vom 7.7.1986, HSGB, AC-410.

391 Vgl. Rapportberichte 1987 bis 1989, AC-1-107, AC-201-204, vgl. auch Gerhard Sälter/Silke Klewin, Überwachung und Bespitzelung, a.a.O., S. 4ff.

392 Walter Janka, Spuren eines Lebens, a.a.O., S. 404.

393 „Komplexe Lageeinschätzung zur Sicherheit und Ordnung in der StVE Bautzen II für den Zeitraum 1.1.89 – 30.6.89" vom 7.7.1989, HSGB, AC-420, Bl. 9.

394 Vgl. Hubert Weigt, Kommentar zum Strafvollzugsgesetz, a.a.O., S. 141f.

395 Vgl. die Studie von Gerhard Sälter, Sicherheit, Disziplin und Normerfüllung. Das Gefängnisregime in Bautzen II und seine Durchsetzung im internen Strafsystem (1976 – 1989), unveröffentlichtes Manuskript, Berlin 2000.

396 StVE Bautzen II, AG Operativ: „Periodische komplexe Lageeinschätzung zur Sicherheit und Ordnung in der StVE Bautzen im Zeitraum vom 1.1.84 bis 31.3.84" vom 17.4.1984, HSGB, AC 401.

397 Ebenda.

398 Vgl. Gerhard Sälter, Sicherheit, Disziplin und Normerfüllung, a.a.O., S. 43ff.

399 Ebenda, S. 42.

400 Ebenda, S. 43.

401 Winfried Christen, Wege zur politischen Haft in der DDR, a.a.O., S. 27.

402 Bericht von Werner König, in: Paul G. Klussmann/Frank Hoffmann, Die Opfer der SED-Diktatur: Ohnmacht und Protest, Bochum 1999, S. 49.

403 Befehl Major Eckerts vom 31. Januar 1983, Lagefilm 157/83, HSGB-104.

404 Vgl. Gerhard Sälter, Sicherheit, Disziplin und Normerfüllung, a.a.O., S. 43.

405 Monika Tischoff, inhaftiert in Bautzen II 1982–1985, in: Karl Wilhelm Fricke, Zur Menschen- und Grundrechtssituation politischer Gefangener in der DDR. Analysen und Dokumentation, Köln ^{2}1988, S. 190–194.

406 Laut Auswertung der Quartalsberichte der Haftanstalt, vgl. Gerhard Sälter, Sicherheit, Disziplin und Normerfüllung, a.a.O., S. 48.

407 Ebenda, S. 45.

408 Die Darstellung des Fluchtfalls Dieter Hötger beruht auf seinem am 12. September 1998 in Bautzen öffentlich vorgetragenen Erlebnisbericht, handschriftliches Manuskript, HSGB.

409 Abschlußbericht zur Selbsttötung des Strafgefangenen Garau, Horst vom 14.7.1988, HSGB, AB-6, Bl. 24.

410 Ebenda.

411 Demgegenüber spielte die NS-Vergangenheit der Bautzener Gefängnisse in der gesellschaftlichen Wahrnehmung nur eine marginale Rolle, obwohl neben einer rekonstruierten Thälmann-Zelle in Bautzen I bis heute auch mehrere Mahn- und Gedenktafeln an die zu antifaschistischen Helden stilisierten Ernst Thälmann und Julius Fučik erinnern. Thälmanns Haftzeit in Bautzen I fand auch in Schulbüchern und Reiseführern der DDR Erwähnung (so z. B. in dem Stadtführer Bautzen, herausgegeben von VEB Tourist-Verlag, Bautzen 1978). Trotzdem haben diese Memoriale Bautzen als Ort politischer Verfolgung im Nationalsozialismus kaum in der Erinnerung verankert.

412 Timothy Garton Ash, Und willst Du nicht mein Bruder sein ... Die DDR heute, Hamburg 1981.

413 Umfrage der Gedenkstätte Bautzen 1997 mit Bautzener Bürgern, was über die Haftanstalt bekannt war bzw. ist. HSGB.

414 Die LP „aah – ja!" erschien 1974, freilich im Westen bei CBS. Heimliche Tonbandkopien kursierten in der DDR tausendfach, Abschriften der verbotenen Texte gingen von Hand zu Hand. Vgl. CD-Cover des Nachdrucks von 1996, Wolf Biermann Lieder Produktion, Altona.

415 „Häftlinge umquartiert", in: „Telegraf" vom 14. Oktober 1956.

416 Vgl. z. B. auch „50 Pfennig Tageslohn für Dertinger", in: „Badisches Tageblatt" vom 27. Juli 1957 und „Exminister verdient täglich 50 Pf", in: „Ost-West-Kurier" vom 27. Juli 1957.

417 Vgl. Karl Wilhelm Fricke, Menschenraub in Berlin, Koblenz/Köln 1959.

418 Vgl. Werner Höfer (über Helmut Brandt): „Vierzehn Jahre in Ulbrichts Kerkern. Nr. 1/50 und die 5095 Tage – Notizen aus dem ungeschriebenen Tagebuch eines freigekauften DDR-Häftlings", in: „Die Zeit" Nr. 47/1964 und Nr. 48/1964.

419 Vgl. Udo Tornau, Erbarmungsloser Strafvollzug in der Sonderhaftanstalt Bautzen, in: Der Staatssicherheitsdienst. Ein Instrument der politischen Verfolgung in der sowjetischen Besatzungszone, Bonn/Berlin 1962, S. 234–243.

420 Vgl. z. B. die Beiträge: „Alltag im ‚Prominenten'-Zuchthaus Bautzen". Politische Häftlinge werden psychologisch bearbeitet, in: „Der Kurier", vom 8.12.1966; „Der Alltag" in einem „DDR"-Zuchthaus. Prominente Häftlinge werden in Bautzen streng abgeschirmt, in: „Die Welt" vom 4.12.1969 und „Im Prominentenzuchthaus Bautzen", in: „Frankfurter Allgemeine Zeitung" vom 13.6.1969.

421 In: „BZ" vom 17.10.1966.

422 Vgl. z. B. „Der Kurier" vom 6.12.1966.

423 „Partei-Absolution für alle Verbrechen", in: „Der Tagesspiegel" vom 23.10.1969.

424 In: „Die Welt" vom 4.12.1969.

425 Vgl. BStU, MfS ZAIG/1 8873, 8872, 8872/1 und 8872/2.

426 BStU, MfS ZAIG/1 Nr. 8873, Bl. 62.

427 BStU, MfS ZAIG/1 Nr. 8873, Bl. 65.

428 Norbert Haase, „Bautzen im Gedächtnis der Deutschen. Der schwierige Weg zu einer Gedenkstätte für die Opfer politischer Gewaltherrschaft" (Rede auf dem X. Bautzen-Forum der Friedrich-Ebert-Stiftung 1999), in: Friedrich-Ebert-Stiftung (Hrsg.), Eine Zwischenbilanz der Aufarbeitung der SBZ/DDR-Diktatur 1989–1999. X. Bautzen-Forum der Friedrich-Ebert-Stifung Büro Leipzig, Leipzig 1999, S. 154–169, hier S. 161.

429 „Amnestie ist Augenwischerei – Bericht von einem, der von drüben kommt. Sieben Jahre Bautzen: So ist die Wirklichkeit im Zonen-Zuchthaus", in: „Berliner Morgenpost" vom 3.11.1972.

430 Berichte über den DDR-Strafvollzug unter anderem: „Der Geist von Helsinki in den Kerkern der ‚DDR'", in: „Deutsche Nachrichten" vom 6.8.1976, oder: „Hafterleichterungen gefordert. Bisher keine gründliche Besserung im DDR-Strafvollzug", in: „Hannoversche Allgemeine Zeitung" vom 22.9.1976.

431 In: „Spandauer Volksblatt" vom 4.6.1977.

432 In: „Frankfurter Rundschau" vom 6.6.1977.

433 In: „Nürnberger Nachrichten" vom 10.6.1977.

434 „Der Spitzel hat natürlich immer recht", in: „Der Spiegel" vom 26.7.1976.

435 „Folter 77", Artikelserie im „Stern" Nr. 20, 21, 22/1977.

436 Flugblatt „Freiheit für politische Gefangene" der Initiative für Frieden und Menschenrechte, 1976, abgedruckt in: Silke Klewin/Kirsten Wenzel, Wege nach Bautzen II, a.a.O., S. 78.

437 „Sie fordern die Freilassung", in: „BZ" vom 29.9.1979.

438 „Bautzen-Häftlinge nahe der Mauer", in: „Die Welt" vom 5.10.1979.

439 „Ich bin trotz allem Kommunist", in: „Der Spiegel" vom 2.7.1979.

440 „Revolte im Gefängnis Bautzen", in: „BZ" vom 22.2.1978.

441 „In Bautzen II während der Haft mißhandelt", in: „Berliner Morgenpost" vom 3.1.1978.

442 „Verzweiflungstat in Bautzen", in: „Berliner Morgenpost" vom 10.3.1978.

443 Norbert Haase, Bautzen im Gedächtnis der Deutschen, a.a.O., S. 161.

444 „Politische Gefangene jetzt auch in anderen DDR-Haftanstalten", in: „Frankfurter Allgemeine Zeitung" vom 3.1.1984.

445 Vgl. Heinz Brandt, Ein Traum, der nicht entführbar ist, a.a.O.; 1985 erschien eine zweite Auflage.

446 Clive Freeman/Gwynne Roberts, Der kälteste Krieg. Professor Frucht und das Kampfstoffgeheimnis, Berlin/Frankfurt a.M./Wien 1982.

447 Vgl. Erich Loest, Durch die Erde ein Riß, a.a.O.; die erste Auflage dieses Buches erschien 1981 in Köln.

448 „Kurzer Prozeß", in: „Der Spiegel" vom 17.3.1980.

449 Neben den Leipziger Montagsdemonstrationen, die seit Anfang September 1989 regelmäßig zu Zusammenstößen von Demonstranten und Polizei führten, war vor allem die Schließung der Grenzen zur ČSSR zur Eindämmung der Fluchtbewegung am 3.10.1989 der Auslöser für Kundgebungen in allen großen Städten der DDR. Vor allem in Berlin, Leipzig und Dresden kam es im Vorfeld des 40. Jahrestages der DDR am 7.10.1989 zu großen Demonstrationen, auf die die Sicherheitsorgane der DDR mit Massenverhaftungen reagierten.

450 Die Kundgebungen Anfang Oktober 1989 markierten den Beginn des öffentlichen Protestes in der DDR. Die Überstellung der verhafteten Demonstranten in die Gefängnisse stieß auf Unverständnis der Bevölkerung, da plötzlich weite Teile der Gesellschaft kriminalisiert wurden. Die Freilassung der Verhafteten war eine der zentralen Forderungen und Thema der ersten Dialoge zwischen der Opposition und der Staatsmacht. Siehe dazu: Michael Richter/Erich Sobeslavsky, Die Gruppe der 20. Gesellschaftlicher Aufbruch und politische Opposition in Dresden 1989/90, Dresden 1999.

451 Ronny Heidenreich, Wende in „Bautzen"? Der Zuführungspunkt Bautzen I. Die Strafvollzugseinrichtung Bautzen I als Zuführungspunkt zwischen dem 6. und 9. Oktober 1989, unveröffentlichtes Manuskript, HSGB.

452 Die so genannte „Gruppe der 20" wurde am 8. Oktober 1989 spontan aus einer Gruppe von Demonstranten gebildet. Sie unternahm den erfolgreichen Versuch, mit Unterstützung der Kirche einen Dialog mit der örtlichen SED-Führung zu beginnen, um den Massenverhaftungen ein Ende zu setzen und eine Zusage für Gewaltlosigkeit von Seiten der Ordnungskräfte zu erreichen. Siehe dazu: Michael Richter/Erich Sobeslavsky, Die Gruppe der 20, a.a.O.

453 So veröffentlichte die Bezirksparteizeitung der CDU „Die UNION" erstmalig am 21./22.10.1989 mit den „Herbsttagen" einen Erlebnisbericht, der von Misshandlungen berichtete. Die anderen Lokalmedien „Dresdener Neueste Nachrichten" (Organ des Bezirksvorstandes Dresden der NDPD) und „Sächsische Zeitung" (Organ des Bezirksvorstandes der SED Dresden) folgten. Die von der Opposition erhobenen Forderungen nach Aufklärung der Übergriffe schlossen sowohl Volkspolizei und den Strafvollzug im Besonderen mit ein. Die BDVP Dresden sah sich gezwungen, diesem Druck nachzugeben, und richtete Anfang November eine interne Untersuchungskommission ein, die auch in Bautzen I Ermittlungsverfahren einleitete. Im Frühjahr 1990 wurden einige wenige SV-Bedienstete wegen erwiesener Übergriffe gegen Zugeführte verurteilt. Vgl. Ronny Heidenreich, Wende in Bautzen, a.a.O., S. 18ff.

454 Vgl. „Sächsische Zeitung" (Lokalausgabe Bautzen) vom 30.10. und 2.11.1989.

455 Der schrittweise Rücktritt der gesamten früheren politischen Führungselite der DDR und der erzwungene Dialog mit den Bürgerrechtlern im Oktober/November 1989 machten deutlich, dass die bisherigen Strukturen, wenn nicht abgeschafft, so doch aber in entscheidendem Umfang verändert werden mussten. Eine notgedrungene Liberalisierung der DDR nach innen und außen hin war abzusehen. In dieser Entwicklung konnte eine Sonderstrafanstalt für politische Häftlinge des „alten Systems" keinen Platz mehr finden.

456 GBl., Teil I, Nr. 20, vom 1. November 1989.

457 Die Freilassung der in Zusammenhang mit den Zuführungen Anfang Oktober 1989 Verhafteten war eine der zentralen Forderungen der Bürgerrechtsbewegung, dem die Staats- und Parteiführung nachgeben musste. Vgl. Hannes Bahrmann/Christoph Links, Chronik der Wende, Berlin 1999, S. 49.

458 Belegbuch Bautzen II 1989/90 (Abschrift), HSGB.

459 Die Hausordnung der StVE Bautzen II sah vor, dass die Strafgefangenen die Möglichkeit zum Bezug von in der DDR zugelassenen Tageszeitungen und Zeitschriften hatten. Mit Beginn der kritischen Berichterstattung in den DDR-Medien im Oktober konnten sich die Häftlinge so über die politische Entwicklung informieren. Vgl. dazu. S. XXX.

460 „Komplexe Lageeinschätzung zur Sicherheit und Ordnung in der StVE Bautzen II für den Zeitraum 1.1. bis 31.12.1989“, vom 16.01.1990, Seite 3, HSGB, AC-421.

461 Der Durchschnitt liegt bei etwa 2 oder 3 Arrestverfügungen, wobei generell ab dem Juni/Juli 1989 ein stetiges Ansteigen zu verzeichnen ist, obwohl im August keine einzige Arreststrafe verhängt worden zu sein scheint. Auswertung der Belegungskartei der StVE Bautzen II 1986–1990, HSGB, XEE-1.

462 Vgl. Verfügung über eine Sicherheitsmaßnahme, vom 28.11.1989, HSGB, AC-3.

463 Steudtner wurde formal am 31.1.1990 aus dem Dienst des MfS entlassen.

464 SPIEGEL-TV Reportage vom 3.12.1989. Das Interesse der Öffentlichkeit und besonders der Medien an Bautzen I kam seit Oktober 1989 nicht mehr zum Erliegen. Es ging dabei weniger um den Strafvollzug als solchen, sondern um die Aufklärung der Übergriffe Anfang Oktober 1989, was sich deutlich in der folgenden Berichterstattung widerspiegelt. Vgl. z. B. „Knastreport“ von Bernd Moschke in den „Sächsischen neuesten Nachrichten“ ab dem 1.12.1989. Die Verwaltung Strafvollzug sah sich gezwungen, Journalisten einen Einblick in die Anstalt zu gewähren. Am 29. November 1989 besuchten erstmals Vertreter der Lokalpresse die Anstalt, ohne jedoch mit den Häftlingen in Kontakt zu kommen. Am folgenden Tag nutzten die Häftlinge den Besuch eines Kamerateams von SPIEGEL-TV, um öffentlichkeitswirksam den Hungerstreik zu verkünden. Im Oktober und November begonnene interne Dialogbestrebungen mit der Anstalt waren fehlgeschlagen. Siehe dazu: Ronny Heidenreich, Wende in Bautzen, a.a.O.

465 Interview mit Erhard Simmgen, 16.2.2000, Privatbesitz Heidenreich.

466 Garantieerklärung des Gefangenenrates von Bautzen II vom 4.12.1989, Bestand Kanig, HSGB.

467 Der Radiosender „Sender Dresden“ berichtete am 3.12.1989 in einer Reportage über den Gefangenenaufstand in Bautzen I. Zeitungsmeldungen erschienen erst am 4.12.1989 in der „Sächsischen Zeitung“, den „Sächsischen neuesten Nachrichten“ und im „Neuen Deutschland“.

468 Schreiben des Gefangenenkomitees an den Leiter der StVE Bautzen II, 4.12.1989, Bestand Kanig, HSGB. Dieses Schreiben enthält sowohl den Forderungskatalog als auch das Sofortprogramm.

469 Garantieerklärung des Gefangenenrates der StVE Bautzen II, 4.12.1989; Garantieerklärung der Leitung der StVE Bautzen II, 5.12.1989; Bestand Kantig, HSGB.

470 Ein Häftling gegenüber einem westdeutschen Fernsehteam am 9. Dezember 1989 in der StVE Bautzen II. Drehkassette direct-tv, Dokumentationen, zum ARD-Brennpunkt Beitrag vom 11.12.1989, HSGB.

471 Nach „Im Schweigelager Bautzen II“, in: „Die UNION“ vom 13.12.1989.

472 Aussage des Leiters von Bautzen II, Oberleutnant Horst Alex, auf der Pressekonferenz am 6.12.1989. Zitiert nach: „Die UNION“ vom 13.12.1989.

473 Tonbandmitschnitt einer Begehung von Bautzen I mit Pfarrer Wendelin und dem Neuen Forum Bautzen am 4.12.1989, HSGB.

474 Einsatzanordnung für die StVE Bautzen am 4.12.1989 von 16.00–20.00 Uhr, vom 29.11.1989, HSGB, AB-406.

475 Interview mit Gisela Lastowsky am 14.2.2000. Frau Lastowsky gehörte dem Bautzener Bürgerkomitee von Beginn an und war aktiv an der Besetzung der MfS-Kreisdienststelle beteiligt. Privatbesitz Heidenreich.

476 Erwähnung dieses Beitrages in: „Die UNION" vom 13.12.1989.

477 Die chronologische Abfolge der Ereignisse zwischen dem 4. und 6. Dezember 1989 gibt einige Rätsel auf. So erinnert sich Pfarrer Erhard Simmgen, gleich am Tag nach der Menschenkette (3.12.) nach Bautzen II gerufen worden zu sein. Da er in Begleitung von CDU-Mitgliedern und der Presse erschien, erhärtet sich aufgrund eines Schreibens des CDU-Kreissekretärs Gerber an den CDU-Vorstand vom 6.12.1989, wonach an diesem Tag eine erste Begehung erfolgte, der Verdacht, dass sich diese Begebenheit doch erst drei Tage später zugetragen hat. Zudem sind die ersten Pressemeldungen von Journalisten, die in Begleitung von Pfarrer Simmgen nach Bautzen II kamen, auch erst am 7.12.1989 in der Presse zu finden. Unklar ist jedoch, woher die Information an den Radiosender „Sender Dresden" am 5.12.1989 stammt.

478 Während in Bautzen II der gesamte Häftlingsstreik weitgehend ruhig verlief, drohte die Situation in den großen Haftanstalten wie Bautzen I oder Brandenburg in Gewalt zu eskalieren. Auch in den anderen Gefängnissen wurde der Amnestietext mit Ablehnung zur Kenntnis genommen.

479 „Offener Brief an die Volkskammer der DDR", in: „Die UNION" vom 8.12.1989.

480 Vgl. zur Pressekonferenz am 7.12.1989 besonders den Beitrag „Im Schweigelager Bautzen II", in: „Die UNION" vom 13.12.1989.

481 Ebenda.

482 „Sonderhaftanstalt" oder „Schweigelager" waren die häufigen Bezeichnungen für Bautzen II in der Presse. Auch die Häftlinge bedienten sich dieser Termini.

483 „Telegramm an die Regierung der DDR", in: „Die UNION" vom 8.12.1989.

484 So sorgte die erste ADN-Meldung über Bautzen II in der „Sächsischen Zeitung" vom 7.12.1989 für Kontroversen, da die Insassen verkürzt als „Kriegsverbrecher, mehrfache Mörder und wegen Sittlichkeitsverbrechen Bestrafte" charakterisiert wurden. Zudem seien die Haftbedingungen in Bautzen II „menschenwürdig." Dieser Artikel wurde von den Häftlingen kritisiert, und der ADN-Korrespondent entschuldigte sich auf der Pressekonferenz am 7.12.1989 dafür. Siehe: „Forderung von ‚drinnen': Gleiches Recht für alle", in: „Sächsische Zeitung" vom 7.12.1989.

485 „Noch hat die DDR einen weiten Weg zur Rechtsstaatlichkeit zurückzulegen. Politische Gefangene. Der Fall Bodo Strehlow. Lebenslange Freiheitsstrafe. Die Rolle der Militärgerichte", in: „Frankfurter Allgemeine Zeitung" vom 4.12.1989.

486 Information an das Neue Forum Bautzen über eine Entfernung eines Flugblattes zum Fall Strehlow an der HO „Kaskade" in Bautzen/Gesundbrunnen vom 3.12.1989, Privatbesitz Heidenreich.

487 Michael Richter/Erich Sobeslavsky, Entscheidungstage in Sachsen. Berichte von Staatssicherheit und Volkspolizei über die friedliche Revolution im Bezirk Dresden, Dresden 1999, S. 163.

488 Belegbuch Bautzen II 1989/90 (Abschrift), HSGB.

489 Der Beitrag wurde erstmals im ARD-Brennpunkt am 11.12.1989 gezeigt und war in englischer Übersetzung auch weltweit zu sehen, Videokopie, HSGB.

490 Resolution des Gefangenenrates der StVE Bautzen II, vom 10.12.1989, HSGB, Bestand Kanig.

491 „Politische Gefangene revoltieren: Hungerstreik im Zuchthaus Bautzen", in: „Die Welt" vom 16.12.1989.

492 „Häftlinge werden in Schüben freigelassen", in: „Die Welt" vom 19.12.1989.

493 „Politische Gefangene revoltieren: Hungerstreik im Zuchthaus Bautzen", in: „Die Welt" vom 16.12.1989.

494 „DDR: Freiheit für Spione", in: „Der SPIEGEL" vom 18.12.1989.

495 Siehe unter anderem Veröffentlichungen in: „Die Welt" vom 16., 19., 22. und 29.12.1989, in: „Frankfurter Allgemeine Zeitung" vom 4., 20. und 21.12.1989, in: „Süddeutsche Zeitung" vom 16. und 21.12.1989.

496 „Das ‚Schweigelager' Bautzen II fand seine Sprache wieder", in: „Die UNION" vom 19.12.1989.

Ausgewählte Literatur

Die folgende Auswahlbibliografie beschränkt sich auf Titel, die entweder speziell oder partiell den Strafvollzug an politischen Häftlingen in Bautzen II zwischen 1956 und 1989 zum Gegenstand haben.

Aretz, Jürgen/Stock, Wolfgang (Hrsg.): Die vergessenen Opfer der DDR. 13 erschütternde Berichte mit Original-Stasi-Akten. Mit einem Vorwort von Rainer Eppelmann, Bergisch-Gladbach 1997.

Baganz, André: Lebenslänglich Bautzen II. Als Farbiger in der DDR, Berlin/Bonn 1993.

Beckmann, Andreas/Kusch, Regina: Gott in Bautzen. Gefangenenseelsorge in der DDR, Berlin 1994.

Borgmann, Reinhard/Staadt, Jochen: Deckname Markus. Zwei Topagentinnen im Herzen der Macht, Berlin 1998.

Brandt, Heinz: Ein Traum, der nicht entführbar ist. Mein Weg zwischen Ost und West, München 1967.

Brodersen, Ingke (Hrsg.): Der Prozess gegen Walter Janka und andere. Eine Dokumentation, Reinbek bei Hamburg 1990.

Crüger, Herbert: Verschwiegene Zeiten. Vom geheimen Apparat der KPD ins Gefängnis der Staatssicherheit, Berlin 1990.

Eberhardt, Andreas: Verschwiegene Jahre. Biographische Erzählungen von Gefangenschaft und dem Leben danach, Berlin 1998.

Ewald, Ernst: Ein guter Kampf. Fakten, Daten, Erinnerungen 1945–1954, Sankt Augustin 1998.

Finn, Gerhard/Fricke, Karl Wilhelm: Politischer Strafvollzug in der DDR, Köln 1981.

Freemann, Clive/Roberts, Gwynne: Der kälteste Krieg. Professor Frucht und das Kampfstoffgeheimnis, Berlin/Frankfurt a. M./Wien 1982.

Fricke, Karl Wilhelm: Akten-Einsicht. Rekonstruktion einer politischen Verfolgung, Berlin ^{4}1997.

Fricke, Karl Wilhelm: Der Strafvollzug in Bautzen während der realsozialistischen Diktatur (1950–1989), in: ders. (Hrsg.): Humaner Strafvollzug und politischer Mißbrauch. Zur Geschichte der Strafvollzugsanstalten in Bautzen 1904 bis 2000 (Schriftenreihe des Sächsischen Staatsministeriums der Justiz; Band 10), Dresden 1999, S. 118–186.

Fricke, Karl Wilhelm: Politik und Justiz in der DDR. Zur Geschichte der politischen Verfolgung 1945–1968. Bericht und Dokumentation, Köln ^{2}1990.

Fricke, Karl Wilhelm: Zur Menschen- und Grundrechtssituation politischer Gefangener in der DDR. Analyse und Dokumentation, Köln ^{2}1988.

Fricke, Karl Wilhelm/Engelmann, Roger: „Konzentrierte Schläge". Staatssicherheitsaktionen und politische Prozesse in der DDR 1953–1956, Berlin 1998.

Frucht, Maria und Henning-Adolf: Briefe aus Bautzen II. Herausgegeben von Helmut Wonschick, Berlin 1992.

Harich, Wolfgang: Keine Schwierigkeiten mit der Wahrheit. Zur nationalkommunistischen Opposition 1956 in der DDR, Berlin 1993.

Janka, Walter: Schwierigkeiten mit der Wahrheit, Berlin 1990.

Janka, Walter: Spuren eines Lebens, Berlin 1991.

Just, Gustav: Zeuge in eigener Sache. Die fünfziger Jahre in der DDR. Mit einem Vorwort von Christoph Hein, Berlin 1990.

Just, Gustav: Deutsch, Jahrgang 1921. Ein Lebensbericht, Berlin 2001.

Kämpfe, Christa: Die Strafvollzugsanstalten in Bautzen – eine Baugeschichte, in: Justizgebäude in Sachsen gestern und heute (Sächsische Justizgeschichte, Band 5), Dresden 1995.

Kaff, Brigitte (Hrsg.): „Gefährliche politische Gegner". Widerstand und Verfolgung in der sowjetischen Zone/DDR, Düsseldorf 1995.

Klewin, Silke/Wenzel, Kirsten (Bearb.), Wege nach Bautzen II. Biographische und autobiographische Porträts (Lebenszeugnisse – Leidenswege, Band 8), Dresden 1998.

Knechtel, Rüdiger/Fiedler, Jürgen (Hrsg.): Stalins DDR. Berichte politisch Verfolgter, Leipzig 1991.

Kuo, Xing-Hu: Ein Chinese in Bautzen II. 2675 Nächte im Würgegriff der Stasi, Böblingen 1990.

Kuo, Xing-Hu: Wodka in Sektgläsern. Cocktail meiner liebenswürdigen Stasi-Damen. Mit einem Vorwort von Siegmar Faust, Böblingen 1993.

Loest, Erich: Durch die Erde ein Riß. Ein Lebenslauf, München ^{2}1996.

Löwenthal, Gerhard u. a.: Feindzentrale Hilferufe von drüben, Lippstadt 1993.

Müller, Klaus-Dieter/Stephan, Annegret (Hrsg.): Die Vergangenheit läßt uns nicht los. Haftbedingungen politischer Gefangener in der SBZ/DDR und deren gesundheitliche Folgen. Mit einer Einführung von Karl Wilhelm Fricke, Berlin 1998.

Pötzl, Norbert F.: Basar der Spione. Die geheime Mission des DDR-Unterhändlers Wolfgang Vogel, Hamburg 1997.

Posser, Dieter: Anwalt im kalten Krieg, München 1991.

Sälter, Gerhard: Interne Repression. Strafverfolgung des MfS und der DDR-Justiz gegen geflüchtete hauptamtliche Mitarbeiter (1954–1966), Dresden 2001 (Hannah-Arendt-Institut für Totalitarismusforschung: Berichte und Studien, Bd. 35).

Schneider, Horst: Bautzens „Gelbes Elend". Lager, Leiden, Legenden und Lehren, Berlin 1999.

Schute, Claudia (Hrsg.): Schicksal Bautzen. Politische Häftlinge der SBZ/DDR erzählen – junge Journalisten porträtieren, Sankt Augustin 1999.

Wentker, Hermann: Ein deutsch-deutsches Schicksal. Der CDU-Politiker Helmut Brandt zwischen Anpassung und Widerstand, in: VfZ 49 (2001), S. 465–506.

Werkentin, Falco: Politische Strafjustiz in der Ära Ulbricht. Vom bekennenden Terror zur verdeckten Repression, Berlin ^{2}1997.

Wunschik, Tobias: Der DDR-Strafvollzug unter dem Einfluß der Staatssicherheit in den siebziger und achtziger Jahren, in: Engelmann, Roger/Vollnhals, Clemens (Hrsg.), Justiz im Dienste der Parteiherrschaft. Rechtspraxis und Staatssicherheit in der DDR (Analysen und Dokumente; Wissenschaftliche Reihe des Bundesbeauftragten für die Unterlagen des Staatssicherheitsdienstes der ehemaligen Deutschen Demokratischen Republik; Bd. 18), Berlin 1999.

Zeidler, Manfred: MfS-Sonderhaftanstalt Bautzen II. Herausgegeben vom Hannah-Arendt-Institut für Totalitarismusforschung an der Technischen Universität Dresden, Dresden 1994.

Zoratto, Bruno: DDR-Mord am Genossen Corghi. Italienische Opfer der SED/Stasi-Willkür.

Abkürzungsverzeichnis

Abt.	Abteilung
AG	Arbeitsgruppe, Arbeitsgemeinschaft, Arbeitsgebiet
AKG	Auswertungs- und Kontrollgruppe
APO	Abteilungs-Parteiorganisation (SED)
AR I/4	Arbeitsrichtung Strafvollzug innerhalb des Arbeitsgebietes I der Kriminalpolizei
AZI	archivierte ZI (Zelleninformator)-Akte (passive Erfassung)
BDVP	Bezirksbehörde der Deutschen Volkspolizei
BKG	Bezirkskoordinierungsgruppe
BND	Bundesnachrichtendienst
BStU	Der/Die Bundesbeauftragte für die Unterlagen der Staatssicherheit der ehemaligen Deutschen Demokratischen Republik
BVfS	Bezirksverwaltung für Staatssicherheit
BV/V	Bezirksverwaltung/Vollzug
CIA	Central Intelligence Agency (Auslandsaufklärungsdienst der USA)
DA	Dienstanweisung
(D)VP	(Deutsche) Volkspolizei
ESGO	VEB Elektroschaltgeräte Oppach
FIM	Führungs-IM (hat sich „politisch bewährt", besitzt Erfahrung in der operativen Arbeit und ist geeignet, IM und GMS zu führen)
GHI	Geheimer Hauptinformator (Zuverlässigkeit bewiesen, befähigt, mehrere geheime Informatoren zu führen, Vorläufer der Kategorie FIM 1968)
GHO	Geheimhaltungsordnung (MDI, Ordnung 049/71)
GI	Geheimer Informator
GM	Geheimer Mitarbeiter
GMS	Gesellschaftlicher Mitarbeiter für Sicherheit (in der Regel nicht „zur direkten Bearbeitung feindlich-negativer Personen und Personenkreise" genutzt)
GO	Grundorganisation (SED)
GVS	Geheime Verschlusssache
HA	Hauptabteilung (des MfS)
HAL	Haftarbeitslager
HKH	Haftkrankenhaus
HSG	Hauptsachgebiet
HSGB	Historische Sammlung Gedenkstätte Bautzen
HV DVP	Hauptverwaltung Deutsche Volkspolizei
IGfM	Internationale Gesellschaft für Menschenrechte e.V.
IM	Inoffizieller Mitarbeiter
IME	Inoffizieller Mitarbeiter im bzw. für einen besonderen Einsatz (zur Lösung spezieller politisch-operativer Aufgaben 1968)
IMK	Inoffizieller Mitarbeiter zur Sicherung der Konspiration und des Verbindungswesens
IMK/W	wahrscheinlich gemeint: IMK/KW, Inoffizieller Mitarbeiter zur Sicherung der Konspiration und des Verbindungswesens/Konspirative Wohnung
IMS	Inoffizieller Mitarbeiter, der mit der Sicherung eines gesellschaftlichen Bereichs oder Objekts beauftragt ist (Nachfolger der Kategorie GI)
IMV	Inoffizieller Mitarbeiter, der unmittelbar an der Bearbeitung und Entlarvung im Verdacht der Feindtätigkeit stehender Personen mitarbeitet – 1968 mit Richtlinie 1/68 vom Januar 1968 eingeführte Kategorie; teilweise aus der Kategorie GM entstanden. 1979 abgelöst durch die Kategorie IMB
JVA	Justizvollzugsanstalt
KD	Kreisdienststelle
KVP	Kasernierte Volkspolizei
KW	konspirative Wohnung
MA	Mitarbeiter
MdI	Ministerium des Innern
MfAA	Ministerium für Auswärtige Angelegenheiten
MfIA	Ministerium für Innere Angelegenheiten
MfS	Ministerium für Staatssicherheit
ODH	Offizier des Hauses (diensthabender Offizier)
OfS	Offizier für Sonderaufgaben
OibE	Offizier im besonderen Einsatz
op.	operativ
OSL	Oberstleutnant
OV	Operativer Vorgang
PDVP	Präsidium der Volkspolizei (Berlin)
Sb	Sachbearbeiter
SG	Strafgefangene(r)
StVA	Strafvollzugsanstalt
StVE	Strafvollzugseinrichtung
SV	Strafvollzug(s-)
TBK	Toter Briefkasten – Versteck zur Übermittlung von Nachrichten
UHA	Untersuchungshaftanstalt
VL-IM	Vorlauf-IM – Erfassungsart; registrierte Akte, in der die Eignung/Nichteignung eines Kandidaten für die inoffizielle Zusammenarbeit mit dem MfS dokumentiert wurde
VP	Volkspolizei
VPKA	Volkspolizeikreisamt
VS	Verschlusssache
VVS	Vertrauliche Verschlusssache

VZD	Vollzugsdienst
WKW	„Wer kennt wen?“: Formblatt zur grafischen Darstellung aller operativen und persönlichen Verbindungen eines IM
ZA	Zusammenarbeit
ZAIG	Zentrale Auswertungs- und Informationsgruppe
ZI	Zelleninformator
ZKG	Zentrale Koordinierungsgruppe
ZLK	Zivile Lenkungskräfte

Abbildungsverzeichnis

Für alle hier nicht aufgeführten Abbildungen danken die Autoren und der Verlag privaten Leihgebern.

Personenregister